U0556393

中国经济体制改革研究丛书
李铁映 / 主编

中国经济体制改革基本经验

Basic Experiences of China Economic System Reform

邹东涛 等 / 著

中国人民大学出版社
·北京·

序言

中国的改革
——纪念改革开放 30 周年

李铁映

中国的改革，已经走过了波澜壮阔的 30 年。这是伟大的 30 年，是改变中国的 30 年，是震惊世界的 30 年。

从上世纪 70 年代末开始，中国共产党领导全国人民，通过改革开放，创造性地探索和发展社会主义条件下的市场经济体制。这是一场实现中华民族伟大复兴的新长征，也是中国的社会主义制度自我发展、不断探索的伟大革命。一句话，中国的改革深刻改变了中国，也改变了世界。

2008 年，中国迎来了两场考试。一场是"上帝"对我们的考试——汶川大地震；一场是世界对我们的考试——北京奥运会。事实证明，我们顺利通过了这两场考试，让全世界的"裁判"们收回了他们挑剔的目光，增强了中国的自信，赢得了世界的尊重。这是中国改革开放的伟大成就，是中国共产党、中国政府和中国人民奋斗不息的伟大成就，是"中国精神"凝聚的伟大成就。

一

新中国是在半封建半殖民地的废墟上建立起来的。在建国初期物质匮乏、工业基础薄弱的历史条件下，计划体制曾发挥过不容否认的积极作用。但是，计划体制本身的局限性以及其作用被无限夸大，成为束缚生产力发展的重要因素。一场"文化大革命"，整个国民经济濒临崩溃的边缘。1978 年，中国人均国民生产总值只有 230 美元。就是在第三世界，中国也属于比较不发达的。如何使占世界四分之一的人口在一穷二白的情况下摆脱贫困，如何在不发达的经济条件下、在高度集中的计划经济和单一公有制基础上、在封闭半封闭的国际环境中走上中国的工业化、现代化道路，这是改革之初我们面临的严峻考验和现实出发点。

（一）30 年改革历程

中国的改革是 20 世纪后半叶人类历史上最伟大的社会试验。30 年的改革大体可以分为两个阶段：

第一个阶段：在实践中重新认识计划经济、商品经济和市场经济，探索改革开放的方向和目标（从 1978 年党的十一届三中全会到 1992 年党的十四大）

中国的改革反映了历史的必然性。改革从起步就面临的是政治、经济诸方面艰难危困的局面。30 年前那场震撼人心的思想解放运动，使我们党彻底摒弃了"以阶级斗争为纲"的错误路线。党的十一届三中全会作出了把党和国家中心工作转移到经济建设上来的历史决策。改革就是为了解放生产力，为了强国富民，就是要解决 10 亿人民的吃饭问题。从 1978 年到上世纪 80 年代中期是改革开放的起步阶段，改革重点在农村。历史是人民创造的。安徽、四川农民发明的"大包干"是改革的发端，并很快星火燎原，在全国形成破竹之势。废除了人民公社制度，实行了家庭联产承包责任制，至今已稳定运行了 30 年。农民的积极性被真正调动起来，成为自主经营的市场主体。同时，在城市也进行了扩大企业自主权的改革试点，逐步减少国家指令性计划。传统计划经济体制的缺口被打开了。从上世纪 80 年代中期到 90 年代初为改革开放的展开阶段，改革重点从农村转移到城市。这一阶段，中央先后制定了关于经济体制改革和教育、科技体制改革的决定，明确指出"社会主义经济是公有制基础上的有计划的商品经济。商品经济的充分发展，是社会经济发展不可逾越的阶段，是实现我国经济现代化的必要条件"。改革主管部门制定了中期改革的规划方案。以国企改革为中心，先后推行了"松绑"、"放权"、"承包"等扩大企业经营自主权的改革措施。以价格改革为关键环节，逐步放开了一系列重要产品的价格。各类改革试点如火如荼，对外开放的试验区从特区向沿海沿江推进。随着改革开放的全面推开，以公有制为主体、多种所有制经济共同发展的所有制结构逐步建立，为市场经济奠定了坚实基础。

邓小平理论的创立，是这一时期改革实践最重要的理论成果。小平同志作为中国改革开放的总设计师，坚持高举建设中国特色社会主义的伟大旗帜，科学提出了关于社会主义本质和"三个有利于"标准的理论概括，关于计划经济、社会主义商品经济和社会主义市场经济的精辟论述。特别是1992年小平同志发表视察南方重要讲话，明确回答了在社会主义条件下发展市场经济的必然性和可行性，再一次吹响了思想解放的号角，是中国改革在理论上的又一次重大飞跃。

第二个阶段：确立社会主义市场经济的改革开放目标（从1992年党的十四大到今后一段时期）

经过十多年的实践—认识—再实践—再认识的改革开放探索，党的十四大明确把社会主义市场经济体制确立为改革目标。但是，具体什么是社会主义市场经济体制和怎样建立社会主义市场经济体制，依然处于探索阶段。十四大以后，改革主要围绕构建社会主义市场经济体制的基本框架展开：继续深化国企改革，抓大放小，从整体上搞活国有经济，积极推进国有经济战略性调整；取消生产资料价格"双轨制"，推进生产要素的市场化改革，进一步完善市场体系；实现了从指令性计划向指导性计划的转变，启动了与市场经济相适应的财税、金融、外汇及涉外经济体制改革，初步构建了新的宏观调控体系；开放了一批沿江、沿边及省会城市，并成功加入世界贸易组织。到新世纪、千年之交，我国以公有制为主体、多种所有制经济共同发展的基本经济制度初步确立，市场机制开始在资源配置中发挥基础性作用，全方位、宽领域、多层次的对外开放格局基本形成。十六大以后，进入不断发展社会主义市场经济阶段。针对片面追求增长速度、增长方式粗放、民生社会矛盾凸显等问题，党中央提出了贯彻落实科学发展观和构建社会主义和谐社会的战略思想，将以经济体制改革为主的中国改革推进到经济、政治、文化、社会体制"四位一体"的协同改革，促进国民经济和社会又好又快发展。

（二）30年改革在体制上的突破和创新

经过30年的改革，我国经济体制和发展模式都发生了深刻的变化，社会主义市场经济体制已初步形成。当前，我国经济领域的市场化程度不断提高，市场在资源配置中的基础性作用明显增强。90％以上的商品价格完全由市场决定，85%以上的投资由企业和社会自主确定，五分之四的就业岗位由非公有制经济提供。

——从"高度集中的计划经济"到"社会主义市场经济"。对经济体制改革目标的探索过程可以概括为"计划经济为主，市场调节为辅"，"有计划的商品经济"，"社会主义市场经济"三个阶段。党的十二届三中全会确立的社会主义商品经济理论，是社会主义经济理论的重大创新和发展。社会主义经济是公有制基础上的有计划的商品经济，这是我们党对社会主义经济作出的科学概括，是对马克思主义的重大发展，是我国经济体制改革的基本依据。正是社会主义商品经济理论的突破和发展，使社会主义市场经济理论的提出和社会主义市场经济体制的建立成为历史的必然。社会主义市场经济理论不但突破了传统的计划经济，而且也突破了传统的市场经济，把基本经济制度和资源配置方式区分开来，既强调充分发挥市场机制在资源配置中的基础性作用，又强调加强和改善宏观调控。把社会主义制度与市场经济体制结合起来，认为计划和市场都是手段，解决了计划和市场的所谓姓"社"姓"资"的问题。回答怎样建设社会主义的问题，在社会主义条件下发展市场经济，用市场经济的办法建设社会主义，这是我们最伟大的创举！我们搞的市场经济，是在社会主义条件下，是在中国国情的基础上，为了发展中国，实现中国的工业化、现代化的方法。

——从"单一公有制"到"公有制经济为主体、多种所有制经济共同发展"。转换机制、制度创新，最关键的是解决姓"公"姓"私"问题。对所有制理论的突破可以归纳为两个方面：一是从单一的公有制向以公有制经济为主体、多种所有制经济共同发展转变，大力引导和发展非公有经济；二是把所有制和所有制实现形式相区别。所有制可以有多种实现形式，一种形式可以为多种所有制所用，怎么有利就怎么用，这是我们的一大发现。十六届三中全会明确提出发展现代产权制度，确认"股份制是公有制的主要实现形式"，为社会主义市场经济条件下公有制多种实现形式的健康发展，开辟了广阔的道路。

——从"一大二公的人民公社"到"以家庭联产承包、双层经营为基础的农村基本经济制度"。我国农村改革的许多经验都是由基层首先创造出来的，30年来农村改革在理论上的建树，一是突破人民公社体制，形成以家庭承包经营为基础、统分结合的双层经营理论；二是推动了农产品流通体制改革并形成农产品市场体系的理论；三是突破传统做法，走中国特色的农村工业化、城镇化道路；四是提出走中国特色农业现代化道路，建设社会主义新农村，推动形成城乡经济社会发展一体化的新格局。实现农村的现代化是中国现代化最特殊、最艰难的一步，唯有从实际出发、从中国国情出发，才能实现。

——从"国有国营体制"到"现代企业制度"。国企改革的关键在于构筑真正的法人实体和市场竞争主体，使国有经济在社会主义市场经济条件下健康发展。30年企业制度改革的实践和理论创新可以概括为四个方面：一是提出企业是市场主体；二是提出政企分开、所有权与经营权分离；三是建立现代企业制度；四是深化国有企业治理结构和国有资产管理体制改革，优化国有经济布局，增强活力、控制力和影响力。目前国企改革正处于关键时刻，不能因为暂时市场效益好，就认为改革已经完成。国有企业改革、对国有经济的探索，与社会主义条件下对市场经济体制的探索是始终相伴随的，这也是中国特色社会主义市场经济体制不断发展的重要课题。

——从"国家定价、集中管理的价格体制"到"建立统一开放、竞争有序的现代市场体系"。我们在市场体系理论方面的突破可以分为三个阶段：一是承认生产资料、生产要素都是商品，都有价格；二是逐步培育市场化价格体系；三是发展生产要素市场，形成统一开放、竞争有序的现代市场体系。1994年以来，我们在价格改革方面迈出了较大的步伐，但有些问题还没有彻底解决，特别是资源要素价格形成机制改革的相对滞后，直接影响了经济结构的调整和发展方式的转变。

——从"指令性计划"到"以预期性和约束性指标为基础的国家宏观调控"。在传统计划经济体制下，国民经济高度计划统一，计划经济理论及其体制替代了宏观经济理论和宏观调控体制。30年来，政府从行政性直接计划管理转向以经济、法律手段为主的间接管理，初步建立了协调统一的宏观调控体系。宏观经济理论和宏观调控体制的不断发展，是社会主义市场经济体制最大的特色和理论创新。

——从"平均主义分配方式"到"按劳分配为主体，多种分配方式并存、生产要素参与分配的收入分配制度"。我们对收入分配理论的突破，主要分为四步：一是允许一部分地区、一部分人先富起来，鼓励先富带动后富,最终实现共同富裕;二是效率优先、兼顾公平;三是把按劳分配与按生产要素分配结合起来;四是建立多层次、社会化的社会保障体系,强调初次分配和再分配都要处理好效率和公平的关系。有什么样的生产力发展水平,就有什么样的所有制;有什么样的所有制,就有什么样的社会分配制度。收入分配理论涉及激励和动力机制问题,影响社会公平,是体制改革与和谐社会建设中的一个核心问题。

——从"封闭半封闭"到"全方位开放"。30年来,我们摒弃了封闭半封闭的发展模式,确立了对外开放这一基本国策,建立了开放型的经济体制;抛弃"闭关锁国"政策,大胆吸收借鉴包括资本主义国家在内的一切人类社会文明成果,充分利用国际国内两种资源、两个市场;适应加入WTO的新形势,初步建立了稳定、透明的涉外经济管理体制和法律法规。

总之,中国的改革开放,始终处于理论与实践的双重探索之中,两者相辅相成,交相辉映,共同奏出波澜壮阔的改革乐章。

(三) 30年改革的伟大成就

经济体制的重大变革带来了生产力的极大解放和发展,实现了中国经济与社会前所未有的大繁荣。主要表现在:第一,改革开放快速发展了社会主义生产力。1978—2007年,我国GDP年均增长9.75%,人均GDP达到了2 461美元,跨入中等收入国家的行列。第二,改革开放极大增强了综合国力。1978—2007年,我国GDP总量由世界第十位跃居第四位,国家财政收入年均增长14.1%,达到5.13万亿元。进出口贸易总额由世界第27位上升为第3位,年均增长17.4%。第三,改革开放迅速提高了广大人民的生活水平。改革开放30年来,我国解决了13亿人口的温饱问题,城乡居民人均收入增长5倍以上,农村贫困人口从2.5亿人减少到1 479万人。1978年,我国人均预期寿命为68岁,2005年提高到72.4岁。十几亿中国人民摆脱了贫困,整体上达到小康水平,稳定地走上了现代化道路,中国改革开放取得的伟大成就令全世界瞩目。

二

改革是理论和实践的双重探索。中国的改革是对马克思主义的新贡献,是对社会主义实践的新贡献。当今世界各国，不论何种社会制度，都在通过改革完善自己的体制和机制。改革是体制演进的方式。一切制度要存在，都必须改革。可以说，改革是制度生存发展的重要方法。在经济全球化的历史洪流中，国家之间的竞争，归根到底是制度的竞争。社会主义的本质是解放生产力、发展生产力，途径是改革开放。中国的改革开放是社会主义制度的自我发展和完善，是实现中华民族伟大复兴的新长征。

（一）十月革命和中国改革是 20 世纪人类的伟大探索

十月革命是人类历史上一个伟大的转折点，它把马克思主义从理论变成了实践，宣告了一种新的社会制度由理想变成了现实，开辟了被压迫民族革命的新时代。但如何建设社会主义是各国共产党共同面对的严峻挑战。在上世纪最后四分之一的时间内，世界上发生了两个重大历史事件。一个是中国的改革开放，一个是苏东的剧变。这两个事件分别有着正反两个方面的意义：苏东的剧变在一定意义上是对僵化的、未能不断改革发展的社会主义模式的否定；而中国的情况恰恰相反——中国的改革开放是对社会主义的新认识、新探索、新发展。党的十一届三中全会之所以伟大，就是因为全党全国人民深刻总结了通过"文化大革命"这种方式搞社会主义带来的巨大痛苦和灾难。在对"文化大革命"进行否定的同时，我们也对计划经济的17年进行了反思。反思之后我们并没有重新回到计划经济，而是决定搞改革开放，进行新的探索，开始了中国又一次伟大的长征。中国特色社会主义道路，既不同于改革开放以前传统的社会主义模式，也不同于西方发达国家的社会发展模式，是人类对社会发展规律和道路的新探索、新试验。中国改革开放的理论与实践是对当代马克思主义政治经济学的重大贡献。

（二）中国的改革开放是社会主义制度的探索和发展

第二次世界大战以后，东西方两大阵营对立共存。无论是社会主义制度，还是资本主义制度，都要赢得这场竞争。实际上，这场竞争不但深刻改变了社会主义制度，也深刻改变了资本主义制度。资本主义国家改革的参考面是社会主义制度，是计划经济；而我们改革的参考面是资本主义制度，是市场经济。纵观近代经济史，计划手段和市场手段，是相互融合、交替使用的。1933年美国"罗斯福新政"实践了凯恩斯主义宏观调控理论，实际上是借鉴了计划经济的一些合理元素。小平同志讲"社会主义没有固定的模式,也不可能有"。社会主义制度不仅要用市场经济,而且要发展市场经济,不断解放和发展生产力,不断积累和扩大我们的物质财富。市场经济体制与社会主义基本制度相结合,体现了更高层级的制度探索,社会主义社会的生命力正是体现在不断适应生产力发展要求,不断改革、不断探索和不断发展的能力上。不改革,制度就要僵化,就要束缚生产力发展,社会主义就没有活力,就是死路一条!不开放,社会主义就不能吸收人类文明成果,不能参与国际竞争求得更好、更快的发展,也是死路一条。不改革,就不可能开放;不开放,也谈不上什么改革!开放本身就是伟大的改革。封闭的国家、封闭的民族,是不能发展的,也不可能搞社会主义。一句话,不改革开放,就不是社会主义,就不是马克思主义!

(三) 中国改革的根本任务是解放和发展生产力

改革开放是社会主义发展的必由之路,说到底,是发展生产力的必由之路。离开生产力的发展谈生产关系的适应性,与离开一定的经济基础谈上层建筑的先进性一样,都是空中楼阁。上层建筑与生产关系是否有利于生产力解放和发展,是其是否适合、是否合理的判据,否则就会被生产力发展所抛弃。只要有发展,就要有改革。改革是上层建筑不断适应经济基础,生产关系不断适应生产力发展要求的历史过程。

社会主义初级阶段是不可跨越的,这是生产力发展水平决定的。集中精力尽快把生产力搞上去,是我党在社会主义初级阶段的中心任务。中国特色社会主义的本质,就是不断解放和发展生产力,就是实现中国的工业化、现代化,就是实现中国的长期发展、长期稳定,就是实现中华民族的伟大复兴。中国的改革开放不是人的主观愿望,而是历史发展的必然要求,是历史规律。没有一个长时间的稳定发展,问题就会越来越多,越来越复杂。小平同志反复强调"三个有利于"、"发展是硬道理"、"一百年不动摇",这就是中国的实际,这就是"中国特色"的深意之所在。解放和发展生产力的最后落脚点是解放劳动和劳动者。如果离开了人的解放和人的全面发展来谈所有权和分配制度,那么就偏离了生产要素中最活跃、最根本的问题,而这恰恰是中国政治经济学的核心问题。发展就是财富的创造和积累的历史过程,中国的财富、中国的现代化是中国人民用双手积累和创造的。只有在改革发展中始终如一地坚持以人为本,不断地解放、保护劳动和劳动者,才能发挥社会主义优越性,才能实现解放生产力、发展生产力的历史任务。

(四) 发展没有止境,改革也没有止境

社会主义制度本身就是在不断改革中、探索中发展和前进的制度。改革是历史进步的基本道路,不是一两代甚至几代人的任务,是一个长期的事业。只要有发展,就会有新情况、新问题,就需要不断地解放思想,调整上层建筑和生产关系以适应这些新情况、新问题,适应经济基础和生产力。只要有发展,就必须有改革,发展与改革是相生、相伴、相依、相存的。生产力的发展是无止境的历史过程,改革也必将是无止境的历史过程。社会主义一诞生就面临着与资本主义的斗争和竞争,其生命力和前途就在于不断发展,不断改革,不断地释放制度活力,以适应和促进生产力的快速发展。中国的改革开放还只是万里长征第一步,要解决当前诸多深层次矛盾和问题,根本出路仍在于改革。历史没有终结,发展没有终结,改革开放也就没有终结。改革开放是对社会主义发展的探索,是制度进步的基本方法,是历史进步的必由之路。不发展就是死亡,要发展就必须改革,就必须不断解放生产力,发展生产力。

三

改革是一场伟大的探索,既是实践的探索,又是理论的探索。实践探索是理论探索的动力和源泉,伟大的理论来源于伟大的实践。30年改革开放的宝贵经验,概括起来,就是从基本国情出发,不断地解放思想,坚持市场经济方向,坚持对外开放,走中国特色社会主义道路。

(一) 坚持解放思想、实事求是

解放思想是发展中国特色社会主义的一大法宝。只有解放思想,才能做到实事求是。要解放思想,必须实事求是。解放思想和实事求是是同义语。改革开放要迈开步子,必须冲破传统观念和传统理论的框框。党的十一届三中全会打破了个人迷信和教条主义的束缚,从根本上恢复了马克思主义的思想路线,为我们在改革开放实践中发展马克思主义开辟了广阔天地。解放思想是我们党在历次重大历史关头和重大历史抉择中能够不断与时俱进、开拓创新的根本原因。回顾我国改革开放的实践,最大的思想解放,就是坚持从中国国情出发，把坚持马克思主义基本原理同推进马克思主义中国化结合起来，赋予当代中国马克思主义勃勃生机。过去的成绩归功于解放思想，未来的改革发展还得依靠解放思想。改革发展无止境，解放思想无止境！理论的真理性价值在于回答和解决问题。任何历史的重大变化、发展都伴随着理论的重大发展和思想的重大解放。中国的未来，始终伴随着思想解放的历史过程，前途就在于实事求是、解放思想。

（二）坚持生产力标准

历史就是发展史。历史是由发展写出来的。发展生产力是我们坚持历史唯物主义的出发点和落脚点。中国的前途在社会主义，社会主义的前途在于经济持续、快速、健康地发展，在于创造出比资本主义社会更高的生产力，这是社会主义存在的历史必然要求。做不到这一点，就谈不上社会主义。要发展生产力，一个重要的任务就是探寻能够解放和发展生产力的经济体制，就是探索、建立适应和服务于生产力发展要求的经济制度和上层建筑。制度是人造的政治设施，是上层建筑，不是从天上掉下来的。它的存在，唯一的前提条件就是服从和服务于生产力发展的要求。判断经济体制是否具有优越性和生命力，关键是看能否解放和发展生产力。必须从生产力决定生产关系，生产关系反作用于生产力这一历史唯物论出发，来思考改革的方向和动力。

（三）坚持市场经济方向

长期以来，无论是西方经济学，还是马克思主义经济学，都把市场经济看成是与社会主义不相容的。小平同志依据经济发展的实践，揭示了"计划"和"市场"作为资源配置方式，在性质上都属于"手段"和"方法"，与社会制度并没有必然联系，从根本上破除了传统观念，为在社会主义条件下搞市场取向的改革指明了出路。计划和市场都是发展经济的方法，好比是餐桌上的筷子和刀叉，什么工具和方法有利，就用什么。无论采用计划体制还是市场体制，目的只有一个，就是发展社会生产力，就是要看哪一种体制更有利于发展社会主义生产力。中国建立社会主义市场经济体制，不是迫于外来的压力或教条，而是出于对计划和市场两种体制的再认识，出于解放和发展生产力的内在需要。社会主义市场经济理论把社会主义制度的优越性和市场对资源配置的有效性有机地结合起来，开拓了人类社会发展的新道路、新认识，这是我们宝贵的思想财富。

（四）坚持适应生产力发展的"渐进式改革"

任何改革都是为了使上层建筑不断适应生产力发展的历史过程。生产力发展是永恒的，生产关系的变革也是永恒的。"渐进式改革"不是我们的主观愿望，而是由生产力发展和中国国情决定的，是生产力发展历史过程的必然体现。中国的改革深深地扎根于群众之中，改革前进的每一步，都是人民群众的实践探索和制度创新。生产力发展的渐进性，决定了中国采取"摸着石头过河"的渐进改革方式。中国的改革立足于社会主义初级阶段这一基本国情，借鉴世界各国发展市场经济的经验，先农村后城市，先局部探索再全面推开，先引入市场机制、计划与市场机制并存，再到探索和发展社会主义市场经济体制，不断地摸索实践，渐进地推进改革。制度的进步、发展、变革，不是自身决定的。没有所谓超越生产力发展的先进制度，制度可以解放生产力而不是拉动生产力。制度的发展速度、改革的快慢是由生产力决定的，并服务于生产力发展的要求。一句话，渐进式改革的方法是由发展决定的。对涉及面广、触及利益层次较深的改革事项，先选择一些具有代表性的地方、行业、企业进行相关改革开放试验，抓住一些关键环节进行重点突破，取得经验，然后再逐步推开，循序渐进地推进整体改革，开创了一条具有中国特色的渐进式的改革开放道路。实践证明，这是一条震动小、成本低、成效大的改革之路。

（五）坚持对外开放

一切开放都是以我为主，要依据自身的能力和承受力。改革开放以来，我们坚持打开国门，全面开放，认真研究和汲取其他先行市场经济国家正反两方面的经验，充分利用国际国内两个市场、两种资源，在互利共赢的基础上同世界各国开展经济技术合作，既认真遵守又积极参与完善国际经济秩序，在发展自己的同时，也为维护世界的和平与发展做出了贡献。中国的发展离不开世界，只有在对外开放中才有机会吸收和借鉴人类社会创造的一切优秀文明成果，使中国的现代化站在世界文明的肩上；中华民族的复兴也离不开与西方文明的碰撞与交融、竞争与合作。对外开放在改革的初期对国内改革产生过巨大的也是正面的推动力；在完善社会主义市场经济体制的过程中，对外开放仍将是推动我们跟上时代潮流、锐意改革的重要动力。

(六)坚持走中国特色社会主义道路

任何现存的,都是特色的。没有一种道路、模式和方法,可供我们照搬照抄,中国的改革只能靠自己,走自己的路。改革开放以来,我们立足于坚持社会主义基本制度,坚持市场化改革取向,自觉调整生产关系和上层建筑中不适应生产力发展的环节和方面,创新体制和机制,强调发挥市场在资源配置中的基础性作用,创造性地探索出了一条全新的中国式的改革道路,推动社会主义制度在除弊立新中自我完善和发展。中国特色社会主义理论,特别是小平同志首创的社会主义市场经济理论,是对马克思主义的重大贡献,是当代政治经济学的最新成果。到目前为止,中国改革开放走的是一条符合自己国情的道路,这条路将来要永远走下去。

四

经过30年改革开放,尽管我国体制环境较之以前发生了翻天覆地的变化,但到目前为止,生产力发展仍面临着诸多体制性障碍,旧的问题解决了,新的问题又在不断涌现。我国经济已经进入"大块头、高速度、多变化"的历史时期,所遇到的问题,不仅在中国历史上,即使在世界历史上,也是从未遇到过的。每一个新的发展变化,都要求有新的改革。

改革开放是一个长期的历史过程,今后的改革将在经济全球化、中国加入WTO、全面开放的条件下进行,将更加复杂而艰巨,这是一次世界性的体制竞争和较量。

(一)解决中国问题的根本出路在于进一步深化改革

我国现代化建设正处于关键时期,改革的艰巨性、复杂性、系统性和风险性显著增强,体制改革已经进入一个新的阶段。一方面,随着工业化、现代化和城镇化进程的加快,我国面临着资源能源短缺、生态环境恶化、经济与社会发展不协调等矛盾和问题;另一方面,政府职能转变、要素市场建设、垄断行业改革、城乡统筹发展、收入分配关系调整等领域的改革仍处于攻坚阶段。其中有些改革不仅涉及经济关系,而且涉及社会上层建筑领域;不仅涉及众多的利益主体,而且涉及深层次的权力和利益关系的调整。例如,财税体制改革直接影响到中央与地方的关系;垄断行业改革和资源要素价格改革直接影响到政府和市场之间的关系;金融体制改革不仅关系到宏观调控的体制基础,而且直接影响到国际收支平衡和经济安全问题;农村改革在改革初期曾经势如破竹,目前已经到了破解城乡二元结构、实现城市农村全面发展的重要阶段;行政管理体制改革涉及到经济、政治、文化、社会诸方面改革,是当前改革的一个重要切入点,也是重点和难点。在新的历史条件下,如何按照市场经济的要求,通过制度建设,进一步转变政府职能,保证市场对资源配置的基础性作用;如何按照科学发展观的要求,建立促进经济增长方式转变的宏观调控体制;如何按照构建社会主义和谐社会的要求,建立保障社会公平正义的体制机制;如何按照统筹城乡发展的要求,建立有利于逐步改变城乡二元结构的体制;如何按照完善基本经济制度和保障公平竞争的要求,进一步加快垄断行业的改革,促进非公有制经济发展;如何加快上层建筑领域的改革,实现经济体制、政治体制、文化体制和社会体制改革相协调,等等,这都是摆在我们面前迫切需要解决的重大改革任务。发展必须是科学的,科学发展就是符合客观规律的发展,而低速的、大波动的、不安全的发展都不是科学发展。面对新的形势,我们必须坚持走中国特色社会主义道路,以科学发展观统领经济社会发展全局,深刻把握我国发展面临的新矛盾新问题,不断提高决策的科学性和措施的协调性,坚定不移地推进各项改革。

(二)在进一步解放思想中坚定地走中国特色社会主义道路

当前,我国正处于大变革、大发展的时代,既是战略机遇期,也是新矛盾、新问题的凸显期。面对这种情况,只有不断解放思想,才能形成新思路,拿出新办法,解决新问题。首先,实事求是与解放思想是完全一致的,不实事求是就不能解放思想。这要求我们一切从实际出发,既要反对"东教条"又要反对"西教条";要求我们始终保持清醒头脑,认清社会主义初级阶段的基本国情。要看到,社会主义市场经济体制的完善还有很长的路要走。

在新中国成立后的相当长一段时期里,我们把社会主义看"易"了,看"近"了;把资本主义看"短"了,看"轻"了。而上个世纪末苏东剧变之后,又有很多人对社会主义的前途失去了信心。在对社会主义市场经济体制的改革探索中,既不能妄自菲薄,又不能盲目乐观,要充分考虑形势的复杂性和艰巨性，防止和克服急躁情绪。中国特色的社会主义道路要始终坚持"一个中心、两个基本点"的基本路线，坚持四项基本原则，否则就是"西化"，也必然是死路一条！一切从人民利益出发是解放思想的价值判断标准。社会主义的本质是解放生产力，发展生产力，最终实现共同富裕。制度的设计离不开人的实际利益。当代中国人民最大的利益就是实现工业化和现代化，不断提高人民的生活水平，实现中华民族的伟大复兴。中国特色社会主义制度就是为了实现这一目的的制度，改革开放就是为了实现这一目的的制度创新探索。我们要在推动改革、促进经济增长的同时，始终坚持社会主义的原则和方向，尊重人民主体地位，保障人民各项权益，不断解放劳动和劳动者，走共同富裕道路。就目前来讲，思想解放还是僵化，解放的程度如何，最终要看是否有利于贯彻落实科学发展观、构建社会主义和谐社会，是否有利于发展生产力、增强综合国力、提高人民生活水平。改革开放发端于解放思想，它的继续推进和深入同样需要不断地解放思想。

（三）在进一步改革中建立保障中国经济安全的体制

改革开放是为了解放和发展生产力，而维护经济安全是改革开放的重要内容和任务。体制要有利于生产力的发展，也要保障安全，这是发展的前提和基础。科学发展就是要实现经济长期可持续发展，没有安全、不能持续的发展不能叫做科学发展。我们的改革开放，就是探索出适合中国国情的体制、制度和道路，实现中国的工业化、现代化，而这种体制、制度和道路，必须是充满活力的，并且是安全的。

当前，中国改革开放的国际环境发生了新的变化。在经济全球化背景下，一方面，限制中国经济发展的资源、能源、环境等"硬约束"长期存在，而来自于国际市场的技术、标准、规则等"软约束"也与日俱增。另一方面，过去我们是相对封闭的经济体，是"内河经济"。即使有问题，"肉烂在锅里"，财富是在国内不同所有者之间重新分配。而新世纪以来，中国经济对外依存度从2001年（加入WTO）的38%，达到2007年的67%，快速成为世界排名前列的开放经济体，已经是外向发展的"海洋经济"。在这种情况下，如果经济安全出了问题，财富将会在国际间重新分配，我们长期积累的财富可能一夜之间被卷走，一去不回头，经济也可能很长时间无法恢复元气。

中国的快速发展，是一些人不愿意看到的。他们的对华政策转向保守，有些人甚至故意将经济问题政治化，贸易保护主义抬头。与此同时，国际经济环境对国内经济的影响越来越明显。世界经济的波动、资源能源价格的变化、主要经济体政策的调整、汇率利率变动趋势以及地缘政治等因素，如去年以来的资源能源价格暴涨，如源起于美国次贷危机的世界金融危机，都不同程度地对国内经济产生了影响。目前，国家经济安全问题日益凸显，其中最为突出的问题是经济全球化背景下资本自由流动所导致的金融危机。在利益驱动下，国际金融资本无虚不乘、无孔不入，其流动之迅速、能量之巨大、形式之隐蔽、手段之复杂超出了人们的想象。一个不安全的经济不可能发展，稍有不慎，中国改革开放积累起来的巨大财富就会被国际资本席卷而去，其危害不亚于大洪水。在市场化、国际化、信息化加快发展的今天，我们必须花大气力研究和建立制度性经济安全保障，防止一些国家利用金融优势转嫁风险、攫取利益，积极应对可能出现的金融危机和其他经济安全问题，保障国内经济平稳较快发展和国家经济安全。

今年是《共产党宣言》发表160周年，十月革命81周年，新中国成立59周年，也是中国改革开放30周年。经过30年改革开放，13亿人民在中国共产党的领导下，在探索中国特色社会主义发展的道路上，越来越成熟，越来越自信，越来越理性，积累了丰富的实践经验和理论成果，集中地体现在邓小平理论、"三个代表"重要思想和科学发展观等理论成果上。什么是最宝贵的？自己的经验、自己的理论是最宝贵的。没有自己的理论，就无法掌握自己的前途命运，就会做别人理论的俘虏，成为附庸。能够实现中国的工业化和现代化，能够实现国家繁荣富强、人民生活富裕和幸福的制度，就是中国特色社会主义制度；这样的理论，就是中国特色社会主义理论；这样的道路，就是中国特色社会主义道路。改革呼唤着理论的发展。没有罗盘，就会迷失前进的方向。只有不断在实践中探索，在理论上突破，才能推动改革的进一步深化。只有始终坚持历史唯物主义基本原理，加强对中国改革理论和方法的研究，进一步深化改革和扩大开放，才能争取更大胜利。

20世纪是中国人民寻求民族解放的历史，前仆后继，荡气回肠；21世纪将是中国实现繁荣富强的新纪元，生机勃勃，蒸蒸日上。中国特色社会主义道路是中国实现工业化、现代化的必由之路，是中华民族实现伟大复兴的阳光大道，是历史唯物主义的胜利和必然选择。想想看，13亿中国人民大步迈向现代化，是何等壮丽的历史画面！历史必将证明，中国特色社会主义制度将在与资本主义制度的激烈竞争和斗争中焕发出勃勃生机；中国特色社会主义理论将在人类探索社会发展规律的道路上光彩夺目；中国特色社会主义道路将拓宽民族国家走向工业化、现代化的途径，在促进全球化时代人类文明多样性发展的同时，实现中华民族的伟大复兴。

2008年10月

目 录

主报告　中国经济体制改革的基本经验　················　邹东涛　1
　一、中国经济体制改革的基本历程和伟大成就················　1
　二、为什么中国经济体制改革能够稳操胜券················　6
　三、改革的操作方式················　9
　四、改革风险、科学决策与社会稳定················　13

分报告一　中国所有制改革的基本经验　················　邹东涛　欧阳日辉　21
　一、中国所有制改革的历程回顾················　21
　二、公有制经济改革的基本经验················　32
　三、非公有制经济发展的基本经验················　46
　四、确保所有制改革稳操胜券················　57

分报告二　中国农村改革的基本经验　················　党国英　66
　一、中国农村改革的基本背景················　66
　二、中国农村改革的基本经验················　70
　三、深化农村改革，促进农村发展················　84

分报告三　中国国有企业改革的基本经验　················　李海舰　冯丽　94
　一、中国国有企业改革的基本历程················　94
　二、中国国有企业改革基本经验之一：六个先后················　101
　三、中国国有企业改革基本经验之二：六个结合················　111
　四、中国国有企业改革的政策建议················　119

分报告四　中国财政体制改革的基本经验　················　时红秀　123
　一、1978年前的财政体制特征及评价　·················　123
　二、以放权让利为特征的财政体制改革及分析　·········　125
　三、1994年以分税制为方向的财政体制改革及评价　·····　134
　四、1998年以来以公共财政为目标的财政体制改革探讨　·　142
　五、中国财政体制改革的成效与意义　·················　149

分报告五　中国金融体制改革的基本经验　············　宋　立　孙天琦　153
　一、改革开放前我国的金融体制的形成与发展　·········　153
　二、改革开放以来中国金融体制改革历程　·············　154
　三、中国金融体制改革的成就和经验　·················　197

分报告六　中国价格改革的基本经验　···············　张卓元　路　遥　210
　一、农村改革初步成功后，价格改革迅速推进　·········　210
　二、调放结合，先调后放，逐步放开的渐进市场化之路　·　217
　三、生产资料价格双轨制是中国人的发明创造　·········　224
　四、既保持了物价整体稳定，又能适时放开价格　·······　227
　五、中国价格市场化改革发展前景　···················　231

分报告七　中国收入分配制度改革的基本经验　········　赵人伟　240
　一、转型期收入分配的基本原则　·····················　240
　二、改革前收入分配状况　···························　246
　三、改革以来收入分配格局的变化　···················　248
　四、转型期收入差距变化的原因分析　·················　261
　五、改进收入分配的途径　···························　266

分报告八　中国就业体制改革的基本经验　············　王延中　赵　茜　274
　一、中国就业体制改革的基本背景　···················　274
　二、中国就业体制改革的基本经验　···················　280
　三、当前中国劳动力市场发展及问题　·················　288

四、阻碍中国就业体制改革的主要因素……………………… 298
　　五、中国就业体制改革的发展趋势…………………………… 305

分报告九　中国社会保障制度改革的基本经验……………胡继晔 309
　　一、中国社会保障制度的建设和改革………………………… 309
　　二、社会保障制度改革的经验和发展方向…………………… 319
　　三、完善社保基金体系………………………………………… 336

分报告十　中国垄断行业改革的基本经验…………………黄云鹏 351
　　一、中国垄断行业改革的历程及其成效……………………… 351
　　二、中国垄断行业改革的基本经验…………………………… 359
　　三、中国垄断行业改革存在的主要问题……………………… 370
　　四、进一步深化垄断行业改革的主要措施…………………… 378

分报告十一　中国地方经济体制改革模式比较………邹东涛　李振杰 390
　　一、中国地方经济体制改革模式的产生与发展……………… 390
　　二、中国地方经济体制改革模式类型比较…………………… 395
　　三、代表性模式比较：以温州模式和苏南模式为例………… 400

附1　中国经济体制改革的制度变迁模型……………邹东涛　田清旺 411
　　一、发展战略转移模型………………………………………… 411
　　二、财政压力引起制度变迁模型……………………………… 413
　　三、阶梯式渐进制度变迁模型………………………………… 414
　　四、制度变迁主体角色定位和转换模型……………………… 415
　　五、中国制度变迁的演进论模型……………………………… 416
　　六、劳动力转移模型…………………………………………… 417

**附2　"华盛顿共识"、"北京共识"与中国独特的改革和
　　　发展道路**……………………………………………………邹东涛 419
　　一、"华盛顿共识"的提出和在实践中的失败………………… 420

二、"北京共识"的提出及其在世界上的强烈反响 …………… 422
三、中国改革开放的基本经验和独特的改革和发展道路 ……… 424
四、做中国"猫",抓中国"鼠" …………………………………… 427

跋:关于改革攻坚的思考 ………………………… 彭 森 邹东涛 431
　一、改革攻坚必须认真清理"左"的和右的思想认识倾向 ……… 431
　二、改革攻坚必须对新的时空条件有一个理智清醒的认识 …… 437
　三、实现改革攻坚的重大战略转变 ………………………………… 441
　四、改革攻坚与文化整合 …………………………………………… 444
　五、改革攻坚、政治文明与党的执政地位 ………………………… 448

后记 …………………………………………………………………… 454

主 报 告
中国经济体制改革的基本经验

在过去的100年中，中国发生了三次震撼世界的壮举：一是辛亥革命推翻了统治中国两千多年的封建社会；二是中国共产党领导人民取得了民主革命彻底胜利，建立了中华人民共和国；三是发生于20世纪70年代末的改革开放。就以上三次重大事件对中国经济发展的推进作用和对新世纪的影响来说，莫过于中国的改革开放。社会主义国家进行经济体制改革，中国是后起步者。然而，那些改革的"先行者"们却发生了20世纪90年代初苏联东欧剧变的历史悲剧。于是一些西方政治和理论家曾宣称"发现"了一个"客观规律"：改革必然为社会主义和共产党掘墓。一些预言家"预言"：改革也必将为中国共产党和社会主义掘墓。然而，这些"预言"不可避免地落空了。苏联东欧剧变之后，中国改革开放不仅没有停止，而且越来越向广度和深度进军，经济增长率高居世界第一。2006年，中国GDP增长率高居10.7%，GDP总量跃增到209 047亿元，成为世界上仅次于美、日、德三国的第四大经济体；外汇储备10 663亿美元，高居世界第一。目前，无论是国内专家，还是国际社会，都在纷纷探索"中国改革开放成功之谜"和"中国经济持续高速增长之谜"。本报告则试图探索中国经济体制改革的基本经验。

一、中国经济体制改革的基本历程和伟大成就

（一）改革历程

我国从1978年开始的改革开放大体经历了四个大的发展阶段：
第一阶段：1978年12月—1984年9月，即从中共十一届三中全会召

开，到中共十二届三中全会前夕。这是改革的起步阶段，基本内容是打破指令性计划的一统天下，逐步引进市场机制，承认市场竞争。改革的重点在农村，实行了家庭联产承包责任制，开放农贸市场；进行了扩大企业自主权试点和第一、第二步利改税；实行了基本建设资金的"拨改贷"；建立了4个经济特区，开放了14个沿海城市；进行了第一次机构改革。在经济发展方面提出了"两步走"的战略方针，即：从80年代初到20世纪末，前十年国民生产总值翻一番，基本解决人民温饱问题；后十年国民生产总值再翻一番，使人民生活达到小康水平。

第二阶段：1984年10月—1992年1月，即从中共十二届三中全会召开到邓小平视察南方谈话前夕。这是改革的全面展开阶段，基本内容是确立"有计划的商品经济"的改革目标，实行计划经济与市场调节相结合。1984年10月，中共中央召开了十二届三中全会，通过的《中共中央关于经济体制改革的决定》指出，经济体制改革的目标是"建立有计划的商品经济"。1987年中共十三大全面阐述了社会主义初级阶段理论，并把"有计划的商品经济"进一步阐述为"国家调控市场，市场引导企业"。改革的重点从农村全面转向城市；指出增强全民所有制大中型企业的活力，是经济体制改革的中心环节，试行厂长（经理）负责制和承包制；发挥中心城市作用，实行"市管县"的体制，部分城市计划单列；开放长江三角洲、珠江三角洲和闽南三角洲地带，建立了海南经济特区和浦东开发区；进行了第二次机构改革；乡镇企业突飞猛进地发展起来。

第三阶段：1992年2月—2003年10月，即从邓小平视察南方谈话到中共十六届三中全会召开。这是改革的制度创新阶段，基本内容是向"社会主义市场经济体制"的改革目标前进。1992年春，邓小平同志视察中国南方武昌、深圳、珠海、上海等地，提出"计划和市场都是手段"的论断和"三个有利于"的判断标准（即有利于社会主义生产力的发展，有利于综合国力的增强，有利于人民生活水平的提高）。1992年10月，中共十四大召开，第一次明确提出改革的目标是"建立社会主义市场经济体制"。1993年11月，中共十四届三中全会作出了《中共中央关于建立社会主义市场经济体制若干问题的决定》，提出了建立社会主义市场经济体制的总体规划和90年代经济体制改革的行动纲领。改革的重点是国有企业建立现代企业制度；进行宏观体制和外汇、外贸体制改革,加强宏观调控;对外开放由沿海向内地纵深推进;住房和社会保障制度改革继续深化;进行第三、第四次机构改革;提出了"依法治国"和"科教兴国"战略。1997年中共十五大提出和阐述了邓小平理论,确立我国社会主义基本经济制度。2002年中共十六大提出和论述了小康社会建设的历史任务,提出了"两个毫不动摇",即"毫不动摇地巩固和发展公有制经济","毫不动摇地鼓励、支持和引导非公有制经济发展",并作出了建设更具活力、更加开放的经济体系的战略部署,这使我国的制度创新达到了一个新的高度。

  第四阶段:从中共十六届三中全会召开至此后 10~15 年。这是完善社会主义市场经济体制的阶段。十六届三中全会通过的《中共中央关于完善社会主义市场经济体制若干问题的决定》,全面系统地论述了完善社会主义市场经济体制的主要任务:完善公有制为主体、多种所有制经济共同发展的基本经济制度;大力发展国有资本、集体资本和非公有资本等参股的混合所有制经济,实现投资主体多元化,使股份制成为公有制的主要实现形式;大力发展和积极引导非公有制经济,允许非公有资本进入法律法规未禁入的基础设施、公用事业及其他行业和领域;产权是所有制的核心和主要内容,建立归属清晰、权责明确、保护严格、流转顺畅的现代产权制度;依法保护各类产权,健全产权交易规则和监管制度,推动产权有序流转;建设统一开放竞争有序的现代市场体系;完善宏观调控体系、行政管理体制和经济法律制度;健全就业、收入分配和社会保障制度;建立促进经济社会可持续发展的机制,坚持统筹兼顾,坚持以人为本,树立全面、协调、可持续的发展观,促进经济社会和人的全面发展。按照十六届三中全会的要求,我国此后10~15 年完善社会主义市场经济体制的任务十分艰巨。

  就我国改革开放历程和任务来看,如果说前两个阶段的主要任务是打破计划经济旧体制,那么,后两个阶段的任务则是建立和完善社会主义市场经济新体制。

(二)改革方式

  如果我们对过去二十多年的改革进行一个全面的回顾和深刻的透视,那么,改革的脉络、轮廓及其规律性,就会清晰地展示在我们的面前:从改革的进程来说,是从农村走向城市;从改革的程度来说,是从简单走向复杂;从改革的方式来看,则有三种情况:一是自下而上的改革,二是自上而下的改革,三是上下结合的改革。

1. 关于自下而上的改革

中国的改革首先是农民的饥饿逼出来的,因此,农村的改革自然成为我国经济体制改革的起点。中国农村的改革,是典型的自下而上的改革,家庭联产承包责任制是由农民自发创造的。农民是农村改革的真正主体和创造者,开始是在"地下""秘密"进行的,然后是曝光。地方组织对此开始是处于或担惊受怕、或限制、或睁只眼闭只眼、或等待之中,直到党中央、国务院肯定和支持,才形成星火燎原之势。

所有制改革特别是非公有制经济的发展也是典型的自下而上进行的。非公有制经济具有一种顽强的、自发成长的生命力,它在我国走了一条开始时被限制、后来逐步放开、然后大发展的"无心插柳柳成荫"的道路,现已成为社会主义市场经济的重要组成部分和促进生产力发展的生力军。

2. 关于自上而下的改革

如果把开放也作为改革的一项基本内容,那么,这种改革的基本方式,则是"自上而下"进行的。因为经济特区和沿海开放城市的设立,都是先由中央政府决策,然后再从上到下贯彻实施的。对外开放的窗口——深圳、珠海、厦门、汕头、海南五大经济特区的设立发展,沿海十四个城市和几个沿海成片地区的开放,上海浦东新区的崛起,经济技术开发区和保税区的成就,为中国内地的扩大开放和实行市场经济起到了极大的示范效应。

二十多年前,当中国共产党和中国政府把"改革"二字写在自己的旗帜上时,同时也把"开放"二字写在了自己的旗帜上。"改革开放",四个字紧紧凝结在一起,互相促进,不可分割。"开放"二字,有时比"改革"具有更加重要的意义。从总体上说,改革引导着、促进着开放,开放本身就是改革的重要内容之一。但当改革处于"胶着"的时候,开放对改革又起着"倒逼"的作用。在中国,有时候由于意识形态方面的争论,思想观念方面的障碍,而使某些改革方案不能出台,或者出台后在贯彻实施中遇到重重障碍。为了加快改革开放的进程,通过对外开放将当代成熟的国际市场竞争机制引入到了国内。对外经贸体制的改革,在扩大对外开放中建立能够满足国民经济发展需要的、与国际惯例接轨的外经贸体制，是对外开放的一个重要组成部分。对外开放使某些资源的国际价格逼近国内市场，加速了国内价格的市场化进程。对外开放使大量外资以及国际上先进的技术和管理进入中国，实际上是将激烈的国际竞争传导到国内，从而使国内企业面临巨大压力，倒逼着国内企业加快改革步伐。这样，对外开放这种自上而下的改革又转化成了微观层面改革发展的驱动力。

政府审批制度的改革也是典型的自上而下的改革。因为如果没有政府的决定，谁也没有权力取消某些阻碍经济发展的审批制度。审批制度一般来说并不是改革开放前的旧体制，而是改革开放形成的一种"新的旧体制"，是改革原有的计划经济旧体制、建立市场经济新体制的"过渡型症状"。

3. 关于上下结合的改革

当农村经过以建立家庭联产承包责任制为基本内容的改革取得巨大成功，农民的温饱问题初步解决之后，改革就自然地从农村延伸到城市。从农村经济体制改革向城市经济体制改革转移和扩展的过程，则是改革从简单向复杂的发展过程。

城市经济体制改革的中心任务是国有企业改革。国企职工的工资虽然较低，但并不像农民那样为饥饿所迫。因此，国有企业改革，倒不是国企职工的饥饿逼出来的，而是上上下下都感觉到效率太低，一个庞大的国有企业体系生产不出来丰富的、高质量的产品和应有的利润，以至于国家财政和职工钱包两头都空虚干瘪。

城市国企改革，是典型的上下结合式的改革。职工希望通过国企改革提高工资和奖金水平，地方政府希望通过国企改革增加地方财政收入，中央政府则希望通过国企改革全面提高国企效率，从而提高综合国力，提高职工生活水平，充分体现工人阶级的领导地位，实现社会稳定。上上下下都具有改革的积极性，上上下下都在推进国企改革。国企改革的举措，既有党中央、国务院出台的，也有地方政府出台的，也有企业自己制定的。改革的成果，则三方分享。

二十多年来，中国共产党和中国人民经受了严峻考验，在破解社会主义条件下如何建设社会主义市场经济体制这一历史性难题中交出了优异的答卷，取得了举世瞩目的伟大成就：（1）我国的经济体制已发生了深刻的变化，高度集中的、以行政手段管理为主的直接调控体制，已经转向分层次的、以经济和法律手段为主的间接调控体制；（2）适应社会主义市场经济要求的微观经济基础和宏观调控体系已初步建立；（3）国民经济市场化已基本形成，市场在国家宏观调控下对资源配置的基础性作用已初步实现；（4）对外开放的格局基本形成；（5）综合国力大大增强，人民生活水平显著提高；（6）社会主义物质文明、政治文明、精神文明建设，民主法制建设和社会文化事业都得到较大发展。

中国改革开放的伟大成就向世界昭示：中国已成功地走出了一条在具有深重的历史包袱、不发达的经济条件下和不宽松的国际环境中，推进经济体制改革和现代化建设的道路。中国改革开放的伟大成就和成功经验，是在落后国家如何建设社会主义、如何实现现代化道路的经验。它不仅是中国巨大的精神财富和宝贵文化遗产，也是人类社会的共同精神财富和文化遗产，是对人类社会的重要贡献，必将对在探索中前进的世界其他国家产生积极影响。

二、为什么中国经济体制改革能够稳操胜券

中国的改革开放的推进和成功是一场前无古人、规模空前的探索和实践。中国5 000年的文明史，从一定的意义上说，也是改革的历史，改革是推进历史发展的强大动力。然而，从商鞅变法到戊戌变法，演变成一场又一场历史悲剧，历史上的改革只是扭曲地推动了历史的发展，一个个大无畏的改革家，都成为悲剧性的历史人物，只是在身后历史学家的笔下才得到崇高的评价。唯有在中国共产党所领导下的社会主义经济体制改革，在当代就获得了巨大成功。二十多年来，我们走出了一条成功的道路，锻造了一支队伍，酿就了一股豪情，积累了丰富的经验。

在错综复杂的国内国际环境中，为什么中国的改革开放事业能够稳操胜券，并取得巨大的成效？国内外都在探索这个问题。

中国在错综复杂的经济社会矛盾中进行改革，如邓小平在早期所形容的是"如履薄冰"。客观地说，当改革开放的帷幕刚刚拉开的时候，如何确保

改革稳操胜券，也没有充分的思想准备，因而提出了"摸着石头过河"。曾有人指责我国的改革是"瞎子摸象"式。但正是这种"摸着石头过河"，我们摸出了门道，到达了胜利的彼岸。

为什么世界上其他社会主义国家的改革失败了，而中国却获得了巨大成功，这在世界上被称为"中国之谜"。怎样解开"中国之谜"？

（一）从政治层面上看

1. 我国存在一个强有力的政党以及在这个党领导下的强有力的政府，尤其有一个富有权威的中央政府。这是中国改革开放走向成功的重要政治前提。社会心理学的研究表明，经济发展水平较低的国家向市场经济转轨过程中，国民心理往往是离散的。这客观上需要一个强有力的政府在前面引导，这对国民的团结奋斗具有心理上的强化和凝聚作用。二十多年来，国际局势风云变幻，国内情况错综复杂，如果不是中国共产党的坚强领导和英明决策，中国改革开放的进行和成功是不可思议的。

2. 我国人民群众与党和政府有着密切的血肉联系，坚决支持党和政府领导的改革开放的伟大事业，这是改革开放取得伟大成就的坚实基础和铜墙铁壁。中国共产党成立以来，艰苦卓绝，英勇奋斗，与人民群众有着血肉联系。改革开放一开始，就宣布其根本目的也是为了人民群众的根本利益，使绝大多数人在改革中获得实惠。这就使得改革开放的伟大事业深深扎根于人民群众之中。实践证明，人民群众是推进改革开放的根本动力。

3. 坚持社会主义初级阶段理论，始终把经济建设放在中心地位，这是把改革开放大业不断推向前进的可靠保证。从中共十一届三中全会以来，我们的党逐步形成了社会主义初级阶段理论，而且历次党的会议都肯定中国还处于社会主义初级阶段，指出对社会主义初级阶段，与其看得短一些，不如看得长一些；把这个阶段的问题，与其看得简单一些，不如看得复杂一些。

（二）从思想理论层面上看

1. 坚持解放思想、实事求是的思想路线，一切从中国国情出发，坚决破除教条主义和本本主义。马克思主义是改革开放的指导思想。但我们在实践中不拘泥于马克思在一百多年前提出的一些结论和对未来社会的设想，而是从中国的实际情况出发,一切服从于生产力发展这个根本点,在改革中不断地发展马克思主义,把马克思主义中国化。

2. 大胆学习和引进国外的学术、思想和经验,吸收和借鉴人类社会的一切文明成果,但绝不搞"西教条"、"洋教条"。中国改革开放一开始就强调,要大胆学习引进包括资本主义国家一切反映现代经济规律的学术思想和先进经营管理方式。但又不盲目崇拜和照搬,而是既吸收各方之长,又走中国自己的道路。这就是说,我们既不搞对马克思的"东教条",也不搞对西方的"西教条"、"洋教条"。

(三)从改革开放的战略层面上看

1. 正确地处理了改革、发展、稳定三者之间的关系。社会的稳定是经济改革得以成功的基础,改革是促进发展的手段,而经济的发展又是社会长期稳定的根本保证。中国在改革中,提出和坚持"抓住机遇,深化改革,扩大开放,促进发展,保持稳定",把此作为治国安邦的重大战略方针。

2. 正确地处理了效率与公平、先富后富与共同富裕的关系。在改革开放之前,中国曾把公平放在首要地位,而常常忽视了效率。改革开放以来,我们坚决打破分配上的平均主义,实行按劳分配与其他多种分配方式相结合的方针。首先坚持效率优先的原则,让一部分人、一部分地区先富起来,从而让整个社会充满着活力;另一方面又不能使收入差距过大从而出现贫富悬殊,避免两极分化造成社会不公正和不稳定。

3. 正确地处理了物质文明建设和精神文明、法制建设的关系。在促进物质文明建设的同时,加强社会主义精神文明和法制建设,这是中国改革开放以来一项常抓不懈的工作。早在改革初就及时提出了两个文明一起抓。在改革过程中坚决反对"一手硬,一手软"的倾向。

(四)从改革开放的战术和策略层面上看

1. 不搞强制性制度变迁,而搞诱致性制度变迁。经济体制改革过程,实际上是一个制度变迁过程。制度变迁有两种基本方式,一是强制性变迁,二是诱致性变迁。强制性变迁刚性太强,容易导致社会矛盾;诱致性变迁具有较大的柔性,有利于弱化和化解改革中的矛盾。实行诱致性变迁,选择与其他体制关联度高,并且正效应大、负效应小的方面作为改革的突破口,从而能够诱致更多方面的改革。

2. 不搞"激进式"改革,坚持"渐进式"改革。经济体制改革在具体推进的方式上有两种不同的主张。一种是"激进式"改革,即所谓"休克疗法",即对旧体制提出一揽子改革方案,以较强的力度使旧体制在短期内完全休克,一揽子把新体制建立起来。就好似把一座旧城一下子彻底摧毁夷为平地,在短期内再建一座新城。另一种是"渐进式"改革。中国的经济改革在整体上实行的就是"渐进式"的办法。其具体操作方式是:新体制增量推进。具体表现是:由局部改革逐步过渡到整体配套改革;通过"双轨制"进行体制的转轨过渡;通过试点向全局推广。就好像修一条水渠,土一点一点挖,石头一块一块砌,最后水到渠成。

例如,中国的价格改革采取了"计划内调整,计划外生长"的双轨制或混合制过渡方式。同类产品的计划调节和市场调节并存,市场价格合法化,就必然要求对计划价格进行调整并提供了参考的市场标准,市场价格的范围和总量不断扩大,计划价格的影响力不断降低,计划价格与市场价格的差别逐步缩小,这就化解了价格的剧烈变动所带来的风险。

再例如,当国有企业改革改不动时,先不要硬碰硬急于改革。一方面,逐步在国有企业内注入新体制因素,让新体制因素逐步"蚕食"旧体制因素,促进新体制因素在潜移默化中成长;另一方面,在国有企业旁边发展起来一批非国有和非公有经济,形成强有力竞争,以压力和示范两重作用推进国有企业改革。

三、改革的操作方式

中国的诱致性制度变迁和渐进式改革在实践中是通过一系列具体操作方式实现的。

(一)体制外改革

所谓"体制外"改革是在原有计划经济制度之外,发展新的市场主导部门,使其成为推动市场化改革的基本动力之一。这种体制外改革主要表现为:(1) 产权制度的体制外改革,即允许在国有经济之外发展非国有经济;(2) 定价制度的体制外改革,即允许一些新产品的自由定价;(3) 市场组织的体制外改革,即允许计划分配体制之外发展出自由市场等等。

早期体制外改革的一个重要成功例证是乡镇企业的发展。农村实行以分田到户为核心的家庭联产承包责任制后,以集体所有制为主的乡镇企业也蓬蓬勃勃地发展起来。而一旦出现了以乡镇企业为代表的非国有经济,就必然形成对国有经济的竞争压力。特别是在价格双轨制的格局下,国有企业的原材料购买和产品销售也开始受市场价格的影响,它也要与乡镇企业争能源、原材料和市场份额。1984年城市经济改革全面推开前后,国有企业先后进行的利改税、拨改贷、企业承包制等改革试验,事实上都是在这种竞争压力下内生出来的。

到了上个世纪90年代,非公有制经济在高效率中超常规发展,许多集体所有制的乡镇企业也转变为非公有制,非公有制经济的市场份额迅速扩大,更加增大了国有企业的竞争压力,不加快改革就很难在市场上生存,客观上推进了国有企业改革的速度。在整个90年代,国有企业改革的步伐大大加快。1993年党的十四届三中全会提出建立现代企业制度,1994年国务院进行了百家国有企业实行现代企业制度试点工作,地方政府也在2 000多家国有企业进行实行现代企业制度试点工作。1998年国务院提出国有企业三年解困的任务。1999年党的十五届四中全会提出国有企业有进有退、有所为有所不为的改革思路。

体制外改革的好处在于能够趋易避难,由于在体制外不存在由既定制度规定的利益格局,一般没有改革的受损者,所以也就不会遭到反对,是"帕累托改进"和"卡尔多改进"[①],避免了旧的计划制度的惯性对新制度安排的排斥。

(二) 增量改革

与体制外改革不同,增量改革是在原有的计划经济系统内的一种改革方

---

① "帕累托改进"是指改革本身至少使一个人受益而没有任何人受损。"卡尔多改进"则是指改革中受益总量大于受损总量,以致受益者可对可能受损者进行补偿,使之受损害程度降低甚至为零。

式。它不是从资产存量的再配置上入手，而是着眼于让市场机制在资产增量的配置上发挥作用，即增量市场化，使计划经济存量的比重逐步缩小。例如，允许国有企业或农民对完成政府承担的义务以后的增量部分自主决定价格、销售方式和收益分配；国有企业的工人，可以采用"老人老办法，新人新办法"，即用计划经济中的企业与工人隐含的"合约条件"对待老工人，而用自由缔约的方式来聘用新工人等等。

增量改革是渐进式改革的重要特征，它在尊重原有计划制度及其界定的利益格局的前提下，实现了市场机制在计划体制内的生长和壮大。在实行增量改革以后，国有企业在完成计划任务以后，可按市场信号配置资源增量，而在利润动机的驱使下，通常就会将新增的资源配置到受抑制的部门。一些原来受抑制的部门在获得发展后，也会将其新增的资源配置在受抑制的本部门或相关部门，如农民将农业中的新增资源用来发展林业、牧业、副业和渔业以及乡镇企业，特别是乡镇企业的发展大大矫正了偏斜的产业结构，因为它们大多要支付市场价格购买资源，其产品结构比国有企业更接近于中国资源的比较优势，因而从增量上改变了中国传统的重工业畸重的产业格局。新增的资源越是向受压抑部门倾斜，经济增长速度就越快，改革就能及时获益并只需支付较低的改革成本，这使改革容易获得最大限度的支持，从而使改革具有持续性。增量改革的好处之二是可以平衡稳定与速度的关系。因为在实行增量改革的过程中，整个经济形成的增量部门由于市场机制发挥重要作用而具有较高的效率，保证了经济的高速增长，使蛋糕越做越大；而传统的存量部门，计划机制和行政命令仍在相当程度上发挥重要作用，在现实的改革进程中，以牺牲一定的经济效率为代价来避免大量失业及由此造成的社会剧烈震荡，保证了改革的稳定推进。

但是增量改革也不是没有成本的，因为这种改革方式是在新旧体制的冲突和交替中发挥作用的，从而形成了一种"进两步退一步"的改革推进方式，这并没有实现经济效率的最大化。而且增量改革是以价格双轨制为前提的，而价格双轨制是滋生寻租的温床。

(三) 试验推广

这一改革方式的含义是，将市场化改革限定在一定的范围（如地区、产业甚至是企业）内，取得经验后才在更大范围乃至全国加以推广。中国的经济改革大多数都不是在全国范围内同时推开的，每项改革措施都是从较小范围内的试验开始，在改革试点取得一定成果并积累有关经验，群众心理有了准备以后，才加以推广，由点及面，不断扩大其实行范围，如家庭联产承包责任制的推行过程、企业承包制的试行和经济特区的创建等。

  这种改革方式的主要优点是能尽可能地降低并分散改革风险。要保证改革成功就应尽可能避免大的失误和过高的成本，使人们能从改革中及时获得净收益。但是由于现实生活中信息的不完全，必然会使改革措施的结果具有不确定性。以局部的、试验性的方式进行改革可以避免大的全局性的失误，并把试错的成本分散化。特定范围内的改革成功又会很快消除人们对市场化改革功效的怀疑态度，减少人们对改革的反对意见，为开展更大范围的改革创造良好的环境。

  但是这种改革方式也存在着一些问题。虽然行政手段可以将已改革的与未改革的部分人为地隔开，但是在经济上又不可能将它们完全隔开，所以获得改革特许权的局部更有效率的经济机制会把资源从其他地区或产业中吸引走，从而引起地区间、产业间的经济摩擦。而且改革进程在部门和地区间的不一致也会造成区域发展的不平衡、收入分配不均等一系列问题，增加了社会不稳定因素。对不同地区和产业区别对待的做法，在某种程度上又会刺激各地区或部门向中央政府争要不同于一般规则的特殊政策，这是不符合市场经济的公平规则的，也不利于市场秩序的建立与完善。

  （四）计划权利交易

  计划权利是指在计划经济条件下，由计划当局赋予的权利。它具体是指可以以低于市场均衡价格（影子价格）的价格获得某种资源或产品的权利，或者以高于市场均衡价格（影子价格）的计划价格"出售"某种资源或产品的权利。计划价格体系在很大程度上体现着经济当事人之间的利益分配关系，如果用放开价格、快速到位的方式实行定价制度改革，就会在给一些人带来好处的同时，使另一些人蒙受损失。而在价格双轨制的条件下，就有可能通过计划权利的交易来实现定价制度的改革，同时又不损害任何人的利益，如中国的外汇管理体制改革。1979年打破了长期实行的国家统一定价的单一牌价汇率制，实行外汇留成制度；1980年开始在全国建立外汇调剂市场，企业自有外汇可随时进入市场自由调剂，人民币走上了汇率双轨制；1994年初，人民币在调剂汇率稳定、双轨汇率差价较小的情况下，双轨汇率并轨，实行以市场供求为基础的单一的有管理的浮动汇率制度；1996年，人民币成为国际经常账户中可兑换的货币。

四、改革风险、科学决策与社会稳定

中国是在错综复杂的经济社会矛盾中进行改革的，如邓小平在早期所形容的是"如履薄冰"。如何在错综复杂的国内国际环境中确保改革稳操胜券，一个最重要的任务就是确保社会稳定。正因为如此，在整个改革过程中我们经常强调"稳定压倒一切"。认真处理好改革与稳定的关系至关重要，没有整个社会的稳定，改革就不可能进行下去；但又不能为追求稳定而不改革、推迟改革或减慢改革。要在不断推进改革中实现社会稳定，就必须不断地化解风险。

中国的改革是（中央）政府主导型的改革，化解风险、确保稳定、深化改革，主要在于政府改革抉择的科学和智慧。我们的改革是理性的改革，理性的改革需要有理性的政府，而改革中理性的政府，首先是善于决策的政府。

改革的过程总是表现为国家政策的变动，而国家政策变动的"定格"，无非是政府一个个改革决策，改革就是一系列改革决策的"串联"和"并联"过程。"串联"得不合理，会增大改革的阻力；"并联"得不合理，会使社会的"电流"过强从而使社会负荷超载造成事故。决策的成功是最大的成功，决策的失误是最大的失误。改革中政府理性的、科学的、智慧的决策是改革顺利推进的关键。

（一）"朝四暮三"原理假设和改革中利益关系的调整

改革中的风险，很多来自利益矛盾。改革中社会经济条件的约束，最根本的是利益约束，在利益约束中，最主要的又是短期利益的约束，而短期利益的约束是由民众的"朝四暮三"倾向所决定的。《庄子·齐物论》中有个寓言:"狙公赋茅,曰:'朝三而暮四。'众狙皆怒。曰:'然则朝四而暮三。'众狙皆悦。名实未堀,而喜怒为用,亦因是也。"众狙并非不知"名实未堀",而是先图眼前多,至于以后多少,先不管它。庄周这里虽讲的是猕猴,实是以猴喻人。我们可以借此提出"朝四暮三"原理假设:人有一种追求眼前利益即短期利益、忽视未来利益即长远利益的倾向。我们可以运用这个原理假设来分析体制改革中的利益分配决策。

改革有长期目标和短期目标之分,从长期看,全体人民都是改革的受益者,这点恐怕是不会有人怀疑的,但从短期看,改革必将对已经形成的利益格局进行调整和再分配。对于既得利益者,无论是绝对减少,还是相对下降,都会增加改革的阻力。就大多数公众来说,对改革的评价及其对改革所选择支持或反对的态度,一般并不认真去测算长期利益,而是看改革能给自身带来多少短期利益。改革如果不在一定程度上维护或照顾既得权益,如果不在一定程度上满足大多数公众对短期利益的渴望,改革就得不到公众的支持,改革的长期目标也就得不到实现。因此,政府在改革的决策中,就不得不牺牲一部分长期目标来满足短期目标。这种决策的负倾向看起来是违背决策常规的,但却是维护稳定、动员公众支持和积极参加改革所必需的。

(二) 新体制的重塑和过渡性的症状

改革的过程是新体制的重塑过程。新体制的重塑有三种方式:一是注入式重塑。即先不从根本上触动旧的体制,而是在旧体制中注入新的机制,在新的机制增长过程中对旧的体制进行蚕食,从而使新的体制成长起来。二是交叉式重塑。即在一些方面一些领域已经以新的体制取代了旧的体制,而在另一些方面另一些领域旧的体制继续存在并起作用,两种体制在不同的领域或在同一领域的不同环节同时存在,和平共处,在新的体制部分扎稳根基力量强大之后,再并吞旧的体制。三是断裂式重塑。即旧的体制一下子全部取缔,代之以新的体制。在这三种体制重塑中,前两种重塑属于稳妥式和渐进式重塑,也可称温和式重塑,后一种重塑属于激进式重塑。第三种重塑方式从理论上说是最理想的,但在实践中却有很大风险。而且,体制的断裂式重塑要求人们的观念、传统习惯的断裂式重塑,即新的观念与新的体制相对接，而这比体制本身的断裂式重塑难度更大。因此，一般来说，在体制改革的决策中，断裂式重塑是应当避免的。

（三）改革的频率、幅度和社会心理负荷度

在改革中，无论采取什么形式的新体制重塑方式，都存在一个改革的频率和幅度问题。改革的频率是指改革的步伐前进的速度，它表现为改革的方案、政策等不断出台的速度。改革的幅度是指改革的步伐的跨越度，它表现为改革的新方案对旧体制的偏离度。显然，改革的频率越快，幅度越大，改革推进得就越快。但改革推进的速度却要受社会心理负荷度的制约。改革中的社会心理负荷度是指公众对改革新方案的接受程度和对新体制的适应程度。改革的频率和幅度如果超越了社会心理负荷度，就会出现社会经济震荡。旧的体制虽然不适应生产力的发展，但却有很大的惯性，这种惯性不仅表现在体制本身，尤其表现在这种旧体制在公众心理上形成的文化积淀及其心理和行为的定势。当改革给公众带来利益时，公众一方面会欢迎和支持改革，另一方面又会自觉不自觉地受到旧的文化心理积淀的束缚；公众一方面感到改革确实给自己带来了好处，另一方面又留恋旧体制的安逸；一方面看到"泥饭碗"中东西越来越多越来越好，另一方面又留恋"铁饭碗"的牢靠；一方面在竞争中觉得精神振奋，试图大显身手干一番事业，另一方面又害怕风险。这种相悖的心理矛盾往往体现在同一个人身上。

因此，政府在改革的决策中认真研究社会心理负荷度是至关重要的。无论什么方案、政策的出台，都要认真测算公众社会心理负荷能力及其规律性。一般说来，改革的顺利进行与社会安定和经济稳定是正相关的，社会安定和经济稳定又与公众的社会心理负荷能力是正相关的，而公众的社会心理负荷能力与其对政府的信任程度、对个人未来利益的预期和对社会经济变动的心理准备又是正相关的。改革中政府任何方案和政策的出台，不仅要考虑到经济的可行性，尤其要考虑到社会的可行性，而且社会可行性比经济可行性更为复杂。不要简单地认为，只要给公众带来利益就一定会得到公众的支持。必须清醒地认识到：改革的阻力不一定都来自利益的受损者，有时候却来自那些未来可能获得好处的人们。所以，在改革中，政府就应对改革的频率、幅度和公众的社会心理负荷度进行对比，使改革的频率、幅度小于社会

心理负荷度，使公众对改革的顺向心理大于逆向心理。

（四）补偿原则与改革风险的淡化

要使改革不出现风险，就要使改革不出现社会经济震荡；要使改革不出现任何社会经济震荡，就要使改革给所有的社会集团、社会阶层和全体公众都只带来好处，而不带来任何坏处。然而，无论多么高明的政府也做不到这一点，因为无论多么高明的政策都不可能只带来好处而不带来任何坏处。任何政策都具有一定程度的副作用，而且随着政策实施时间的延长，其副作用还会增大。政府改革的方案、政策、措施推出的结果有多大的不确定性，取决于政府对这种不确定性的预期，然而，无论多么高明的政府都不可能对这种不确定性看到清澈见底。为了使改革顺利进行，在改革中，政府就要尽可能熨平社会经济矛盾，淡化改革的风险。

淡化改革风险的重要途径是实行补偿原则。这就是说，对改革中某些社会集团、社会阶层和公众受到的损失进行补偿。补偿的内容有经济补偿和社会补偿。经济补偿就是物质利益补偿。例如，1979 年当提高 8 类副食品及其制成品销售价的 30% 时，就给工人每月补贴 5 元，给 40% 的工人加工资；在农副产品提价收购后往往不提销价，亏损由国家补。1983 年，当时面粉、大米等 6 种粮食作物，平均每百斤的实际收购价为 23.57 元，销售价为 14.43 元，国家要补贴 9.14 元，仅这一项，国家每年财政补贴就为 270 亿元。社会补偿的内容比较丰富，有地位补偿、荣誉补偿、精神补偿、机会补偿等。地位补偿是指地位的转换和升迁。荣誉补偿是指赞誉、受尊敬、先进模范称号的获取和某种荣誉称号的授予。精神补偿是指生活和工作环境的改善和美化、文化生活的丰富、闲暇时间的增加、个人爱好和兴趣的实现等。机会补偿是指获得更多的谋取物质利益、实现个人抱负的机会。补偿的形式有直接补偿和间接补偿、同体补偿和异体补偿。直接补偿是指哪个方面受到损失就补偿哪个方面，例如，当物价上涨使居民的实际收入受损时，利用居民的货币幻觉进行一部分工资补偿。间接补偿是指某方面受到损失而从其他方面进行补偿，例如，失"权"者补以"利"，失"利"者补以"名"，或多方面兼补等交叉性补偿。其所以能进行这种间接的、交叉性的补偿，是因为权、名、利之间存在着替代效应。同体补偿是指谁受损失就给谁补偿。异体补偿是指一个人受到损失后,其家庭和亲属中的其他人得到补偿,如"夫失妻补","父母失子女补",等等。

(五)"逆"对风向决策与"顺"对风向决策

在改革过程中,总会自发地出现这样或那样的"风"和"热"。面对着种种"风"和"热",政府怎样决策?是"逆"对风向决策,还是"顺"对风向决策,这直接影响着改革能否顺利进行。前面说到政府决策时要考虑到公众的社会心理负荷度,但这并不等于说政府决策为"顺民意"而处处"顺"风而行。一般说来,在改革中自发出现什么"风"时,政府总是"逆"对风向决策,即社会"热"时政府"冷",社会"冷"时政府"热"。例如,当社会上货币流通量太多,出现通货膨胀时,政府应该收紧银根、紧缩财政。当社会上不切实际的"民主化"呼声过强时,政府要适当"压缩空气",防止出现无政府主义。

但这并不是说,在任何时候,任何情况下,政府都必须"逆"对风向决策,处处跟"风"对着干。因为社会经济运行中自发产生的"风",不一定都是不正之风,有时在一定程度上和一定范围内确实还代表了民意和社会经济发展的趋向,如果政府绝对"逆"对风向决策,反而会伤害群众的积极性,不利于推进改革和经济发展。例如,当社会对货币需求过旺时,如果绝对地采取"双紧"政策,势必影响公众和企业的投资积极性,不利于经济增长。因此,政府在"风"面前,应该鉴别情况,区别对待,该"逆"则"逆",该"顺"则"顺","冷""热"相兼,"松""紧"搭配。

(六)政策、对策、反对策的博弈

改革中政府的决策——政策、方案、决策、措施等要能生效,就要依靠整个社会同政府特别是同中央政府同心同德,并能牺牲自我。然而,事实上并不是社会上每个单位、每个个人都能自觉地与政府同心同德,并能牺牲自我的。如果政府的政策、方案、决策等对其实施对象有利,该对象就会成为政府的协同者和支持者;如果不利,则会成为政府的"抗衡力量"。"抗衡"的表现就是对策,即通常所说的"上有政策,下有对策"。在社会上存在着各种不同行为主体的对策:一是企业对政府的对策;二是个人对政府的对策；三是部门对政府的对策；四是地方政府对中央政府的对策。

反对策行为有三种方式。一是"闯红灯"，即对政府决策不予理睬，公开违背政府政策；二是"绕红灯"，即利用政府政策的漏洞，设法绕过政府政策的束缚；三是超前行动，即预期政府可能做出对自己不利的政策和决策，或事先获得了政府某项政策的信息，抢先行动，避免损失。在上面三种反对策方式中，大量的是第二种。

在反对策的行为主体中，虽然个人和企业的反对策行为是大量的，但最有力量的还是部门和地方的反对策行为，因为部门和地方政府手中握有权力。政府只有一双眼睛，而个人、企业、部门、地方却具有千百双眼睛，因此，政府对于下面的反对策行为是防不胜防的。

微观经济单位的对策具有两种情况：一是违法的对策，即采取各种明的或暗的违法乱纪手段抗拒中央政策；二是不违法的对策，即设法绕过政府政策的束缚，或利用政策的漏洞，或预测政府可能做出对自己不利的决策，预先避免，抢先行动，从而避免损失，谋取利益。对于违法的对策好办，就是用法律手段予以制裁。难就难在不违法的对策，而这种对策又是大量的。对于这种不违法的对策，政府只有实行反对策。这一方面是通过行政手段、舆论力量和道义上的劝告，对微观经济单位的行为进行引导，使它们明确政府的政策也好、反对策也好，归根到底是为了增加企业和个人的利益，尽可能把它们的对策控制在一定的范围内，尽可能缩小微观经济单位的行为与政府目标之间的偏离度。另一方面，政府要不断地研究微观经济单位对政府决策的反应，预期它们的行为和可能出现的对策内容，尽可能减少政府决策的漏洞。

反对策现象的出现大大增加了政府决策的难度，如果反对策的力量超过了政府决策的力量，就会使政府政策失效或失败。为了维护政府政策和政令的严肃性，政府必须坚决地反对反对策。为此，政府对反对策行为要具体分析，区别对待。对于违法的反对策，要用法律手段予以制裁；而对于不违法的反对策（如"绕红灯"和超前行动），政府要通过行政手段、舆论力量和道义上的劝告，对下面的反对策行为进行干预，把反对策行为尽可能控制在一定的范围内。同时，政府要不断地研究各种经济社会活动主体的行为规律，预期反对策行为的方式和内容，尽可能避免政府决策的漏洞，从反对策行为中获取各种信息，促使政府各种政策、方案、对策、措施的不断优化，不断提高政府决策的科学水平。

(七) 政府决策操作和社会经济矛盾的降压、分解与缓冲

政府要向预定的目标推进改革，不仅要决策正确无误，而且要对决策的操作缜密稳妥。如果决策本身有误，有可能导致社会经济震荡、冲突和崩溃。如果决策本身正确无误，而对决策的操作不周，也可能导致社会经济的震荡、冲突和崩溃，使正确的决策成为泡影。

我国的体制改革是在经济、政治、思想文化等多个领域展开的。从理论上来说，各个领域的改革是互相促进的，但在实践中并不一定如此。任何一个领域的改革如果操作不周，不仅影响本领域的改革，而且还会波及到其他领域的改革。特别是政治领域的改革，如果操作不周，不仅不能对经济体制的改革起到保证和促进作用，反而还会促进矛盾的激化。思想文化领域的改革对经济体制改革和政治体制改革起着能动的反作用，加速或延缓改革的进程。任何体制都会折射出一定的思想文化，这种思想文化在人的头脑中物化为观念。旧的观念反映了旧的体制，新的观念反映了新的体制。观念一经形成，就具有相对独立性。从改革的历史长河来看，旧的体制及其旧的观念统统都要进入历史的博物馆。但旧的观念并不像扫帚下的垃圾那样，可以轻而易举地被扫入垃圾堆。若要勉强人为地扫除，不仅不能达到预期目的，反而还会产生新的社会矛盾，不利于社会的稳定。

改革是与全体公众的切身利益相关的事业。公众又是分为群体的，不同的群体有不同的偏好、不同的兴奋点和不同的敏感点。市民的偏好和敏感点是收入和价格；知识阶层（特别是青年）的偏好、兴奋点和敏感点是"民主"和"自由"；领导者和管理者阶层的偏好、兴奋点和敏感点是权力和升迁。社会矛盾是最容易在群体的偏好、兴奋点和敏感点上诱发和激化的。在改革中，如果各个群体的偏好、兴奋点和敏感点都同时集合在一起发生"共振"，则可能促使矛盾激化，导致社会经济的震荡、冲突和崩溃。

中央政府面对着的是整个社会和全体公众。因此，当改革中产生社会经济矛盾时，压力往往是加在中央政府身上的，当压力仅仅由中央政府承受时，"压强"必然很大，而"压强"愈大，对改革愈是不利。

要避免社会经济的震荡、冲突和崩溃，避免中央政府承受的社会压力过大，推动改革的平稳前进，就必须对改革中的社会经济矛盾进行降压和分流。为此，就要合理设计和操作社会缓冲装置，这个社会缓冲装置就是"社会降压器"和"社会分流器"。

实际上，"社会降压器"和"社会分流器"无需人为的装置，社会本来就存在，就看政府如何操作和使用。对于中央政府来说，各个部门、各个地区及其部门、企业、专家、学者、社会团体组织，都是"社会降压器"和"社会分流器"。它们既是中央政府与公众之间串联着的"社会降压器"，又是中央政府与公众之间并联的"社会分流器"，问题就在于中央政府如何发挥这些"降压器"和"分流器"的社会功能。

发挥"社会降压器"和"社会分流器"的作用的一个重要途径是尽可能减少政府、特别是中央政府与公众之间的直接对话，增加部门、地方政府及其部门、企业、专家、学者、社会团体组织与公众之间的直接对话。公众中有一种倾向，即往往对改革带来的好处熟视无睹，或者认为这是政府应该给予的和自己应该得到的，而对改革暂时带来的某种损失和不利却斤斤计较耿耿于怀，看做是政府的过失，把政府、特别是中央政府当做出气筒。如果中央政府与公众的直接对话太多，容易使中央政府陷于尴尬境地。因此，中央政府一般不与公众直接对话，而由部门、地方政府及其部门、企业、专家、学者、社会团体组织与公众直接对话。这就可以把公众关于改革的方案、政策对中央政府的集中化反应，转化为对部门、地方政府及其部门、企业、专家、学者、社会团体组织的分散化反应，就可以对可能出现的社会经济矛盾起"降压"、"分流"的缓冲作用。这样，有利于中央政府时时处于主动地位，对整个社会的改革进行协调，也便于中央政府在决策方面的进退。

执笔人　邹东涛

分报告一
中国所有制改革的基本经验

生产资料的所有制问题是整个政治经济学说甚至整个马克思主义学说体系的核心，所有制问题是社会主义运动的基本问题。以社会主义市场经济体制为目标的我国经济体制改革，不仅不能回避、淡化和绕开所有制问题，恰恰相反，应该把所有制范畴作为社会主义市场经济体制的基本范畴之一。五十多年来，中国所有制结构的形成、演变和改革，经历了一个漫长的历史过程。历史发展到今天，所有制问题仍然是社会主义经济体制改革的基本问题。所以，我们可以形象地把中国所有制改革比喻成经济体制改革的"珠穆朗玛峰"和"马里亚纳海沟"。无论是攀登"珠穆朗玛峰"，还是潜入"马里亚纳海沟"，都是世界上极其艰难之事。所有制改革无疑是我国经济体制改革的最大难点，就是说我国的改革深不过所有制改革，也高不过所有制改革；在改革理论探索中争议和分歧最大的是所有制，在改革实践中取得成就最大的也是所有制。

一、中国所有制改革的历程回顾

中国经济体制改革的历史实质上是所有制改革的历史，中国所有制改革的历史实质是传统公有制经济改革和非公有制经济崛起的历史。在改革开放的整个历史过程中，党中央不断地推进所有制改革，不失时机地提出所有制改革的新理论、新政策和新的法律法规。

（一）改革开放前公有制的实践与困境

从中华人民共和国成立到1956年，是我国从新民主主义到社会主义的转变时期，也是我国计划经济体制开始建立和初步形成时期，是我国多元所有制结构并存的时期。到三年国民经济恢复时期结束时，全民所有制即社会主义国家所有制、民族资本所有制、劳动者个体所有制、集体所有制四种经济成分在工业总产值中所占的比重分别为：41.5%、34.6%、20.6%和3.3%。① 经过社会主义改造，我国的所有制结构发生了深刻的变化，使我国从新民主主义的经济体制过渡到高度集中统一的计划经济体制。到1957年，在全国工业总产值中，各种经济成分所占的比重分别变化为：国营比重上升为53.6%，集体经济成分上升为19.0%，城乡个体经济下降为0.8%，其他经济类型（主要是公私合营和私营）占26.4%。②

在农业生产中，国家把分散的小农户组织起来，强制推行人民公社制度。首先，国家对农产品实行统购统销制度，控制农副产品自由进入流通领域，推行农业生产互助合作的形式。1955年，50.7%的农户参加互助组，只有14.2%的农户参加二三十户规模的初级社。其次，随着以重工业优先发展战略的推行，国家加快了农业集体化的步伐。到1956年初，参加农业生产合作社的农户从1955年底的14.2%，增加到80.3%，到1956年底迅速增加到96.3%。同时，200户左右规模的高级社发展迅猛，从1956年初的30.7%，增加到年底的87.8%。③ 最后，1958年"大跃进"和"赶英超美"战略的推行，导致人民公社制度的迅速发展。几乎是在1958年8月至11月初三个月的时间里，就实现了从第一个人民公社诞生到全国范围的人民公社化的过渡，参加公社的农户达到1.27亿，占农户总数的99.1%。④

1958—1960年，伴随着"大跃进"和农村人民公社化运动，我国又进行了第二次经济体制改革。这个时期，一方面在经济建设和生产关系变革上急躁冒进，广大农村迅速实行"人民公社化"，城镇集体和个体性质的商店和手工业生产迅速转为国营；另一方面，又不讲分寸地扩大地方的权力，把一些本应由中央掌握的、关系到国民经济命脉的大型骨干企业下放给地方，

---

① ② 参见王梦奎等：《我国所有制结构变革趋势与对策》（上），载《管理世界》，1993（6）。
③ 参见苏星：《我国农业的社会主义改造》，156页，北京，人民出版社，1980。
④ 参见赵德馨主编：《中华人民共和国经济史》，449页，郑州，河南人民出版社，1989。

国家的计划、财力、物力，基本建设、劳动管理权力也层层下放。这样，我国的经济体制不仅部门自成体系，而且地方自成体系，使得国民经济失去了必要的宏观控制，经济效益严重下降，国民经济遭到严重破坏。这次经济体制改革实际上归于失败。

1961—1965年，配合经济调整，我国又进行了第三次经济体制改革。这个时期，一方面纠正在生产关系变更等方面急躁冒进的错误，在农村，稳定了"三级所有，队为基础"的体制，在城镇，一部分合并或上升为国营的商业和手工业又退回到集体或个体。另一方面，又重新强调中央集中管理，收回了下放给地方的企业，强调"全国一盘棋"。同时，也开始注意利用价格、税收、信贷等经济杠杆的某些作用，注意利用市场调节农副产品的生产和流通，开放了集市贸易，也注意利用工资、奖金等经济手段调动劳动者的积极性。在全国试办了13个工业托拉斯组织。这次改革，对于推动经济调整，促进国民经济的迅速恢复和好转，起了积极的作用，使在"大跃进"和农村人民公社化运动中破坏了的国民经济得到了迅速恢复。但从总体上看，所有制的单一性，管理权限的高度集中统一，并没有从根本上得到解决。

1970年，我国又开始进行了第四次经济体制改革。这次改革，是和"文化大革命"中"左"的错误交织在一起的，鼓吹"穷过渡"，大割所谓"资本主义尾巴"，取消城乡个体经济、社员家庭副业和集市贸易，否定市场调节和价格规律的作用，排斥经济手段和物质利益原则，废除了奖金制度，大搞平均主义。在工业企业管理等方面，在打倒所谓"条条专政"的口号下，再次进行企业下放，在企业内部，把各种规章制度当做管、卡、压加以否定。这次改革，使我国的所有制进一步向着单一行政化发展，既缺乏国家对宏观经济的控制力，又缺乏微观经济的活力，因而越来越不适应生产力发展的要求。

从20世纪50年代末到党的十一届三中全会以前，我国经济体制虽进行了多次调整和改革，但都限于调整中央和地方、条条和块块的管理权限，而没有解决赋予企业本身以自主权这个要害问题，更没有从所有制这个根本问题上推进改革，因而必然陷于"一统就死，一死就放，一放就乱，一乱又统"的恶性循环之中。在所有制形式优劣衡量与取舍标准上，政府不仅片面追求公有制本身的公有化程度，而且追求纯而又纯的所有制结构，将诸多符合生产力发展要求的所有制形式人为地排斥在所有制结构之外。在理论上，我们将非公有制经济成分看成公有制的对立物；在实践中，则视之为资本主义尾巴和土壤一再予以"割除"和"铲除"，"宁要社会主义的草，不要资本主义的苗"。到 1978 年，国民生产总值中公有制经济占 98%，其中，全民和集体经济分别占 55% 和 43%；在工业领域，国有企业占全部工业总产值的 77.6%，集体经济占 22.4%，个体、私营经济几乎不存在；在社会商品零售总额中，公有制经济占 97.8%，其中全民、集体分别占 54.5% 和 43.3%。[①]

（二）改革开放后所有制改革历程回顾

我国的改革是循着先易后难、先外部后内部、先增量后存量的渐进方式进行的。我国所有制方面的改革，大体上是沿着两方面展开的。一是所有制结构改革，冲破所有制"越纯越好"的僵化观念，调整公有制经济与非公有制经济之间的关系，把单一的公有制结构，改革为以公有制为主体、多种所有制经济共同发展的所有制结构；二是对原有的所有制形式的改革，冲破"越统越好"的僵化观念，主要是对全民所有制的国家所有制形式的改革，以及对旧的集体所有制的改革，探索公有制的多种有效实现形式。

1. 农村家庭联产承包责任制的实施，标志着所有制结构调整开始

中国的改革是从农村改革开始的，所有制改革也是以农村为突破口的。1978 年 12 月，安徽省凤阳县梨园公社小岗生产队的农民第一个吃"螃蟹"，实行"分田到户"。在国家政策的宽容下，1980 年底，全国实行包产或包干到户的生产队占生产队总数的比例，由年初的 1.1% 上升到 20%。从 1982 年到 1986 年，中央连续 5 年每年制定一个 1 号文件（人称五个 1 号文件），把以家庭联产承包为主的责任制推向全国。

1982 年底，全国大体上有 80% 的农民实行了包干到户。人民公社的"三级所有，队为基础"体制基本上土崩瓦解。1983 年，12 702 个人民公社宣布解体。实行包干到户的生产队占总数的 98%。1984 年，又有 39 830 个人民公社宣布解体。1985 年，所余 249 个人民公社宣布解体。至此，在中

---

① 参见谷书堂主编：《社会主义经济学通论》，73 页，北京，高等教育出版社，2000。

国，人民公社及其下属生产队不复存在。代之而起的是 61 766 个乡镇政府，和 847 894 个村民委员会。新体制显示出了推动生产力发展的优越性。统计资料表明，在广泛推行家庭联产承包责任制的 1978—1984 年，按不变价格计算的农业总增长率和年均增长率分别为 42.23% 和 6.05%，是 1949 年中华人民共和国成立以来农业增长最快的时期。计量研究表明，在该时期的农业总增长中，家庭联产承包责任制所做的贡献为 46.89%，大大高于提高农产品价格、降低农用生产要素价格等其他因素所做的贡献。[①]

中国农村经济改革还有一个预料不到的收获——乡镇企业异军突起。这是中国农民的伟大创造，是中国农村中可以和家庭联产承包责任制相媲美的一大奇观。到 1987 年，乡镇企业个数从 1978 年的 152 万个发展到 1 750 万个，增加了 10 倍还多；从业人数也从 1978 年的 2 826 万人猛增到 8 815 万人；产值达到 4 764 亿元，占农村社会总产值的 51.4%，第一次超过了农业总产值；乡镇工业产值就占到了全国工业总产值的 1/4（到 1997 年，乡镇工业产值已经占到全国工业总产值的一半）。这是中国农村经济一场极为深刻的变革，是中国工业革命的重要成果。

我国自改革伊始，就开始了对国有企业改革的探索。在 1984 年 10 月党的十二届三中全会之前，企业改革的基本思路是：放权让利，强化刺激。中共十二届三中全会通过的《中共中央关于经济体制改革的决定》明确指出：搞活企业，特别是搞活大中型国有企业，是经济体制改革的中心环节；改革的突破口，首先是将企业的所有权与经营权适当地分开，同时实施计划体制、价格体制、国家机构和劳动工资制度的配套改革；政府原则上不再直接经营管理企业，少数具有直接经营管理企业责任的经济部门，也须简政放权。

由这样的起点出发，中国的经济体制改革，便出现了新的局面。从 1984 年 10 月到 1986 年，国有企业先后进行了利改税、拨改贷、企业承包制和股份制等改革。从 1987 年开始，国有企业改革围绕着重建企业经营机制这个中心，全面推行各种形式的经营责任制，包括大中型企业的承包制，小企业的租赁制和股份制的试点。在 1991 年以前，最主要的手段是承包制。股份制改革的思路就是这时提出来的。在这一时期，非公有制

[①] 参见林毅夫等：《中国的奇迹：发展战略与经济改革》（增订版），144～145 页，上海，上海三联书店、上海人民出版社，1999。

经济也取得了比较大的发展。1988年是私营经济的黄金之年。这一年的年底,我国已有1 000多万家个体企业和20万家私营企业,雇用的工人总计2 480万人。至此,我国已基本上建立了公有制为主体、多种经济成分并存的所有制结构。

2. 邓小平南方谈话和十四大召开,开启了所有制理论第二次创新

1992年春邓小平南方谈话和10月党的十四大的召开,是中国改革进程中最伟大的里程碑之一,其伟大意义并不亚于十一届三中全会。经过十多年的曲曲折折反反复复,我国最终走出了计划经济本位论的樊笼,步入了市场经济本位论的正轨,人们摆脱了姓"资"姓"社"的争论,把所有制理论创新迅速转化为向社会主义市场经济迈进的物质力量。据国家统计局公布,1992年,国内生产总值比上年增长14.2%,工业总产值比上年增长24.7%,农业总产值比上年增长6.4%。

从中共十四届三中全会以后,我国改革进入了一个整体推进和重点攻坚阶段。按照十四届三中全会建立现代企业制度的要求,经过一年多的理论准备和政策探索,并在统一思想认识的基础上,国务院决定在全国选定100家大中型国有企业进行现代企业制度试点,选定3家企业进行控股公司的试点。1994年11月初,有国务院领导参加、国家经贸委和国家体改委共同召开了现代企业制度试点工作会议,讨论通过了《关于深化企业改革搞好国有大中型企业的意见》和《关于选取一批国有大中型企业进行现代企业制度试点的方案》等几个文件,这标志着现代企业制度试点工作正式开始。

根据国务院的部署,试点工作由国家经贸委和国家体改委两家分工牵头进行,其中体改委分管30家现代企业制度的试点和1家控股公司的试点,经贸委分管70家现代企业制度的试点和两家控股公司的试点。在国务院的领导和协调下,两部委制定的改革试点部署基本一致。除国务院推行103家国家级企业试点以外,各省、市、自治区又选定了2 000多家地方企业试点。国务院要求试点工作必须严格按照"三法"、"两则"、"两条例"办事①,实行"三改一加强"(改组、改制、改进,加强企业内部管理)。1995

---

① "三法"是指1988年4月颁布的《全民所有制工业企业法》,1993年12月29日颁布的《公司法》和1994年7月5日颁布的《劳动法》;"两则"即《企业会计准则》和《企业财务通则》;"两条例"是指1992年6月30日颁布的《全民所有制工业企业转换经营机制条例》和1994年7月24日颁布的《国有企业财产监督管理条例》。

年4月份，国家体改委在成都召开企业改革的试点工作会议，这次会议通过充实"三改一加强"为"五改一加强"，即"改组、改制、改造、改进、改善"和"加强企业内部经营管理"。

截至1995年底，经营性国有资本中有60%以上分布于工业、建筑业以及贸易、餐饮业等一般性竞争领域。在工业领域，共有国有企业87 905个，其中小型企业72 237个，中型企业10 983个，中小国有工业企业占国有工业企业总数的94.7%，分布于其中的国有资产量达17 576.4亿元。分布于一般加工业、贸易和餐饮业中的国有企业，是国有经济退出的主要对象。但国有经济能否顺利退出，还要看国有经济退出以后，是否有其他经济形式能够迅速补上。私营经济是填补国有经济退出领域的一支重要力量，其迅速发展构成国有经济战略性调整的一个重要条件。

乘着新一轮改革开放的东风，1993年中国私营企业发展迎来了第二个春天。1993年，私营企业迅速地超过1988年的水平，达23.7万家；1994年，大举增至43.2万家。至于私营企业的注册资金，在1989年和1990年间几乎没有增加，在1991年到1995年，增加了大约20倍，达到2 400多亿元。1995年12月，国家工商局排出中国30家最大的私营企业。年销售收入全部超过1亿元，其中位居第一的是希望集团有限公司，年销售收入16亿元。

3. 十五大以后，所有制结构主体走向多元化

1997年9月，十五大报告中关于"调整和完善所有制结构"的论述，应当说是理论方面最具突破意义的一段。这是党中央在正式文件中第一次对我们国家传统的公有制理论作出重大修正，进而第一次将经济改革的方向指向传统的公有制。十五大解除了人们多年关于"股份制"姓"公"还是姓"私"问题的顾虑，积极推进和规范企业股份制改造。

2001年底，我国基础产业占用国有资产总额为37 235.7亿元，比1995年末增长1.1倍；国有大型工商企业占用国有资产总额为45 990.7亿元，比1995年末增长了1.5倍；国有净资产总量比1995年末增长91.4%，但国有经济对经济总量（GDP）的贡献率则逐步降低，从1978年占56%降至1997年的42%，这有助于进一步改善所有制结构。

十五大以后，非公有制经济迅速发展。到2001年底，我国个体工商户

已发展到 2 433 万户、4 760 万人，注册资金 3 435.8 亿元。个体经济主要分布在商贸餐饮业、社会服务业等第三产业，个体工商户从事第三产业的户数占总户数的 80% 以上，已经成为国民经济发展中的一支重要力量。经过二十多年，特别是 1992 年以来的发展，私营经济在我国经济生活中已扮演着越来越重要的角色。1989 年，我国私营企业共有 90 581 户；1998 年，私营企业户数增至 120.1 万户，增加了 13.3 倍，平均每年增长 33.3%；2001 年，增至 202.9 万户。从业人员，1989 年 164 万人；1998 年增加到 1 709.1 万人，增加了 10.4 倍，平均每年增长 29.8%；2001 年，增至 2 713.9 万人。注册资金，1989 年 84 亿元；1998 年增加到 7 178.1 亿元，增加了 84.5 倍，平均每年增长 64.0%；2001 年增至 18 212.2 亿元。

所有制理论的创新促进了中国经济的发展，再一次验证了邹东涛教授倡导的一句话："解放思想，黄金万两；观念更新，万两黄金。"

4. 中共十六大和十六届三中全会，启动了所有制理论的新发展

2002 年 11 月 8 日，中国共产党第十六次全国代表大会在北京召开。在所有制改革方面，十六大报告在阐述了"坚持和完善公有制为主体、多种所有制经济共同发展"的社会主义基本经济制度后，用两个排比句把公有制经济和非公有制并列相提，提出两个"毫不动摇"——"必须毫不动摇地巩固和发展公有制经济"，"必须毫不动摇地鼓励、支持和引导非公有制经济发展"。

两个"毫不动摇"是中国共产党总结 25 年改革开放的经验，对公有制经济和非公有制经济的关系按照经济规律所作出的透彻、精辟的阐述，是对马克思所有制结构理论的深化和发展。第一，突破了传统的"所有制教条"，实现了所有制结构理论上的飞跃。这是对十五大报告的深化，是对非公有制经济的社会主义性质的充分肯定。第二，突破了非公有制经济与公有制经济不可融合的传统观念，确立了两种所有制经济统一于社会主义现代化建设进程中，相互促进、相互发展的新理念。第三，突破了公有制经济要在国民经济中占绝对优势的思维定式，提出了公有制经济与非公有制经济在社会主义市场经济中地位相等，各自都可以发挥自己的优势，公平竞争的新理论。第四，总结了社会主义所有制改革中的新经验，揭示了社会主义所有制的基本特征，反映了实践发展的要求。

所有制改革是我国整个经济体制改革的焦点和枢纽。2003年十六届三中全会通过的《中共中央关于完善社会主义市场经济体制若干问题的决定》，在社会主义所有制理论上彻底解决了姓"资"姓"社"的问题，是我国改革理论的又一次大突破。全会在所有制上的攻坚性突破包括以下方面：第一，第一次提出建立现代产权制度，指出产权是所有制的核心和主要内容；阐明了我们要建立的现代产权制度的四个基本特征；论述了建立现代产权制度四个"有利于"的重要意义和一个"内在要求"、一个"重要基础"的关键作用；提出了保护各类产权等等新的政策要求。第二，第一次提出大力发展混合所有制经济，实现投资主体多元化，使股份制成为公有制的主要实现形式。我们要以股份制为载体，大力发展混合所有制经济，实现投资主体多元化，增强公有制经济的活力和竞争力。第三，第一次提出允许非公有资本进入法律法规未禁入的基础设施、公用事业及其他行业和领域。第四，第一次提出非公有制企业在投融资、税收、土地使用和对外贸易等方面，与其他企业享受同等待遇，强调对非公有制企业既要改进监管，又要改进服务。

对十六届三中全会关于所有制改革方面的变化进行深入的理论分析，我们可以得出全会在所有制理论上实现了根本性的突破。主要包括以下方面：(1) 跳出了所有制可以超前发展的误区，坚持了生产力标准，提出所有制形式和结构的选择是由生产力决定的，必须以有利于生产力的发展为第一原则。(2) 跳出了所有制和所有制结构一成不变的误区，提出了所有制是不断变化的，相互之间是可以转化的，由此形成了所有制结构运动，所有制结构正是在这一运动中发展完善的。(3) 跳出了公有制与其实现形式等同的误区，提出了公有制与公有制实现形式的区别，公有制实现形式具有多样性。把公有制与公有制实现形式区别开来，这是所有制理论研究的又一重大突破。(4) 突破了所有制的抽象论，提出所有制效率问题，对公有制也要从效率和成本的角度去认识。

(三) 所有制结构调整与经济绩效

在改革开放之后，我国的所有制结构发生了重大变化。1999年党的十五届四中全会制定了"从战略上调整国有经济布局和结构"的方针，实际上是走出了简单"抓大放小"的思路，通过收购兼并、重组上市、关闭破产等多种形式，加快国有经济布局和结构的战略性调整。十五届四中全会以来，这一重大改革举措得到全面贯彻，取得了积极的改革成就[①]：

——涌现出一批具有较强竞争力的大公司大集团。经过多年的国有经济布局调整、资产重组和结构调整，全国规模以上的国有控股企业由1998年的6.5万户减少到2002年的4.3万户，但利润却从736亿上升到了2 316亿，增长了2.15倍。其中，2002年全国规模以上的国有控股企业的税金达到4 000亿，占全国工业上缴税金的65.6%。

——国有企业股份制改革步伐加快。到2002年，15.9万户国有控股企业中的50%以上实行了公司制改革。从1998年到2002年底，国有及国有控股企业重组上市的有442家，累计筹集资金7 436亿元，其中境外筹资352亿美元。

——一批长期亏损、资不抵债的企业和资源枯竭的矿山退出了市场。1994年到2002年，全国实施政策性关闭破产项目3 080个，涉及核销银行呆坏账准备金1 995.4亿元，安置职工约530万人。关闭破产政策的实施，不仅推动了国有经济布局和结构的调整，也促进了企业优胜劣汰机制的建立。

——放开搞活了一大批国有中小企业。1997年以来，各地通过改组、联合、兼并、租赁、承包经营、股份合作、出售等多种形式加大了国有小企业改革的力度，改制面达85%左右。国有小企业通过股份制、股份合作制等吸引外资和民营资本，实现了产权多元化。到2002年年底，全国的中小企业有14.8万户，比1995年少了14.5万户。1999年以前，全国的国有中小企业连续6年亏损，2000年、2001年、2002年全国国有中小企业实现的利润分别是73亿元、109.8亿元、286.9亿元。

——国有经济质量和效益不断提高。1995年到2002年，国有及国有控股工业企业户数从7.76万户减少到4.19万户，下降了46%，实现利润从838.1亿元提高到2 209.3亿元，上升了163.6%。国有中小企业户数从24.5万户减少到14.9万户，下降了39.2%，1997年国有小企业盈亏相抵后净亏损额达502亿元，2002年盈亏相抵后实现利润286.9亿元。

改革开放尤其是1992年以来，非国有经济对中国国民经济总量的贡献

---

① 参见李荣融：《继续调整国有经济布局和结构 推进中国国有企业更多地参与国际竞争与合作——在并购重组国际高峰论坛上的发言》，2003-11-19。

份额呈逐步上升趋势，在中国经济增长中的作用已经超过国有经济，而且这一趋势仍在继续。非国有经济创造的GDP占国内GDP的比重，可以从总体上反映非国有经济对国民经济总量的贡献率以及在中国企业市场化进程中的作用大小。1992—2001年，非国有经济创造的增加值占GDP的比重由53.6%提高到62.32%，年均增长1.69%。

从工业来看，非国有工业总产值占全部工业总产值的比重也是一个较好反映非国有经济发展的综合指标。1992—2001年，非国有工业总产值占全部工业总产值的比重由48.5%增至78.3%，年均增长5.47%。其中，1992年以来，市场化程度更高的个体、私营和外商投资经济的发展速度超过了集体经济，而集体经济则趋于稳定，并略显下降。1992—2001年，在工业总产值中，集体工业产值所占比重从35.1%下降至30.1%，而个体和私营工业产值所占比重则由5.8%上升到17.2%，包括外商投资企业在内的其他工业产值所占比重则由7.6%上升到29.5%。

特别要指出的是，外商投资经济对国民经济增长的贡献率显著上升。据商务部材料，1993—2001年，外商投资经济创造的工业增加值占全部工业增加值的比重由8.4%增至24.57%，年均增长14.36%；上交税收则由5.7%增至19.01%，年均增长16.25%。截至2002年年底，外商对华投资累计设立外资企业42.419 6万家，现存还注册运营的约23万家（工业企业约16万家），2002年实现工业增加值8 091亿元人民币，占全国工业增加值的25.7%，出口额1 699.37亿美元，占全国出口总值的52.2%，其出口增加值占全国的61.9%。外商投资企业2002年缴纳税收3 475.33亿元人民币，占全国税收总额的比重达20.44%。在外资企业中直接就业的人员超过2 350万人，占全国城镇劳动力人口的比重约11%。①

固定资产投资是国民经济增长和企业发展的重要因素，该指标可以反映非国有经济主体在固定资产投资方面的贡献率以及固定资产投资的市场化程度。1992—2001年，非国有经济固定资产占全社会固定资产投资的比重由31.95%提高到52.69%，年均增长5.72%。与此相近的一个指标是非国有经济对全社会固定资产投资增长速度的贡献率。该贡献率1992年为

---

① 见《中华工商时报》，2003-09-10。

31.94%，2001年增至52.54%，年均增长5.69%。其中，集体经济和个体经济之外的其他经济（包括股份制经济、外商及港澳台投资经济、联营经济等）投资的贡献率增长较快，从1992年的零增至2001年的24%。

市场化改革打破了传统的固定工制度，劳动力流动成为必然。城镇是劳动力比较集中的地区，随着国有企业的改制和退出，非国有经济单位容纳的劳动力日益增加。因此，该指标可以反映非国有经济单位在提供就业职位方面的贡献率以及城镇劳动力的市场化。1992年至2001年，城镇从业人员中非国有部门所占比重从39.03%提高到68.09%，年均增长6.38%。到2002年底，国有企业下岗失业人员中有65.2%在个体、私营企业中实现了再就业。未来工业化、城镇化过程中，从农村转移出来的上亿个劳动力，主要将通过发展个体、私营等非公有制经济来吸收他们就业。

税收是国家财政收入的主要来源，市场化可以刺激非国有经济主体的积极性。因此，该指标可以反映因市场化而引致非国有经济的发展对国家财政收入的贡献。尽管国有经济目前在整体上仍然是政府最大的税收来源，但非公有制经济直接和间接创造的税收将占有越来越大的比重，特别是在增量上会占有越来越大的比重。在浙江，许多县市一级的财政收入主要来自于非公有制经济提供的税收。私营企业工商税收迅速增长，从1992年的4.55亿元上升到2001年的917.6亿元，年均增长率80.33%，远远高于同期全国工商税收的平均增长率。1992年至2001年，非国有经济创造的税收占全社会税收的比重由33%提高到64.42%，年均增长7.72%。

进出口额是国际贸易的衡量指标，中国加入WTO，以及世界经济的一体化趋向，使得进出口额呈现增长态势，而非国有经济对这种增长的贡献在不断扩大，这种扩大又是市场化带来的。1992年至2001年，非国有经济进出口总额占全部进出口总额的比重由27.45%提高到55.04%，年均增长8.04%。[①]

二、公有制经济改革的基本经验

产权是所有制的核心和主要内容，产权是中国一切经济问题的深层症结

---

① 关于非国有经济发展的各项数据，除特别注明外，都来源于《中国统计年鉴》和国家税务总局《税收统计月报》。

所在。经过 20 多年的改革后，人们终于明白了"改到深入是产权"的深刻含义——中国经济体制改革的核心是产权改革。改革开放的实践证明，产权改革是我国经济改革取得成功的重要经验，其中，国有企业的产权改革是目前我国产权改革和整个经济体制改革的核心。

（一）建立现代产权制度，是国有企业发展的根本方向

改革开放以来，国企改革在很长时间是回避产权问题，不触及原有产权制度。自 20 世纪 70 年代末改革伊始，党中央国务院就启动了"利润留成，强化刺激"为突破口的国企改革。1984 年 10 月，中共十二届三中全会通过的《中共中央关于经济体制改革的决定》中，首次提出了"增强企业的活力，特别是增强全民所有制大、中型企业的活力，是以城市为重点的整个经济体制改革的中心环节"。1987 年普遍推广的国有企业承包制，打响了国有企业产权变革的正面战斗，并取得了重大的成效。但承包制的道路并不平坦，因为它并未从深层次上解决企业产权问题，因而导致了普遍的承包基数讨价还价，行为短期化，国有资产流失等严重问题。

承包制不能从根本上解决国有企业负盈不负亏和破产问题，迫使政府监管层从产权变革着眼探讨国有企业改革的道路。从 20 世纪 80 年代中后期提出股份制改革，到 1993 年十四届三中全会《中共中央关于建立社会主义市场经济体制若干问题的决定》提出建立现代企业制度，才明确地把产权改革提上日程。《决定》把现代企业制度的基本特征高度概括为四句话十六个字："产权清晰，权责明确，政企分开，管理科学"。这是我们多年的理论结晶和经验总结，它首次指明了中国国有企业改革的方向，也指明了中国整个企业制度的发展目标。

1994 年 11 月，国务院正式推出了百家国有大中型企业建立现代企业制度的试点工作。1995 年、1996 年，江泽民总书记专门就国企改革发表了两次讲话。1998 年，在全国人大九届一次会议上，新任国务院总理朱镕基提出了国有企业三年解困的目标。1999 年，党中央在全国召开了五次国企改革的分片工作会议，每次都由江泽民总书记亲自出席并讲话。1999 年 10 月，中共十五届四中全会首次就国企改革召开专门的全会，并作出了重要决定。

2003年，中共十六届三中全会第一次提出要大力发展混合所有制经济，实现投资主体多元化，使股份制成为公有制的主要实现形式；第一次提出"建立归属清晰、权责明确、保护严格、流转顺畅的现代产权制度"。这些政策的提出，意味着将来产权会出现大流动、大交易和大重组，这对国有经济结构布局的调整会起到极大的促进作用。这是市场经济发展的必然，是认识上的提高，实践上的跃进。

改革的实践之树总是常青的，凡是不容产权变革的理论认识都未能阻挡中国产权变革的滚滚浪潮。建立现代产权制度是建立现代企业制度的合乎逻辑的发展，两个制度都要求"产权清晰"或"归属清晰"。从定义上来区分，建立现代企业制度，主要指微观层次的改革，即国有大中型企业都要实行两权分离、政企分开，实行规范的公司制。而建立现代产权制度，主要指宏观改革，即所有能建立现代企业制度的国有企业、集体企业和股份合作制，都要改革和发展成为现代企业制度。

在计划经济条件下形成的原有国有企业，其产权结构的基本特征是"国家单一性模糊"。国有企业产权改革的基本途径是"产权多元化"。产权多元化是指由诸多要素所有者将其产权分解组合之后形成的产权集合。企业的产权多元化意味着企业财产不再由单一出资者投资而成，而是众多出资者投资的组合。非公有制经济对国有企业改革的推动由外在的竞争、示范作用到内在的直接参与产权改革，实现国有资本和非国有资本的融合，建构起混合所有制多元产权结构。企业的产权多元化是企业制度的一种重大创新，它符合改革的宗旨，同时也符合社会化大生产对资本社会化、多元化结合的要求。这是一个历史的必然过程。通过产权多元化，包括国内民间资本和外国资本在内的非国有资本允许进入国有企业，中国将改变原国有企业国家股"一股独大"或独资的格局，引起产权制度的深刻变化。

产权多元化最突出的表现是有利于解决中国国有企业长期存在的所有者"缺位"，所有者对经营者的约束和激励"不到位"的问题。它突破了国有企业或国有控股企业无法建立起有效的法人治理结构的难点。实践表明，非国有资本融入足够的份额，使国有资本与非国有资本形成合理制衡的混合所有制多元结构，形成多元资本主体之间"产权平等对话"的机制，使其满足发挥法人治理结构的市场效能的两个基本的预设条件，最终实现政企分开，把企业塑造成社会主义市场经济的主体。不仅如此，随着非国有资本进入国有企业，其产品、技术、人才、观念、管理方法等都会随之进入企业，对于国有企业存量资产质量的提高、产品和技术创新、意识形态的转变、管理方法的更新等有重要的促进作用。

实现国有大中型企业产权多元化的途径是多种多样的，如公募、私募、兼并、收购、联合发起、职工入股、企业相互参股、出售部分国有资产等。具体采用何种形式，取决于国有企业在国民经济中的地位及本身的运营状况，应灵活使用。

实践证明，对国有大中型企业进行产权多元化改革是国有企业制度的根本性变革，是深化国有大中型企业改革的突破口，它必将对国有企业运作效率的提高和国民经济的增长产生积极的影响。中国在产权多元化改革的起步阶段，已经取得了很大成绩，也积累了丰富的经验。截至2004年底，全国4 155家重点企业中已有3 437家企业实行了公司制改造，改制面达到82.7%。其中，177家中央企业改制面为19.8%，491家国家重点企业改制面为82.1%。[①]

（二）新型国有资产管理体制，是振兴国有企业的必由之路

我国的国有资产管理体制，在传统的计划经济体制下就经历了多次变革。我国国有资产管理体制面向社会主义市场经济的改革进程，是以深圳市1987年成立全国第一个专门的国有资产管理机构和1988年国家国有资产管理局的成立为标志。

1988年以后，我国国有资产管理新体制改革实践中的具体做法，大体上可以归结为三种具有代表性的模式，即深圳、上海最先试行并持续至今的"深沪"模式（辽宁省"两委"归一模式、吉林省"决策会议"模式、珠海市"一委两局"模式与"深沪"模式相似）；国内其他地区和1994—1998年中央政府所采取的"一体两翼"模式；1998年国务院机构改革后形成的"98"模式。[②]

[①] 参见国家统计局企业调查总队：《2004年全国重点企业改革与发展状况》，见国家统计局企业和服务业调查信息网，2005-10-31。

[②] 参见王宝库：《中外国有资产管理模式比较研究》，载《经济学动态》，2003（3）。

"深沪"模式采用国有资产管理委员会、国有资产经营公司和国有资产控股、参股企业"三个层次"的国有资产管理体制。设立国资委，实现了政府代理国有资产所有权职能的机构与社会经济管理职能的机构的分离；设立国有资产经营公司，实现了国有资产的运营职能与国有资产的监管职能的分离。

全国较大部分省区市，包括中央政府，在1998年前的国有资产管理体制，基本上都是实行"一体两翼"的模式，即以财政部门为主体，国有资产管理局和税务局作为其"两翼"，归口财政部门管理。比较"一体两翼"模式和"深沪"模式，虽然都已走出了传统的计划经济体制，但从社会主义市场经济的角度看，"一体两翼"模式带有明显的计划经济色彩，而"深沪"模式则更具有社会主义市场经济的特征。

1998年，伴随着国务院机构改革中国家国有资产管理局的撤并，我国国有资产管理采用"98"模式。"98"模式将国有资产的出资者所有权分别由不同的政府部门行使，财政部（地方财政厅局）兼司国有资本金基础管理职能，行使收益及产权变更管理职能；经贸委对国有企业行使重大投资、技改投资的审批及产业政策的制定，对国有企业的破产、兼并、改制等行使监管职能；国家计委则行使基本建设投资管理职能；组织部、大企业工委行使选择经营者的职能；劳动部掌管企业工资额的审批。这就是"五龙治水"的国有资产管理体制。

据统计，截至2002年底，全国国有资产（净资产，不包括资源性国有资产）总量共计11.83万亿元，其中经营性国有资产为7.69万亿元，占65%；非经营性国有资产为4.14万亿元，占35%；中央占用国有资产5.66万亿元，占48%，地方占用国有资产6.17万亿元，占52%。管好用好这些国有资产，关系到我国基本经济制度的坚持和完善，关系到全面建设小康社会目标的实现。国有企业改革到深处是产权，改革国有资产管理体制成为深化国有企业改革的关键。

正是适应国有企业改革的实际需要，党的十六大提出了国有资产管理体制改革的总体思路，国家制定法律法规，建立中央政府和地方政府分别代表国家履行出资人职能，享受所有者权益，权利、义务和责任相统一，管资产和管人、管事相结合的资产管理体制。十六届二中全会明确了国有资产监管机构的性质、职能、监管范围和与企业的关系等一系列重要问题。此后，国务院成立了国有资产监督管理委员会（简称国资委），颁布了《企业国有资产监督管理暂行条例》，第一次在政府层面上真正做到了政府的公共管理职能与出资人职能的分离，实现了管资产和管人、管事相结合。

十六届三中全会着重强调：要坚持政资分开；要依法履行出资人职责；要维护所有者权益。全会对此后的工作做了部署：建立国有资本经营预算制度和企业经营业绩考核体系；积极探索国有资产监管和经营的有效形式，完善授权经营制度；健全产权交易规则和监管制度，推动产权有序流转；建立健全国有金融资产、非金融资产和自然资源性资产等的监管办法。完善国有资产管理的攻坚战打响了，新型的国有资产管理体制在摸索中逐步建立了起来。

新型国有资产管理体制从构建行使出资人职责的机构入手，在坚持国家统一所有的基础上，分级行使出资人职责，委托专门机构管理经营，探索建立权责明确的国有资产管理新体制。

第一，坚持国家统一所有。依据现有的法律法规，国有资产属于全体人民，归国家统一所有。由国家制定法律法规，政府代表国家统一行使国有资产所有权，必要时有权统一配置资源。国资委代表国家拥有完整意义上的国有资产所有权，把分散在9个党政部门中所有国有产权的权能全部集中，代表国家履行所有者职能，并且必须对国有资产的经营结果承担相关责任，解决"一个和尚挑水喝，两个和尚抬水喝，三个和尚没有水喝"的问题。

第二，分级行使出资人职责。通过逐级授权，明确管理国有资产的范围，中央和地方政府分级行使出资人职责，负责所辖国有资产的管理、收益和处置等。中央政府和省、市（地）政府国有资产管理机构分别代表国家履行出资人职责，对本级政府负责。其他国有及国有控股、国有参股企业，由省、市（地）国有资产监督管理机构代表国家履行出资人职责。国资委必须既管资产，又管人和事。

第三，委托专门机构管理经营。政府行政管理部门与行使出资人职责的机构分设，各级政府成立的国资委只履行出资人职能，从政府的行政系列中脱离出来，以国有资产的保值与增值为己任。由国资委授权具备条件的大型企业集团公司作为国有资产营运主体，具体行使所投资企业的出资人职责。

在新国资委与股份公司之间建立平等的产权关系。国有企业不再隶属于政府部门，只要合法经营，政府就无权干预国有企业的经营活动，从而实现真正的政企分开。出资人机构对受托运营国有资本，拥有占有、使用、处分、收益的权利；以产权为纽带，承担投资企业的改革和重组、优化国有资本布局和垄断性企业的改革重组责任。出资人机构对同级政府负责：实现政府政策目标，承担国有资产保值增值责任，接受政府的审计监督。

（三）积极推行股份制，发展混合所有制经济

在20世纪80年代初，董辅礽教授提出，社会主义经济不能只有公有制经济，没有私有制经济，这样是不能促进生产发展的。1992年，董辅礽教授进一步提出，整个社会经济应是混合经济，或"八宝饭"式的经济。他说："社会主义经济好像一盆八宝饭，八宝饭是以糯米饭为主要成分的，其中有洗沙、红枣、莲子等食品。虽然，糯米饭是为主要成分的，但糯米饭本身不是八宝饭。同样，洗沙、红枣、莲子等食品，一样一样地单独地说，各自也都不是八宝饭。……只有把糯米饭、洗沙、红枣、莲子等等组合起来，并以糯米饭为主要成分才是八宝饭。"[①]

党中央文件第一次出现"混合所有制经济"是在1997年的党的十五大报告中。十五大报告指出："公有制经济不仅包括国有经济和集体经济，还包括混合所有制经济中的国有成分和集体成分。"2002年党的十六大报告在谈到国有企业改革时指出："除极少数必须由国家独资经营的企业外，积极推行股份制，发展混合所有制经济。"十六届三中全会通过的《中共中央关于完善社会主义市场经济体制若干问题的决定》进一步指出："大力发展国有资本、集体资本和非公有资本等参股的混合所有制经济，实现投资主体多元化，使股份制成为公有制的主要实现形式。"党中央对混合所有制经济的提法，从"包括"到"发展"再到"大力发展"，反映了混合所有制经济在我国的发展过程和前景。

什么是混合所有制经济？混合所有制经济是指企业资本由不同所有制的资本组成的经济。也就是说，不同所有制的资本参股组成一个股份公司。国

---

① 董辅礽：《经济体制改革研究》，上卷，343~344、415~416页，北京，经济科学出版社，1994。

有资本可以绝对控股或相对控股，也可以非控股地参股。由非国有资本组成的混合所有制经济，在经济活动中自发形成，不必干预。十六届三中全会《决定》提出要大力发展的混合所有制经济，是为了解决国有企业改革问题，是要积极吸收民间资本和外资参与国有大中型企业的股份制改造。

第二次全国基本单位普查资料显示，股份制正在成为我国公司所有制的主要形式。1997—2001年五年间，我国股份制企业（包括有限责任公司和股份有限公司）从7.2万家发展到近30万家，增长了3.2倍，年均增长33.1%；从业人员从643.7万人增加到2746.6万人，增长了3.3倍，年均增长33.7%；资本金从4868亿元增加到28607亿元，增长了4.9倍，年均增长42.5%；全年实现营业收入从8311亿元增加到56733亿元，增长了5.8倍，年均增长46.8%。2003年，股份制企业增长18.3个百分点，比上年增加3.9个百分点；股份合作制企业增长13.9个百分点，比上年增加3.4个百分点。

1996年从事制造业和建筑业的股份制企业占全部股份制企业的一半。1997—2001年五年间，股份制企业逐步向第三产业进军，2001年末从事第三产业的股份制企业占全部股份制企业的65.3%，比1996年提高20.2个百分点。其中：批发零售贸易餐饮业企业从2万家增加到10.4万家，年均增长38.5%；社会服务业企业从0.45万家增加到4.2万家，年均增长56.7%；房地产业企业从0.2万家增加到2.2万家，年均增长55.6%。①

目前，我国上市公司国有资本和非国有资本呈互相渗透的趋势。1992年，我国上市公司53家，全部是国有控股。到2001年，情况已有很大变化，在1159家上市公司中，无国家持股的公司294家，占25.37%；国家一般参股的公司121家，占10.44%；国家相对控股的公司377家，占32.53%；国家绝对控股的公司367家，占31.67%。

近几年，我国实施允许国内民间资本和外资参与国有企业改革改组的政策，促进了国有资本和各类非国有资本的相互融合，促进了股份制和混合所有制经济的发展，出现了个体、私营经济与公有制经济相互渗透、相互融合的趋势。据全国工商联2002年对全国私营企业的调查，分别有8%和

---

① 参见国家统计局普查中心：《基普分析之六：我国股份制企业五年增长三倍》，2003-05-29。

13.9%的私营企业已经和准备兼并收购国有企业，有25.7%的私营企业是由原来的国有企业、集体企业改制而成的。这几年，外资收购和参股国内企业（主要是国有企业）逐渐增多。据世界知名咨询公司美国波士顿顾问公司公布的报告，1997—2001年，"海外收购国内"的交易共有66项，交易金额为65亿元人民币。有的经济学家估计，以股份制为主体的混合所有制经济目前已占我国总体经济的40%左右（1990年占9.8%）。再经过5～10年的改革，混合所有制经济可能达到80%左右。[1]

股份制作为公有制的主要实现形式，对于推动国有企业改革有以下好处：第一，股份制将成为我国公有制与市场经济实现兼容的主要载体，公有制经济与非公有制经济通过股份制可以与市场经济紧密结合。第二，股份制实现产权多元化，有利于国有企业建立现代企业制度，形成企业内部的法人治理结构。第三，通过发展股份制，国有资本可以吸引和组织更多的社会资本，扩大国有资本的支配范围，放大国有资本的功能，增强国有经济的控制力、影响力和带动力，引导国民经济沿着良性轨道运行。第四，股份制企业提供了一种明晰的财产组织形式，有利于国有资本流动重组，实现国有资产保值增值。第五，股份制实现政企分开、政资分开、政事分开，有利于促进政府职能转变，规范政府的行政行为。[2] 第六，股份制有利于国有企业转换经营机制，成为独立的法人实体和真正的市场主体。

改革的实践证明，股份制是一种最有效的资本组织形式，最适合社会化大生产和市场经济的需要。以股份制作为公有制的主要实现形式，能促进经济体制改革，盘活国有资产，进行产业和产品结构调整，提高经济效益，有利于国民经济的发展。发展混合所有的股份制，符合社会主义市场经济条件下企业运营发展的客观规律，是一种行之有效、具有独特功能的产权组织形式。普遍推行股份制，大力发展混合所有制经济的地方，经济都快速发展，实力显著增强。这充分说明，使股份制成为公有制的主要实现形式是一种正确的选择。

（四）农村土地从家庭联产承包责任制到土地经营多样化

改革开放后，中国农村体制改革的重点是土地所有权与使用权的分离，

---

[1] 参见张卓元：《以完善为主题推进市场经济体制改革》，载《半月谈》，2003（20）。
[2] 参见何伟：《股份制是公有制的主要实现形式》，载《金融时报》，2004-03-23。

建立家庭联产承包责任制,即"交够国家的,留够集体的,剩下都是自己的"。

十一届三中全会原则上通过《中共中央关于加快农业发展若干问题的决定(草案)》,发到各省、市、自治区讨论和试行。这个文件提出了促进农业发展的具体政策,但明确提出"不许包产到户,不许分田单干"。1979年9月正式公布上述《决定》时,联产责任制开始得到肯定。到1980年9月中央《关于进一步加强和完善农业生产责任制的几个问题》和中发1982年1号文的发布后,包产到户和包干到户才得到明确肯定。1984年年底,实行责任制的生产队569万个,占全国生产队的99.5%;其中,包干到户的生产队563万个,占全国生产队的98.3%;在全国18 799万农户中,实行联产承包责任制的农户达18 397.9万户,占总农户的97.9%,而其中实行包干到户的农户已达18 145.5万户,占总农户的96.5%。①

在家庭联产承包责任制(包产到户)中,土地所有权归集体是一个基本原则。集体根据当地资源条件,按照国家有关法规,把土地等生产资料,通过签订合同的方式交给农户经营。农户得到使用权,同时确立了家庭经营的主体地位。在这一体制下,农村土地经营的基本运作方式是:集体所有,家庭经营,社会化服务。

自家庭联产承包责任制得到广泛推广后,农村集体经济组织和农户从几种基本形式中创造出十几种承包类型。主要有:(1)一田制,把口粮田、责任田、经济田统一确定为商品田,由农民自由转让,承包面积不限。(2)双田制(两田制),将耕地分为口粮田和责任田两部分。其中,口粮田按人头平均分包,其数量是以满足个人的基本生活需要为基准;扣除口粮田以后的剩余部分为责任田,主要用以承担国家的农产品定购任务。责任田由社区合作组织收回,并以一定的面积为单位招标承包,这就使得以往土地承包面积过小和分割过于零碎的状况在一定程度上得到扭转。(3)三田制,将土地分为口粮田、承包田和经济田三部分。口粮田为解决农民基本生活保障之用,人均分配到户,负担农业税,不交纳承包费,也不交国家定购粮;承包田因有偿使用,要交纳承包费,并要向国家交售定购粮;经济田招标承包,除交

---

① 参见中国(海南)改革发展研究院:《中国农村土地改革的变革与创新》,45页,海口,南海出版公司,1999。

纳国税和定购粮外，还要向集体交纳一定标准的承包费。(4)"四荒"拍卖。"四荒"，是指荒山、荒坡、荒沟、荒滩等以往未能充分利用的土地。"四荒"拍卖是采取向社会公开招标的方式，买方通过付费，获得在一定期限内对"四荒"的使用权，并且买卖双方通过签订契约，明确各自的责任、权利和义务，以达到对"四荒"开发和利用的目的。现扩展到包括荒沙、荒水、荒岛的"七荒"拍卖。(5)规模经营。主要存在于沿海经济发达地区和大城市郊区。有三种形式，一是建立在集体农场基础之上的规模经营，以北京顺义县为代表；二是建立在种粮大户（家庭农场）基础上的规模经营，以苏南为代表；三是以推行股份合作制形成规模经营，以广东南海市为代表。(6)股份制。主要采取土地、资金、技术、劳力、管理等生产要素入股、参股，村户联营、户户联营、企事业单位与农户联营、科研部门与村户联营等多种形式，进行农业集约化、规模化经营活动。此外，还有重新发包、异地承包、租赁制、反租倒包、外商承包（租赁）、转包（转让）、抵押、出典、土地信托制等。

随着中国经济市场化改革的推进，对农民集体土地所有权与经营管理权制度逐步建立完善起来。1982年《宪法》第十条确认了农村的土地属于集体所有，"国家为了公共利益的需要，可以依照法律规定对土地实行征用"。1987年施行的《民法通则》第七十四条将宪法中的"集体所有"具体规定为："集体所有的土地依照法律属于村农民集体所有，由村农业生产合作社等农业集体经济组织或者村民委员会经营、管理。已经属于乡（镇）农民集体经济组织所有的，可以属于乡（镇）农民集体所有。"1988年修订的《土地管理法》第八条在民法的基础上进一步规定："村农民集体所有的土地已经分别属于村内两个以上农业集体经济组织所有的，可以属于各该农业集体经济组织的农民集体所有。"

1993年4月，宪法修正案第一次将"家庭联产承包责任制"载入根本大法；1993年中共中央11号文件规定"土地承包期延长30年不变"。1995年，积极稳妥地做好第二轮延长土地承包期工作，建立土地承包经营权流转机制。1997年的"大稳定，小调整"，将承包期不足30年的延长到30年，及时向农户颁发土地承包经营权证书；整顿"两田制"，严格控制机动地；不允许借"小调整"随意提高承包费，变相增加农民负担。

国家根据农村改革发展和应对加入 WTO 的需要，将农村土地政策上升到法律规范，先后制定、修订了《土地管理法》(1998 年 8 月 29 日)、《农村土地承包法》(2002 年 8 月 29 日)、《水法》(2002 年 8 月 29 日)、《农业法》(2002 年 12 月 28 日)、《草原法》(2002 年 12 月 28 日)。就集体所有土地的权属，以法律形式赋予农民长期而有保障的土地使用权，维护农村土地承包当事人的合法权益，确认实行承包经营制度；国家保护集体土地所有者的合法权益，保护承包方的土地承包经营权。土地承包经营权流转等上升到法律规范，并且形成法律制度，对于促进农业、农村经济发展和农村社会稳定，都具有重大的意义。至此，农村社区三类农民集体所有主体对农村土地的所有权与经营权、管理权既相分离又相统一的物权制度基本建立与完善起来。

家庭经营的实施较好地克服了人民公社体制的种种弊端，有利于发挥农民的主动性和创造性，也有利于调动农民的生产积极性。家庭承包制的实施虽然并未改变农村土地的集体所有制性质，但是从土地的集体统一经营向农户分散经营的转化，则相应带来了农村土地产权结构的变化。据统计，1994年我国农村实行集体统一经营的村（组）共有 7 000 个，占农村总村（组）数不足 0.2%；实行以家庭承包经营为主的村（组）（缺西藏）则达到 372.9 万个，占农村总村（组）数的 99.8%；家庭承包经营的耕地为 131 亿亩，占农村集体总耕地面积的 93.3%。如果不加上当年尚有 21 万个村（组）在实行家庭承包经营的同时，还设有专业队（组）46 万个，承包经营耕地 0.83 亿亩的情况，那么可以说，我国农民至少在占集体耕地总面积 93% 的土地上部分地拥有了经营决策权、处置权和剩余索取权。[①]

（五）建立集体企业产权制度，突破集体所有制发展障碍

我国在社会主义建设中，把传统的集体所有制概念进一步具体化和凝固化：(1) 财产权归一定范围的劳动者集体所有，这种集体所有全队每个成员是完全均等的，而且是不可分割地属于整体，这在 1990 年的《乡村集体所有制企业条例》中有明确的规定；(2) 集体中的成员的加入和退出不是实行

---

① 参见国鲁来：《经济体制改革以来我国农村集体所有制结构的变革》，载《中国农村经济》，1998 (3)。

自愿和自由的原则，农村集体的成员是按行政区域划分的，城镇集体的成员大多数是通过招工录用的形式加入的；(3) 集体产权的取得取决于集体成员的资格，产权不可以自由转让、出卖和继承，成员死亡和出嫁随之丧失产权；(4) 成员的收益与产权的大小、工作的努力程度关系不大，实行按劳动时间和工资等级分配；(5) 不承认成员对财产的终极产权，成员既是财产所有者，又是生产者和经营决策者，所有权和生产经营权结合。

随着改革的深化，集体企业的改革和发展也面临着诸多困难和问题。产权的不明晰严重地影响了我国集体企业的改革。集体企业的产权关系，是指在集体所有制条件下反映集体经济主体对财产占有、支配而形成的各种权利的总称。如果权利所有者对他所拥有的权利有排他的使用权、收入独享权和自由的转让权，就称他所拥有的产权是完整的。如果这些方面的权利受到限制或禁止，就称为产权的残缺。

集体企业改革的前提就是明晰产权。在市场经济条件下，国有企业要建立现代企业制度，集体企业更需要建立现代企业制度，而产权清晰、投资主体明确又是建立现代企业制度的必要前提和基础，所以，集体企业改革的前提条件是：对存量资产要明确出资者，改变产权主体虚设的状况，确保劳动者集体行使所有者权益；同时，提倡和鼓励发展以劳动者的劳动联合和以劳动者的资本联合为主的集体经济，允许资本、技术等生产要素参与收益分配。

集体企业产权界定的基本做法是：坚持"谁投资，谁所有，谁收益"原则，从资产的原始来源入手，界定产权；坚持"以事实为依据，以法律为准则"，尊重事实，按照国家法律、法规和政策办事；坚持"立足今后加强管理，历史问题处理适度"的原则，既要维护国有资产权益，也要维护集体资产的权益，也不得损害职工个人的合法权益；坚持"国家对集体经济法律、法规和政策的连续性和协调性"的原则，促使集体经济健康有序地发展；坚持"风险、责任、利益相结合"的原则，调动所有者、经营者和劳动者的积极性。

总的来说，中国城镇集体企业到目前为止还没有建立完整的产权制度，所以我们不应该提产权制的改革，而应该研究产权制度的建立。我们主张建立开放型的多元化的产权制度，敞开集体企业的大门，欢迎多方投资，不断更新集体企业的资本和技术，变集体企业单一的投资主体为多元化的投资主体，形成我国集体企业多元化的产权结构。城镇集体企业建立多元化的产权结构，有利于城镇集体企业向现代企业制度过渡；有利于真正落实职工的主人翁地位，增强职工对企业发展的关切度；有利于保障集体企业的产权完整性，实现集体产权保值增值；有利于城镇集体企业适应社会主义市场经济的要求，促进集体企业生产的发展。

集体企业产权制度建设的途径：（1）准确界定产权。产权清晰是现代企业制度的重要特征之一，准确合理地界定产权，是建立科学的产权制度的前提和基础。（2）科学评估资产。资产的评估是集体资产增值和保值的基本保证。为了科学地评估资产，要坚持准确、科学和合理评估的原则，如实反映资产的客观情况，既维护所有者的权益，又不损害经营者、劳动者的积极性及其权益；正确处理单项资产评估与总体资产评估的关系；正确处理有形资产评估与无形资产评估的关系。（3）搞活产权流通。企业产权的转让渠道畅通，可以实现资源的优化配置，提高资源利用的效率和资产利润率。搞活产权流通，就是要实现企业内部产权转让和外部转让。（4）改革集体资产的管理体制，提高集体资产的运营效率。政府部门对集体企业的行政管理与集体企业的经营管理要分开；集体资产的出资者所有权与集体企业法人财产权要分开；集体企业联合经济组织的资产管理与其运营要分开。建立适应社会主义市场经济体制要求的，产权主体明确、产权关系明晰、产权转让灵活、资产结构优化的集体资产管理新体制。（5）加快集体资产管理的立法。（6）完善城镇集体企业产权制度的实现形式。大体上有以下几种：承包经营责任制；股份制经营；联合经营；股份合作制经营。根据目前城镇集体企业产权制度的现状，以采用股份制或股份合作制为其实现形式较为适宜。

股份合作制，是伴随农村改革的不断深化和商品经济的不断发展而逐步发育起来的，集股份制与合作制特征及内涵为一体的具有中国特色的财产组织形式和企业制度。改革开放后，在浙江温州、浙江台州、安徽阜阳、福建泉州、广东天河、山东周村、山东淄博、河南密县等地，出现了一种新的经济组织形式。农民群众与基层干部大胆尝试，将股份制引入合作制，以股份的形式融合不同所有者的各种生产要素，从而把股份制的"资合性"和合作制的"人合性"紧密结合起来，建立起兼有股份制和合作制性质的企业。这种新型的企业组织形式能有效地聚集资金、技术、设备、土地、劳力等多种生产要素，壮大企业规模，增强企业市场竞争能力，成为中国农村经济特别是乡镇企业的一种选择方式。许多地方迅速把股份合作制引入农业、林业、牧业、渔业、工业、商业、建筑业、运输业、饮食服务业等领域。

股份合作制实际上是把股份制的效率目标与合作制的公平、互助目标有机地结合了起来，达到"效率"与"公平"在一种经济组织制度中的统一。这不能不说是我国农民结合于本国经济、文化与政治制度实践，作了一种既适应于中国农民的"公平"心理与意识形态惯性，又指向效用最大化目标的成功的"制度综合"与"制度创新"努力。

三、非公有制经济发展的基本经验

改革开放以来，中国政府对国有企业改革投入了巨大的人力、财力、物力，改革效果却不尽人意、不如人愿。真是"有心栽花花不开"。与此同时，非公有制企业从夹缝中生存到堂堂正正走上社会主义市场经济的康庄大道，超常规地发展了起来，成为国有企业的强劲竞争者。真是"无心插柳柳成荫"。

（一）非公有制经济从"补充论"到"平等竞争共同发展"

在新中国的历史上，非公有制经济长期处于被禁锢的状态，新中国成立后的最初几年，它在我国国民经济中是占主体地位的。经过几十年对非公有制经济的抑制，到1978年城乡个体工业和私营工业近乎绝迹。我国在改革开放之初最大的进展之一，是打破了纯而又纯、大一统的单一公有制，允许非公有制经济的存在和发展。但另一方面，又长期存在着"所有制歧视"，表现在理论和政策上，就是众所周知的"补充论"。第三次思想解放以来，我们解决了姓"公"姓"私"问题，实际上是解决了"所有制歧视"问题，即以"平等竞争共同发展"替代了坚持多年的"补充论"。

党中央、国务院在改革开放的整个历史过程中，不断地推进所有制改革，不失时机地提出所有制改革的新理论、新政策和新的法律法规。表1—1是党的十一届三中全会以来党和国家关于所有制改革的提法和论述。

表 1—1　　　中共中央关于所有制改革和非公有制发展的一些重要决议

时间	会议	决议
1978年	中共十一届三中全会	"实现四个现代化，要求大幅度地提高生产力，也就必然要求多方面地改变同生产力发展不适应的生产关系和上层建筑……"
1982年	中共十二大	"坚持国营经济的主导地位和发展多种经济形式"，"鼓励劳动者个体经济在国家规定的范围内和工商行政管理下适当发展，作为公有制经济的必要的、有益的补充。"
1984年	中共十二届三中全会	"必须调动一切积极因素，在国家政策和计划的指导下，实行国家、集体、个人一起上的方针，坚持发展多种经济形式和多种经营方式。"
1987年	中共十三大	"在公有制为主体的前提下继续发展多种所有制经济"；"私营经济……必然同占优势的公有制经济相联系，并受公有制经济的巨大影响。实践证明，私营经济一定程度的发展，有利于促进生产，活跃市场，扩大就业，更好地满足人民多方面的生活需求，是公有制经济必要的和有益的补充。"
1992年	中共十四大	"国外的资金、资源、技术、人才以及作为有益补充的私营经济，都应当而且能够为社会主义所利用"；"在所有制结构上，以公有制包括全民所有制和集体所有制经济为主体，个体经济、私营经济、外资经济为补充，多种经济成分长期共同发展，不同经济成分还可以自愿实行多种形式的联合经营"。
1993年	中共十四届三中全会	"在积极促进国有经济和集体经济发展的同时，鼓励个体、私营、外资经济发展，并依法加强管理"；"就全国来说，公有制在国民经济中应占主体地位，有的地方、有的产业可以有所差别"；"国家依法保护法人和居民的一切合法收入和财产，鼓励城乡居民储蓄和投资，允许属于个人的资本等生产要素参与收益分配"。
1997年	中共十五大	"公有制为主体、多种所有制经济共同发展，是我国社会主义初级阶段的一项基本经济制度。""一切符合'三个有利于'的所有制形式都可以而且应该用来为社会主义服务。""非公有制经济是我国社会主义市场经济的重要组成部分。对个体、私营等非公有制经济要继续鼓励、引导，使之健康发展。"
2002年	中共十六大	"根据解放和发展生产力的要求，坚持和完善公有制为主体、多种所有制经济共同发展的基本经济制度。第一，必须毫不动摇地巩固和发展公有制经济。……第二，必须毫不动摇地鼓励、支持和引导非公有制经济发展。个体、私营等各种形式的非公有制经济是社会主义市场经济的重要组成部分，对充分调动社会各方面的积极性、加快生产力发展具有重要作用。第三，坚持公有制为主体，促进非公有制经济发展，统一于社会主义现代化建设的进程中，不能把这两者对立起来。各种所有制经济完全可以在市场竞争中发挥各自优势，相互促进，共同发展。"
2003年	十六届三中全会	"大力发展和积极引导非公有制经济。个体、私营等非公有制经济是促进我国社会生产力发展的重要力量。清理和修订限制非公有制经济发展的法律法规和政策，消除体制性障碍。放宽市场准入，允许非公有资本进入法律法规未禁入的基础设施、公用事业及其他行业和领域。非公有制企业在投融资、税收、土地使用和对外贸易等方面，与其他企业享受同等待遇。支持非公有制中小企业的发展，鼓励有条件的企业做强做大。非公有制企业要依法经营，照章纳税，保障职工合法权益。改进对非公有制企业的服务和监管。"

党中央关于非公有制经济发展的有关规定修改的同时,国家的根本大法宪法也作出了相应的修改。表1—2是从1982年以来宪法关于非公有制经济发展的有关规定。

表1—2　　　　　　　　宪法关于非公有制发展的规定和修正

时间	会议	宪法规定	注明
1982年12月4日	五届全国人大五次会议通过	宪法第十一条:"在法律规定范围内的城乡劳动者个体经济,是社会主义公有制经济的补充。国家保护个体经济的合法的权利和利益。国家通过行政管理,指导、帮助和监督个体经济。"	1982年宪法,只是反映当时的政策,承认个体经济的地位,规定保护个体经济的合法的权利和利益。对个体经济的定性:是公有制经济的补充。没有规定私营企业的法律地位。
1988年4月12日	七届全国人大一次会议通过	宪法第十一条增加规定:"国家允许私营经济在法律规定的范围内存在和发展。私营经济是社会主义公有制经济的补充。国家保护私营经济的合法的权利和利益,对私营经济实行引导、监督和管理。"	给予私营经济法律上地位,大体比照个体经济,仍然定性为"社会主义公有制经济的补充",并规定国家保护私营经济的合法的权利和利益,但私营企业与个体工商户有所不同,不好说"指导、帮助",因此规定:对私营经济实行引导、监督和管理。
1993年3月29日	八届全国人大一次会议通过	宪法第十五条:"国家在社会主义公有制基础上实行计划经济。国家通过经济计划的综合平衡和市场调节的辅助作用,保证国民经济按比例地协调发展。""禁止任何组织或者个人扰乱社会经济秩序,破坏国家经济计划。"修改为:"国家实行社会主义市场经济。""国家加强经济立法,完善宏观调控。""国家依法禁止任何组织或者个人扰乱社会经济秩序。"	这次修正,虽然没有涉及非公有制经济,但因为从宪法上将计划经济改为社会主义市场经济,这一经济体制性质的改变,就已经决定了非公有制经济不可能仅仅是公有制经济的"补充",而应当是市场经济的组成部分。但这次宪法修正并没有对第十一条进行修改,因此个体经济和私营经济是社会主义公有制经济的补充的定性,未被纠正。这就为下一次宪法修正留下伏笔。
1999年3月15日	九届全国人大二次会议通过	宪法第十一条原内容改为:"在法律规定范围内的个体经济、私营经济等非公有制经济,是社会主义市场经济的重要组成部分。""国家保护个体经济、私营经济的合法的权利和利益。国家对个体经济、私营经济实行引导、监督和管理。"	在宪法中提出非公有制经济的概念,表明社会主义市场经济是奠基于公有制经济和非公有制经济两种经济成分之上的市场经济。明确规定非公有制经济是社会主义市场经济的重要组成部分,这就从宪法上规定了非公有制经济具有与公有制经济平等的法律地位。
2004年3月14日	十届全国人大二次会议通过	宪法第十一条第二款修改为:"国家保护个体经济、私营经济等非公有制经济的合法的权利和利益。国家鼓励、支持和引导非公有制经济的发展,并对非公有制经济依法实行监督和管理。"宪法第十三条修改为:"公民的合法的私有财产不受侵犯。""国家依照法律规定保护公民的私有财产和继承权。"	这次修改,一是突出强调对个体经济、私营经济等非公有制经济的平等保护;二是规定国家鼓励、支持和引导非公有制经济的发展,以体现"大力发展和积极引导"的方针;三是强调对非公有制经济的监督和管理,必须依法进行。这有利于消除私营企业主心中的疑虑,激发其扩大再生产的热情和积极性。

改革开放以来,我国非公有制经济对经济增长起到了很大的作用,部分沿海地区,非公有制经济已成为经济增长的关键性因素。尤其是在亚洲金融危机后我国经济相对困难的几年里,非公有制经济对国民经济发展的推动作用是明显的。据国家工商总局统计,截至2003年年底,我国个体工商户达到2 353万户,从业人员4 636万人,注册资金为4 187亿元,比改革开放初的1981年分别增长了11.8倍、19.4倍、836.4倍;私营企业达300万户,从业人员4 088万人,注册资本为3.5万亿元,分别比1989年增长了32.3倍、24倍、415倍。

非公有制经济将继续在为社会创造大量财富、丰富商品市场供应方面发挥重要作用。目前,非公有制经济利用各种公有制经济以外的生产要素,形成了一股强大的生产力,其生产的产品和服务满足了人们日益增长的物质和文化需要,提供了许多公有制经济不能提供的要求,大大提高了人们的生活水平和生活质量。个体经济主要分布在商贸餐饮业、社会服务业等第三产业,个体工商户从事第三产业的户数占总户数的82.6%(2000年数据),成为国民经济发展中的一支重要力量。2002年年底,个体和私营经济实现产值分别为7 967亿元、15 338亿元,营业额分别为20 834亿元、14 369亿元,社会消费品零售额12 223亿元、7 929亿元。

非公有制经济的发展,改变了公有制一统天下、整个国民经济缺乏活力的局面,促进了各种所有制经济的共同发展,促进了混合所有制经济的发展,促进了市场竞争的开展、市场规则的建立和市场体系的发展。非公有制经济的发展,为社会主义市场经济创造了一个多元市场主体相互竞争、充满活力的体制环境,在市场经济中,非公有制经济的发展能够迫使公有制经济认识到自己的缺点和不足,认真改革,提高经营的效率。非公有制经济成为产业结构调整和提高竞争力的直接动力,促进了国有和集体经济的资产重组和企业经营机制转换。另外,非公有制经济的发展还能够为公有制经济的改革提供资金支持,从而保证了公有制经济的顺利改革和发展。

(二)在完善基本经济制度的同时私有产权逐步得到保护

2004年3月,十届全国人大二次会议通过了宪法修正案,把"私有财产不受侵犯"的概念第一次写入宪法,是中国对25年改革开放成果的一个接纳与肯定。由改革开放衍生而出的"私有"概念,从被打击、排斥到被接受、保护,漫长而曲折的全过程终于圆满终结。

把公民的合法的私有财产不受侵犯写进宪法,是中国政治文明的进步,是社会发展的进步,是中国经济改革的里程碑,是中国宪政制度的一大进步。这对维护社会稳定,凝聚人心,鼓励和促进非公有制经济的发展非常有利。宪法的修改对于完善基本经济制度的意义重大:

第一,在宪法中规定保护私有财产,不仅保护私有生活资料,而且保护生产资料,用财产权代替原来的所有权,这些将进一步消除非公经济人士在财产保护上的顾虑,也将有利于增强他们的长期投资信心。个体、私营企业的产权是清晰的,但过去对产权保护不力,随意侵犯产权的现象屡屡发生,挫伤了非公有制经济发展的积极性。2004年宪法调整对象由"个体经济、私营经济"扩大为"非公有制经济",国家的政策由"引导、监督和管理",变为"鼓励、支持和引导"并对其"依法实行监督和管理",非公经济获得了与公有制经济同等的地位;同时,写入"公民的合法的私有财产不受侵犯"的内容。这表明,以产权制度改革为核心的中国经济体制改革,一直在稳步推进,不可逆转。非公经济必将由此而迎来一个大发展、大繁荣的春天。

第二,保护私有财产的实质是承认社会主义中国的公民有私有财产,有利于社会的稳定。私有财产即私人财产、个人财产,主要是指社会居民通过合法途径和手段获取的各种劳动收入和非劳动收入,它是个人经济权利和政治权利的有机载体。财产权——财产的取得、财产权的保护和财产权的转移等制度是一个社会的核心问题,它关系到社会的发展和稳定。因为个人在社会上要寻求安全保护:一个是人身安全,一个是财产安全,两者缺一不可。动摇这两个安全,就会动摇社会的根基,就会造成社会的不稳定。"没有财产权就没有公正",保护私有财产符合最广大人民的根本利益,顺应了民心。中国经济景气监测中心会同中央电视台《中国财经报道》栏目组对北京、上海、广州三大城市700余位市民进行了问卷调查。结果显示,93.0%的市民赞同修宪保护公民私有财产,仅有7.0%持反对态度。[①]

[①] 参见钟景:《京沪穗居民调查:逾九成居民赞同修宪保护私有财产》,载《中国信息报》,2002-03-28。

第三，保护私有财产是完善社会主义市场经济的必要条件。只有明晰的产权才会有真正意义上的市场经济。因为在市场经济条件下，产权必须是明晰的，只有明晰的产权才会有市场，才会有商品交换。可以设想，如果没有私人财产就不会有商品交换，也就不会有真正意义上的市场经济。

第四，保护私有财产不等于主张"私有化"。修改宪法的目的之一就是进一步激励正在蓬勃发展、对中国经济的高速增长起到推动作用的民营经济。虽然这标志着一种重大转变，但中国社会主义市场经济的基础仍完好无损。我们必须澄清对一些范畴的认识：一是私人财产权与私有制的区别。私人财产权和私有制是两个完全不同的概念。前者是一项法律或宪法权利；后者是一种社会经济制度，二者有本质的区别。二是"私人财产的保护"和"私有化"。"私有化"是一个存量概念，是把原来属于公有的财产按照某种规则界定为私人所有的财富；而私人财产的保护是使私人财产合法化，它是一个流量问题，是对人们通过市场努力，或是参加直接创造财富的各种劳动，或是参加经营管理，或是通过风险投资实现的净利润等等形式获得财富的一种法律认可。①

第五，建立私人财产的法律保护制度，依法保护私人财产是一项系统工程。世界银行的研究报告（1997）指出，有效的产权保护需要满足三个条件："首先是要保护产权免受盗窃、暴力和掠夺行为之害。第二是保护产权不受政府随意性行为之害——包括不可预见的特殊规章和税收，以及腐败——这些都会扰乱商业活动。……第三个条件是比较公正的和可以预见的司法体系。"国家必须从意识形态上扭转过去对私人财产和私营经济的错误认识，彻底抛弃歧视私人财产、私营经济的传统观念，从舆论宣传上肯定私人财产、私营企业的合法性和合理性，在披露私人经济的消极作用和影响的同时大力宣传私人财产和私营经济的社会贡献，在全社会形成尊重和保护他人私人财产的观念，为私人财产和私营企业的发展制造一种良好的社会氛围。

按照亚当·斯密界定的三项政府的经典职能，政府的职能是保护产权，特别是保证契约的顺利执行；政府的职能不是自己拥有财产，而是保护公民

---

① 参见陈育琴：《进一步完善保护私人财产法律制度四大措施》，载《经济参考报》，2003-11-13。

的财产权；不是拥有自己的利益，而是保障公民的利益。政府必须创造条件让全社会创造财富、积累财富，让一切创造社会财富的源泉充分涌流。政府还必须保护产权、保护公民的财产权、保障公民的利益，公民才有创造社会创富的积极性和动力。这个规律得到了中国改革开放20多年实践的检验。

（三）在社会主义市场经济中"重建个人所有制"

经济学中也有一个"哥德巴赫猜想"。马克思在《资本论》中谈到资本主义积累的历史趋势和未来社会的所有制形态时，提出了经济学的"哥德巴赫猜想"新命题："从资本主义生产方式产生的资本主义占有方式，从而资本主义的私有制，是对个人的、以自己劳动为基础的私有制的第一个否定。但资本主义生产由于自然过程的必然性，造成了对自身的否定。这是否定的否定。这种否定不是重新建立私有制，而是在资本主义时代的成就的基础上，也就是说，在协作和对土地及靠劳动本身生产的生产资料的共同占有的基础上，重新建立个人所有制。"[①] 马克思的这个理论被称为"重建个人所有制"理论。

马克思关于"重新建立个人所有制"的论述是极其伟大的。从现代经济学的发展来看，"重新建立个人所有制"是最能够促进生产力发展的而且是唯一正确的改革方向。它既要求我们不搞"罪恶的私有化"，把生产资料不公平地量化给个人；又要求我们通过产权改革，解决所有者缺位问题，改革效率低下的"国有制"。中国共产党找到了一条在社会主义市场经济条件下，向"重建个人所有制"方向发展、实现共同富裕的一种有效途径——股份制。财产个人所有和社会占有相结合的公有制，其财产组织形式的典型形式是股份制，股份制可以有效地实现人力、物力资源的社会化配置，是迄今为止财产社会化占有的最佳形式。

股份制符合社会主义实现共同富裕的要求和马克思提出的"重建个人所有制"的要求。在社会主义市场经济条件下，由社会各类投资主体组成的股份经济中也仍然存在社会资本和私人资本相对立的矛盾。解决这个矛盾的基本途径，一方面是通过公有资本和非公有资本相互参股相互融合，使它们统

---

① 马克思：《资本论》，第1卷，832页，北京，人民出版社，1975。

一在社会主义现代化建设过程中，通过混合所有制经济发展来消除这个矛盾。另一方面是按照马克思重建个人所有制的要求，使劳动者占有一定生产资料和资本，成为有产者，通过一部分人合法经营、辛勤劳动先富起来，先富带后富，最终实现共同富裕来解决。

股份制符合劳动人民当家作主的要求。在股份制中，劳动者掌握和支配生产资料，并把它们和自己的劳动结合起来，形成现实生产力。股份所有，即个人最终所有与社会占有相结合成为拥有一定财产的产权主体，充分调动集体中每一个劳动个体的积极性、主动性和创造性。通过股份所有，劳动者既可通过劳动获取报酬，又可通过股份获得利润。通过股份所有，劳动者的主人翁地位真正落实，拥有参与管理企业的权利，在经济上和政治上实现劳动人民真正当家作主。

在现实中，"重新建立个人所有制"并不是重新建立"人人皆有的私有制"。在未来社会中，个人占有同社会占有是统一的，是"自由人联合体"的占有，也就是说，"个人所有制"其实就是公有制。"重新建立个人所有制"并不是采取折股瓜分公产的办法，界定个人产权，以便使人人都成为私有财产所有者。我们反对不公平的量化，反对"罪恶的私有化"，反对用不公平的权力进行不公平的量化，反对"公有制"幌子下的巧取豪夺与最不公平的权力资本化。赞成以公平的方式股份化，赞成"重新建立个人所有制"，赞成真正的"公有制的有效实现形式"。

"重新建立个人所有制"，劳动者占有生产资料之后，才能获得自由、获得个性发展。"共产主义并不是人类发展的目标"，人类发展的目标是"通过人并且为了人而对**人的本质**的真正**占有**"，"人以一种全面的方式，也就是说，作为一个完整的人，占有自己的全面的本质"①。人在新的高级阶段的特征是："建立在个人全面发展和他们共同的社会生产能力成为他们的社会财富这一基础上的自由个性"，"要使**这种**个性成为可能，能力的发展就要达到一定的程度和全面性"②。自由个性意味着个人不再"从属于劳动"，劳动成为"个人的自我实现"③，从而成为"真正自由的劳动"。"人终于成为自

---

① 《马克思恩格斯全集》，第42卷，131、120、123页，北京，人民出版社，1979。
② 《马克思恩格斯全集》，第46卷（上），104、108页，北京，人民出版社，1979。
③ 《马克思恩格斯全集》，第46卷（下），113页，北京，人民出版社，1980。

己的社会结合的主人,从而也就成为自然界的主人,成为自身的主人——自由的人"①。劳动者占有生产资料,是为了人的全面发展,使人以一种全面的形式,即作为一个完整的人占有自己的全面的本质,从而与自然界、与社会以及自我最终达到和谐。

人的全面发展过程,同时也是自由的充分发展过程和财富的充分增长过程。推进人的全面发展,同推进经济、文化的发展和改善人民物质文化生活,是互为前提和基础的。人越全面发展,社会的物质文化财富就会创造得越多,人民的生活就越能得到改善,而物质文化条件越充分,又越能推进人的全面发展。社会生产力和经济文化的发展水平是逐步提高、永无止境的历史过程,人的全面发展程度也是逐步提高、永无止境的历史过程。这两个历史过程应相互结合、相互促进地向前发展。② 生产力的发展本身不是目的,人的自由和全面发展(包括经济意义、伦理意义和哲学意义上的自由和全面发展)才是目的。因此,党的十六届三中全会提出"坚持以人为本,树立全面、协调、可持续的发展观,促进经济社会和人的全面发展"。新发展观的提出,是基于对改革开放以来这些经验和教训的总结,是对我们发展认识的重大提升,同时也是实现全面建设小康社会历史任务的内在要求。

(四)警惕权贵资本主义或裙带资本主义

中国经历过历史的歧路。20 世纪 20—30 年代,中国的现代化曾经一度出现过好的势头,可是不久以后国民党政权迅速走向了官僚资本主义,即买办的封建的国家垄断资本主义。亚洲金融危机爆发后,西方把东亚模式讥讽为"权贵资本主义"(crony capitalism),又叫裙带资本主义、关系资本主义、朋党资本主义、密友资本主义,视之为亚洲金融危机的主要根源。

吴敬琏、钱颖一等学者结合"中国国情"将这个概念作了发挥性的引入,认为裙带资本主义或权贵资本主义是指一种畸形的或坏的市场经济,其中一些人通过权势和关系网寻租致富,在成为既得利益者后,对种种合理的市场化改革以各种方式大加阻挠,离开建立规范的、公正的、有利于大众的市场经济方向,走上所谓的裙带资本主义或权贵资本主义的道路。所谓的政

---

① 《马克思恩格斯选集》,2 版,第 3 卷,760 页,北京,人民出版社,1995。
② 参见江泽民:《在庆祝中国共产党成立八十周年大会上的讲话》,44 页,北京,人民出版社,2001。

治精英与经济精英的这种合谋，损害的是社会公平。

中国经过20多年的改革开放，市场经济取代计划经济已是不可逆的历史定局。市场化改革将会挖掉既得利益者寻租致富的安身立命基础，一定会遭到他们强烈的反对，中国的改革要警惕落入"权贵资本主义"或"裙带资本主义"泥坑的危险。官员到企业兼职从20世纪80年代就有了，中央也不断下发各种文件对此现象进行规范，大力清理那些掌握公共权力、同时又从事企业经营的"红顶商人"。

从东欧和苏联的转轨过程来看，好些国家都掉进了这个泥坑，掉进去以后要出来就很难。俄罗斯自由派改革者最初提出，私有化的社会政治目的是剥夺官僚机构手中的"国家财产支配权"，造就新的所有者阶层。实践证明，私有化的最大的赢家却是旧官僚，是原来苏共各级委员会里彼此以同志相称的人。最近一项调查显示，苏联时期的干部在现总统班子中占75%，在政府部门占74%，在地方政权中更高达80%。而国内企业家中原来的共产党员占85%，很多是直接由国有企业经理变为老板的。今天的"新贵"其实都是"旧贵"。①

俄罗斯自由改革派代表人物叶·盖达尔承认，俄罗斯的私有化实际上是"权贵阶层对国家财产的私有化"，私有化只不过是将"官员手中掌握的公有财产合法化"，私有化是为"权力转化为资本"履行了法律手续。俄罗斯科学院的一份研究报告指出，私有化结果和其他改革措施一样，都未达到预期目的。私有化本应防止国家资产控制权落入官员们手中，但事实上，私有化后许多官员却合法地掌握了这些资产。私有化并未造就广泛的私有者阶层，但却形成了一小撮国家资产继承者。

1999年8月26日美国《国际先驱论坛报》发表了一篇题为《经济学的至理名言，也许对真正的老百姓却是灾难》的文章，其中援引联合国开发计划署对苏东国家经济转轨的调查报告，称"私有化使得1亿多人陷入赤贫，数百万人失去社会保障"。与此形成强烈对比的却是私人财团"爆炸式"的膨胀，约5%的少数人在短时间内聚敛了无数的财产之后暴富。

中国国有资产流失问题，在改制过程中尤为突出。在十六届三中全会之

---

① 参见黄苇町：《谁是苏共掘墓人？——"文明与宽容的革命"》，载《南方日报》，2002-12-02。

前，国资委对全国 23 个省，包括 16 个中心城市进行了调查。调查显示，在实际操作中，绝大多数地方都是采用全部转让的方式处理地方国有资产。现在全国的一些县级城市有的是将国有企业全部卖光了，造成不仅没有国有企业，而且没有经营性的国有资本；60%～83%的地市卖掉了国有企业。如果产权关系不明晰、法人治理结构不健全、决策程序不科学，就会导致国有资产流失。国有资产流失的另一个原因是政府与企业的恶性互动。政府官员受利益驱动，愿意扮演亦官亦商的角色，而企业也有要官员兼职的需求。如果健康的市场经济秩序没有确立，政府的权力仍然无限，行政力量仍然在管制或干预市场，一个正常经营的企业就可能遭受各个部门的吃拿卡要和政策限制，那么出于追求利益最大化的考虑，企业也希望有官员兼职，为它们摆平各种关系，争取政策优惠。而官员也乐于到企业兼职，其利益是显而易见的。

国有资产流失的根本原因是我国政企分开的改革还不到位，经济权力和行政权力高度耦合。一方面，由于政企尚未分开，市场功能与政府功能界限不清，相互错位，导致"官场通行市场规则，市场通行官场规则"，不正当竞争普遍滋长，使得"寻租"行为和腐败现象普遍滋长；另一方面，产权尚未明确的国有企业行为普遍短期化。这两方面问题相互推动，相互扩展，使计划机制与市场机制同时失灵，两种机制的缺陷相互耦合，从而导致了经济秩序的混乱。中国在经济转轨过程中许多方面难以达到预期目标，重要原因之一就是不规则的权力竞争和不规则的市场竞争相互交错而造成。

只有预防和打击权力与资本的狼狈为奸，才能确保改制工作的顺利进行。早在 1999 年 6 月 28 日，江泽民总书记在纪念中国共产党成立七十八周年座谈会上的讲话中就严肃地警告过我们党内的一些同志："经过新中国成立以来五十年的发展，我们的国有资产已达八万多亿元，这是属于全国人民的财产，是我国社会主义制度的重要经济基础。如果头脑不清醒，随意地加以处理，比如不加区分、不加限制地把国有资产大量量化到个人，并最终集中到了少数人手中，那样我们的国有资产就有被掏空的危险，我们的社会主义制度就会失去经济基础。"

有人预测，新一轮的"腐败高峰"将会（或者已经）在地方性的国资出售和重组浪潮之中出现。规范企业改制以杜绝国有资产流失，是现阶段国有企业改革的一项重要任务。最好的方法当然是将公有制改造成以混合经济为主的股份制，这是十六届三中全会明确的国有企业改制的方向和主要内容。股份制能从制度上实现政府行政权与其对国有资产的所有权分离，避免国有资产所有权向行政权的复归；硬化产权约束，为政企分开、政资分开提供契机；强化社会舆论、公众对国有资产的运营的监督，确保国有资产保值增值。

要尽量地减少、取消行政审批，尽早消除权力对市场行为的干预。只有发挥了市场在资源配置中的基础性作用，依靠特权进行寻租的机会才会越来越小。对没有法律、法规依据，或可以用市场机制代替的行政审批，坚决予以废止。依法需要保留的行政性审批，要程序公开，手续简便，除法定规费外，一律不准收费。按照审批权力与责任挂钩的原则，建立行政审批责任追究制度。

加强法制建设和舆论监督，严惩权贵资本主义。我国的法制以及其他一些监察制度还不健全，以致对腐败问题还缺乏完备的监督机制和威慑力；我国的财政、税收制度还不健全，对个人收入分配还缺乏一个全面、细致的调节体系。要依法加大对权力与资本结合的打击力度，始终保持严打的高压态势，让违法犯罪者为其行为付出巨大代价，切实起到震慑作用。用法治斩断权力与资本结合的"脐带"。

四、确保所有制改革稳操胜券

中国经济体制改革的成功，在很大程度上取决于所有制改革的成功。未来的改革攻坚和深入过程中，所有制改革仍然是我国整个经济体制改革的"珠穆朗玛峰"和"马里亚纳海沟"，中国在21世纪确保实现第三步战略目标、全面建设小康社会，必须确保所有制改革稳操胜券。

（一）坚定不移地坚持社会主义基本经济制度

坚持社会主义初级阶段的基本经济制度，必须注意以下是非界限和原则：我们既不能否定社会主义公有制的主体地位和国有经济的主导作用，又不能僵化地理解这种主体地位和主导作用；我们要大力发展非国有经济和非公有制经济，大胆利用一切反映社会化大生产的经营方式和组织形式，又不能放任自流。

由于在所有制改革和调整问题上，我们坚持"三个有利于"原则，思想认识不断解放，政策上不断创新，实践中不断探索，中国改革开放以来，在所有制关系上发生了巨大变化，不仅初步形成了国家所有、集体所有、个人所有、私人所有、港澳台所有、外国资本所有、混合所有以及其他形式所有的"多种所有制形式群"，而且还初步形成了公司制企业、集团企业、集体企业、合作企业、合资企业、合伙企业、联营企业、业主制企业等"多种企业组织形式群"。

由于历史的原因，我国的国有制经济比例和分量太大。党的十五届四中全会决定，国家实行有进有退、有所为有所不为的改革与调整政策，国有经济要逐步从一些竞争性行业中退出来。这种改革调整战略的力度就够大的了。哪些该退，哪些不该退，要遵循两个原则：一是效率原则；二是社会公平原则。即便是应该退的部门，也要遵循两个原则：一是不影响经济发展的原则；二是维护社会稳定的原则。而"私有化"者，却要把国家有进有退、有所为有所不为的政策，一下子推到极端。这究竟是与国与民有利，还是不利呢？显然是不利的。

坚持社会主义公有制的主体地位，不仅是发展生产力的客观要求，也是坚定不移地坚持社会主义道路的客观要求。首先，坚持社会主义公有制的主体地位，是保证社会公正和公平的强大物质基础，有了这种强大的物质基础，才能从根本上防止两极分化，从而从整体上保证人民的共同富裕；其次，坚持社会主义公有制的主体地位，是保证大局稳定的决定性因素，大局稳定了，人民才可能安居乐业；最后，坚持社会主义公有制的主体地位，是巩固和发展社会主义制度的强大物质基础，社会主义制度巩固发展了，才能保证人民群众当家作主的政治地位。

如果说否定社会主义公有制的主体地位是不符合"三个有利于"原则和社会主义原则的话，那么，僵化地理解社会主义公有制的主体地位和国有经济的主导作用，也是不符合"三个有利于"原则和社会主义原则的。应该说，经过20多年的改革，我们在思想理论认识水平上已经有了相当大的变化。尤其是在所有制问题上,我们今天的认识水平与改革开放初期相比,已不可同日而语。但由于旧体制在思想理论上的深厚沉积和人们在思想理论认识上的惯性,在社会主义所有制问题上的僵化观念恐怕仍然还或明或暗、自觉不自觉地存在着,并时不时地干扰和影响着所有制改革的深化。比如:"一大二公"的观念虽然在农村得到较为彻底的清理,而在城市工商业等方面,还有着较深的影响;对非公有制经济的"所有制歧视"观念仍然存在并发生着作用;对不同所有制成分的"机械数量论"也限制着非公有制经济的发展。这些都要通过进一步解放思想和深化改革来解决。

由于我国过去公有制经济和国有制经济规模太大、比例太高,因此,随着改革的不断深入,虽然公有制经济和国有制经济还在进一步发展壮大,但在整个国民经济中的比例会逐步下降,这一趋势在今后一个时期还会继续发展下去。在整个社会主义初级阶段,这种情况是必然的、必要的,我们只能依据"三个有利于"来分析和判断这种情况,而不能人为地去改变这种情况。党和国家对各种经济成分、各类企业一视同仁、长期并存、平等竞争、共同发展的政策,绝不是一时一地的权宜之计,而是在整个社会主义初级阶段的大政策。

我们进行以上分析,都是为了说明一个问题,正确理解、把握和坚持社会主义初级阶段的基本经济制度,符合中国的国情,符合生产力发展的客观要求,符合广大人民群众的利益。

(二)坚定不移地克服所有制改革中"左"和右的倾向

自古以来,"兴利易,除弊难"是社会变革的普遍规律。改革难,难在所有制。所有制改革攻坚,贵在解放思想。思想观念的改变和更新,是中国改革的第一大障碍。21世纪,确保中国经济体制改革成功,必须切实清理和克服所有制改革问题上的错误思想理论观点和认识倾向。特别是克服怀疑和否定社会主义市场经济体制,怀疑和否定非公有制经济的发展,彻底清理姓"社"姓"资"、姓"公"姓"私"的思想观念,防止这种思想时不时地浮出水面。

在改革的过程中,出现了一些有违于改革初衷、不如人愿的种种问题,严重损害了改革开放的声誉和形象,也损害了党和政府的声誉和形象,以致成了一部分人怀疑改革开放、否定改革开放的证据和口实。一是怀疑改革开放的市场化方向，认为市场经济是滋生"三恶"（罪恶、邪恶、丑恶）的"潘多拉盒子"，进而市场经济姓"社"姓"资"的怀疑和争论时不时浮上水面。二是怀疑社会主义市场经济体制所要建立的基本经济制度，认为其本质是非公有制经济即私有经济的发展。三是怀疑改革开放的社会主义方向，认为我国的改革开放催生腐败问题、社会风气的恶化和社会丑恶现象，改革实际上是"静悄悄的私有化"的过程，是"潜移默化的资本主义化"的过程。四是怀疑我们党和政府对改革开放的控制和引导能力。认为改革开放过程中各种问题的存在和发展，是我们的党和政府对改革开放失去了控制能力和引导能力的表现。

所有制改革是社会制度变迁和经济体制转轨的中心环节，是我国经济体制改革的重要组成部分。这些问题很容易被人们归结为所有制改革是罪魁祸首，是万恶之源。固然，我们必须承认，我国在改革开放中产生的一些负面问题是十分严重的，影响也是十分恶劣的，但我们对这些问题，必须给予科学的、理智的、冷静的分析。

第一，改革开放过程中产生的一系列社会问题，不能看做是改革开放自身造成的，而是改革还不彻底的过渡性症状。例如，我国政企分开的改革还不到位，一些微观经济活动还在政府手中，以至于出现政府和市场职能错位。我国的法制以及其他一些监察制度还不健全，以致对腐败问题还缺乏完备的监督机制和威慑力；我国的财政、税收制度还不健全，对个人收入分配还缺乏一个全面、细致的调节体系。

第二，我们必须正确分析和对待人民群众在改革开放过程中的意见和"骂声"。我们应该以历史唯物主义的观点来看待和评价这种怨气、不满、怀旧情绪和"骂声"。我们应该看到，人民群众能够宣泄自己的怨气和不满是社会进步的表现，这表明随着改革开放的深入进行，中国的民主气氛增强了。我们还应该进一步看到，人民群众的理性预期发生深刻变化，对改革目标和期望值越来越高，是进一步深化改革的强大动力。道理非常简单，当我们了解到人民群众的意见和要求，对我们工作的不足和改革开放的举措缺失加以改进，也就推进了改革开放和社会经济的发展。

第三，我们绝不能怀疑和否定社会主义市场经济体制的改革方向。在过去许多年中，我们曾经在许多问题的认识上头与脚都是倒立着的。我们曾经花了很多的精力，并运用理论演绎的方法，去对计划经济证实和对市场经济证伪。然而，被理论证实的却被实践证伪，被理论证伪的则被实践证实。在改革开放过程中，人们切身体会到，计划经济一条龙，走到哪里哪里穷。这是社会主义事业探索数十年，改革开放20多年得出的基本结论，我们不能因为在迈向社会主义市场经济的过程中出现的某些非主流问题，而怀疑和否定我国经济体制改革的市场化方向。

第四，我们绝不能怀疑和否定以国有经济为主导、以公有制经济为主体、多种经济成分并存的社会主义基本经济制度，绝不能怀疑和否定党中央、国务院关于大力发展非公有制经济的正确决策。中国改革开放20多年来，非公有制经济蓬勃发展，已经成为社会主义市场经济中的生力军，市场上的商品和服务越来越多地由非公有制经济提供，人民的就业和收入越来越多地依赖非公有制经济。由于我国国有经济的比例太大，在今后若干年，随着改革的不断深入，国有经济的比例还将进一步下降，非公有制经济的比例还会进一步上升，这是历史的趋势。但这一趋势并不影响国有经济对国民经济命脉的控制。非公有制经济固然存在着这样或那样的问题，但那是发展过程中的管理和规范问题，而不是要不要发展的问题。

第五，我们必须用历史辩证法分析和评价改革开放中的负面问题。改革开放过程出现的负面问题，是新旧体制转轨过程中旧体制改革还不彻底、新体制还不健全的伴生现象，这些负面问题，只能靠进一步坚持和深化改革才能解决，倒退是没有任何出路的。我们还要看到，任何历史发展过程都不可能是十全十美、尽善尽美的，旧的问题解决了，还会产生新的问题。问题产生→解决→再产生→再解决→……这个过程永远不会完结，这就是历史发展的辩证法。当我们把改革开放事业推向21世纪的时候，我们必须要有这个充分的思想准备。

排除一个错误的观点，比拔除一颗牙齿要疼痛得多，因为我们没有思想的麻醉药。尽管如此，一切妨碍发展的思想观念都要坚决突破，一切束缚发展的做法和规定都要坚决改变，一切影响发展的体制弊端都要坚决革除。解放思想，黄金万两；观念更新，万两黄金。

(三) 坚定不移地推进所有制理论和实践与时俱进

历史已经证明，而且还在继续证明，凡实行公有制的国家，因体制先天不足而效率下降，生产力水平低下，市场萎缩，供给短缺；而实行私有制的国家，情况则正好相反：效率高，市场繁荣，经济发展。社会经济的实践使人们困惑了：公有制有悖于它的伟大理想，而私有制却有冤于它的罪恶名声。

社会主义国家对所有制改革特别是对公有制改革，首先是迫于解决现实经济效率问题的。与此同时，非公有制经济的发展，却成为我国经济体制改革的重要成就之一。如果说否定社会主义公有制的主体地位是一种右的倾向的话，那么，僵化地理解社会主义公有制的主体地位和国有经济的主导作用，则是一种"左"的倾向。思想解放不可能一劳永逸，我们必须对在对待非公有制经济认识上"左"的、僵化的观念进行不停地清理，"公有制优越性"和"以公有制为主体"的内涵要与时俱进。

所谓"公有制优越性"，不应该是先验论，而应该是实践论，即生产力标准论。以生产力标准来判断，公有制经济并不是"放之四海皆优越"；非公有制经济也并不是"放之四海皆恶劣"。对于不同的行业、产业和不同规模的经济，公有制经济与非公有制经济，其适应性、优势和优越性的发挥是不一样的。对于竞争性行业，特别是竞争性中小企业，公有制特别是国有企业，显然不具有优势、优越性或只具有较低的优势、优越性。而非公有制经济对于竞争性行业特别是竞争性中小企业，则具有比较明显的优势和优越性。对于弱竞争、非竞争行业，非公有制经济则不具有积极性更说不上优势了，而必须由国有企业承担。这些不只是中国的实践，而是被世界各国的历史实践都已经证明了的。我们对于不同所有制经济的优势、劣势的认识，应该统一到江泽民总书记在党的十六大报告中所指出的："各种所有制经济完全可以在市场竞争中发挥各自优势，相互促进，共同发展。"

在很长时间内，对公有制"主体"的内涵基本上是从"数量"上来理解的。机械地规定不同所有制成分的数量比例，是原有"补充论"的另一种说法而已。实际上，在市场经济体制下，各种不同的所有制经济，其发展数量及其比例关系是不能人为地规定的，而是由市场竞争决定的。凡是符合市场需要的，就必然能得到发展壮大；凡是不符合市场需要的，自然就会萎缩淘汰。这是不以人的意志为转移的。如果要人为地去规定甚至限制某种所有制经济的数量，只会限制以致破坏生产力的发展。我国在"文化大革命"期间，曾经规定过一户只能养几只鸡、养几只羊，超过数量就是资本主义，这种深刻的教训难道就忘记了吗！

这种从"数量"上来界定"公有制为主体"，越来越无法解释我国经济改革的实际情况。例如，我国东部和东南部的一些地方，非公有制经济在数量上已经超过了公有制经济，是不是就可以说那里已经不是社会主义了呢？当然，我们也可以作这种解释：公有制为主体是从全国整体上来说的，并不排除个别地方非公有制经济在数量上已经超过了公有制经济。问题在于，随着所有制改革的不断深入，全国各地的非公有制经济都在快速发展，不是个别地方、而是越来越多的地方非公有制经济在数量上超过了公有制经济。而且，党的十六大之后，随着对国民经济结构战略性调整的进一步发展，非公有制经济的规模还会继续发展。很显然，原来关于"公有制为主体"的理论内涵已经不能自圆其说，必须与时俱进。邹东涛教授认为，要不失时机地走出"数量论"的理论窠臼，以"功能论"来创新"公有制为主体"的理论内涵。

怎样从"功能型"内涵来理解"公有制为主体"呢？首先要全面认识公有制经济的含义。公有制经济包括国有经济、集体经济和混合经济中的国有、集体成分。随着改革的深化和经济的发展，国有经济在整个国民经济中的相对量会逐步下降，但集体经济却会大大发展起来。传统的集体经济有两种形式：农村集体经济和城镇集体经济。改革开放以来已经形成了新型集体经济并有了相当大的发展，而且将继续发展，主要有：社区集体所有制，社团集体所有制，社会基金集体所有制，联社集体所有制，等等。但关键不在于数量，而在于功能。

随着改革的不断深入和现代企业制度的发展，股份制、股份合作制等混合经济会广泛地发展起来。混合经济中的国有、集体成分并不需要在数量上很大，但只要是处于控股地位（今后越来越多的是相对控股），就会使该混合经济企业在总体上有了公有制的倾向，从而接受公有制经济的调控和引导。2003年《中共中央关于完善社会主义市场经济体制若干问题的决定》中指出，"坚持公有制的主体地位，发挥国有经济的主导作用"，这就是公有制经济的功能所在。

我们从"功能"的角度论述了"公有制为主体",再从"功能"的角度论述"国有经济为主导"就顺理成章了。国有经济是国家调节宏观经济运行、满足社会公共需要、促进国民经济健康高速稳定发展、实现国家经济和社会发展目标的物质基础和重要依托。国有经济的主导作用从功能上来说,就是对国民经济的控制作用、导向作用、调整作用、先导作用、带动作用和示范作用。

国有经济的主导作用主要是通过以下三种形式实现的:一是国有资产在社会公益部门和关系国民经济命脉的重要产业,如金融、基础材料、大型能源、主干交通、邮电、支柱产业和战略产业中占支配地位;二是通过绝对控股或相对控股的方式带动更多的非国有资本;三是通过自身的发展壮大和在技术、管理、效益方面的优势地位引导非国有经济。从这些作用来看,并不是从数量上体现出来的,而是从功能上体现出来的,是从对整个国民经济的支配力、控制力体现出来的。

以"功能型"的"主体和主导"替代"数量型"的"主体和主导",客观上也内含以"质量型"的"主体和主导"替代"数量型"的"主体和主导"。世界上任何事物的功能和质量都是融为一体的并且是正相关的,如家用电器的质量越好,其功能就越强。公有制经济、国有企业的质量和功能的关系也是一样。公有制经济的主体地位和国有经济的主导作用,关键不在于数量的多少,而在于质量的好坏、高低。十分浅显的道理是,如果一大堆公有、国有企业长期低效、亏损,不仅不能起到主体、主导作用,反而成为政府和社会的沉重包袱。因此,在改革的深化中,使公有制经济、国有企业在规模上适当收缩一些,使政府有精力、也有能力提高它们的质量,政府就会一方面感到轻装了、压力小了,另一方面感到对国民经济的支配力、控制力增强了。

2001年江泽民总书记的"七一"讲话提出了"马克思主义具有与时俱进的理论品格"的论断。在十六大的报告中,江泽民总书记又进一步重申和论述了这一思想。我们要进一步从深层次上清理在所有制问题上"左"的、僵化的观念,进一步解放思想,为非公有制经济的发展开辟更加广阔的道路。

所有制是灰色的,生产力之树常青。

参考文献

1. 马克思恩格斯全集. 第42卷. 北京：人民出版社，1979
2. 马克思恩格斯全集. 第46卷（上）. 北京：人民出版社，1979
3. 马克思恩格斯全集. 第46卷（下）. 北京：人民出版社，1980
4. 马克思恩格斯选集. 2版. 第3卷. 北京：人民出版社，1995
5. 马克思. 资本论. 第1卷，北京：人民出版社，1975. 832
6. 李荣融. 继续调整国有经济布局和结构　推进中国国有企业更多地参与国际竞争与合作——在并购重组国际高峰论坛上的发言. 2003-11-19
7. 陈育琴. 进一步完善保护私人财产法律制度四大措施. 经济参考报，2003-11-13
8. 董辅礽. 经济体制改革研究（上卷）. 北京：经济科学出版社，1994
9. 国鲁来. 经济体制改革以来我国农村集体所有制结构的变革. 中国农村经济，1998（3）
10. 何伟. 股份制是公有制的主要实现形式. 金融时报，2004-03-23
11. 黄孟复主编. 中国民营经济发展报告 No.1（2003）. 北京：社会科学文献出版社，2004
12. 黄苇町. 谁是苏共掘墓人？——"文明与宽容的革命". 南方日报，2002-12-02
13. 江泽民. 在庆祝中国共产党成立八十周年大会上的讲话. 北京：人民出版社，2001. 44
14. 林毅夫等. 中国的奇迹：发展战略与经济改革（增订版）. 上海：上海三联书店、上海人民出版社，1999
15. 苏星. 我国农业的社会主义改造. 北京：人民出版社，1980. 156
16. 王宝库. 中外国有资产管理模式比较研究. 经济学动态，2003（3）
17. 王梦奎等. 我国所有制结构变革趋势与对策（上）. 管理世界，1993（6）
18. 张卓元. 以完善为主题推进市场经济体制改革. 半月谈，2003（20）
19. 赵德馨主编. 中华人民共和国经济史. 郑州：河南人民出版社，1989. 449
20. 中国（海南）改革发展研究院. 中国农村土地改革的变革与创新. 海口：南海出版公司，1999
21. 钟景. 京沪穗居民调查：逾九成居民赞同修宪保护私有财产. 中国信息报. 2002-03-28
22. 邹东涛. 中国经济体制创新——改革年华的探索. 北京：人民出版社，2003
23. 邹东涛主编. 社会主义市场经济学. 北京：人民出版社，2004

执笔人　邹东涛　欧阳日辉

分报告二
中国农村改革的基本经验

中国农业的发展影响着整个中国经济的发展；中国农村社会的安定牵涉着中国全社会的安定；中国农民的权利保障也是每一个中国人在世界民族之林的尊严和地位的反映。中国近20多年经济发展的经验可以从多方面概括，其中这样一条会成为人们的共识：中国的改革与发展，成也农村，败也农村。中国市场供应充足，物价稳定，出口竞争力强劲，经济增长率长期位居世界前列，与农村改革先走一步并获得成功有密切关系。同样，近若干年我国部分工业品销售不畅，传统工业的规模与我国人口规模严重不对称，部分农村地区社会关系紧张，以种植业为主业的农民的收入水平增长在前几年呈下降趋势，又与农村改革近些年相对滞后有重要关系。总结农村改革经验，特别是发现农村改革与国民经济整体改革之间的关系，对于开拓新的改革思路，推动我国城乡经济协调发展，无疑具有重要意义。

一、中国农村改革的基本背景

（一）农村社会转型的观察视角

这些年来，中国农村问题持续成为社会观察和评论的热点。社会各界的评论主要是从三个层次上展开的。

第一个层次是从政府的角度看问题，主要是谈论如何增加农民收入，以及政府在农民增收中的经验。这是一个相当功利的看问题的角度，因为想增加农民收入是为了开拓农村市场，而开拓农村市场又是为了增加对城市工业品的需求，繁荣国民经济。

第二个层次是从同情心的角度对农民问题做出评论。但如果仅仅从同情心出发看问题，甚至用道德因素作为评价政策的标准，农民历史作用的复杂性就看不清楚了，政策评价也就没有现实意义了。

第三个层次是在大的历史背景下分析农村社会转型中农民的历史角色。从这个角度看问题，容易把握住改革大局，避免被一些"假问题"所迷惑。

每个重要国家在自己的历史上都遇到过农民问题，所以，注意国际经验对于我们认识自己的农民问题有重要意义。美国学者摩尔发现农民问题是影响世界主要国家现代化转型的最重要因素（1966）。农民的状况和解决农民问题的方式，决定了现代化的不同路径，也决定了一个民族为实现现代化所付出的不同代价。按摩尔概括，历史上有三种现代化形式，都包含了不同的农民问题解决方式。一个是英、美、法的形式，暴力冲突在化解农民问题中起了某种作用；另一种是德国和日本的形式，因为它们没有解决好农民问题，最后通过法西斯主义灾难释放了传统农民的社会压力；第三种是中国和俄罗斯的形式，这两个国家在工业化严重滞后的背景下急匆匆开始现代化历程，后来先后建立了另一种制度。

然而，摩尔的理论概括实际上没有完成，因为中国的农民问题实际上只是刚刚开始破题，摩尔不可能看清中国的问题。中国经历了反法西斯的第二次世界大战，自己内部的农民战争或农民起义更是规模浩大、旷日持久，但中国还是没有解决欧美国家已经解决的问题。

（二）农村社会转型的一般性与中国的特殊性

现代化的本质是制度变革。在中世纪，意大利就有过蒸汽机的发明，但因为制度变革没有发生，产业进步也没有发生。中国古代也有许多重要发明，同样因为没有制度变革的发生，也不能产业化。

技术进步是一项高风险的事业。工业生产以技术进步为基础，所以，工业生产的风险比农业大，特别是对投资者的风险大。制度进步正是要解决降低风险问题；没有制度进步，风险这个因素就把工业进步扼杀了。欧洲人发明了一系列制度，如保护财产权制度、复式簿记制度、专利制度和股份公司制度等等，正是这些制度降低了交易成本，促进了工业文明产生。能够降低技术进步风险的制度创新主要是两项。

第一项内容是对财产权利的保护，尤其是对私有财产的保护。人类获得财产有两种基本办法，一种是交易，另一种是掠夺。后一种办法不承认权利，还要用暴力作后盾，来消灭权利，这是最恶劣的制度，不仅对被掠夺者有很大风险，对掠夺者也有风险。要停止掠夺，繁荣交易，就要确立财产权，并用国家的力量保护财产权。如同一般规律所揭示的一样，中国农村改革的核心是财产权以及与财产权相关的其他权利的配置问题。

第二项内容是民主政治制度的建立。民主政治所包含的选举过程，也有利于降低社会交易成本。通过选举或投票的结果，政治活动会向少数派传递政治力量对比的信息，有利于防范少数派的轻举妄动，使少数派的代表人物不至于迷失自己的处境和地位而制造社会冲突和动乱。选举的结果使少数派不得不与社会多数派进行合作。有人批评中国人不懂得妥协，其实是中国缺乏成本低的合作制度。此外，民主政治包含多方面的权力制衡有利于社会稳定。民主政治制度当然不是无限美妙的，但我们的确再找不到比它更好的制度了。

一切国家现代化成功的秘密不过是它们确立了这样两项最基本的制度，农村社会转型当然也不例外。

中国农村社会转型所面临的历史遗产与西欧国家不一样。中国农民是对国家的依附，而西欧历史上的农民是对领主的依附。

中国敬皇帝。农民依附皇帝，皇帝是天子，代表国家。中国人谚语是"普天之下，莫非王土"。这几年，理论界常常说"皇权不下县"，这句话说过头了。皇权借助乡绅统治农民，不过是中国中央集权统治的一种特殊的委托代理机制而已。中央政府不直接向县以下委派官吏不等于它对权力和利益的诉求不延伸到县以下的乡村社会，否则皇权何以生存？乡村以下社会在其他方面，例如官员的选拔，皇粮的征收等，是与高层完全连通的。"皇权不下县"只是节约专制统治成本的办法。中国普通农民可以通过科举、武举上到社会高层，西欧普通农民连字也不识。前者也是国家控制农民的一种手段。

西欧农民依附领主。欧洲人的谚语是：领主的领主不是我的领主。大部分历史时期，欧洲的王权并不强大，国王甚至没有常备军。打起仗来，要临时动员贵族出钱出力。大部分情况下，各领主独立控制农奴，对农奴拥有最后裁判权。

两种依附的共性，是控制者和被控制者之间角色固定，不平等；国家和领主依靠自己的有组织的暴力实现对农民的控制。

两种依附方式产生两种社会特点和两种历史后果。

中国社会比之西欧社会更缺乏稳定性。中国历史上农民起义多，战争规模比欧洲大。欧洲历史上农民起义少，民族战争相对多。欧洲军队的主力是贵族家庭成员，间或有雇佣军存在，而中国军队的主力是农民。在中国，被皇帝武装起来的农民随时有可能把皇帝推翻掉，但在欧洲，农民领袖还要假装贵族，远没有我们那种"王侯将相，宁有种乎"的气派。国家通过很多环节来控制农民，效率必然要打折扣；平时歌舞升平，三呼万岁，直到问题掩盖不了时，皇帝也就没有办法了。

中国等级关系不稳定。"三代培养一个贵族"是欧洲的。"三十年河东，三十年河西"是中国的。这导致中国积极的制度遗产不容易继承，一代一代皇帝只不会忘记对社会严加控制。

中国的土地关系不稳定，容易产生丧失土地的"流民"。有人说中国历史上土地交易大多是自由的，似乎中国老早就有了"资本主义"，此论实在荒唐。

老百姓直接依附国家、依附皇帝，不容易建立社会信任关系。在一个农村社区，即使不搞民主选举，人们彼此熟识，也会建立起信任关系。如果老百姓依附国家，就需要对国家公务人员的信任，但偏偏在这种垂直控制之下形成信任关系的成本很大。没有民主选举的途径来扩散信息，谁认识皇帝？谁认识大臣？最基本的公共领域缺乏信任关系，全社会又何以建立信任关系？西欧社会的农民也不容易与国王建立信任关系，但他们不依附国王，就根本上不需要这种信任关系。

对国家的依附形成垄断控制关系，对领主的依附则形成社会的竞争关系。所以，西欧社会在历史上更显得具有多元化的和扁平的特点。再加上宗教的相对独立和城市实体的独立，西欧社会的竞争性更强了。中国社会是没有区域之间和其他集团之间的竞争的。中国历史上如果有竞争，就是无序的状态；而没有竞争的时期，就是集中控制。

垂直控制社会具有脆弱性。控制的信息成本太高，大量的虚假信息和其他因素一并作用，把一个一个王朝消灭掉了。有中国王朝大臣以为日本人没有膝关节，用长竹竿戳倒日本人就可以战胜他；还有中国的皇帝不懂农民没饭吃为什么不吃肉。

国家比之地主对农民的掠夺更为残酷。如果没有国家权力的大规模介入，单纯地主对农民的剥削是有限的，在天高皇帝远的地方，地主甚至对雇工相当优待。国家不仅要剥夺农民，还在需要的时候要剥夺地主乡绅；地主乡绅的命运有很大的不确定性，于是也无法形成与农民的稳定关系。这种过一天算一天的心态，必然要促使中国的富人过一种纸醉金迷的生活。

中国社会与欧洲社会的差异可以归结为帕特南教授所强调的"社会资本"的差异（1992，210）。社会资本是一种网络结构，按照经济学的观点，它主要是一种公共品交易的网络结构。欧洲社会这种结构具有扁平的性质，或者说是横向联系范围广、强度高的特征。中国社会的网络结构在某些方面也有扁平的性质，但它集中在私人物品的生产领域，公共品的交易网络是集中控制的。这就可以解释赵冈教授的理论所产生的困惑。赵冈教授认为中国很早建立了市场经济制度，尤其是中国的土地和劳动力有高度的流动性（2001，25）。但是，为什么市场经济建立晚的国家却在中国之前完成了社会转型？一个重要原因是我们在公共品的交易中没有充分的流动性。这一点说起来话长，我们就此打住。

1949年之后，中国社会的集中控制程度达到了前所未有的程度，不仅在政治上承袭了集中控制的传统，甚至还突破了"皇权不下县"的传统体制。在经济制度上更是颠覆了几千年的传统，赵冈教授描述的那种"市场经济"，也被取消了，变成了高度集中控制的计划经济体制（当然还远没有到马克思主义经典作家所要求的那个程度）。这种体制显然不适应农业生产方式对经济制度和政治制度的要求，于是才发生了改革的要求。

上述中国的历史文化遗产非一朝一夕形成的，对它进行改革意味着对中国社会结构做一个全面的改造，这必然使得中国农村改革具有艰巨性和长期性。

二、中国农村改革的基本经验

刻画一项改革行动的经验，可以有多种角度，选取一个适当的角度对于解释改革的成败非常重要。如前所述，农村改革的难点在于改变集中控制的方式，建立竞争性的家庭农业经营制度和自治性的社区公共管理制度，因此，总结农村改革的经验必然要围绕这个主题进行，否则，这种总结便没有意义。按照这个思路，我们对农村改革经验的概括着重于国家、集团和农民之间利益关系调整的得失成败。

第一，农村改革必须打破来自国家权力对农民的高度控制，让农民依据市场关系自由地安排生产。通过对土地的"集体化"，对化肥、农药和耕作机械的计划供应，对劳动力转移的限制，以及对农产品销售渠道的垄断，国家在改革之前实现了对农民的高度控制。改革历程所产生的经验证明，只要打破这种控制，就有利于农业生产的进步；哪一方面率先打破控制，哪一方面就率先获得发展。

第二，在改革的关键步骤上，中央政府的决断具有重要意义。在农村改革的每一个环节上，地方政府的创新冲动无疑是重要的，但如果中央政府不在重大问题上做出决断，放开地方政府的手脚，地方政府也迈不开步伐。承包制改革是地方政府开始推动的，但这项改革没有中央政府的最后确认，不可能在全国迅速推开。随着国家政治生活的多元化和分散化，中央政府在重大问题上的改革决断更需要加强。农村税费改革、乡村管理体制改革、土地制度改革和城乡劳动市场的改革等，必须有中央政府统筹安排，才可能获得突破性进展。

第三，从改革目标的确立到最后实现，比之中央政府的率先行动，鼓励地方政府积极探索、推动制度创新，是改革成功的必要条件。从推动农村发展的政府行为方面看，除过几次农产品价格调整出自中央政府之外，一些重要的改革行动最初都来自地方政府的创新性行动。包产到户、乡镇企业、村民自治等改革举措在产生之初，都与当时的中央政策或国家法规形成冲突，改革到了一定程度后，这些改革措施才被修改后的政策法规所认可。中国农村的改革正是这样在与既定政策的冲突中向前突进的。但必须承认，给予或承认地方政府在决策中某种自由，在改革时期可能是一把"双刃剑"。这一点我们后面再进一步展开讨论。

第四，改革要成功，必须在社会可接受的程度内不断打破旧有的利益结构体系。改革毕竟不是"分蛋糕"游戏，恰好能做到只是重新分配"增量"

蛋糕，而对"存量"蛋糕的分配比例保持不变。问题常常是，如果不对"存量"蛋糕的分配做出调整，"增量"蛋糕就不会出现。从现实方面来讲，农村改革和发展的制约因素，并不是如流行说法那样来自农民的素质低下，也不是来自农业技术推广中的问题，而是来自政府不当的宏观经济安排和各种既定的利益集团。农民对于他们所能接受到的信息总是能够保持足够的敏感性。只要农民的利益受到伤害，农业生产的增长肯定会受到影响。农产品的价格水平、农用生产资料的价格水平、农产品流通的自由程度、对农民的税费征收水平、农村公共支出中的监督控制以及土地使用权的分配等方面，常常出现损害农民利益的情形。这些方面的改革困难很大，但只要改革能前进一小步，农民的利益就能多一分地得到保护，农业生产也就能迈上一个新的台阶。

下面我们分别对这四项基本经验做进一步讨论。

（一）调节国家和农民的关系，扩大和保障农民权利

农村发展的根本障碍，是我们从计划经济时代开始、并大体延续至今的对农民实行无理的和粗暴的控制，农民应该享有的公正权利得不到保障和尊重。总结过去的经验，农民应该拥有的主要权利是：

1. 土地财产权

家庭联产承包制得以在1978年后迅速推广，首先归功于中国农民的创造精神。中国农民勇敢地冲击人民公社制度并取得成功的主要社会条件是：（1）人民公社制度所包含的各种内在矛盾在后期由于政治运动的推波助澜而加剧，特别是这个制度对农业生产力的破坏已危及到农民的生存，农民对抗这个制度的风险显著降低。（2）农村是计划经济的薄弱环节，因而改革也易于从这里突破。（3）人民公社时期农村社会的一个重要情况是大部分地区乡村精英与普通农民的利益比较一致，前者能与普通农民一起共同反对人民公社制度。当时的迅速变革固然与新制度符合农民利益有关，但从变革的可操作性上看，农民内部没有分化，利益要求比较一致，特别是精英分子的积极性很高，是改革顺利进行的重要条件。

家庭联产承包制与集体经济制度相比所具有的制度优势是农村改革成功的关键因素。（1）从根本上说，家庭联产承包制适合现阶段我国农业生产力的性质。农业生产本身的特点使家庭联产承包制改革具有较大的可操作性。
(2) 家庭联产承包制直接把家庭收入与家庭的生产投入结合在了一起，在较大程度上克服了集体共同生产条件下的农民的"搭便车"行为，产生了制度的激励功能。改革前我国农村生产在管理中也有某些责任制形式，但一般没有实行"联产"制度，或者"联产"仅止于作业组，其激励功能极为有限。
(3) 家庭联产承包制大大降低甚至取消了某些农业集体生产的监督管理成本。由于农业生产的特殊性，对农业劳动者劳动投入的质量、数量进行监控的成本极为高昂，家庭联产承包制的实行实际上基本取消了这种监控成本。
(4) 农民在相当大的程度上获得了生产自主权，为农业生产实现资源合理配置创造了重要条件。

2. 平等的公民身份权利

过去一个很长时期里，国家对农民工权利的保护，对劳资关系的调节，常常是不着边际地空喊口号，而媒体对这个问题也多是给予道德批判，未能发掘其中更重要的意义。农民进城务工，对于提高中国资源配置效率，促进经济高速发展，发挥了重要作用。同时，对农民进城务工的种种限制，又大大限制了资源效益的充分释放。

2004年初以来在中国发生的局部的"民工荒"，正反映了农民作为公民对平等权利诉求的意义。农民不去工厂做工，既是农业收益变化的结果，也是他们消极保护自己权利的结果。2004年粮食涨价了，再加上政府的一些补贴和减免税费措施，一个农民家庭每年就可多得收入好几百元。一算账，有的务工农民就索性回家种地去了。农民打工的净收入实在太低了，扣除掉城市里的消费，所剩不多。如果遇到黑心老板，农民终年辛苦劳作也剩不下几个钱。考虑到其他因素，如工作时间过长，工作环境恶劣，农民回到家里挣那一年几百元的新增收入，实在是很理性的。

劳资关系的调整，也不是一个简单的道德话题。调查表明，在近10年左右的时间里，农民工的工资几乎没有增加。维持这样一个劳动供求关系，固然和农民工的供应充足有关系，但更重要的是农民工所遭受的歧视和过度的盘剥排挤了新增工人的就业机会。劳动的廉价是因为农民工的劳动权利没有得到应有保护。如果这仅仅是一个道德话题，那么，社会虽然背负不人道的恶名，经济发展还可以持续下去。但这只是幻想。不道德的劳资关系不可能支撑经济的长期发展。道理其实很简单。相当大的一个劳工群体长期接受极端底下的工资水平,又不能享受基本的社会公共品的服务,意味着消费市场的萎缩,资本的扩张将受到限制;资本的所有者尽管享受着高额利润,但他们的利润不得不用来消费,甚至是极度奢侈的消费。其社会后果是整个经济的"拉丁美洲化",即一方面是生活拮据的劳工大众,另一方面又是对奢侈品有巨大消费能力的资本所有者。中国市场上日益增长的对超豪华轿车和高级筵席的需求能力,正是这种社会分裂的反映。中国现在已经是高级超豪华轿车的增长最快的市场,价格在千万左右的宾利轿车已经有百台之多,但另有数不清的农户连孩子读书的书本费也交不起!

没有文化的简单劳动力不能成为现代资本雇佣的对象,除非这个经济只是由简单劳动力密集型的产业群所构成的。但这样的产业群是不会有活力的,由这样的产业群所支撑的社会也不会是和谐的社会。拉丁美洲社会经济动乱的根源大抵如此。所以,把农民工的命运和国家的命运联系在一起,决非耸人听闻。

调节劳资关系,必须依靠政府行为。因为单个资本追求利润最大化、高强度地剥夺工人利益所产生的后果虽然最终会给它们自己出难题,但单个资本不会联合起来纠正自己的行为;资本的集合一定会陷入非理性状态,它们自己会破坏自己的长期赢利前景,破坏自己的市场。所以,帮助农民工也同时是帮助资本,虽然资本自己不懂得这个道理。

对农民平等权利的保护,特别是对农民工与城市职工之间平等权利的保护,逐渐成为全社会的共识。2004年11月1日国务院第423号令颁布的《劳动保障监察条例》,把农民工的权利置于国家法律保护之下。《条例》对用人单位违反女职工和未成年工特殊保护规定,不依法签订劳动合同,违法延长劳动者工作时间,拖欠和克扣劳动者工资,瞒报工资总额或者职工人数欠缴社会保险费,以及不履行配合劳动保障监察义务的情形,职业中介机构、职业技能鉴定机构和职业技能培训机构违反规定的情形,都规定了相应的法律责任。

中央高层提出的"以人为本"的施政方针的确开阔了地方政府官员的视野,许多能够有效调劳资关系的政策在不断出台。沈阳市成立全国首个"农民工"工会,开始利用农民工自己的组织维护农民工权益。截至2004年6

月末，这个工会已有会员 4 500 人，有的农民工还被选为工会委员及工会领导。工会已经为 100 多名农民工要回了近 35 万元拖欠的工资款。组织工会来平衡劳资关系是世界性的经验，在中国也会有效。

3. 民主选举权利

任何社会都会有利益集团的分野，利益集团之间也会有冲突；可怕的不是冲突，而是有没有什么解决冲突的有效机制。好的机制最重要的是三点：第一，集团之间要互相了解，如果一方有了潜在压力，另一方却全然不知社会力量对比状况，那就危险了。这种信息极不对称下的博弈，至少有一方要犯错误。第二，冲突的各方可以坐下来对话，可以相互妥协让步。第三，最好有一个超脱利益关系之上的"仲裁者"，如果对话出现麻烦，这个仲裁者可以发挥调和作用。发展民主政治不过是给这种机制的建立提供了一种可能性。

中国农村也有这样那样的问题，大家都越来越觉得问题不小，但我们对每一个问题都有"好对策"！可这个"好对策"又常常"落实不了"，连农民也以为，中央政策好，让下面的"歪嘴和尚"把好经念歪了！

怎么办？好像是两个办法可以使用：

第一，通过诸如"加强监督"这样传统的办法，使基层干部"与中央保持一致"。这个不灵。口号可以喊得山响，问题不易得到解决。可以接受基层的抱怨，不下达"政绩指标"，甚至免掉农业税和其他涉农税，但基层干部与农民之间的矛盾不会有根本缓和。信息扭曲非常严重，使得中央政府掌握情况很难，因此要不犯决策错误也很难。好的制度是尽可能少监督的制度。中央政府没有三头六臂，事事监督，哪能监督得过来？

第二，让基层干部在农民的压力下，主动放弃错误的做法，认认真真地解决农民急迫需要解决的问题。也不行，因为农民的压力在多数基层干部看来并不重要，或者算不上什么压力。农民要上访，那只是高层政府感到压力，基层干部不会有此类感受。高层政府会设置"政绩指标"来约束基层干部重视农民的上访，但这一做法常常会使基层干部想办法去堵农民上访，而不是解决农民的问题。

这第二个办法行不通，才是问题的症结所在。在农民问题上，中国历来缺乏好的、有利于稳定的社会对话机制。在农民眼里，政府就是乡村干部。在中央政府那里，自己的政策也要通过乡村干部来落实。高层政府对基层干部的控制，几乎是鞭长莫及，所以农民通过上访能解决的问题实在是九牛一毛。农民对上访也正在失去信心。除非闭目塞听，否则谁也不能否定这个事实。退一步说，基层政府要与农民对话，找谁？谁是农民代表？

其实基层干部们也不高兴，他们在道义上和金钱上都没占着，不少地方的干部连工资也领不上。可是他们在实际工作中还是希望继续使用自己的力量来达到目的。我们能用《天下粮仓》中的卢焯的办法解决问题？麻烦之处就在这里，我们把这叫做"对话困境"。

然而，希望就在眼前。我们创造的村民自治选举制度在一些搞得好的地方，已经发挥了稳定社会的作用。选举的意义倒不在于什么"人民当家做主人"，而在于解决对话问题。农民容易相信自己选出来的人，如果不相信，他也可以寄希望于下一次选举改变局面。选举让农民学会少数服从多数这个制度，而社会稳定必须仰赖这个制度。对地方政府来说，与农民选举的公务员对话，要比与一个个的农民对话容易得多。对中央政府来说，村民自治制度也大大减轻了自己与基层政府的协调控制成本——原来要管许多事，现在主要是管一件事：维护选举秩序，制裁选举违法活动。

1988年6月1日我国《村民委员会组织法》开始试行，农村村委会选举实践活动历经了近二十个春秋。这期间，全国大部分农村村委会进行了多次换届选举。1998年6月中国政府又公布了《村民委员会组织法（修订草案）》。中国政府的此项行动引起世界的广泛关注，也受到广大农民群众的欢迎。但已有的实践证明，中国农村的民主政治发展远不是一件一蹴而就的事情。可以说中国乡村社会的民主政治建设非常重要，同时又非常困难。就是在这样的背景下，党的十六大把村民自治作为扩大基层民主的重要措施再次予以强调，提出要"完善村民自治，健全村党组织领导的充满活力的村民自治机制"。

1998年6月公布的《村民委员会组织法（修订草案）》的主要内容涉及村委会的行为规范，只有第十条才涉及到村委会产生中的程序性问题。而程序合理与否，与结果是否令人满意之间，存在密切联系。值得注意的是，中国农民十分看重村委会产生的程序性问题，并在实践中发展出了一些形式不同，但很能体现民主精神的做法。[①] 一些地方还扩大了民主选举试验的

---

① 参见中华人民共和国民政部：《中国农村村民委员会民主选举制度日益完善》，见《2000年农村白皮书》，北京，中国农业出版社，2001。

范围。

（1）"海选"提名方式。如何提出候选人，对于选举的意义十分重大。以往，在实践中有党的基层组织提名、村委会换届领导小组提名、村民联名提名、村民自荐等多种提名方式。吉林梨树县创造的"海选"，即不内定和指定候选人，由每一个选民根据条件自主确定候选人，便是村民提名的重要方式。在1998年的村委会选举中，吉林省85%的村庄采用了这种方式。

（2）用"预选"提出正式候选人。在近几年的选举中，许多地方由全体选民或村民代表参加预选，按初步候选人得票多少确定正式候选人。

（3）组织公开竞选。现行的《村民委员会组织法》没有关于竞选的规定，但中国农村自发地开始采用了竞选方式。在1998年的村委会选举中，吉林省梨树县336个村的608名村委会主任竞选人，全部发表了竞选演讲。

（4）设立秘密划票间。在1994年以后的村委会选举中，投票场所比较普遍地设立了秘密划票间，选民单独进入划票间划票，他人不得旁观。

（5）乡镇选举试验[①]。

乡镇一级的选举试验在不同地方先后出现，形式不尽相同。

1997年11月，深圳市通过广东省人大机关，向全国人大报请批准在深圳市进行乡镇政府直接选举的改革试点，但议案没有通过。

1998年5月，四川省遂宁市市中区政府在保石镇进行镇长公选（公开选拔干部）试点，随后，又在另外三个乡镇分别进行党委书记和镇长公选试点。1998年12月，市中区政府在步云乡进行了乡长直接选举，12月31日乡长选出。1999年1月4日，新一届乡人民代表大会通过决议，"确认"当选人谭晓秋的乡长资格。谭晓秋应该是1949年以来第一位由选民直接选举出来的乡长。

1999年初，深圳市在龙港区大鹏镇进行了"两票制"选举镇长试点。另外还有四川绵阳市、山西临猗县等地进行了类似的试验工作。

（6）"党政合一"改革试验。

山东、广东和湖南等省在近几年的乡村民主选举中推行"两委一体化"制度，取得了积极效果，其中酝酿着我国乡村民主政治发展的重大突破。

---

① 关于这方面情况的详细讨论与报道，请参考李凡、寿慧生、彭宗超、肖立辉：《创新与发展——乡镇长选举制度改革》，北京，东方出版社，2000。

目前的村委会和村党支部委员会的分立，是制约乡村民主政治发展的一个明显的制度缺陷。实行村民自治选举以来，在全国许多地方逐步出现了党支部和村委会之间的摩擦，因为这两个组织赖以产生的制度很不相同，摩擦几乎是必然的。如何克服这种摩擦？现实中以及政府方面有下述几种做法：

第一，是许多地方实际实行的制度，即党支部最终说了算，在大的问题上，特别是在财物支配上村委会听党支部的。这个做法不大符合《村民委员会组织法》的规定，农民有意见。当党支部书记的个人作风比较好时，这个制度还能行得通，但这种情况具有偶然性。我们不能依靠这种制度解决问题；好的、稳定的制度不能依赖个人的道德素质。

第二，规定让党支部主管思想政治工作，把行政权的行使真正交给村委会。在本质上，这个规定无异于让党支部放弃在农村的领导权。如果农村常有的几项中心工作党支部说了不算，农民还能买它的账么？上级政府的意图还能通过基层党组织实施么？所以，这种做法等于拱手让出党对乡村的领导权，这肯定不会是党在改革中的选择。

第三，近几年，有的地方搞了"两票制"，在老百姓中投票产生党支部书记的候选人，而最终选举在支部大会进行。这个办法增加了老百姓在支部书记产生时的影响力，有利于建立党在农村的稳定的权威。但是，实行这个办法的地方，通常是要保证党组织对村委会的控制能力，而农民也只重视党支部书记的产生，把村委会选举不当一回事了。这与我们建立村委会自治选举制度的初衷是不一致的。

第四种办法提倡村委会主任、党支部书记两个职务一人兼，党支部成员与村委会委员交叉任职；要求所有党支部书记和支部成员积极参选，接受广大群众的挑选；一旦支部书记落选，在选举之后，基层党委原则上按照党内选举程序，将是党员的新任村委会主任调整为党支部书记；对于非党员当选村委会主任，上级党组织积极发展其入党。这种做法在实践中已经产生了明显的效果。

首先，"两委合一"制度能更好地实现农民的民主权利。村委会由农民直接选出，其行为就有可能代表或反映农民的利益要求，但党支部是领导者，它的产生不受农民选举的影响，其行为也就很难保证代表农民的利益。"两委合一"使党支部的产生直接受到农民意愿的制约，党支部的管理行为必然要发生积极的变化，农民的民主权利会因此得到更好的保障。"两委合一"的改革与我国的宪法精神以及《村民委员会组织法》的基本规定是完全一致的。

其次，"两委合一"制度有利于加强和改善共产党对乡村社会的领导。"两委合一"意味着党支部直接行使管理职能，减少了党支部和村委会两者分立情况下的摩擦，提高了党支部的管理效力。这项改革也减少了乡村干部的职数，有利于减轻农民负担。这个制度会不会使得大量非党员当选，从而使党失去对农村的领导地位？从广东顺德和山东威海的实践看，这种担心是完全不必要的。从山东威海看，党支部书记当选村委会主任的比例达到65%，党支部的其他成员当选村委会主任的比例达到30%，其他情形只占约5%。广东顺德情形更好。该市有174名支部书记参加了村委会直选，其中有157名当选为村委会主任，当选率为90.23%；另17位村委会主任中，8位由支部副书记或支委当选，6位是一般党员当选。在622名村委会成员中有党员584名，占总数的93.89%。即使由非党员当选村委会主任，也可以发展其入党，并使之担任党支部书记。一般情况下，党组织没有理由把群众拥护的非党员拒于党组织大门之外。

最后，"两委合一"为中国民主制度改革的深化探索了一条新路子。如果农村基层的党组织能够直接接受群众选票的考验，并使党的地位更加巩固，再高一点的层次（例如乡镇一级）为什么不能试一试呢？我们相信，我们党完全有能力有信心接受这个考验。当然，深化改革不能操之过急，要努力总结经验，逐步推开。社会安定和社会利益分配的公正，是任何一个社会的发展进步的前提。然而，一个社会如果存在利益集团之间的结构失调，存在弱势阶层，社会安定和社会利益分配的公正性这两方面就会存在问题。这个时候，政治的进步便成为经济发展的关键。

（二）统筹改革全局，加强中央政府在改革中的权威性

中国农村改革的最终目标是要建立一个乡村社会高度自治、农民专业合作组织高度发展的社会，适应这个目标的要求，地方政府在农业管理和农村建设中的自主权也将大大增强。但是，在向这个目标前进的过程中，中央政府单单依靠放权的办法是行不通的。为了更好地实现改革目标，中央政府必

须统筹改革全局，在必要的方面加强权威性。在中央政府和地方政府之间的权力配置上，无非是三种情况，一种是该放权，一种是该收权，再一种是收或放不确定，暂时允许出现权力运用的摩擦。农村改革的经验证明，在该收权的时候，一定要收好权力，否则改革工作会难以为继。

在农村改革中，中央政府发挥统筹全局的作用，意义十分重要。

第一，中央政府的行动有可能打破改革的僵局。以土地制度改革为例，如果没有中央政府的行动，很有可能使土地制度的改革陷入僵局。中央政府坚持"增人不增地，减人不减地"的稳定承包制的政策方针，是正确的。但是，这项政策在多数情况下难以为地方政府所接受，也难以为多数农民所接受。中央政府坚持这个政策虽然遇到很大的落实难度，但从长远看，有重要的意义。如果中央政府不坚持这个政策，整个承包制可能会垮台。

第二，中央政府的行动有可能加快改革的速度。以农村税费改革为例，由于中央政府的决心大，得以在短期内将农村税费改革推向全国，并迅速地取得了效果。如果仅仅依靠地方政府解决这个问题，其过程将十分漫长。

第三，中央政府的行动有利于协调复杂的利害关系。农民工权利的保障涉及到许多方面的关系。对农民工权利落实的阻力，并不是来自公安部门，而是其他一些部门，例如，教育部门就有阻力。农村土地征用制度改革则遇到更多的阻力。税费改革遇到义务教育经费筹措的困难，也是在中央政府的协调下（对不发达地区扩大转移支付），才得以解决。如果没有中央政府的协调，许多改革将半途而废。

第四，中央政府的行动有利于稳定大局，为改革创造比较好的环境。粮食供求的相对平衡对于中国改革的平稳推进具有重要意义，而这个环境的创造离不开中央政府的统筹安排。例如，2004年粮食增产和农民增收同时显现与我国特殊的经济背景有关，也与中央鼓励农业发展的各项积极政策有关。此前几年，由于我国粮食价格持续走低，农业经营的综合成本和各项负担居高不下，农民的种粮积极性受到严重挫伤，使耕地大量撂荒，土地投入水平下降，最终导致粮食总产量连年减低。2003年，我国粮食总产量仅仅4 307亿公斤，低于我国正常粮食市场需求的水平达10%左右。这种巨大的供需差额在粮食库存消化到一定程度后，必然要在粮食市场价格上反映出来。2004年粮食价格上升便是对粮食市场变化的一个反映。中央政府在

2004年初已经充分估计到了农业形势的严峻性，各项促进农业发展和农民增收的积极政策凝聚为"一号文件"推向社会，特别是几项实打实的政策出台，直接鼓励了农民种植粮食，增加了农民的现金收入。在中央政策的影响下，广东等经济发达地区的政府依靠自己的经济实力，以更大的力度落实惠农政策，对农民增收和农业经济的长远发展做出了贡献。

除了上面提到的各项主要改革举措，目前农村领域推行的其他改革，如乡镇机构改革、农村医疗保障改革、金融体制改革等，都必须在中央政府的全力推动之下才能够较好地进行。肯定中央政府在改革中的关键作用，不是说中央政府的工作不会发生失误，事实上，中央政府的许多政策也有不尽如人意的地方，需要不断改进和完善。但我们不能因此否定中央政府在改革中所应有的作用。

（三）协调中央和地方的关系，发挥地方政府的积极作用

迄今为止，关于中国中央政府与地方政府的关系的分析，最系统、并最富有启发性的文献，是由萨克斯、胡永泰和杨小凯三位先生提供的（1999）。他们的论文指出，由于中国是从生产的技术性组织和分工体系的构造开始学习西方社会的，然后再是经济制度的部分改革，法律体系的部分改革，宪政制度基本上没有触动，由此便导致了各种各样的"双轨制"，并在政治运行和政策实施方面表现了强烈的"国家机会主义"。这种制度事实上排斥严格的计划经济，中央与地方之间容易实行一种充满机会主义的"财政联邦主义"。他们认为，中国的计划经济是由毛泽东开始打破的。在这样一个制度背景下，法律的实施不可能严格，各种政策不能落实也就不奇怪了。他们的论述对于理解地方政府和中央政府的关系，是有启发性的。

地方政府权力扩大，的确具有"双刃剑"的意义。其中的利弊很难笼统地下结论，要具体分析才能给出合理的判断。

中国农村城市化进城的速度最近几年在加快，充分说明了地方政府的某种利益诉求在改革中的作用。在中央政府的政策没有显著变化的情况下，为什么这两年各地突然纷纷松动城市户籍限制，逐渐把城市大门向农民打开？原因大体上有以下几个方面：第一，一部分富裕农村居民进入城市对于政府扩大税源、节约征税成本是有利的。第二，城市扩大有利于带动房地产业的

发展，而房地产业的经营商已经越来越成为影响政府的重要社会利益集团。第三，近几年各地政府在区域经济发展中有不同程度的竞争，扩大区域内中心城市的规模，有利于提高区域经济的竞争力，也是政府官员显示"政绩"的途径。第四，中国历史上农民一直具有较大的迁徙自由，城乡分割的户籍制度与中国的历史文化传统严重背离，同时也与世界主流文化制度相冲突，所以这个制度实际上扛着一个"不合理、不合法"的恶名，这客观上使改革开放以后成长起来的官员敢于对这一制度开刀。

近几年，不少地方的农村民主政治建设也搞得有声有色，例如，江西省推进村落社区建设，发挥志愿者在农村社区工作中的作用；湖南省采用许多积极的办法加强民选村委会的权力，提高了农民参与政治的积极性；河北某县加强村民代表会议的制度建设，大大减轻了"两委矛盾"所造成的损害；四川某地出现的乡镇直选，探索了扩大乡村民主政治的新路子等等，都是地方政府进行制度创新的事例。

改革是要打破旧的秩序平衡，但从以往改革的经验看，正式的改革运作程序有时候是效率极低的程序，而中国农村的改革主要走的是正式的运作程序，城市经济领域的改革则可以走各种非正式的程序。农村改革的程序大体是：调查研究获得信息（包括某些上访活动）；主管部门提出改革意见；一定范围里征求意见；这个阶段的 N 次反复；最后形成改革的官方文件。常常有人担心"中央"不知道农民的情况，实际上不仅知道（毕竟处于信息传播高度发达的社会），甚至知道得太多；不仅知道农民的要求，也知道相反力量的要求。例如，在农村税费改革问题上，中央已经开始试点并部署了试点工作的拓展，但又停了一个时期，然后才又重新开始。这都是各种"意见"博弈的结果。这也说明，如果只有中央政府改革的积极性，改革的活力将大打折扣。

（四）统筹协调社会利益关系，突破不合理利益关系的制约

一般来说，改革是一个渐进的过程，但渐进改革决不意味着仅仅用"增量调整"的办法进行改革。农村税费改革就不是"增量"改革，农村土地征用制度改革也不会是"增量"改革。在必要的时候，也应开展对"存量"利益进行调整的改革。

如果单单用"增量"改革的办法调整复杂的利益关系，可能使改革陷入僵局。这里通过讨论农业波动与政策博弈之间的关系来说明一些看法。我们的研究发现，农业波动与政策规定呈弱相关，而与政策的执行力度呈强相关。事实上，政策的书面内容是比较连续的（除过粮食流通政策），关键是执行方面发生问题。

诉诸文字的政策可以不被执行。例如，1979年9月中共十一届四中全会通过的《中共中央关于加快农业发展若干问题的决定》中指出："今后三、五年内，国家对农业的投资在整个基本建设投资中所占的比重，要逐步提高到百分之十八左右；农业事业费和支援社队的支出在国家总支出中所占的比重，要逐步提高到百分之八左右"。这一政策就落空了。1980—1984年，国家财政用于农业的支出不仅没有增加，反而减少了。

问题是我们的政治经济体制存在一种固有的摇摆性。粮食丰收了，既定政策的实施力度就放松了，体制中的模棱两可的东西就向着不利于农业的方面偏移。加强农业的行政力度与国家的宏观经济背景有密切关系，一般来说，加强农业行政力度的时候是宏观经济情况比较糟的时候，而减弱农业行政力度是宏观经济形势较好的时候。此外，粮食歉收了，行政力量就加强了，同样的政策就会以十二分的力气去实施。在农业生产形势比较好的时候，抓农业的行政力度就会减小。由于1984年的大丰收，1985年有一种乐观的情绪，其表现是各级政府都放松了对粮食生产的重视。这一年国务院核定的粮食定购数量为790亿公斤，省一级向下安排变成了750亿公斤，再与农民签订合同时，又变成了700亿公斤。这个政策出台的时候，粮食的市场价低于国家定购价。到1986年，粮食增产了，但由于粮价没有下来，高过定购价，各级政府又在定购指标上层层加码，以留有"保险系数"。

1985—1988年，粮食生产四年徘徊，粮食价格大幅度上扬。1984—1989年，粮食市场价上扬了78.2%，年均上扬12.2%。各地纷纷爆发"粮食大战"、"羊毛大战"、"棉花大战"、"蚕茧大战"和"烤烟大战"。粮食收购价格在1984—1989年间提高了75.9%，年均提高12%。20世纪80年代后几年，合同价和收购的平均价相对于市场价反复下降，其中合同价从市场价的2/3下降到1/3；平均价格从70%降低到55%。显然，这种提价措施不能对农民起到刺激作用。在这种情况下，强制措施必然要登场，交售粮食合同实际上成了新的名义下的强制定购。为了保证收购合同完成，地方政府在收购季节关闭了市场，并且阻止跨行政边界的农产品贸易。同时，这个时期的供应不明显增加的原因，在一定程度上，是因为地方政府对农业政策执行不力。在许多地区，地方政府并不承诺提供（与化肥等要素）"挂钩"计划下的农民应该得到的投入要素。对全国范围里的1万农户所做的调查表明，1987年合同定购粮食配售的化肥和柴油数量比中央指示的水平低了20%，定金也只达到要求数量的86%（中央农村政策研究室农村观察办公室，1988）。1987—1988年间的打白条现象也十分严重，每收购100元的农产品，平均欠款数达到20～40元。

1994年开始，中央政府加强了对粮食生产计划落实的行政约束，特别对南方各省的粮食减产提出了批评。1995年出台了"米袋子"省长负责制。"米袋子"省长负责制的实质内容是：（1）各省要负责完成由中央政府确定的给各省的粮食定购任务，尽管中央不把这部分粮食调走，但任务必须完成。（2）各省自己想办法解决本省粮食供求平衡问题，供大于求时自找销路；供不应求时自己组织外购。各省还要对全国的粮食平衡负责。（3）中央统一管理粮食的进出口及国家储备工作。这一套"政策"调整实际上没有多少新的内容，只不过是把以往的强调"农业基础地位"的政策加以具体化和行政指令化。由于各省将米袋子省长负责制层层分解，实际上形成了一种对粮食生产的准计划管理。有的省对完不成计划的基层政府采取了处罚措施。这种政策客观上在短期内起到了促进粮食增产的作用。

正是因为上述情况，我们的粮食生产便出现了多年的徘徊。2004年初，中央政府下了决心，实际上开始了"存量"改革，一方面给农民"直补"，一方面推动税费的减免，给了农民信心，提高了种粮的积极性，再加上其他一些因素，才使2004年的粮食生产形势发生了大的变化。

三、深化农村改革，促进农村发展

(一) 农村社会经济发展仍处于重要转折关头

中国农村经济能否健康顺利发展，始终取决于两方面的政策因素。一是宏观政策因素，主要包括国家对农业的投入力度、农产品进出口平衡状况、农用生产资料供应状况以及农村金融市场发育状况等。二是农村社会经济制度改革方面的因素，主要包括农民各项社会经济权利的保障水平、农村要素市场和产品市场的发育状况以及农村经济组织的创新发育程度。从2004年的情况看，中央政府在这两方面的工作都有重要部署，改革力度大大加强，给我国农村发展提供了前所未有的机遇。

新一届中央领导集体大力推进农村改革，把农村工作提到前所未有的高度，有其重要背景。第一，新一届中央领导集体强调以人为本的发展观，必然重视农民的生存状态。按照以人为本的理念，我们必须建立一个公平、公正的社会，保障全体公民发展权和其他各项基本人权。这样就凸显了我国的农民问题，因为我国的社会经济呈现一种二元结构状态，农民生活普遍窘迫，农业经济不发达，农村发展程度低，与以人为本的治国理念的要求相距甚远。第二，抓好农村工作也是全局经济发展的需要。中国经济发展在世界上几乎一枝独秀，这与中国的市场广大有重要关系。但是，从长期看，农民的购买力低下和农村市场的低度扩张，会严重制约我国经济的持续健康发展，所以，必须在战略上重视农村经济的成长。第三，重视农村工作也是社会稳定的要求。我国农村人口多，农民的组织程度低，农村工作积累了一些长期难以解决的老大难问题，致使农村社会关系比较紧张。从历史经验看，农村不稳定，全社会就不稳定；农村稳定了，全社会也就稳定了，所以，要通过经济、政治改革，积极创造稳定农村社会的条件，这对于保障我国改革、开放和发展的稳步推进具有关键意义。

在新的政策支持下，农村发展的宏观环境有重要改善。首先，国家加大了对农业投入的力度，并取消了农业税。其次，我国加入WTO，农业经受了几年的考验，总体看有利于我国农业结构的调整，提高我国农业经济的效率。再次，我国还加快了农村金融服务改革的步伐，正在探索一条有利于农民增收和农村发展的金融服务路子。中央政府还加大了国家对农村教育的投入，特别是加强了对落后地区的农村教育事业的支持力度。

农村社会经济制度的改革也迈出了重要步伐。2002年颁布的《农村土地承包法》有利于稳定农村土地承包关系，为进一步深化农村土地制度改革提供了有利条件。农村基层政府改革也逐步开展起来，有利于减轻农民负担,增强政府为农民的服务功能。政府还加强了农民工进城务工环境的治理,采取行政干预的办法下大力气解决农民工工资拖欠问题,合理配置城乡劳动力,增加农民收入。一些地方政府还改革了户籍登记制度,放宽了农民进入城市定居的限制。一些发达省份加强了农民低保工作,农村养老保险的范围也在逐步扩大。这些措施都将有利于逐步缩小城乡差别,加快农村发展的步伐。

但是,在看到形势发生积极变化的同时,也要看到农村发展所存在的深层次方面的问题。

1. 家庭联产承包制在根本上仍适应我国农村生产力发展的要求,但这一制度的内在矛盾始终存在,并有日益加剧的倾向。家庭联产承包制在实践中始终包含两种矛盾。第一,承包权与所有权的矛盾。矛盾的两方是:村干部代表的集体所有权与农民拥有的承包权。农民拥有的承包权体现了农民的直接利益,而农民的利益应该是约束集体所有权行使的根本因素。但是,由于集体所有权由村干部来代表,而村干部在多大程度上服从农民的利益,取决于村干部的素质和村民对村干部的监督能力,而通常这两点由外在因素决定,并不能得到保证。第二,承包权设计与承包制功能的矛盾。在我国现阶段,承包权的设计在考虑效率的同时,还要考虑农村社会保障乃至农村社会稳定问题,二者之间是有矛盾的。承包权设计与承包制功能的矛盾实际上也是承包制功能之间的矛盾。这个矛盾是当前继续落实家庭联产承包制所面临的一个非常复杂的问题。不难理解,我国农业和农村经济能否在下一世纪继续保持繁荣,农村社会能否稳定,取决于我们能否调和好上述矛盾。目前我国农村某些社会经济条件的变化在加深家庭联产承包制的内在矛盾。

2. 从社会利益集团的对比关系看,中国农民在现代化转型过程中处于不利地位。农民是分散的社会群体,缺少自己的组织(如农民自己志愿参加的各种合作社和产业协会等)来与其他社会集团相抗衡。现在的所谓村级集体经济组织实际上是政府"管理"农民的代理机构,未能很好地发挥为农民服务的功能。这是中央各项政策落实难的症结所在。由于利益关系的驱使,地方强势利益集团对农民利益的剥夺常常使农民难以抵御。中央政策只要遇到利益上的纠葛,便难以落实,这便是农民常说的,中央政策是好的,一到基层落实就出问题。这种状况是农村社会发生冲突的根源之一。农业经济的组织基础脆弱，难以支撑农村经济的长期稳定发展。上世纪 80 年代以来，中国的粮食供给过剩大约 5 年一个周期。这种情形给农村实现稳定的制度变迁造成困难。出现短周期的原因何在？一是分散的、数量庞大的农民手里的存粮增长速度（13 年增长 8 倍）大大超过商品粮的增长速度，而这部分粮食对价格变动极为敏感，在我国商品粮需求相对不足（约为总产量的 30%，发达国家几乎是 100%）的情况下，农民存粮形成的粮食供给很容易在价格诱导之下对市场产生巨大冲击。二是农民种植粮食面积以保住口粮为基础，为市场种植的粮食也对价格的反应极为敏感。两方面的因素使粮价大涨大跌很难避免。能否通过信息引导、合同约束等办法来稳定粮食供给？很难。因为土地非常细碎地分散到数量庞大、文化水平很低的农户手里，农户为享有公共信息资源和制度资源而发生的边际私人成本可能接近甚至高于他的边际收益，农户很难采取一种让宏观经济调控者感到满意的行为。概言之，一个社会与分散、弱小的农户很难有稳定的合作，对农户的行为很难有稳定的预期。

3. 乡村权势阶层力量十分强大，普通农民的社会力量减弱，普通农民已经很难成为农村制度创新的直接动力。乡村权势阶层特别是乡村干部已有相对独立于普通农民的利益要求。乡村权势阶层崛起以后，中央土地承包政策在基层落实难度大，一些政策在基层事实上受到抵触。调查表明，乡村干部对"两田制"、"三田制"和撮合"种粮大户"有强烈偏好。这些现象所反映的实质问题是，村干部所支配的土地所有权和土地发包权在强化，而农民的土地承包权在弱化。乡村权势阶层从农民中分化出去以后，普通农民的经济实力与社会组织程度已经不堪承担制度创新的任务。

4. 我国农村经济政策的一些问题亟待纠正。例如，至今土地到底属于哪一级在实践中没有理清楚，这是承包关系不稳定、土地纠纷发生的重要原因之一。政策也没有说明什么人可以承包土地，即什么人算是集体组织的成员。农民认为婚姻关系增加的人口应该分配土地，产生了不断调整土地的压力。此外，我国地域辽阔，各地农村社会经济条件差异很大，使中央在出台政策时常常不得不讲"因地制宜"，但这个做法也给地方不执行中央的政策造成借口，使中央的政策在具体贯彻时大打折扣，并造成中央政府和地方政府之间反复"讨价还价"的无效率的政策磨合。

5. 我国农村还存在社会稳定的压力。农村税费改革开展之后，农村社会稳定的形势有所好转，但因为土地纠纷和乡村选举纠纷所产生的农村社会紧张还十分突出。社会稳定程度与农民的经济地位、农民的组织程度以及农民社会的权威结构有密切关系，因此，只能通过社会关系的全面调整来解决农村社会的稳定问题。

6. 粮食增产和农民增收的基础还不稳固。在粮食大幅度增产的形势下，我们必须保持清醒的头脑。根据以往经验，粮食价格在粮食供应增加以后往往会下跌；而过高的粮食价格也会损害国民经济的整体协调发展。国家对农业税减免的好处也在几年后会释放完毕。国家对农民的直接补贴在短期内还很有限，不可能使补贴成为农民未来收入增长的主要来源。另一方面，我国农业经济基础还十分薄弱，耕地面积在逐年减少，农业科技推广力量还很弱小，农业生态环境也在逐渐恶化。克服这些不利因素尚需艰苦的制度建设和政策调整，更需要大量的资金投入。显然，我们对我国农业发展和农民增收的前景还不能过于乐观。今后必须把农民增收和农业生态环境改善作为抓粮食生产的重要前提条件。粮食增产不能孤立地成为我国经济发展的主要目标。粮食生产必须和农民增收与生态环境改善联系起来。单从技术层面看，我们完全有能力生产出满足我国人口消费所需要的粮食。我国目前粮食平均亩产在 350 公斤左右，如果在中低产田改造和农业技术推广等方面做出扎实努力，粮食平均亩产还会显著提高。此外，我国还有几十亿亩草地和经济林地，可以生产出大量替代粮食的肉类和果类产品。这种计算让我们乐观。但是，我们不要忘记，自然界在给我们产出粮食的时候，可能会付出生态失衡的代价；农民在接受新的生产手段的时候，也有可能付出更高的成本。生态的成本最终会转化为经济的成本。决定农民收入高低的不是亩产量，而是农民的劳动生产率和资本生产率。很高的亩产量不一定换来很高的劳动生产率和资本生产率，因此也不一定换来农民收入的增加。这个道理说明，稍有不慎，抓粮食生产就有可能损害农民的利益，增加环境代价。最后还是那句老话，抓粮食生产，必须坚持科学的农业发展观，这个科学，既包括自然科学和先进技术，也包括经济社会科学。

7. 农村要素市场发育还存在问题。农村劳动力转移的步伐还不够快。农村要全面建成小康社会，必须把 80% 以上的劳动力转移到其他产业，这个任务十分艰巨。目前中小城市和小城镇的发展遇到瓶颈,是劳动力转移的重要障碍。户籍制度和土地制度改革太慢,也影响农村劳动力转移。农民贷款难,农业积累向其他产业的转移过多,使农业创业资本很难通过资本市场获得。土地市场和劳动力市场也都存在严重的制度性缺陷,市场调节能力很弱。国家对农业的支持力度还远没有到位,对农村经济发展的服务功能也有待加强。从资金和信贷两个渠道看,农村部门对国家贡献多年是一个正数。我们国家的经济实力增强了,本应该尽快实现"反哺"农业,但这个局面似乎还不能出现。

8. 土地资源的浪费十分惊人。有资料显示,从建国到1983年我国失去耕地近10亿亩,同期新垦耕地8.1亿亩,净减耕地1.9亿亩。在10亿亩土地中,有多少用来做非农建设用地?从城市扩张的速度看,估计这个数值在4亿~6亿亩之间。1983年以后的占地情况也不完全清楚。据国土资源部统计,1987年到2001年,全国非农建设占用耕地3 300多万亩。这个数字嫌小,因为据国土资源部的另一项"不完全统计",截至2004年,全国开发区多达6 015个,规划面积3.54万平方公里,相当于5 300多万亩。开发区之外还存在大量非农建设用地。近几年的非农建设用地每年在230万亩左右。保守估计,建国以来,全国非农建设用地按保守估计在5亿亩左右。另据我的初步调查,我国东部和中部的许多村落的房屋空置率在20%左右,有的村落在30%以上。有的房屋只有老人在看守。保守估计,农村房屋的空置数量也在4至5千万处以上。一处房屋的价值按5万元计算,总价值也在2万亿元以上。这是多么巨大的浪费!每一处房屋占土地一般在半亩地左右,有的农户的宅基地达到2~3亩。这些土地都是良田,用来生产粮食至少可以使中国粮食增加4%以上。问题是这种浪费还在继续,农民进城务工还是为了在农村盖新房,迎娶新媳妇。

(二)坚持市场化改革方向,推动农村全面发展

发达国家农村发展的历史经验证明,农村改革必须为归结为权利关系的变革。过去我国农村的最大问题是不尊重农民的基本权利,用控制性政策,把农民束缚在土地上。20多年前开始的改革,大体上是确立农民基本权利的过程;所有农村改革的成就,都可以归结为农民基本权利得以逐步确立所

产生的积极成果。同样的道理，农村各种尚待解决的问题，也将寄希望于农民基本权利的进一步确立。新的中央领导集体提出了以人为本的发展观，将为确立农民各项基本社会权利提供意识形态的支持，有利于深化农村改革，促进农民发展。

从长远看，今后农村改革的主攻方向还是加快市场化的步伐，为此要做好三方面的工作。

一是要通过改革，使农民成为有活力的市场主体，创造农村市场经济发展最基本的动力。首要任务是以更大的力度改革农村土地关系，确立农民的土地财产权。农村目前实行的土地承包制对解放农村生产力曾发挥了巨大作用。但这个制度难以避免乡村干部对土地过强的支配权，对理顺农村政治经济关系很不利。中央政府已经通过立法措施，来强化农民的土地承包权，使农民的土地承包权物权化，但目前落实情况尚不尽如人意。除此之外，要大力发育农民新型经济组织，同时改造和最大限度地利用农村现已存在的中介组织资源（如乡镇、村社区组织，供销合作社，信用合作社以及乡镇的"七所八站"等组织形式）的网络体系、基础设施、专业技术人才和社会动员能力，整合农村已有的和正在发育的社会资本、人力资本和物质资本，实现传统组织资源和新型组织资源的有效对接。还要进一步放活劳动力市场和资本市场，逐步实现城乡劳动力市场的统一，建立多层次的资本流动市场。

二是要加强政府对农村经济发展的支持力度，并在"市场失灵"的领域发挥政府服务的作用。中国农户的小规模经营状况决定了农户在市场经济中处于不利地位，易于受到大型垄断供应商和服务商的盘剥。同时，农业是高度竞争的产业，农业利润率往往低于社会平均利润率，不容易获得商业银行的服务，也不容易吸引投资者向农业投资。鉴于这个原因，国家要大力加强农业基础设施的投入，发展农业科技，改善农业生产的物质条件。同时，鉴于目前农业资金多头投入、效率有限的局面，应改善国家农业政策性银行的服务，进一步增强农业政策性银行的服务功能。我个人认为，应该加强我国农业发展银行与国家农业部之间的协调互动，把目前各种分散的农业支持资金适度集中，由农业部做好资金使用的规划，由农业发展银行做好资金的具体使用和调度，以提高农业资金的使用效率。

三是要改善农村基层社会的治理结构，进一步改革村级社区管理机构和乡镇政府，采取更有力的措施加快农村基层的民主制度建设。1998年正式出台《村民委员会组织法》，但落实极为困难。农民希望这项权利真正得以落实。如果这项权利落实了，所谓"农民负担"问题也就容易解决了。这等于把"中央要求减负"，变成了"农民自我减负"，效果就大大不同了。我们在调查中发现，与其说农民苦于税费负担重，不如说农民更苦于税费负担不平等。在一个乡镇，往往有不交或少交税费的农户；在一个村子，又有不交或少交税费的农户，这使得一部分农民所承受的赋税相当沉重。解决这样的问题，只能由改善农村基层政府的治理结构来实现。

（三）把农村发展放到首位

中外近代历史发展的经验表明，在社会转型时期，如果农村发展出现停滞，农村社会矛盾激化，将引起整个社会的动荡不安，从而拖延社会转型的过程。

西欧历史转型始于15世纪中期，大约在1450年前后开始，农村经济经历了约100年的成长进入了全面衰退的时期（又是约100年），到17世纪中期，农村经济已陷于停滞。史学家把这个时期称作"大16世纪"。大16世纪由盛而衰的后果是西欧各国国内的动荡，并先后导致了各主要国家的"革命"，使得它们没有能够在国内和平的基础上实现社会转型。

西欧"大16世纪"后100年的农村问题主要是国家政策的失误。政府扩大了税收，农村地主则向普通佃户加收地租，并大肆掠夺公地，造成普通农民的破产和颠沛流离。王权政府把收到的税款主要用来加强王权的统治，增加军备，收买贵族。这样，城市发达了，城市的市场扩大了，城市经济部门的收益超过了农村投资的收益，引起农村资金向城市流动，使农村发展走向停滞。

按一种说法，中国的社会转型始于洋务运动。洋务运动的实践者抱着富国梦开始他们的事业，但后果是他们的一掬泪水。中国历来是城市统治农村，农民创造的"剩余"被源源不断地输向城市。农村破败引起匪患，而匪患又发育为地方军事割据和军阀混战，战争则进一步消耗国力，加速农村的衰败。于是，中国在百余年里战火频仍，民不聊生。

毛泽东等老一代革命家看准了中国问题的关键，用农民的力量推翻了旧政权，给中国带来数十年的和平发展年月，并取得了举世瞩目的经济成就。但是，从宪法秩序上说，中国社会转型只是从长期停滞以后重新开始，由于长期的闭关自守，我们缺乏控制社会平稳转型的经验。我们犯了牺牲农业和农村，片面发展工业和城市的错误。20多年的改革中我们在相当大的程度上纠正了自己的错误，取得了农村发展的巨大成就。但我们仍然没有完成社会转型的任务，而且在社会转型中仍然存在牺牲农业和农民利益的问题。如果这些问题解决不好，仍然会妨碍中国社会的平稳转型。

参考文献

1. 布莱尔·希尔. 不列颠的早期政党与政治，1688—1832. 见：政党比较研究资料. 北京：中央编译出版社，2002
2. [美] 穆尔. 民主和专制的社会起源. 北京：华夏出版社，1987
3. [法] 费尔南·布罗代尔. 资本主义的动力. 北京：三联书店，1997
4. 党国英. "村民自治"是乡村民主政治的起点吗?. 战略与管理，1999（1）
5. 李世安. 李约瑟对中国文明的早期认识. 光明日报，2003-04-08
6. [美] 诺斯. 经济史上的结构和变革. 北京：商务印书馆，1992；上海：上海三联书店，1991
7. [英] 帕特南. 使民主运转起来. 南昌：江西人民出版社，1992
8. [德] 弗兰茨·奥本海默. 论国家. 北京：商务印书馆，1999
9. 韦森. 经济学与伦理学. 上海：上海人民出版社，2002
10. 朱学勤. 革命. 南方周末，1999-12-19
11. 赵冈. 农业经济史论集. 北京：中国农业出版社，2001
12. 杰弗里·萨克斯，胡永泰，杨小凯. 经济改革和宪政转轨. 李利民译. 下载自互联网，1999
13. [日] 竹内宏. 日本现代经济发展史. 北京：中信出版社，1993
14. Olson, Mancur (1965). The Logic of Collective Action. Harvard University Press
15. [英] 戴维·赫尔德. 民主的模式. 北京：中央编译出版社，1998
16. 奥斯特罗姆. 制度安排和公用地两难处境. 见：国际经济增长中心编. 制度分析与发展的反思. 北京：商务印书馆，1992
17. 廖洪乐等. 中国农村土地承包制度研究. 北京：中国财政经济出版社，2003
18. G. 拉尼斯. 政策变化下的政治经济对比. 见：[美] 加里·杰里菲. 制造奇迹. 上海：上海远东出版社，1996
19. G. 拉尼斯. 发展经济学：下一步迈向何处?. 见：发展经济学的新格局. 北京：经济科学出版社，1987
20. 李强. 当前我国城市化和流动人口的几个理论问题. 江苏行政学院学报，2002（1）。
21. 林毅夫. 集体化与中国1959—1961年的农业危机. 见：林毅夫. 制度、技术与中国农业发

展. 上海：上海三联书店，1992

22. 林毅夫，杨健平. 健全土地制度，发育土地市场. 中国农村经济，1993（12）
23. 林叶. 论我国农村土地制度和经营方式的变革. 北方论丛，1992（3）
24. 骆友生，张红宇. 家庭承包责任制后的农地制度创新. 经济研究，1995（1）
25. K. N. 雷吉. 农村经济的动员——亚洲的经验. 见：发展经济学的新格局. 北京：经济科学出版社，1987
26. D. N. 麦克洛斯基. 新帕尔格雷夫经济学大词典. 北京：经济科学出版社，1992
27. ［美］米格代尔. 农民、政治与革命. 北京：中央编译出版社，1996
28. ［美］诺斯. 经济史上的结构与变迁. 上海：上海三联书店，1991
29. 农业部软科学委员会办公室. 农民收入与劳动力转移. 北京：中国农业出版社，2001
30. 皮日休文集. 卷七. 请行周典
31. 秦晖，苏文. 田园诗与狂想曲. 北京：中央编译出版社，1996
32. Ross Garnaut and Guonan Ma. 中国粮食研究报告. 北京农业大学出版社据澳大利亚外交与外贸部 1993 年版译出
33. ［美］W. 威尔科克斯. 美国农业经济学. 北京：商务印书馆，1987
34. 威廉姆森. 公共土地. 见：新帕尔格雷夫经济学大词典. 北京：经济科学出版社，1992
35. 王贵宸，魏道南，秦其明. 农业生产责任制的建立和发展. 石家庄：河北人民出版社，1984
36. 周其仁. 中国农村改革：国家和所有权关系的变化. 中国社会科学季刊，1994 年夏季卷
37. 赵冈，陈钟毅. 中国经济制度史. 北京：中国经济出版社，1991
38. North, Douglass C. and Robert Paul Thomas (1973). The Rise of the Western World, A New Economic History. Cambridge University Press
39. Goldsmith, A. A (1995). Democracy, Property Rights and Economic Growth. The Journal Of Development Studies，Vol. 32，December 1995：157～174

执笔人　党国英

分报告三
中国国有企业改革的基本经验

1978年以前,我国实行的是高度集中的计划经济体制,整个国民经济呈现出"行政性运行"的特点。在这种体制下,传统国有企业成了政府行政机构的附属物。1984年党的十二届三中全会提出国有企业改革是我国经济体制改革的中心环节。1993年党的十四届三中全会确立以建立现代企业制度作为改革目标以来,国有企业改革已取得了重大进展,取得一系列成就和经验,但是国有企业改革的任务还远远没有完成,改革尚处在攻坚阶段。

一、中国国有企业改革的基本历程

20多年的国有企业改革实践大致分作以下四个阶段。

(一) 第一阶段:从放权让利到承包经营责任制

从党的十一届三中全会到十四大以前,国有企业改革一直在探索中前进,主要措施是放权让利,调整国家和企业的权责利关系。从扩大企业自主权开始,使国有企业逐步成为真正意义上的企业。1979年7月,国务院发布了扩大企业自主权、实行利润留成等文件,选择了首都钢铁公司等八家企业进行试点,拉开了企业改革的序幕。扩权的内容,一方面是把过去利润全部上缴改为利润分成,在利润分配上兼顾国家、地方、企业、个人的利益;另一方面是在统购统销、计划分配上打开缺口,允许企业在生产经营和管理上有更多自主权,逐步发挥市场的调节作用。从1981年开始,国务院在扩权的基础上，对部分工业企业实行利润包干的经济责任制。到1981年底，全国实行工业经济责任制的企业达到4.2万多家。随后，国务院进行了两步"利改税"改革。第一步利改税从1983年4月开始，国务院批转财政部的利改税办法，规定企业按实现利润的55%的税率交纳所得税，税后利润的一部分留给企业；1984年9月，国务院批转财政部试行第二步利改税办法，对原来的税种、税率进行调整，国营企业从"税利并存"过渡到完全的"以税代利"，税后利润由企业自行安排。这一时期的改革重点是"放权让利"。改革取得了一定的成效：政府把一部分权力放还企业，企业开始成为有一定经营自主权的实体；企业开始面向市场，以商品生产者和经营者的身份参与市场竞争；初步打破"大锅饭"，建立起劳动制度和分配制度方面的激励机制。但是，放权让利尚未触及旧制度的基本框架，企业作为政府部门附属物的地位没有根本改观。让利政策的力度不大，企业仍然缺乏自我发展的能力。

承包经营责任制是此前放权让利改革的延续和发展。1986年12月，国务院颁发了《关于深化企业改革增强企业活力的若干规定》，强调深化改革要围绕企业经营机制进行，鼓励国企改革探索多种形式，主要包括股份制、租赁制、资产经营责任制、承包经营责任制等。承包制是计划经济和市场经济双重体制条件下推行两权分离的一种既有效又简便易行的形式，在实践中没有改变企业的所有制，能实现与放权让利的平稳过渡，故得到了较快发展。到1987年底，全国预算内国有企业已有78%实行了承包责任制，大中型企业达到了80%。承包制的基本原则是"包死基数、确保上交、超收分成、欠收自补"。与放权让利的改革相比，企业的自主权落实程度有所改进，政府的行政干预有所减少。在保证国家财政收入前提下，企业获得了较高的利润留成率，调动了企业积极性，明显提高了管理效率和经济效益。但是，承包制没有涉及国企作为法人应有的法人财产权，并不能使国有企业成为自负盈亏的法人实体。承包制还导致了企业行为的短期化，企业只顾承包期出效益而忽视了中长期发展，易造成国有资产和利润的流失。同时，在经济转轨时期，外部环境的不确定性造成了承包合同的约束软化，企业实际上负盈不负亏，国家仍然要承担亏损责任。

（二）第二阶段：建立现代企业制度

进入 20 世纪 90 年代，以邓小平视察南方谈话和党的十四大为标志，我国国有企业改革由放权让利、承包经营进入了制度创新、机制转换，建立现代企业制度的新阶段。1993 年 11 月，党的十四届三中全会通过的《中共中央关于建立社会主义市场经济体制若干问题的决定》指出："继续深化企业改革，必须解决深层次矛盾，着力进行企业制度的创新"。"建立现代企业制度，是发展社会化大生产和市场经济的必然要求，是我国国有企业改革的方向。"相应的，同年 12 月第八届全国人大常委会第五次会议通过了《中华人民共和国公司法》，为建立现代企业制度确立了法律依据。

国有企业改革的实质，就是适应社会化大生产和市场经济的要求，寻找一条公有制与市场经济相结合的有效途径。建立现代企业制度，就是依照"产权清晰、权责明确、政企分开、管理科学"的原则，对国有企业进行股份制改造。在推进现代企业制度的工作中，产权清晰是基础，权责明确是关键，政企分开是保障，管理科学是重要的着力点，使企业成为真正的市场竞争主体和法人实体是落脚点。四个方面是个统一整体，缺一不可，它们构成了现代企业制度的基本特征。我国传统国有企业的根本制度缺陷是产权制度不合理。只要企业财产归全民所有，企业产权就无法人格化，财产的最终所有者就不能具体化。为了实现国有企业既保持国有制，又能自主经营的目标，国有企业的所有权和经营权必须分离，同时保持所有权对经营权的必要的制约。股份制作为现代企业制度的典型形式，与其他企业组织形式相比，更能有效解决上述问题。首先，股份制可以引入多元投资主体，有利于所有权和经营权以及最终所有权和法人财产权的分离；其次，股份制企业通过建立规范的法人治理结构，能确保出资人到位，有助于克服"内部人控制"；再次，股市实行公开披露制度，股东和公众可以对上市公司的生产经营活动进行广泛的监督；最后，股份制可以使国有资本通过控股、参股等形式，将有限的国有资本集中到更重要的领域，用少量国有资本支配和带动更多的社会资本，扩大国有资本的控制力，对其他所有制经济的发展也有促进作用。

同时，把国有企业由过去的"只生不死"转变为"有生有死"，大力推进兼并、破产制度。破产制度是现代企业制度的重要内容之一。长期以来，我国的国有企业是负盈不负亏，在强调企业自主经营时忽视了由此造成的盈亏问题。当企业出现严重亏损,甚至资不抵债或丧失债务清偿能力时,国家依然采取财政扶持或关、停、并、转的办法,转嫁亏损或债务负担,造成国有企业"只生不死"。这种权责分离的状况,只会导致企业经营自主权的扭曲。企业该破产的必须实行破产,这样才能建立"产权清晰、权责明确"的现代企业运行机制。全面落实自负盈亏原则客观上要求企业破产法的建立。1986年12月,第六届全国人大常委会第十八次全会通过了《中华人民共和国企业破产法(试行)》。破产制度是商品经济活动健康运行的一种机制,为整个经济发展提供了一种淘汰落后的路径选择。党的十五大提出加快国有企业改革的一个重要环节就是"实行鼓励兼并、规范破产、下岗分流、减员增效和再就业工程,形成企业优胜劣汰的竞争机制"。可见,建立国有企业的兼并、破产机制要实现两个突破:一是国有企业职工下岗不再是禁区。国企破产一个最直接的结果是职工下岗分流。在短时间内发生如此大规模的下岗,又要保持社会的稳定,就要尽快建立和完善再就业工程和社会保障等配套设施。二是债权人对自身利益的保护和追求。根据经济学的剩余索取权和剩余控制权理论,企业在兼并和破产过程中的决策权应该由债权人主导。当企业正常经营时,股东是剩余索取者,掌握着剩余控制权。当企业不能清偿到期债务或资不抵债时,债权人就成为事实上的剩余索取者。企业能否救活,企业最终价值的大小取决于债权人的清偿率。我国国有企业的兼并和破产,最大的债权人是国有银行,而由于体制原因,国有银行的这一主导作用被政府所取代,严重阻碍了市场机制作用的发挥。

总之,现代企业制度同传统的国有企业制度存在实质性的不同。通过建立和完善现代企业制度,国家依其出资额承担有限责任,企业依法支配法人财产;企业内部建立起由股东大会、董事会、监事会、经理层构成的相互制衡的治理结构;企业以生产经营为主要职责,有明确的盈利目标;企业按市场竞争的要求,合理划分企业边界,形成科学的企业组织形式和内部管理制度;企业生产要素有足够的开放性和流动性,与外部的其他生产要素市场相配合,通过资产收购、兼并、联合、破产等资源的合理流动,优化企业结构,提升企业竞争力。但是,建立现代企业制度方面的进展还不能说是全局性和突破性的。国有资产"所有者缺位",企业股权结构、治理结构不合理,企业办社会,职工"隐形负债",融资渠道补偿以及企业组织形式和内部管理体制等方面的问题依然存在。

(三) 第三阶段：对国有经济实行结构性战略调整

党的十五大提出了从战略上调整国有经济布局的任务，指出：国有经济起主导作用，主要体现在控制力上。对关系国民经济命脉的重要行业和关键领域，国有经济必须占支配地位。在其他领域，可以通过资产重组和结构调整，以加强重点，提高国有资产的整体质量。这一理论创新说明，关于国有企业改革的指导思想发生重大变化，摆脱了原来那种试图通过救活每一个企业来搞好国有经济的传统思维方式，把国有经济作为一个总体来考虑，着眼于从整体上搞好国有经济，提高国有资产的整体素质。其中一个关键性举措就是：收缩国有经济战线，改组国有企业，调整国有经济的布局和结构。在传统计划经济体制下，国有经济的主导作用主要表现为国有企业在数量上占绝对优势，国有经济覆盖社会的每一个行业、每一个领域。因而发挥国有经济的主导作用与降低国有经济的数量比重，收缩国有经济战线是不能相容的。十五大提出的"国有经济控制力"这一概念，为在新的市场经济体制下认识和发挥国有经济的主导作用提供了全新的视角和判断标准，国有经济主导作用必须从单纯数量型向导向型转变，必须从提高质量和效益的角度加强国有经济。低质低效的数量对于发挥国有经济的主导作用没有实际意义。收缩国有经济战线，正是要使国有经济向其优势领域集中，提高国有经济的控制力。从整体上搞活国有经济，不是指全部搞好搞活，整体搞活国有企业势必要求搞死部分在市场经济中生存无望的企业，要搞活国有企业和搞死国有企业并重。这是关系到能否真正搞好国有经济，搞活国有企业的思想解放问题。

在十五大的理论体系指导下，党的十五届四中全会通过的《中共中央关于国有企业改革和发展若干重大问题的决定》又进一步提出国有经济"有进有退、有所为有所不为"，作为国有经济布局战略性调整的指导方针。"进"和"退"的主体是国有资本，是产权。"有进有退"是价值形态的退出与集中，这意味着，由国家或政府占有的那一部分国民财富将从实物资产形态转变为价值属性的资本形态；"国有资产"产权的一般形态将首先表现为国有资本的产权，而不是国有企业的产权。在市场经济条件下，资本是一个可流动的概念。只有在资本形态上，国有资本才是一个不断流动着的财富量，国有资产才能完成自身的不断重组和不断优化配置。一方面，国有资本以利润最大化为目标，向真正需要其行使国有经济职能的领域集中；另一方面，国有企业产权结构，按照现代企业制度的要求走向多元化。

实践上，对国有经济进行战略调整，包括宏观和微观两个层面。一方面，在宏观上减少国有经济的比例。《决定》明确了国有经济必须控制的四个行业和领域，即涉及国家安全的行业，自然垄断的行业，提供重要公共产品和服务的行业，以及支柱产业和高新技术产业中的重要骨干企业。这说明，今后国有经济将在这四大行业和领域中集中发展，控制这些命脉部门，在国民经济中发挥主导作用。在其他竞争性的行业和领域，国有经济可以适当退出，甚至不为，以便集中力量控制四大行业和领域。随着国有经济从非四大行业和领域逐步收缩和退出，国有资产在绝对量上有可能增加，但其相对量，即在经济总量中的比重将逐步降低。而非国有经济，特别是非公有制经济将获得更大发展空间，在经济总量中的比重将进一步扩大，非公有制经济可能占经济总量的30%多。这有助于进一步改善所有制结构。另一方面，在微观上减持国有股权的比重。《决定》提出除国有经济需要控制的具体领域之外，允许部分上市公司有条件地减持国有股。"退"在很大程度上有赖于国有股的减持。减持后的国有股逐渐进入流通领域，形成市场价值并真正反映企业的经营状况，使各生产要素的自由流动、优化资源配置成为可能。减持国有股作为深化企业改革的一项重要举措，其基本目的在于实现政企分开，转变企业的运行机制使其能够真正成为市场经济中的经济主体，为实现经济体制的根本转变奠定必要的微观基础。因此，减持国有股不能简单停留在减持上，而是从政企是否分开、企业运行机制是否转变的实效出发，具体讨论减持国有股的数量关系。减持是过程，退出是结果，只有着眼于企业运行机制和经济运行机制的转变，从这个角度出发来考虑国有股减持的问题，才能把"减持"与"转轨"协调和统一起来。

（四）第四阶段：改革国有资产管理体制，完善出资人制度

在原有的国有资产管理体制下，国有资产名义上归国家所有，实际上控制在各级政府各级主管部门手中，它们直接占有和经营管理国有资产。解决国有企业市场化问题的核心，在于政企分开，而政企分开的出路，在于改变政府作为国有资本所有权代表人的格局。一方面，政府不再承担监督和促进国有资本保值增值的责任。政府对企业只承担提供良好宏观经营环境的义务。另一方面，企业对政府的义务也简化为纳税和遵守行政法规，企业不再承担纯粹的社会功能。此外，政资不分也是阻碍国有企业市场化的重要原因。政府如果把大量精力用于国有资本的管理，必然影响它的其他社会职能的发挥。中共十五届四中全会通过的《中共中央关于国有企业改革和发展若干重大问题的决定》提出："要按照国家所有、分级管理、授权经营、分工监督的原则，逐步建立国有资产管理、监督、营运体系和机制，建立与健全严格的责任制度。""统一所有、分级行使、授权经营、严格监管"这一新型国有资产管理体制，由中央政府和省、市两级地方政府分别代表国家履行出资人职责、享受所有者权益。上述论述实际上提出了一个重大的理论命题，即谁是企业的主人，哪一种利益是企业利益的核心。出资人是企业的所有者，是企业的"主人"。而企业的所有者是股东，所以股东是企业的主人。出资人拥有对企业及其资产的最终控制权，应当、而且必须对自己的资产及其利用效率负责；企业运行要服从出资人的利益要求，维护出资人利益。市场经济下的企业，就第一位的经济动机而言，不是为了国家税赋增收，也不是为了职工就业，更不是为了替代政府职能来满足社会的福利要求，而是为了出资人的投资收益而办。出资人利益是企业利益的核心。这个判断是在总结我国过去20多年改革经验基础上得出的符合市场经济规律的结论。从上世纪80年代初中期以来，"减政放权"、奖金"上不封顶、下不保底"，"企业利润递增包干"，"拨改贷"，"厂长经理责任制"以及"让企业成为自主经营、自负盈亏的主体"等种种改革尝试，实际上都是在试图搭建新的企业利益结构。但这一系列"微观主体再造"的努力之所以均未能取得预期的成功，根本缺陷就在于忽视了出资人利益，忽略了在出资人利益的基础上去强调企业利益的独立化。正由于这些缺陷的存在，一段时间来，理论界一直为"所有者缺位"的难题所困扰。积累了诸多经验，现在我们终于确认了市场经济下的这样一个基本原则：出资人是企业的主人，经营者必须维护出资人的利益，企业积累是出资人利益的一部分。

在政企分开后，要完善国有出资人到位制度首先必须坚持三个基本原则：一是充分发挥国有资产弥补市场缺陷的特定功能；二是充分实现国有资产的保值增值；三是坚持实行"统一所有、分级行使、授权经营、严格监管"，保证完善国有出资人到位制度的可操作性。在坚持三个基本原则的基础上，建立"三层次"的国有资产管理与运营新体制的基本框架，即在中央和地方各级人民代表大会下分别建立专职的国有资产管理监督机构，在中间层次组建国有资产投资运营机构，在基础层次对国有企业进行公司制改造，组建国有资产控股参股企业（见图3—1）。

```
┌─────────────────────────┐
│      各级人民代表大会      │
└─────────────────────────┘
            │
┌─────────────────────────┐
│ 各级国有资产管理监督机构： │
│      国有资产管理委员会    │
└─────────────────────────┘
            │
┌─────────────────────────┐
│ 国有资产投资经营机构：    │
│      国有资产经营公司      │
└─────────────────────────┘
            │
┌─────────────────────────┐
│    国有资产控股参股企业    │
└─────────────────────────┘
```

图 3—1　新国有资产管理体制

资料来源：芮明杰，2002。

但是，要充分认识到，进行这次国资体制改革绝不仅仅是为了设立三级国资委，而是有两个更深层的目的。第一是有进有退，"退"，即促使国资从分布过于广泛的领域中退出；第二是改善需要留下来的国企的治理结构，这主要是要建立比较规范有效的董事会制度并确立董事的受托责任体系。如果达不到这两个深层目的，国资体制改革就不能算是成功。

总结 20 多年来国有企业改革的基本做法，其主要经验可以概括为"六个先后"和"六个结合"。

二、中国国有企业改革基本经验之一：六个先后

（一）先放权后改制

20 世纪 80 年代的改革集中于国家向企业放权让利，国有企业改革的重

心在于政策调整。这种思路的基本逻辑是,通过放权给予企业管理层决策自主权,克服政府对企业经营活动的干预,提高企业经营决策的效率;通过让利强化管理层和职工的个人利益与企业业绩的相关关系,调动他们追求企业盈利的积极性。放权让利遵循的是一种"所有权与经营权分离"的思路。"经营权"就是经营企业的权利,在理论上,经营权只能属于所有者,很难要求其与所有权"分离";在实践中,强行分离的结果就是在企业层次上看不到所有者的利益代表,即"所有者缺位"。放权让利时期要求企业实现"自负盈亏"的目标,管理层和职工"负盈"当然没有问题,"负亏"却是不可能的。由于没有资本投入,一个企业一旦亏损,其损失首先只能由企业的所有者承担,待所有者的权益被全部冲销之后,损失就落在债权人身上。所以,在实践中,指望"企业"自负盈亏的结果必然是企业的管理层和职工"负盈不负亏",导致权放得越多、利让得越多,风险就越大。当然,这并不是说放权让利的改革没有积极效果。让利的实际后果是管理层、职工等内部人享有企业的剩余索取权,使他们部分地形成了类似于股东的利益冲动,在一定程度上取得了和私人所有制类似的效果。很多放权让利后的国有企业开始追求利润最大化,在一定程度上提高了企业的经营效率。

进入20世纪90年代,改革的实践让我们认识到,以放权让利为主线的改革不能根本解决国有企业的公司治理问题,国有企业改革的重心应该转向制度创新。就制度创新而言,前期是着重微观主体机制再造,即用现代公司制度改造国有企业,建立现代企业制度。后期着重宏观国资体制再造。在国有企业中推行现代公司制度比放权让利的思路更加有效。放权让利由于不能在企业层次上构造出所有者的利益代表,始终不能真正解决在国家和企业管理层之间分配权责利这一根本问题,不是放得太多、太乱,就是管得太多、太死。放得太多就导致内部人控制失控。要对内部人控制加以节制,又只能求助于行政干预。与此相比,现代公司制度的解决办法是,由所有者挑选自己的利益代表进入企业,即通过董事会实现对公司的治理。现代公司治理机制虽然还很不完善,也不是"一治就灵",但其中包括了一整套调整包括所有者、债权人、董事、经理人员、职工、社会等利益相关者的权责利分配关系的经济和法律规则,其大量的有益经验教训值得我们学习借鉴。

制度创新的后期是进行宏观上的国有资产管理体制改革。党的十六大报告作出了在坚持国家所有的前提下,建立中央政府和地方政府分别代表国家履行出资人职责,享有所有者权益,权利、义务和职责相统一,管资产和管人、管事结合的国有资产管理新体制的重大决策。随着国有企业改革的深入,一方面国有企业股权多元化、公司制改组使国有企业的组织形式发生了变化;另一方面,随着国有企业改组、国有经济布局调整的推进,国有资产重组、流动更加重要、经常。这些都要求进一步明确出资人及其职责职权,明确中央和地方的权利划分,使出资人的权利、义务落到实处。首先,对中央和地方进行职责划分,中央只对"四大领域"履行出资人职责,地方政府对这四大领域以外的国有出资企业履行出资人职责。其次,实行政资分开,使政府的社会公共管理职能与国有资产出资人的职能分别由不同的部门、机构行使。再次,作为国有资产出资人代表的政府及其国有资产监督管理机构既享有出资人的权利,又要履行出资人义务,履行出资人的职责,做好国有资产保值增值的监管工作。

(二)先放小后抓大

国有企业改革经历了一个"抓大放小"的过程。"抓大放小"的思路是在"八五"后期提出的。1995年江泽民总书记在关于国有企业改革的讲话中第一次对"抓大放小"作为方针进行了表述。党的十四届五中全会通过的《中共中央关于国有企业改革和发展若干重大问题的决定》进一步明确,对国有企业实施战略性改组,搞好大的,放活小的,择优扶强。重点抓好一批大型企业和企业集团,形成规模经济。同时加快国有小企业的改造步伐。十五届四中全会把要放开搞活的范畴扩展到国有中型企业,提出"放开搞活国有中小企业"。由此,"抓大放小"演变为"抓大放中小"。政策上的演变始终是"抓大"、"放小"齐头并进,然而在实践中,我国的国企改革走的是先放小后抓大的改革道路。这是因为中小企业搞国有制本身就缺乏经济理由,在经营状况上最先开始恶化。而非国有经济不断发展壮大,最先对中小国有企业展开竞争,使国有中小企业的亏损面变得越来越大,最先成为国家和政府的包袱。同时,非国有中小企业的发展,使它们有能力最先吸收中小企业的下岗职工,它们积累的小规模资本,也能够通过并购或股份合作制等形式对国有小企业实行产权变革。而大型国有企业一方面本身有国家的扶持,引进了许多先进技术设备，生产率相对较高，甚至在一些行业中处于垄断地位，所以亏损面也相对较低；加上企业改革将导致大规模的职工下岗，带来一系列社会问题，改革的困难与阻力相对较大。所以，在经济中还没有形成大资本的情况下，很难实现根本上的改制。只有随着中小企业的发展壮大，经济风险逐步得到控制，经济也能持续增长，市场上形成一些大资本、大企业家，改革大型国有企业的阶段才会真正到来。

中小企业是一个国家经济活力的保证。我国国有小企业数量多，职工人数多，再加上中型企业，其数量还要增加。这部分企业对国民经济虽然不起决定性作用，但对于安置就业、营造市场竞争环境、活跃经济、增加财政收入等方面都有重要作用。国有小企业整体上机制不活、效益低下；中型企业呈现两极分化的趋势。对国有中小企业的放开和搞活紧密联系，放开是手段，搞活才是目的。放开国有中小企业，并不是一放了之，撒手不管，而是政府放开企业的财产组织形式和资产经营形式，企业在资产的重组和改制过程中，建立法人治理结构，实现自主经营。搞活就是要实现存量资产的优化重组，按照现代企业制度的要求转换企业经营机制，使企业实现扭亏增盈，促进国有资产的保值增值，职工收入不断提高。放开搞活中小企业的形式大致分为两类。一类是进行产权制度改革，包括股份制、股份合作、兼并、重组、加入企业集团、拍卖、破产等；另一类不涉及产权制度，包括托管、承包、租赁、联合等。在实践中，应以产权制度改革为重点，具体选择哪种改革形式，根据企业的实际情况进行确定。

"抓大"的方向是公司制改造，着重点是资本关系，即要抓住出资人制度建设、企业内部营运和管理机制建设、监督和激励制度建设等几个方面。抓大的动力首先来自出资人，而不是政府机构，如果不实现政企分开，就会贻误改革的进程。同时，要正确理解"抓大"的范围。抓大并不是要抓住所有行业的大企业，而是有选择地抓那些未来需要有国有资本保留经营的产业领域的大企业。对将来国有资本有可能退出或对国民经济影响较小的行业，要转向国有资本参股或实行产权转让。截至 2005 年，由国资委管辖的国有企业已降至 196 家。对国有企业进行战略性改组，还要按照市场规则和国际惯例，组建大公司、大集团，实行抓大和择优扶强政策。这是因为，国有大型企业和大企业集团是主导国民经济的基本力量，有助于促进产业结构调整，提高经济增长的效益，有利于产业的国际化进程。其状况如何也是衡量一个国家工业化水平和综合经济素质的重要标志。要进一步推进企业集团的发展，一定要重视企业集团的技术改造，以带动整个产业的技术进步。国有企业战略性改组的一个重要目标就是实现国有资产向优势企业集中，因此，要鼓励企业集团通过兼并收购，壮大集团规模，优化存量资产配置。随着我国经济发展国际化进程的加快，应鼓励企业集团开展国际化经营，组建具有自主技术和自主产品的跨国公司，增强国际竞争力。

此外，要正确处理"搞好大的"与"放开搞活中小企业"的关系。抓大与放中小是企业战略性改组的两个互相联系的重要方面。搞好大的有利于带动中小企业，放活中小企业又有利于促进搞好大的。在实践中既要支持大公司、大企业集团吸纳和带动一大批中小企业的发展，又要鼓励中小企业积极为大企业、大集团加工配套，进行专业化生产，并通过资本联合，逐步形成集团优势，以解决一些企业规模小、效益差、抵御市场风险能力低的缺陷，达到使大企业壮大实力，中小企业增添活力的目的。

（三）先下岗后失业

由于结构调整、体制改革、破产兼并以及生产经营困难等原因，国有企业工作岗位大量减少，出现了大批下岗职工。在国外，不存在失业和下岗的区别，职工下岗就是失业。下岗是一种中国特色的失业，是旧体制形成的潜在冗员现象在体制转轨时期逐步显性化的结果，是特殊时期的特殊失业现象。从经济学的角度看，"下岗"实际就是失业，只是在保障制度上二者有所不同。失业人员已与工作单位脱离关系，享受失业保险，领取失业救济金，并到社会职业介绍机构登记失业，谋求新的就业岗位；企业下岗人员则仍与所在企业保持劳动关系，按规定从企业领取一定的基本生活保障费。

政府之所以没有选择让这些失去了工作岗位的人直接失业，是因为在计划经济体制下，企业与职工之间具有一种终身契约关系，职工以低工资为代价享受企业提供的养老、医疗保障，国家以法律形式对这种制度给予确认。随着改革的不断深化，这种国家、企业、职工、个人之间的信用链条不断松动，国家改变了终身的固定工制度，实行劳动合同制，职工个人也开始倾向于自由流动；企业为了提高自身的竞争能力也希望根据市场需要聘用人员。

这样原有的单位保障体系已难以发挥作用，但是新的社会保障体系还不完善，在这种情况下，要在较短时期内完成结构调整和国有企业减员增效、三年脱困的目标，政府和企业只能选择让职工离开工作岗位，但继续保留与企业之间劳动关系的"下岗"方式，而非直接失业，并逐步形成了专门适用于下岗职工的基本生活保障制度。

下岗分流，减员增效，使国有企业"三大负担"中最棘手的冗员负担问题得以顺利解决，保证了国有企业改革的顺利推进。同时，对于保障下岗职工的基本生活，维护社会稳定也发挥了很大作用。但存在的问题也比较明显：一是下岗职工基本生活保障制度的建立使政府财政压力过大；二是由于下岗职工基本生活保障制度是独立于失业保障体制而存在的，是一种行政干预而不是市场安排，导致社会成本过大；三是下岗职工的管理主要在企业层面，缺少必要的组织手段和运行机制的支持，政策效率不高。所以，国务院决定从2001年1月1日起逐步实施下岗与失业的并轨，取消再就业服务中心，企业新的减员将依法与企业解除劳动关系，按规定享受失业保险待遇。这是全面解决目前所面临的矛盾和问题的需要，也是进一步推进改革的需要。

先下岗后失业，逐步改变原有的不合理的就业结构，虽然会带来阵痛，但保证了国有企业在市场竞争中能够轻装上阵，按照市场规律创造利润和税收，创造就业岗位，政府用企业税收承担社会职能。国有企业职工由"企业人"向"社会人"转变，树立了劳动者的社会角色意识，使人们从对单位的全面依赖，走向通过社会竞争开发自身能力，激活了全社会的创造力。包括养老、医疗在内的社会基本保障体系，也是伴随着深化国企改革和解决下岗分流建立起来的。社会保障体系的建立，剥离了企业的历史负担，为企业低成本转制创造了条件。

（四）先增量后存量

国有企业改革的初期着重国有资产收益增量部分的改革。所谓增量改革，是指"不从对资产存量的再配置入手，而着眼于在资产增量的配置上引入越来越多的市场机制"（林毅夫，1994），即从原有体制外探索引入市场机制解决资源配置的新路子。如国有企业在完成了对政府承担的义务以后的产量增量部分，可以按照市场经济的规则进行安排，包括在定价、销售方式和收益分配方面的安排；允许一些新产品的自由定价；允许在国有经济之外发展非国有经济；允许在计划分配体制之外发展自由市场等等。中国的经济体制改革是一种符合中国国情的渐进式改革。双轨制作为渐进式改革的基本手段，就体现了增量改革的思想，即"在旧体制存量暂时不变的情况下，在增量部分首先实行新体制，然后随着新体制部分在总量中的比重不断扩大，逐步改革旧体制部分，最终实现向新体制的全面过渡，完成并轨"（樊纲，1996）。在国企改革的初期，增量改革在传统国有部门继续保持计划控制的同时，积极推进计划外领域的自由化改革，不仅有利于推动整个经济稳步向市场化过渡，而且付出的成本相对较小，也降低了改革的风险。但是，这种增量改革也带来了一定的社会问题。增量改革侧重于非国有经济部门的发展，国有企业本身没有得到相应发展，造成国有企业财政状况的恶化，工人下岗问题突出；计划经济体制和市场经济体制并存的双轨制带来的价格双轨制等滋生了"寻租"的腐败行为；收入差距急剧扩大。

国有企业改革的后期，增量改革向存量改革过渡，转向存量资产的流动和重组，并以增量激活存量的办法，推动资本结构和所有制结构的调整和完善。随着增量改革的推进，市场力量日益增强，与体制增量相联系的利益主体的政治经济实力不断壮大，逐渐形成对体制存量的压力和吸引力。这些力量积累到一定程度，就可以对体制存量进行改革，从而实现由增量改革向存量改革的过渡。从20世纪90年代以来我国的改革进程中可以比较清晰地看到这一转变，如从价格双轨制到绝大部分商品价格由市场调节，资源由计划配置到基本由市场配置，对国有企业的所有权改革等等，都是对存量体制的根本改革，中国的制度变迁从传统体制外围逐渐向其内核推进。

1995年9月，党的十四届五中全会通过的《中共中央关于制定国民经济和社会发展"九五"计划和2010年远景目标的建议》中指出："要着眼于搞好整个国有经济，通过存量资产的流动和重组，对国有企业实施战略性改组。"从战略上调整国有经济布局，主要是从国有资产存量的调整入手，同时辅之以增量调整手段，实现存量调整与增量调整相结合。反之，如果进行存量调整的同时忽视了增量调整，对增量国有资产缺乏国家统一规划下的严格控制和引导，那么由于地区、部门利益的驱使，国有经济长期存在的重复建设、规模不经济等现象将会继续蔓延,国有经济战略性调整的效果将大打折扣。

(五) 先体制外后体制内

因国情所决定,我国的经济体制改革走的是"摸着石头过河"的渐进式道路,国企改革也相应地体现了这种渐进性特征。改革中在策略上采取了一种体制外突破的增量改革战略,先在体制外取得突破,待条件成熟后再解决体制内的问题。体制外改革即先绕开国有企业这个难点,通过大力发展非国有经济,使国有经济面临一个强有力的外部竞争环境,并把市场竞争机制引入国有企业内部。要改革国有企业,使之具有较高的经营效率和企业竞争力,就必须让它和以民营企业为代表的非国有经济开展公平的市场竞争。国有企业和非国有企业又是互补的,在追求经济利益等方面二者具有相似的企业行为,如在经理、职工、资金、信息等资源上进行充分的交换。西方国家有许多办得很好的国企正是通过与广大非国有企业既竞争又合作的方式而产生的。相反,如果国企和民企永远在两条轨道上运行,互相不交换,不沟通,国企不参与竞争,靠软约束支撑,国企永远也不会变得有效率。

进入体制内改革阶段,就是把发展非国有经济和改革国有经济结合起来,让非国有企业(民营企业、外资企业)进入国有企业,对国有企业实行产权主体的多元化改造。党的十五届四中全会指出,股权多元化有利于形成规范的公司法人治理结构,除极少数必须由国家垄断经营的企业外,要积极发展多元投资主体的公司。此后,国有企业资本结构开始向多元化发展,但离上述要求还很远。中国上市公司股权结构不合理、一股独大的问题仍很突出。

实施投资主体多元化,包括两个层面。一方面是新建企业不能再搞国家单一出资,要按照《公司法》的要求,实行股权多元化。另一方面是对现有国有企业实施投资主体多元化改造,这是国有企业改革的重点和难点。有多种方式可以采纳:一是将国有独资企业转变成国有控股、参股企业,尽可能多地吸收非国有资本入股。二是通过"债转股"的方式,变债权人为企业的投资主体即股东,形成有效的公司法人治理结构。三是少数需保留国有独资或国有股绝对控股的,可以变单一国有股东为多元国有法人股东,通过相互参股和环形持股形成产权联结关系。如上海广电集团，由多家国有投资公司大体均衡地共同持股。在国外，德国西门子公司与德意志银行就存在相互持股关系，日本的企业集团内相互持股也很普遍。四是一些有实力的国有企业通过与跨国公司合作，拓展国际市场，扩大出口。企业也要主动走出去，开展对外投资与合作，进行国际经营，吸纳国际资本，为我所用。通过多元股权结构，真正克服以往国有企业中资产所有者缺位的状况，有利于在企业中建立有效地治理结构，有效地实行出资者所有权与企业法人所有权的分离，实现政企分开，摆脱行政机关对企业的直接控制，解除国家对企业承担的无限责任，使企业拥有法人财产权，成为富有活力的市场主体。

从市场经济角度来看，在一般竞争性行业，解决国有企业出资人不到位的根本办法就是对国有企业实行非国有化改造，通过市场行为让国有资本从这些领域中退出来，吸引民间资本和外来资本进入。过去认为非国有资本搭了国有资本的便车，现在的做法实际是让国有资本搭非国有资本的便车。实行这种"资本搭车"要有两个前提，一是回归国有资本的资本本性，国家和政府是投资主体之一而不是行政权力的拥有者和实施者。二是防止国有股一股独大，让其他资本也有说话的权利。即使是属于国有经济需要控制的四大行业和领域，多数也不一定由国有股绝对控股，而可以相对控股，有的甚至可以采取持金边股的办法，以改善股权结构。

（六）先发展后规范

中国的国有企业改革，要遵从"发展是硬道理"的思想，大胆地试，大胆地闯，特别是在国有中小企业改革上，实行多种创新形式。待企业发展起来以后，逐步规范操作。中国的改革从一开始就是一个不断"试错"的过程，通过渐进的改革方式谋求一种以最小代价换取最大收益的改革思路。"摸着石头过河"明确了改革道路的不确定性和可选择性，"不管黑猫白猫，能捉住老鼠的便是好猫"则强调了"试错"过程中大胆务实的作风。试点改革的做法正体现了这样一种改革思路。我国的经济改革大都不是在全国范围内同时开展的，而是先选择一两个试验点，在小范围内进行试验，在取得成果后再由点及面，逐步进行规范和推广，进而向全国普及。这种改革方式意味着中国改革的局部性特征，无论是自下而上的自发性改革，还是政府推行自上而下的政策措施，都体现了这种试验推广的特征。这种方式的优点在于能够尽可能地减少由信息不足带来的不确定性，从而减少了改革的风险。同时也为市场的进一步建立和发育提供了相对完善的规则和环境。回顾我国国有企业改革的历程，无不充满着先发展后规范的改革思想。1978年，先在四川省的6家企业进行扩大企业自主权的改革试点，第二年试点企业扩大到100家。经过近两年的试点，1979年下半年，国务院发布了实行利润留成等5个文件，指导和规范了全国的改革试点；承包制自1979年开始就在国有企业试点，经过7年的时间最终以法律形式确定下来，1989年，这一改革形式在几乎所有国有企业中得到应用；国有企业改革进入制度创新阶段，1994年底，国务院实行百户现代企业制度的试点，取得阶段性成果，到1996年，国有企业改革的步伐加快，试点中企业暴露出许多深层次问题；为了深化国有企业改革，1997年，进入国有企业的战略性调整和改组的新阶段，在微观层次上进行现代企业制度的试点，在宏观层次上推进国有企业的战略性改组，将二者结合起来，进行规范操作。

我国国有中小企业量多面广，情况千差万别，这就决定了在国有中小企业改革上不可能采取一个模式，其改革形式应该多样化。大致有联合、兼并、租赁、承包、托管、股份合作制、公司化改造、嫁接改造、改组分离、拍卖出售等十多种形式。改革形式的多样化加快了国有中小企业的改革进程，促进了国有中小企业的发展。但是改革过程中也存在着一些不容忽视的问题，如改革中急于求成，重形式而轻效果，用下指标、压进度的办法搞一刀切，对职工和债权人的合法权益保护不力，一些企业改制后的短期行为严重，配套措施跟不上，等等。因此，光有发展和创新的胆量还不行，还要对国有中小企业的改革加强政策性指导，进行规范操作，尤其是涉及到产权主体变更的改制工作。进行规范操作要注意以下几个问题。一是对国有中小企业的各种改制形式应该法制化；二是强化企业和地方政府的信用观念，借钱要还并要及时还，不能只顾局部利益和眼前利益；三是在改制过程中杜绝腐败；四是兼顾各方的利益，防止国有资产的流失，保护债权人、职工、投资者的利益不受侵犯；五是改制要公开、公平进行，接受各方的监督。

三、中国国有企业改革基本经验之二：六个结合

（一）国有企业改革和政府机构改革相结合

改革20多年来始终困扰政府与企业而至今没有解决的问题，就是政府与企业的关系。在计划经济体制下，政府居于主导地位，企业的经济功能必须让位于政府的行政命令，原因在于它们之间缺少一个重要的信息纽带——市场，造成信息传输的失真。政府取代了企业的决策职能，企业则承担了政府的社会职能，政府主导一切，既没有市场，也没有真正意义上的企业。市场经济客观上要求政府与经济分离，政府和市场都需要有独立的生存空间，市场经济客观上要求无限政府（全能政府）向有限政府的转变。市场经济的扩展，必须与对政府的权力、职能和规模的限制同时进行。所以，要使国企改革走向成功，就必须对政府与企业在市场经济中的职能进行重新定位。政府机构改革是国企改革的前提。

从20世纪80年代初到1998年前，共有过三次较大的实践，1983年、1988年、1993年各一次。但每次的效果都不是很理想。1998年的政府机构改革是改革开放以来力度最大的一次机构改革。国务院组成部门由40个减为29个，向企业、社会下放的职权200余项。政府不再直接管理企业。这次精兵简政为完成职能转变提供了组织保证，政企分开迈出了实质性步伐。但是政府机构中越位、缺位、错位现象仍然存在，这些问题得不到解决的主要原因在于政资不分。政府对国有资本所有权的代表职能决定了政府不可能不干预企业的行为。财政与国有资本的界限模糊，以及财政对国有资本形成的决定性作用，把政府与企业牢牢地困在一起。进一步讲，国有企业与国有资本的传统职能不科学是问题产生的关键所在。因此，解除困扰国有企业政企不分、政资不分、国有资产严重流失等一系列问题，必须进一步深化政府机构改革，按照政资分开、政企分开的原则，建立新的国有资产管理、运营、监督体系和机制。从组织机构上开始把公共管理的职能与所有者的职能进行分离。2003年2月底，中共十六届二中全会审议通过了《关于深化行政管理体制和机构改革的意见》，建议国务院根据这个意见形成《国务院机

构改革方案》提交十届全国人大一次会议审议。这次政府机构改革除了自身发展的要求，还有加入WTO这一外部动力，要求政府不仅从无限政府向有限政府转变，还要求从有限政府向有效政府转变，这次机构改革的关键则在于政府职能的转变，其中，最引人注目的就是国有资产监督管理委员会的成立，它集中了"管钱、管事、管人"三方面的权力，从全国来说，它负责的国有资产超过10万亿元。这次成立国资委是为了改变原来国有资产管理五龙治水、分散管理、各个部门分割行使所有权的状况。把"管钱、管事、管人"三者相结合，找到一个对国有资产真正负责的单位，国资委的主要职能是行使出资人的责任，即行使股东的责权，不能超越这个职能干预企业的生产经营，否则就会造成新的政企不分，把企业管死了，违背了机构改革搞活搞好国有企业的本意。国资委在管理方式上运用资产管理的国际通用方式，成立国有资产管理公司，负责国有资产的保值，具体运营交给企业。

（二）国有企业改革和市场体系完善相结合

国企改革的进程，也是社会主义市场体制逐步建立和完善的过程。要把当初国企占绝对比重的经济所有制结构调整过来，让国企建立现代企业制度，就必须有市场体制环境作为配套，有各种所有制企业来承接这种转变。国有企业改革的每一步推进，实际上就是市场体制的推进。市场机制能够发挥作用的前提是企业真正成为市场的主体。因为市场机制须通过市场主体不断接受和反馈市场信息，并及时做出反应来发挥调节功能。如果企业不是真正意义上的市场主体，如依附于政府或对市场和政府存在双重依赖性，市场机制就会出现扭曲而不能合理引导企业。只有当企业真正成为市场主体，它才会在竞争的压力下，在利润目标的驱动下，重视市场作用，及时准确地对市场信号做出反应，并迅速调整企业行为。而如何使企业成为产权明确、具有清晰交易界区的市场主体，正是现代企业制度要着重解决的问题，所以，现代企业制度是市场经济体制的基础。

社会主义市场体系的培育和成熟，是一个历史过程。20几年的改革开放，大大推进了市场的发育和市场化进程。但是，我国目前的市场体系尤其是与现代企业密切相关的产权市场、劳动力市场、股票债券市场等发育不完善，市场中介组织发育不健全，市场竞争不规范，市场服务体系不健全，这些在相当程度上延缓了国企建立现代企业制度的步伐。具体体现在三个方面：一是市场价格机制不健全。我国定价主体的价格行为有失规范，市场秩序及价格形成方面的法律法规还不健全，多是一些过渡性措施。随着经济体制转轨进程的加快，不少市场价格出现放任自流现象。二是市场信息不对称。国有企业的所有权与经营权分离形成企业经营中的委托—代理关系，诱发机会主义行为。三是市场秩序不规范，缺乏一个公平竞争的市场环境。同时，自20世纪90年代中期开始，市场环境发生重大变化。我国从短缺经济逐步过渡到过剩经济，绝大多数行业都从卖方市场转变为买方市场。尤其是近几年，随着高新技术的突飞猛进发展及其在工业生产、产品研发中的广泛应用，许多产品的生命周期明显缩短，不少产品或行业在短短几年内就从高赢利转变为微利甚至亏损，产业技术升级的速度也明显加快，传统产业更是面临技术升级甚至被新兴产业替代的压力。加入WTO之后，一系列优惠措施大大增强了外资企业的竞争能力，对国有企业产生了更大的冲击。因此，国有企业改革不能只注重自身的改革，还要不断适应外部市场环境的变化，把国有企业改革同市场体系完善结合起来。

完善的市场体系不仅包括市场体系本身的完善性，还包括市场体系功能的健全。根据构建社会主义市场经济体制的要求，主要从以下几方面入手，培育和完善我国的市场体系。一是培育市场主体，加快建立现代企业制度，促进多种所有制企业发展；二是培育、发展和规范金融市场、劳动力市场、房地产市场、技术和信息市场等等；三是健全市场机制，建立由市场决定价格的机制，建立和完善政府的价格控制制度和有关法律体系；四是发展市场中介机构，如会计师事务所、律师事务所、公证和仲裁机构、资产和信息评估机构、计量和质量检验认证机构、信息咨询机构等；五是建立市场秩序规则，加强市场管理。市场经济是法制经济，健全法律体系尤为重要。

（三）国有企业改革和社保制度健全相结合

社会保障体制改革是国有经济战略性调整的一个重要方面，也是构成国有企业改革的一个基本条件。国有企业的减员增效、下岗分流，国有企业的破产、兼并以及劳动力在职业间、企业间、部门间、地区间和所有制之间的流动，都需要有一个社会化的、统一的、独立于企业的社会保障体制作基础。社会保障包括养老保险、医疗保险和失业保险三个基本部分。

从20多年来国有企业改革的经验教训看，要用三到五年的时间，通过改革、改组、改造和加强管理，使大多数国有大中型亏损企业摆脱困境，核心的问题也是一个难点问题，是能不能妥善解决好人的问题。这次国有企业改革涉及的不是解决一般性劳动力流动问题，而是与经济结构调整相适应的劳动力结构性调整和资源配置问题。这种结构性调整的突出特点是，由于长期形成的结构性矛盾，历史遗留问题较多，因而调整的幅度、深度和解决问题的难度都非同以往。实施下岗职工的再就业工程，是实施国有企业结构性调整的有效措施，使国有企业能够轻装上阵，提高企业竞争力。但这只是一个必要的过渡性措施。经济结构调整、企业减员增效的最终出路，还是要通过建立完善的社会保障体系，把富余职工从企业中分流出去。所以，社会保障制度能否尽快建立，能否切实解决好职工基本生活和基本医疗问题，从而保障职工基本权益，关系到国有企业改革的成败，必须把国有企业改革和社会保障制度的建立健全结合起来。

目前，社会保障领域存在的问题仍很突出，主要表现在养老、医疗以及失业等社会保险领域的以下三个方面。一是几种主要社会保险制度的覆盖面仍然较窄，且扩大覆盖面的难度非常大。2002年底，全国职工养老保险参保人数还不足目标人口的半数。由于缴费率过高，进一步扩大覆盖面的难度越来越高。二是几种主要社会保险制度均面临财务上不可持续的问题。自20世纪90年代后期以来，全国企业养老保险金收入一直在"空账运行"。在失业保险方面，随着下岗与失业并轨，其财务方面的不可持续性苗头也迅速显现。"统账结合"的医疗保险制度在多数地区才刚刚开始实施，潜在问题仍然很大。三是普遍难以实施有效管理，制度漏洞很多。因此，健全社会保障制度需要解决好以下几个问题。第一，建立多层次和多种保险形式的社会保障制度。除建立国家社会保险外，还要为商业保险、民间互助保险提供发展空间，它们有利于扩大社会保障的覆盖面。建立包括国家基本社会保险制度、企业统筹和个人账户等多层次的社会保障制度。第二，采用多元筹资方式，如实行个人缴费制，征收社会保险税等。第三，对社会保障体系实行法制化，其一切管理活动都必须纳入法制轨道。第四，建立独立社会保障预算并纳入国家总预算管理。社会保障是一个再分配问题，单靠市场机制无法完成，客观上要求国家参与管理和分配。社会保障本身构成了财政分配的重要内容，须纳入国家财政总预算管理范围。第五，社会保障改革的一个难点问题是以往把本应该用于社会保障的基金积累，用在了生产建设投资上，形成了社会保障基金的历史欠账。解决这个问题的一个可行办法是通过债转股的方式变现一部分国有企业资产，以弥补历史欠账，也可以为社会性政策负担的剥离创造所需的资金条件。第六，逐步使社会保障资金进入资本市场。在市场经济发达国家，社会保障资金特别是养老基金在资本市场中占有相当大的份额，有的国家甚至超过了资金总量的一半。目前社会保障资金主要按行政方法管理，保值增值能力差、管理费用高。可以考虑让养老保险金中的企业补充养老金率先采取基金形式进入资本市场。对于企业在社会保障上对职工的"隐形负债"，可以用部分企业的资产存量进行弥补，这部分资产划拨给社会保障基金后，也可进入资本市场经营。

（四）国有企业改革和对外经济开放相结合

国有企业改革的深入推进需要在对外经济开放中获得效率。对外开放对国有企业最深刻的影响是由技术变革带来的全要素生产率的提高，具体包括出口的产业关联效应和积累效应、进口的技术进步效应、对外贸易的学习效应、要素跨国流动的资源配置效应、外国企业的竞争激励效应等。因此，我国20多年对外开放的基本经验告诉我们，要把国有企业改革与扩大对外经济开放结合起来。首先，在战略上坚持将对外开放作为我国的基本国策，在进行国有大型企业内部治理结构改革的同时充分利用外部市场和外部资源，积极参与国际经济合作和竞争。第二，国有企业与跨国公司开展合作。中国的国有企业普遍存在技术缺口、管理缺口、机制缺口和理念缺口，而跨国公司是全球先进技术代表、先进管理代表、先进机制代表和先进理念代表。跨国公司通过其全球化的生产方式和资源配置方式，恰好可以弥补国有企业的这四个缺口。国有企业和跨国公司通过并购、合资、结盟、配套等形式的合作，可以提高自身的企业有效规模和国际竞争优势。第三，国际产业转移的背后是就业、收入、税收的转移，从更深层次看是技术和研发的转移。充分发挥我国国有企业的比较优势，抓住国际产业转移的有利时机，在以跨国公司为主导的全球产业链条中，通过发挥后发优势和学习效应，增强企业和产业的核心竞争力。第四，积极参与经济全球化，审时度势，趋利避害，在抵御外部市场冲击中，防范风险，维护国家经济安全。以前总对经济开放后的国家经济安全问题存有疑虑，尤其是国家放弃对部分国有企业的控股地位而将其出售给外来资本，所以改革中出现徘徊。然而实践证明，"大开放，大安全；小开放，小安全；不开放，没安全"。第五，在世界经济全球化的背景下，加入世界贸易组织，标志着我国对外开放进入了新的阶段。我们以此为契机，主动修订法律法规，转变政府职能，规范对外经济活动，依照国际通行的规则推进经济体制改革，初步建立了开放型经济的体制框架。

随着经济的快速发展，中国不仅成为最具潜力的新兴大市场，同时也是出口大国和仅次于美英的世界第三大投资接受国。中国参与国际分工的方式也逐渐由垂直型转向水平型，从产业间贸易转向产业内贸易。但是从我国参与国际分工合作的范围、领域和层次，以及市场经济体制的完善程度分析，存在以下不足：一是涉及跨国商业活动的法律法规和管理体制尚不完善；二是我国国内外市场之间存在不合理的障碍，商品和资本跨境流动存在较多的限制；三是参与国际交换和分工不平衡。

总之，我国目前市场开放程度仅相当于发展中国家的一般水平，内外统一的市场经济体制还不完善。随着经济开放、内外环境的变化，中国需要适当调整对外开放战略。以平衡型战略取代出口导向型战略，即适度的出口导向与有效的进口替代相结合，以关税、汇率杠杆为主要调控手段的兼容战略。

（五）国有企业改革和国有经济布局调整相结合

搞好国有企业改革和发展，不仅要在微观上改革企业的体制和机制，也要在宏观上调整国有经济的布局和结构，要将二者有机结合起来。

1. 着眼于搞好整个国有经济。改革以前，我们以为国有企业越多越好，公有制经济必须一统天下，在公有制经济中，国有经济又必须占有绝对多数。1978年，国有企业占到77.6%。改革之后，我们确立了公有制为主体，多种所有制共同发展的方针，国有经济的布局和结构已经有了重大变化，但是，仍然存在一些问题，主要是国有企业分布过宽，整体素质不高，资源配置不尽合理，企业缺乏活力。国有企业分布过宽，用有限的国有资本支持庞大的国有企业，难以形成规模效益，也超出了国家财政的承受能力。结果是在最需要发挥作用的领域，国有企业的作用无法充分发挥，而众多的中小国有企业在一些竞争激烈的领域，低水平重复，又缺乏竞争力。只有通过抓大放小，有进有退，把有限的财力用于支持重点骨干企业，才能使国有资本真正发挥作用。国有经济布局和结构的调整以及非国有经济的发展，使得国有经济的比重下降，而国有经济总量和国民经济实现增长。这说明，调整国有经济布局和结构，不仅有利于国有经济的整体发展，也有利于整个国民经济的发展。

2. 增强国有经济的控制力才是关键。国有经济要发挥主导作用，仅仅停留在保持一定数量的层次上是不够的，重要的是要优化分布结构，提高国有资产的质量。退是为了进，有所不为是为了有所为，关键是要增强国有经济的控制力。进一步调整国有经济布局和结构，需要把关系国民经济命脉的重要行业和关键领域具体化，明确国有经济应该在哪些方面进退，逐步有序地进行。

3. 要增强国有经济的控制力，还要建立适当的企业组织形式。国有经济的控制力，既要通过国有独资企业来实现，更要积极发展股份制，探索通过国有控股和参股的方式来实现。国有经济的结构调整，要积极吸收和利用非国有的社会资本，以放大国有资本的功能，提高国有经济的控制力、影响力和带动力。国有企业通过产权多元化改造，增加多元投资主体的国有控股企业，来提高对社会资本的吸纳能力。

4. 对国有经济布局进行战略调整，要积极稳妥地进行。调整国有经济布局和结构是一个渐进的过程，要在较长时间内稳步探索，不能一蹴而就。作为一项复杂的社会系统工程，需要积极稳妥的态度，不能莽撞行事。

5. 通过兼并联合等形式进行资产重组，盘活存量资产。对扭亏无望、资不抵债的企业实行破产清算，使国有经济卸下包袱、轻装前进。可以出售一部分国有中小企业，把国有资产从实物形式变成资金形式，用于安置职工、建立社会保障和发展其他国有企业等方面。

国有经济布局和结构的调整是伴随着经济改革的进程进行的，积累了许多经验教训。在调整中，政府的作用不容忽视，但不能以行政命令取代经济规律；工作要有一定的力度，但不能搞一刀切；既要鼓励大胆探索，创造多种形式，又要遵守政策规范；任何调整都要严格按照程序，公开透明操作，进行资产评估，防止国有资产的流失。

（六）国有企业改革和非国有经济的发展相结合

在对国有经济进行战略性调整的过程中，不能把眼光仅仅局限在国有经济本身，而应当从搞好整个国有经济出发，使非国有经济的发展与国有经济的调整同步进行。通过发展非国有经济，为国有经济力量从部分行业中退出并进入新的领域创造有利条件。国有经济的"退"，为非国有经济的相机进入腾出了发展空间。这种国有与非国有资本的相互流动和渗透，是确保国有经济有序退出和非国有经济及时补位，进行国有经济布局调整的重要途径。在微观层面上就是国有企业改革与发展非国有企业（民营企业、外资企业）相结合。

国有企业是一种特殊的企业形式，它同时具有自然属性和社会属性，盈利并非是国有企业的唯一目标，其企业职能具有多维性。国有企业的特殊性质决定了它只能以有限的数量存在。在民营企业不愿干、干不好或不应干的产业领域，国有企业应当在其中发挥作用，但是，民营企业能够很好发挥作用的地方，就都应当由民营企业来搞。只有这样，才能把国民经济这块"饼"做得最大。民营企业的作用包括几个方面：一是民营企业的发展创造了激烈的市场竞争环境，国有企业原有的垄断机制被打破，迫使国有企业的体制缺陷暴露出来。二是国企改革必然有大量职工下岗，能够吸收这些下岗人员的主要地方就是民营企业。民营企业创造了大量的就业机会，1997—1999的三年中，国企加上政府有2 700万人下岗分流，另外有2 100万人从集体企业等单位下岗。其间，新吸收的就业人数是2 200万人，其中95%以上是民营企业吸收的。如果没有民营企业帮助吸收下岗人员，国有企业改革造成的大量下岗将诱发严重的社会问题。三是民营企业产生大量的民营资本，这些资本可以用来参与国有企业的改制，收购国有中小企业等。此外，民营企业还造就了一批具有市场经营能力的人才。非公有经济自身的动态发展过程本身就为国有企业的改革创造了良好条件。

中国是一个转型的发展中国家，中国经济的增长在较长时间内还得依赖于投资，而资本市场不景气使融资受到很大限制，因此，必须最大限度地引进外资，发挥民间投资的作用。这就决定了我们必须开辟新的渠道，一是向外资和民资出售国有股权，二是吸引外资和民资参与国有企业的重组，即参与购买国有资产。此外，一个国有企业占据相当大比重的经济体，不仅面临效率上的损失，也会模糊政府的职能，使政府的监管容易越界，甚至成为限制竞争的手段。降低国有经济的比重，国企在大部分竞争性行业和一般基础设施垄断行业退出，政府监管机构也不再公开地或隐含地承担管理国有资产的职责，才能公平地对待一切企业，所以，国有企业改革与发展和非国有经济相结合还有利于重新划定政府与市场的界限。国企改革的实践和经验表明，在全球经济一体化的背景下，在追求效率优先的过程中，国有经济无论从数量还是质量上，都要逐步加快向外资和民资开放的步伐。

经营机制僵化和代理链条过长一直是制约国有企业发展的根本问题。当改革因为形成了巨大的利益链而无法从内部突破时，只有借助于外部的力量来打破阻碍改革的利益链条。跨国公司正是这样的外部力量，它们具有雄厚的资本和代理链短的公司治理模式，这正是国有企业所缺乏的。一方面，允许跨国公司以适当形式收购国有企业的部分股权，可以从股权结构上改变国有企业"一股独大"的格局，从而在一定程度上推动国有企业按照国际规则形成规范的法人治理结构。另一方面，国企向外资开放也有利于国有企业引进资金，借助跨国公司的品牌优势、市场优势和管理机制，迅速提升核心竞争力。

四、中国国有企业改革的政策建议

国有企业改革 20 多年来，能改、好改的问题已经基本得到解决，剩下的都是"难啃的骨头"，改革的任务十分艰巨和繁重。为使国有企业改革取得突破性进展，使国有企业经营状况明显改善，在认真总结经验的基础上，针对国有企业存在的重点难点问题，需从企业自身和外部环境两个层面，进一步采取以下政策措施。

（一）国有企业自身的改革深化

1. 国有企业制度创新。国有企业改革的方向是建立"产权清晰、权责明确、政企分开、管理科学"的现代企业制度。第一，建立现代企业制度就必须按照市场经济要求理顺政府与国有企业的关系，进行以转变政府职能为核心内容的机构改革和行政审批制度改革。第二，公司制是现代企业制度的一种有效组织形式，要依法设立股东会、董事会、监事会和经理层，构建公司法人治理结构的基本框架，同时，借鉴国外经验，在境内外上市公司中实行独立董事等制度。第三，积极探索国有资产管理的有效方式，在建立由国资委、授权资产经营公司和企业三个层次国有资产监督管理体制的同时，要加强对国有企业的监管，建立监事会制度。稽查特派员制度在实践中难以发挥其作用，今后要探索更符合市场经济规律的监管方式。第四，企业破产制度也是现代企业制度的重要内容。国家须加大力度核销银行呆坏账准备金，用于国有企业的兼并、破产和关闭，促进劣势企业尽快退出市场，为国有企业步入良性循环创造条件。

2. 国有企业技术创新。国有经济在国民经济中的重要地位，决定了国有企业必须在技术进步和产业升级中走在前列。一是拿出部分国债资金用于企业技术改造的贷款贴息，支持企业技术改造。通过国债支持企业技术改造，从中长期看，有利于国有及国有控股企业调整结构、提高竞争力，也为我国应对 WTO 的挑战做了技术准备。二是建立以企业为中心的技术创新体系。围绕把企业做大做强，鼓励国有大中型企业建立技术中心。三是开展多种形式的产学研联合活动，推动企业与高等院校、科研院所以各种形式共建研发机构和产业化联合实体。

3. 国有企业管理创新。目前，企业管理形态开始进入战略管理的新时代。企业战略管理以市场为导向，面向企业未来的发展，寻求的是内部资源与外部环境的协调，追求企业的可持续发展，是市场经济激烈竞争的产物。首先，国有企业要根据宏观经济环境、国家的产业政策要求、国际经济技术发展趋势和市场竞争状况来制定发展战略；其次，制定企业的管理策略。注重价值形态的管理，即以财务管理为中心，对企业资金流动、成本费用、资金运作、资产管理等进行有效管理。同时，注重对企业管理人员的培训，提高人力资本的价值。

4. 国有企业战略性改组。努力培育具有国际竞争力的大公司和企业集团。在发展大公司和企业集团方面，要按照市场经济规律，结合垄断行业的改革,大力推进企业联合重组。支持大型企业集团充分利用境内外资本市场筹集发展所需资金,加快现代企业制度建设。对具备条件的企业集团实行国有资产授权经营。鼓励大型企业集团开拓国际市场和跨国经营。

5. 国有企业增资减债。为了减轻企业债务负担,须对部分国有企业实施债权转股权。通过发行企业债券、所得税返还、增提折旧等多种渠道补充国有企业资本金,降低企业资产负债率。

(二)推进配套改革,为国有企业改革创造良好的外部环境

国有企业改革和发展是一个复杂的社会系统工程,单项改革不可保证国有企业改革的成功,必须推进相关的配套改革。

1. 多余的劳动力必须退出企业,尽快实现下岗和失业的并轨,建立市场导向的就业机制。为此,政府可以投入资金,帮助国有企业清偿职工债务和支付经济补偿金,使职工与企业顺利解除劳动关系;通过免税、工资型补贴等特殊就业扶持政策,鼓励各类企业吸收下岗失业人员,促进再就业;多方筹集资金,提高失业保险基金的承受能力。

2. 加快社会保障体系建设,形成独立于企业事业单位之外、资金来源多元化、保障制度规范化、管理服务社会化的社会保障体系。依法扩大养老、医疗、失业等社会保险覆盖面,逐步提高统筹层次。通过发行国债、提高社会保险费占财政支出比重、变现部分国有资产以及将利息税等收入充实社保基金。在基金管理方面,可以成立多家独立的基金管理公司,防止基金被挪用和侵吞,确保基金的保值增值。

3. 整顿和规范市场经济秩序。打击假冒伪劣、走私贩私、骗取出口退税等。

4. 实行公平税负,统一企业负担水平。过去国有企业承担了过重的税负,造成不公平竞争。今后,应当按市场经济的要求,合理缩小各种所有制企业、不同地区企业的税负差距。

5. 进行银行体制改革,调整银企关系。国有企业应当加强自身的造血能力和生存能力,不能再完全依靠银行贷款。银行对企业的服务,不能仅停留在信贷支持上,要帮助企业提高决策水平和效率,提高理财能力,盘活和有效利用既有的存量资产。银行尤其是国有银行,是国有企业最大的债权

人。必须认真清理银行的不良债权，及时补充资本金，维护银行的声誉和整个金融体系的安全。同国有企业改革一样，要把银行等金融企业改造成市场主体，改造成国有资本参股的混合所有制公司，实现股权多元化。其内部管理要引入公司制和国际惯例，加强责任，控制风险。

参考文献

1. 林毅夫等. 论中国经济改革的渐进式道路. 见：盛洪主编. 中国的过渡经济学. 上海：上海三联书店、上海人民出版社，1994
2. 樊纲. 渐进改革的政治经济学分析. 上海：上海远东出版社，1996
3. 史忠良等. 国有企业战略性改组研究. 北京：经济管理出版社，1998
4. 张辉明. 中国国有企业改革的逻辑. 太原：山西经济出版社，1998
5. 李梁等. 历史性课题——国有企业改革探析. 上海：复旦大学出版社，1999
6. 陈芬森. 大转变——国有企业改革沉思录. 北京：人民出版社，1999
7. 张卓元等. 国企改革建言. 广州：广东经济出版社，2000
8. 王桂德. 国有企业改革论. 广州：华南理工大学出版社，2000
9. 刘清芳. 国有企业改革概论. 石家庄：河北教育出版社，2001
10. 张卓元. 新世纪国企改革面临的六大问题及深化改革设想. 经济学动态，2002（1）
11. 乔均. 国有企业改革研究. 成都：西南财经大学出版社，2002
12. 芮明杰. 国有企业战略性改组. 上海：上海财经大学出版社，2002
13. 罗后清等. 加快和深化我国国企改革的几点认识和思考. 理论与实践，2002（12）
14. 魏家福. 完善国有出资人到位制度是国企建立有效公司治理结构的关键. 经济社会体制比较，2003（1）
15. 中国集团公司促进会编. 国有企业改革政策演变. 北京：中国财政经济出版社，2003

执笔人　李海舰　冯　丽

分报告四
中国财政体制改革的基本经验

　　财政体制，是指国家依靠政治权力和经济权利参与国民收入分配与再分配过程中，所形成的一系列政治、经济和管理方面的制度。其内容涉及政府与居民（包括自然人或法人）收入分配关系、政府之间的财政关系、财政决策权在不同部门间的配置以及财政收支管理的法定内容与程序等等。它既是经济体制，又是政治体制乃至社会管理体制的重要内容。从本质上讲，财政体制属于社会生产关系和在生产关系总和之上的经济基础，其制度形式又构成一个社会上层建筑的重要组成部分。财政问题和财政压力往往就是政府主导下制度变迁的起因，决定着制度变迁的方向。财政体制的演变，很大程度上反映着整个经济体制的变迁过程。中国的财政改革也不例外。在中国经济体制改革过程中，发生了一系列的政府与市场关系、政府与各种经济主体关系的调整，以及政府自身职能转变等等"事件"。财政改革是这三个方面的改革的集中表现。

一、1978 年前的财政体制特征及评价

　　从新中国建立之初到改革开放之前，根据当时的政治经济环境，我国的财政管理体制与财政运行机制曾经进行过多次重大的调整。如，1951 年确立统一领导、分级负责的管理方针，1953 年的税制修正和 1958 年的大规模财政改革，1973 年以简化税制为标志的税制改革，"文化大革命"时期财政体制的频繁调整等等。概括起来，计划经济时代的中国财政管理，具有以下特征：

——财政支出范围包揽生产、消费、分配各领域。这是计划经济体制的必然反映。这一时期的财政被称为"生产建设财政":财政作为社会投资主体,基本建设拨款支出规模浩大,通常占到政府财政支出的40%左右;财政承担无偿拨付国有企业流动资金的任务,在大多数年份,由此形成的流动资金支出,往往占到财政支出的20%。此外,财政还几乎包揽了科技、教育、文化、卫生等全部社会事业,并为城镇职工提供终身保障。在当时国情与体制背景下,这种财政收支,中心任务是为国民经济计划的实现提供财力保证。

——财政过度分配的收入分配机制。根据马列主义经典作家的论述,政府有责任进行广泛的社会扣除。为积累快速工业化所需的资金,这种扣除特点是,政府按相对偏低的垄断价格统一收购和销售农副产品,实行对农民所创造的社会产品的分配进行必要的扣除;采用八级工资制度下,通过压低工资标准,减少升级频率,实现对城市职工所创造的社会产品分配的必要扣除;通过工农业产品"剪刀差",在国有工业部门中"汇集"大量的超额利润,并以财政"统收"的形式,获取超常的财政收入。当时的生产计划、物资流通和定价体制,为这种过度的财政分配机制提供了前提。在这种收入分配机制下,中国的财政收入结构呈现两大特征:一是税利并存,以利为主;二是来自国有经济单位的缴款占多数。

——管理体制高度集中。从建国到改革开放前,我国财政管理体制的基本指导思想,可以概括为"统一领导,分级管理"。在处理政府间财政关系问题上,主要强调中央政府的统一领导,因而这种财政体制的实质就是高度统一、统收统支,主要表现在国家与国有企业之间的分配关系和中央与地方之间的分配关系两个方面。不论以何种标准衡量,那一时期的国有企业财务管理体制、预算管理体制、税收管理体制、基本建设财务管理体制等一系列制度安排,都以"集权"为特征。

这种财政体制,一方面有利于当时政府职能的实现,另一方面也使财政职能与财政收支规模过度膨胀,财政收支范围过于广泛,财政管理体制过于集中,在一定程度上抑制了其他相关主体的积极性和创造性,甚至制约了生产力的发展。

纵观计划经济时期中国财政体制的演变,它既完成了那个时代赋予的历史使命，又成为后来改革的主要对象。财政体制是那个时期计划经济体制的重要组成部分。当时财政收支关系的调整也只能在计划经济体制范围内进行，出现多次集权与分权的反复。

二、以放权让利为特征的财政体制改革及分析

（一）放权让利的主要举措

针对原来高度集中统一的计划经济模式，为调动各方面的积极性，改革之初的思路基本上可以概括为"放权让利"。在规模上，减少财政在国民收入分配中的份额（见图4—1），将生产、消费、交换和分配的决策权下放于下级政府或企业，让利于民，以恢复几乎被窒息的国民经济活力。国有企业利润不再全额上缴；提高农副产品收购价格，调整城市职工工资水平。

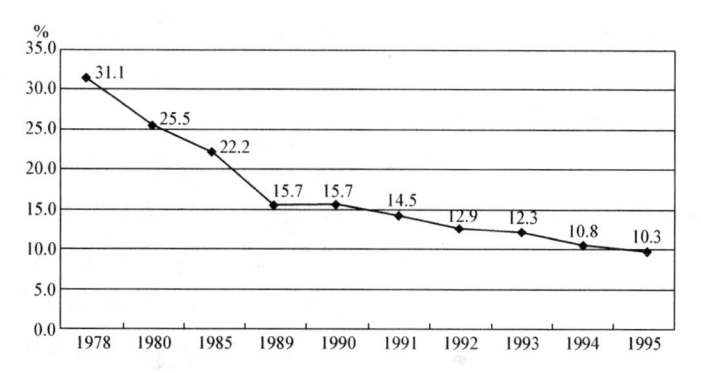

图4—1 1978—1995年全国财政收入占GDP的比重变化

资料来源：根据《中国统计年鉴（2005）》（北京，中国统计出版社，2005）数据整理。

——调整国有企业利润分配制度，改变高度集中的国民收入分配格局。

（1）改革统收统支体制，扩大企业的财权和财力。1978年11月，国务院批转财政部《关于国营企业试行企业基金的规定》。基本内容是：企业全面完成产量、质量、利润（包括实现利润和上缴利润）和供货合同等四项计划指标后，可以按照职工工资总额的5%提取企业基金。没有全面完成四项计划指标的，在完成利润指标的前提下，每完成一项计划指标，可按职工工资总额的1.25%提取企业基金。其他计划亏损企业，全面完成四项计划指

标的，可按职工工资总额的3％提取企业基金。此外，为了鼓励企业增产增收，企业还可以从当年比上年新增的利润额中，按照规定比例，提取一部分企业基金。企业基金主要用于职工福利、奖金和提高生产技术水平。

(2) 增加企业利润留成。1979年全额利润留成试点在部分企业中进行，1980年又进行了基数利润留成加增长利润留成试点，并进一步扩大了试点范围。1981年上述办法作了调整，提出国家对企业和主管部门，根据不同情况实行多种形式的利润留成和盈亏包干办法，即"基数利润留成加增长利润留成"、"全额利润留成"、"超计划利润留成"、"上缴利润包干、超收分成留用"、"亏损补贴包干、减亏分成或留用"等。企业留利占实现利润的比重，1978年为2％、1979年为7.6％、1982年达到21.1％。这对打破高度集中的国民收入分配格局，激发企业提高经济效益发挥了积极作用。

——调整农副产品收购价和城镇职工工资，逐步提高个人收入在国民收入分配中的份额。

(1) 我国作为农业大国，农村人口占总人口绝大比重，农业产值占社会总产值相当比重，在工业化进程中，农业、农村和农民问题始终是困扰经济运行的重要"症结"。在计划经济时代，我国农产品价格长期偏低，农民收入长期低下。1978年，农民人均纯收入仅133.57元。当代中国农村的改革，以家庭联产承包责任制为突破口。为进一步调动农民积极性，改革开放初期，国家大幅度提高农副产品收购价。但这一方面增加了工业产品的原材料成本；另一方面增加了城市居民生活费开支。随着工业部门利润向农业部门的转移，来源于低价统购统销农副产品这一渠道的财政收入相应减少。

(2) 放松城市国有企事业单位和其他所有制成分职工的工资管制，增加职工工资收入。中止多年的奖金制恢复，对城镇居民副食品价格进行补贴。改革工资制度，职工工资同企业经济效益按比例浮动进行了试点。1978—1984年，国有制企业职工年平均工资水平提高了61％，即使扣除物价上涨因素，提高的幅度也达34％。

——财政提供资金，为其他方面改革创造条件。

通过各种减税让利的改革举措，使国民收入分配比例关系得到了调整。然而，改革是利益关系的再调整，为顺利推进改革，政府必须支付改革带来的成本。在这种背景下，财政支出的范围非但无法收缩，反而要增加许多新的支出项目。总体上,中国财政支出规模呈扩大趋势(见表4—1)。

表4—1　　　　　财政支出规模增长情况(不含债务支出)

(1978—2004年)

年份	财政支出(亿元)	增长速度(%)
1978	1 122.09	33.0
1980	1 228.83	−4.1
1985	2 004.25	17.8
1990	3 083.59	9.2
1991	3 386.62	9.8
1992	3 742.20	10.5
1993	4 642.30	24.1
1994	5 792.62	24.8
1995	6 823.72	17.8
1996	7 937.55	16.3
1997	9 233.56	16.3
1998	10 798.18	16.9
1999	13 187.67	22.1
2000	15 886.50	20.5
2001	18 902.58	19.0
2002	22 053.15	16.7
2003	24 649.95	11.8
2004	28 360.79	15.6

说明:(1) 在国家财政收支中,价格补贴1985年以前冲减财政收入,1986年以后列为财政支出。为了可比,本表将1985年以前冲减财政收入的价格补贴改列在财政支出中。
(2) 从2000年起,财政支出中包括国内外债务付息支出。
资料来源:《中国统计年鉴(2006)》,北京,中国统计出版社,2006。

(二)"分灶吃饭":调整中央与地方的财政关系

改革开放以来,在处理中央与地方财政关系上,较重要的调整大体有四次:

(1) 1980年的"划分收支、分级包干";
(2) 1984年的"划分税种、核定收支、分级包干";
(3) 1989年的"财政大包干";
(4) 1994年全面启动的分税制。

中央与地方财政关系的改革与整个改革过程的趋势一致:由高度集中的管理体制,逐步演变为多种形式的分级管理体制,然后尝试统一而规范的

"分税制"财政体制。而且,历次改革都与财政收支状况、中央财政宏观调控能力、经济周期波动等因素密切相关,甚至交互作用,因此是一个十分复杂的过程。

中国财政体制的调整,是以 20 世纪 80 年代初施行"分灶吃饭"财政体制开始的。所谓"分灶吃饭",是指中央和地方(主要是省、直辖市、自治区以及其他后来出现的同级财政)在财政收支范围上进行明确的分工。其规范称谓是"划分收支、分级包干"的财政体制。过去全国"一灶吃饭",改为"分灶吃饭"后,财力分配由过去的"条条"为主改为以"块块"为主。"分灶吃饭"财政体制主要包括以下内容:

——将财政收入划分为固定收入、固定比例分成收入和调剂收入三类。属于中央固定收入的有中央所属企业收入、关税、公债、国外借款和其他收入;地方固定收入包括地方企业收入、盐税、农(牧)业税、工商所得税、地方税和其他收入。地方划归中央各部门直接管理的企业收入为固定比例分成收入,80%归中央,20%归地方。工商税为调剂收入,具体比例依各地收支情况而定。

——支出按隶属关系加以划分。中央支出包括中央投资、地质勘探费、援外支出、国家物资储备支出等;地方支出包括地方投资、各项事业费、城市维护费、支持农业支出、行政管理费和其他支出等;另外还有一些中央专案拨款。

——地方财政支出先与固定收入和固定比例分成收入相抵,有余额即上解中央财政,不足则由调剂收入分成解决,还不足的则由中央给予定额补助。

——地方上解收入比例、调剂收入分成比例、定额补助数额确定后,原则上五年不变,其间由地方财政自求平衡,多收多支,少收少支。

"分灶吃饭"后,地方财政权力扩大了。短期措施后来又延长了适用期限,避免了年年变动、年年争指标现象。地方政府积极性有较大提高,决策的预期更加稳定。但也存在收支划分不太清楚,地方财权过大等现象。这种体制除三个直辖市外,其他地区都实行。1985—1988 年,为了与两步利改税相适应,"分灶吃饭"体制在新税制形式下变为"划分税种,核定收支"分级包干体制,即把过去的划分收入改为划分税种,其他方面也作了一些相应的调整。但总体上没有突破"分灶吃饭"的框架。

"分灶吃饭"财政体制,是在十一届三中全会后,我国开始积极探索经济体制改革，进行国民经济重大调整的时代背景下，先行一步，在宏观经济领域实行的一项重大变革，对传统财政管理体制产生了深远的影响，成为建立社会主义市场经济财政运行机制的起点。尽管"分灶吃饭"财政体制在收支范围的划分上，没有走出按行政隶属关系划分的传统思路，但在中央与地方财政关系的处理上，则大大前进了一步，为后来进一步深化财政体制改革，规范中央与地方财政关系奠定了基础。

（三）两步"利改税"：规范国家与企业分配关系

"利改税"，是指国有企业与国家的财政分配关系中，由原来的利润上缴改为按既定的税收制度纳税。经过1983、1984年利改税的第一、二步改革，一个适应多种经济成分、多种流通渠道、多种经营方式，以流转税和所得税为主体的复合税制体系基本上建立起来。这对奠定市场化进程中的国家与企业分配关系的基本格局具有深远的影响。

——"利改税"的酝酿与试点。早在1978年，财政部门就对改革工商税制问题提出了一些初步设想，其中包括开征企业所得税。1979年初，湖北省光化县率先对15户县办工业企业进行"利改税"试点。1980年，试点又在广西柳州市对全市的市属工业企业进行，后来陆续在上海市、四川省的部分工业企业进行。到1981年底，全国共有18个省、市、自治区的456户工交企业试行了"利改税"。试点办法在全国约有30多种。它们的共同特点，一是以所得税为主要税种，国家首先通过征收55%左右的所得税参与企业的利润分配；二是征收所得税后的利润，或者全部留归企业自行安排使用，或者采用诸如调节税、资金占有费、资金分红等形式，由国家进一步参与分配。

1982年，利改税的试点效果得到了充分肯定。国务院在《关于第六个五年计划的报告》中指出："把上缴利润改为上缴税金这个方向，应该肯定下来。""今后三年内，在对价格不作大的调整的情况下，应该改革税制，加快以税代利的步伐。这不但可以更好地发挥税收在经济活动中的调节作用，而且将进一步改进国家与企业的关系。"

——第一步"利改税"。作为企业改革和城市改革的一项重大举措，"利改税"实行了"分步到位"的改革步骤。第一步利改税总体上可概括为"税利并存，扩大上缴税收的比重"，待条件成熟后，再实行完全的"利改税"。1983

年,国务院决定国营企业利改税在全国试行。建国以后实行了30多年的国营企业上缴利润制度改为缴纳企业所得税的制度。第一步利改税的主要内容是:

(1) 对有盈利的国有大中型企业(包括金融保险机构),根据实现的利润,按55%的税率缴纳所得税。企业缴纳所得税后的利润,根据不同情况,分别采用递增包干上缴、固定比例上缴、定额包干上缴和缴纳调节税等方法上缴国家财政一部分,余下的作为企业留利。

(2) 对有盈利的小型国有企业,根据实现的利润,按照8级超额累进税率缴纳所得税。缴纳所得税之后,由企业自负盈亏,国家不再拨款,但对税后利润较多的企业,国家可以收取一定的承包费,或者按固定数额上缴一部分利润。

(3) 对营业性的宾馆、饭店、招待所和饮食服务公司按15%的税率缴纳所得税。

(4) 对县以上供销社,以县公司或县供销社为单位,按8级超额累进税率缴纳所得税。

(5) 军工企业、邮电企业、粮食企业、外贸企业、农牧企业和劳改企业暂不实行利改税办法。

(6) 经财政部门审查同意后,国有企业的各种专项贷款可用缴纳所得税之前的新增利润归还。

(7) 企业税后留用利润,按规定要建立新产品试制基金、生产发展基金、后备基金、职工福利基金和职工奖励基金。前三项基金的比例不得低于留利总额的60%,后两项基金的比例不得高于40%。

——第二步"利改税"。为进一步为企业自主经营、自负盈亏创造条件,1984年10月起,第二步利改税在全国推行。这是在第一步利改税的基础上,对国有企业所得税和调节税再进行改革和完善。其核心内容是将国有企业原来以利润上缴国家的财政收入改为分别按11个税种向国家交税,从而完成了由第一步利改税的"税利并存"向完全的"以税代利"的过渡。第二步利改税实际上包括国有企业"交利改纳税"和工商税制改革两个部分,其主要内容是:

(1) 改革工商税,将原来的工商税按纳税对象"一分为四",即产品税、增值税、盐税和营业税。对某些采掘企业开征资源税,同时恢复和开征房产税、土地使用税、车船使用税、城市维护建设税等税种。

(2) 将国有大中型企业征收所得税后的利润上缴形式,改为征收调节税。按照一户一率原则,根据企业的实际情况分别核定税率。

(3) 对国有小型盈利企业改按新的8级超额累进税率缴纳所得税,不征调节税。一般由企业自负盈亏,国家不再拨款。但对税后利润较多的企业,国家可以收取一定数额的承包费。

(4) 营业性的宾馆、饭店、招待所和饮食服务业,也改按新的8级超额累进税率缴纳所得税。

(5) 继续实行企业用贷款项目投产后新增利润,在缴纳所得税前归还贷款的政策。

第二步"利改税"和工商税制改革,是我国改革开放以后第一次、建国以后第四次大规模的税制改革(金人庆,2000)。此后经过进一步的税制完善,我国初步建立起了包括32个税种的工商税制整体框架。由此我国的税制建设开始进入健康发展的新轨道,从而完成了由单一税制向复合税制的转变,顺应市场经济的要求,税收成为国家财政收入的主要来源(见图4—2)。

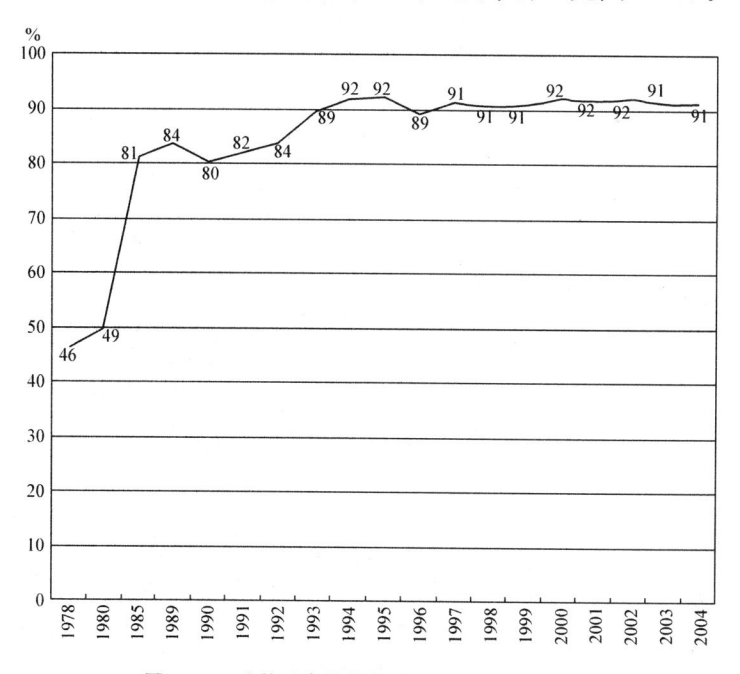

图4—2 改革以来税收占财政收入的比重(%)

说明:国家财政收入中不包括国内外债务收入,但这里已将当时因国有企业亏损所冲减的财政收入计算在内。
资料来源:根据《中国统计年鉴(2005)》数据整理。

——"利改税"的评价。"利改税"是 20 世纪 80 年代我国税制的一次重大改革。尽管受当时客观经济和社会条件的制约，以及制度设计自身的局限，"利改税"在推动税制建设，重构财政运行机制的同时，也产生了一些新问题，但对中国财政运行机制的历史性转变来看，"利改税"顺应了市场化经济体制改革的大趋势，对整个财政体制改革、经济体制改革及制度创新，都有深远的影响。我国现行税制中，相当部分的重要税种都是在此次改革的基础上发展演变而来的（见图4—3）。更为重要的是，通过开征国有企业所得税（当时称为"国营企业所得税"），以法律的形式确定了处理国家与企业分配关系的基本准则，对于此后实现政企分开、两权分离，培育新的市场主体，建立现代企业制度等一系列制度变革，都具有"奠基"性的重要意义。

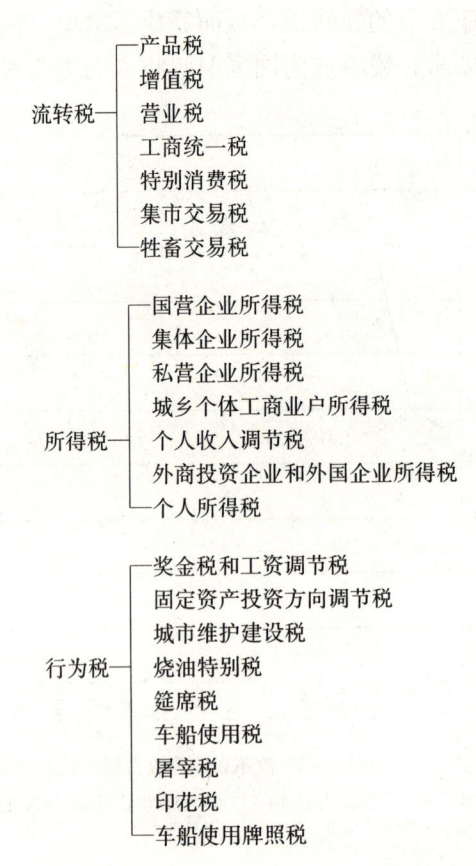

```
          ┌─ 产品税
          ├─ 增值税
          ├─ 营业税
   流转税 ─┤─ 工商统一税
          ├─ 特别消费税
          ├─ 集市交易税
          └─ 牲畜交易税

          ┌─ 国营企业所得税
          ├─ 集体企业所得税
          ├─ 私营企业所得税
   所得税 ─┤─ 城乡个体工商业户所得税
          ├─ 个人收入调节税
          ├─ 外商投资企业和外国企业所得税
          └─ 个人所得税

          ┌─ 奖金税和工资调节税
          ├─ 固定资产投资方向调节税
          ├─ 城市维护建设税
   行为税 ─┤─ 烧油特别税
          ├─ 筵席税
          ├─ 车船使用税
          ├─ 屠宰税
          ├─ 印花税
          └─ 车船使用牌照税
```

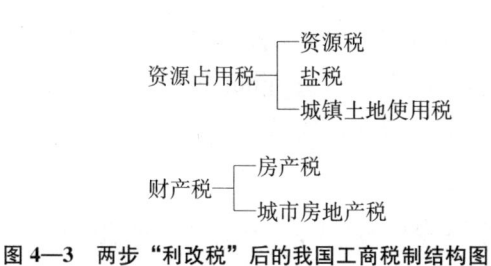

```
                    ┌─ 资源税
        资源占用税 ──┼─ 盐税
                    └─ 城镇土地使用税

              ┌─ 房产税
        财产税─┤
              └─ 城市房地产税
```

图 4—3　两步"利改税"后的我国工商税制结构图

但从理论上看，当时利改税的终极目标是实现完全的"以税代利"，企图用单一的税收形式完全代替利润上交形式。这意味着国家以行政管理者的身份完全替代了资产所有者身份，混淆了社会主义国家的两种身份和两种职能。否定利润上交形式，容易弱化国家作为资产所有者的职能，不利于国家对国有资产管理。从实际操作上看，一是所得税的税率过高，造成税收减免多，因而法律约束不严；二是征收所得税后，又征收调节税，后者是每户一率一法，实际上缺乏法定性，也使企业负担不公平；三是实行税前还贷的办法，实质上是用财政资金替企业归还了贷款。企业争贷款，银行保收益，致使国家财政收入大量减少，并使企业和银行的约束机制软化，易发投资膨胀。

（四）承包制与租赁制：放权让利改革中的继续探索

搞活国有企业是中国城市经济改革的中心环节。但是经过"利改税"和"拨改贷"后，国有企业因其特有的产权制度和治理结构，仍然存在着严重的问题：预算约束软化，负盈不负亏。显然，仅仅局限于政府与国有企业的分配关系方面进行改革，是远远不够的。基于当时的实践经验和认识水平，全国各地为处理政府与国有企业的关系，进行了多方面的探索。针对"利改税"后存在的一些问题，1987 年，对国有企业普遍实行承包经营责任制，在小型国有企业和集体企业中推行租赁制。1988 年，又开始进行"税利分流"（即按有关规定交纳各项税收后，税后利润按一定比例或数额上交）改革试点。

20 世纪 80 年代后期的承包制还适用于中央政府与地方政府的财政关系上。1988 年，在"划分税种，核定收支，分级包干"的基础上，进一步改进了财政包干办法。至此，财政包干体制在全国范围内实行。1988 年 8 月，国务院决定成立国家国有资产管理局，以行使对中华人民共和国境内外全部国有资产的管理职能。国有资产管理部门开展清产核资、产权登记和资产评估等工作，意在优化国有资产配置，促进国有资产的保值增值。

三、1994年以分税制为方向的财政体制改革及评价

自20世纪80年代中期的两步"利改税"到1994年的近10年间，顺应市场化的改革进程，中国财政管理领域进行了一系列制度变革，如1988年的包干财政体制、1991年的涉外所得税制改革、1992年起实行复式预算制度、1993年的财会制度改革等等。然而，这些改革或者受到种种局限而未能取得预期的成效，或者仅仅是财税管理领域某一局部的制度变革，或者仅仅是作为后来财税体制创新的序幕，都不足以完成市场化进程中整体财税体制的机制重塑与制度创新。

1992年，邓小平南方谈话和中国共产党第十四次代表大会召开，确定了中国改革开放的总目标是建立社会主义市场经济体制。体制改革和社会经济发展进入了一个新时期。按照社会主义市场经济体制要求，建立规范的政府与企业、政府与公民、政府之间的财政分配关系，改变当时财政体制存在的种种不协调问题，条件已经成熟。1994年的以"分税制"为主要特征的财税改革，初步构建起了适应社会主义市场经济要求的新的财政体制。

（一）分税制的指导思想和原则

这次改革的整体指导思想是，按照建立社会主义市场经济体制的改革目标，吸取和借鉴国外市场经济条件下的一些成功做法，并充分考虑我国国情，把市场经济对财税体制的一般要求同我国经济建设和社会发展的特殊性有机地结合起来，建立有利于社会主义市场经济发展的新型财政管理体制和运行机制。具体来说：

——实行科学的收入分配体制，合理规范国家与企业、中央与地方的分配关系，建立起有助于企业公平竞争和财政收入稳定增长的财税体系；

——按照市场经济中政府参与资源分配的客观要求，健全国家财政职

能，灵活运用财政政策手段，有效地调节宏观经济运行；

——确保中央财政的主导地位，适当集中必要的财力，增强中央政府的宏观调控能力；

——在经济持续高速发展和分配关系趋向合理的基础上，实现国家财政的中长期平衡。

为贯彻上述的指导思想，确定了四个方面的原则：

——正确处理中央与地方的分配关系，调动两个积极性，促进财政收入合理增长。既要考虑地方利益，调动地方发展经济、增收节支的积极性，又要提高中央财政收入在整个财政收入中所占的比重，适当增加中央财力，增强中央政府的宏观调控能力。为此，中央要从今后财政收入的增长中适当多得一些，以保证中央财政收入的稳定增长。

——合理调节地区之间财力分配。既要有利于经济发达地区继续保持较快的发展势头，又要通过中央财政对地方的税收返还和转移支付，扶持经济不发达地区的发展和老工业基地的改造。同时，促进地方加强对财政支出的约束。

——坚持统一政策与分级管理相结合。划分税种不仅要考虑中央与地方的收入分配，还必须考虑税收对经济发展和社会分配的调节作用。中央税、共享税以及地方税的立法权都要集中在中央，以保证中央政令畅通，维护全国统一市场和企业平等竞争。税收实行分级征管，中央税和共享税由国家税务机构负责征收。

——坚持整体设计与逐步推广相结合。分税制改革既要借鉴国外经验，又要从我国实际出发。在明确改革目标的基础上，采取积极而稳妥的办法，逐步在全国推开。

（二）分税制的基本内容

大体包括：全面税制改革、分税制财政体制改革、国有企业利润分配制度改革。

(1) 全面改革税制，建立适应社会主义市场经济要求的新型税制体系。税制改革的目标是：统一税法，公平税负，简化税制，合理分权，保障国家财政收入的稳定增长，建立与社会主义市场经济体制相适应的税制体系。据此制定的新税制改革方案的基本内容可概括为：建立以增值税为主体，消费税和营业税为补充的新的流转税制度；健全和完善所得税制度，统一内资企业所得税和个人所得税；改革和完善其他税种。改革后的税种由原来的32个减少到18个，初步形成了公平、合理、高效、简化的新型税制体系。

——流转税改革。流转税改革是整个税制改革的关键。流转税改革的目标是建立公平、中性、透明、普遍的全新流转税制度，并使总体税负维持原来水平。流转税改革的主要内容是：取消产品税和工商统一税，对内外资企业统一实行新的流转税制；在工业生产环节和商业批发零售环节普遍征收增值税，对少量商品征收消费税，对不实行增值税的劳务和销售不动产、转让无形资产征收营业税；原来征收产品税的农、林、牧、水产品，改为征收农业特产税和屠宰税。

——改进和完善所得税制。所得税改革包括企业所得税改革和个人所得税改革两部分。企业所得税改革的主要目标是调整、规范国家与企业的分配关系，促进企业经营机制的转换，实现公平竞争。改革的主要内容是：统一内资企业所得税；规范税前列支项目和标准；取消国营企业调节税和两项基金（国家能源交通重点建设基金和国家预算调节基金）。个人所得税改革目标是，调节个人收入差距，缓解社会分配不公的矛盾。改革的主要内容是：将几个对个人征收的税种合并改为统一征收个人所得税；提高扣除标准；扩大征税范围。

——改革其他税种。在对流转税和所得税改革的同时，对其他税种也进行了改革。主要内容是：取消集市交易税和烧油特别税；将特别消费税并入消费税；将盐税并入资源税。

（2）实行分税制的财政管理体制，理顺中央与地方的分配关系。分级（分税）体制是实行市场经济的国家普遍推行的一种处理中央和地方财政关系的制度。它的主要特征在于规范化、法制化和体制的相对稳定性。在这一体制中，地方预算具有相对独立的预算收支支配权和管理权，成为名副其实的一级预算主体。我国财政体制的改革是从20世纪80年代后期就已经注意吸收和借鉴国外分级（分税）预算体制的做法，结合我国实际，初步形成了具有中国特色的分税制财政体制，并于1994年在全国推行。

分税制财政体制是以各级政权之间事权划分结构为依据，根据不同税种的不同特性，将其分别划归不同预算级次，确定不同政权间财政分配关系的财政管理体制。其主要内容是：

——按照现行中央政府和地方政府各自的事权，划分各级财政的支出范围。中央财政主要承担国家安全、外交和中央国家机关运转所需经费，调整国民经济结构，协调地区发展，实施宏观调控所必需的支出以及由中央直接管理的事业发展支出；地方财政主要承担本地区政府机关运转以及本地区经济、事业发展所需的支出。

——根据财权事权相统一的原则，合理划分中央和地方收入。按照税制改革后的税种设置，将维护国家权益、实施宏观调控所必需的税种划为中央税；将适宜于地方征管的税种划为地方税，并充实地方税种，增加地方税收入；将与经济发展直接相关的主要税种划为中央与地方共享税。在划分税种的同时，分设中央和地方两套税务机构，实行分别征税。中央税种和共享税种由中央税务机构负责征收，其中共享收入按比例分给地方，地方税种由地方税务机构征收。

——中央财政对地方的税收返还。为保持原有地方既得利益格局，逐步达到改革目标，中央财政对地方的税收返还数额以1993年为基期年核定。按照1993年地方实际收入以及税制改革后中央与地方收入划分情况，核定1993年中央从地方净上划的收入数额。1993年中央净上划收入全额返还地方，保证地方既得财力，并以此作为以后中央对地方税收返还基数。1994年以后，税收返还额在1993年基数上逐年递增，递增比例按本地区增值税和消费税增长率的1∶0.3系数确定，即本地区上述两税每增长1%，中央财政对地方的税收返还增长0.3%，如果1994年以后地方上划中央收入达不到1993年基数，则相应扣减税收返还数额。

——原体制中央补助、地方上解、结算补助等事项的处理。原体制中关于中央补助、专项补助、地方上解等保持原分配格局，暂时不改变原体制中规定的中央拨给地方的一些专款。1993年地方承担的20%出口退税以及其他年度结算的上解和补助项目相抵后，确定一个数额，作为补助或上解的结算定额。

（3）改革国有企业利润分配制度，创造公平经济的外部环境。这次改革是结合税制变动与《企业会计准则》、《企业财务通则》的实施展开的。主要包括：国有企业统一按规定的33%比例税率缴纳所得税，取消各种"包税"

办法，并增设两档照顾性税率，取消对国有大中型企业征收的调节税；规范企业所得税税基，取消"税前还贷"的做法；考虑国有企业的特殊困难，对1993年以前注册的多数国有全资企业所得税后利润暂不上缴；取消对国有企业征收的能源交通重点建设基金和国家预算调节基金。

此外，这次改革中还借鉴国外经验，并结合中国实际，研究逐步建立政府公共预算、国有资本金预算和社会保障预算制度，同时逐步建立起国家财政投融资体系，运用财政、金融手段，更好地发挥宏观调控作用。

（三）分税制改革的总体评价

1994年财税体制改革突破了"放权让利"的传统改革思路，向适应市场经济的财政运行体制迈出了重要一步。它是我国建国以来规模最大、范围最广泛、内容最深刻的一次财税制度变革。经过多年的理论研究和实践探索，这次改革借鉴了市场经济国家的成功经验，适应了我国具体国情。从总体上看，改革的目标已经初步实现，适应市场经济要求的财政体制框架初步构建。

（1）就税制改革而言，内资企业所得税的统一和以增值税为主体的流转税制的建立，既为各类企业创造了一个公平竞争、同等纳税的外部环境，又为财政收入机制的规范化奠定了基础。尽管出于种种考虑，统一内外资企业所得税的工作没有同时到位，但毕竟向着税制统一、税政统一、税负统一的方向，前进了一大步。此后推进的所得税收入分享改革、税费改革等，规范了国家、企业和个人及中央和地方的分配关系，建立了财政收入稳定增长的机制。财政收支增长速度此后一直远高于经济增长速度（见图4—4、表4—2）。

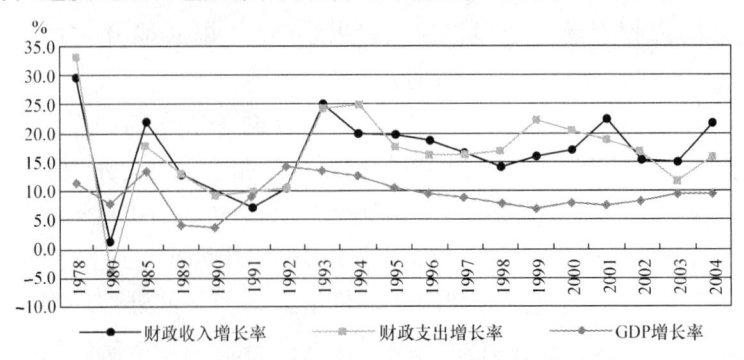

图4—4 改革开放以来财政收支和经济每年增长率对比

资料来源：根据《中国统计年鉴（2005）》数据整理。

表 4—2　　　　　　　　　　财政收支总额及其增长情况

年份	财政收入（亿元）	财政支出（亿元）	增长速度（%） 财政收入	增长速度（%） 财政支出
1978	1 132.26	1 122.09	29.5	33.0
1980	1 159.93	1 228.83	1.2	−4.1
1985	2 004.82	2 004.25	22.0	17.8
1989	2 664.90	2 823.78	13.1	13.3
1990	2 937.10	3 083.59	10.2	9.2
1991	3 149.48	3 386.62	7.2	9.8
1992	3 483.37	3 742.20	10.6	10.5
1993	4 348.95	4 642.30	24.8	24.1
1994	5 218.10	5 792.62	20.0	24.8
1995	6 242.20	6 823.72	19.6	17.8
1996	7 407.99	7 937.55	18.7	16.3
1997	8 651.14	9 233.56	16.8	16.3
1998	9 875.95	10 798.18	14.2	16.9
1999	11 444.08	13 187.67	15.9	22.1
2000	13 395.23	15 886.50	17.0	20.5
2001	16 386.04	18 902.58	22.3	19.0
2002	18 903.64	22 053.15	15.4	16.7
2003	21 715.25	24 649.95	14.9	11.8
2004	26 396.47	28 486.89	21.6	15.6
2005	31 649.29	33 930.28	19.9	19.1

说明：(1) 在国家财政收支中，价格补贴1985年以前冲减财政收入，1986年以后列为财政支出。为了可比，本表将1985年以前冲减财政收入的价格补贴改列在财政支出中。
(2) 财政收入中不包括国内外债务收入。
(3) 从2000年起，财政支出中包括国内外债务付息支出。
资料来源：《中国统计年鉴（2006）》。

(2) 就财政体制而言，1994年的分税制财政体制改革，超越了历次实行的地方财政包干制，通过明确划分中央和地方的利益关系，规范政府间的财政关系，克服和弱化包干制的种种弊端，有利于各级政府职能的转变和责任与权利的划分。从此之后，改革以来中国的财政收支占GDP比重下降的趋势得到扭转，并开始稳步提高。政府对市场经济的调控能力得到增强（见表4—3和图4—5）。

表 4—3　　　　　　　　　　　国家财政收支占 GDP 的比重

年份	财政收入（亿元）	财政支出（亿元）	GDP（亿元）	财政收入占 GDP 的比重（%）	财政支出占 GDP 的比重（%）
1978	1 132.26	1 122.09	3 645.20	31.1	30.8
1980	1 159.93	1 228.83	4 545.60	25.5	27.0
1985	2 004.82	2 004.25	9 016.00	22.2	22.2
1989	2 664.90	2 823.78	16 992.30	15.7	16.6
1990	2 937.10	3 083.59	18 667.80	15.7	16.5
1991	3 149.48	3 386.62	21 781.50	14.5	15.5
1992	3 483.37	3 742.20	26 923.50	12.9	13.9
1993	4 348.95	4 642.30	35 333.90	12.3	13.1
1994	5 218.10	5 792.62	48 197.90	10.8	12.0
1995	6 242.20	6 823.72	60 793.70	10.3	11.2
1996	7 407.99	7 937.55	71 176.60	10.4	11.2
1997	8 651.14	9 233.56	78 973.00	11.0	11.7
1998	9 875.95	10 798.18	84 402.30	11.7	12.8
1999	11 444.08	13 187.67	89 677.10	12.8	14.7
2000	13 395.23	15 886.50	99 214.60	13.5	16.0
2001	16 386.04	18 902.58	109 655.20	14.9	17.2
2002	18 903.64	22 053.15	120 332.70	15.7	18.3
2003	21 715.25	24 649.95	135 822.80	16.0	18.1
2004	26 396.47	28 486.89	159 878.30	16.5	17.8
2005	31 649.29	33 930.28	183 084.80	17.3	18.5

说明：(1) 在国家财政收支中，价格补贴 1985 年以前冲减财政收入，1986 年以后列为财政支出。为了可比，本表将 1985 年以前冲减财政收入的价格补贴改列在财政支出中。
(2) 财政收入中不包括国内外债务收入。
(3) 从 2000 年起，财政支出中包括国内外债务付息支出。
资料来源：《中国统计年鉴（2006）》。

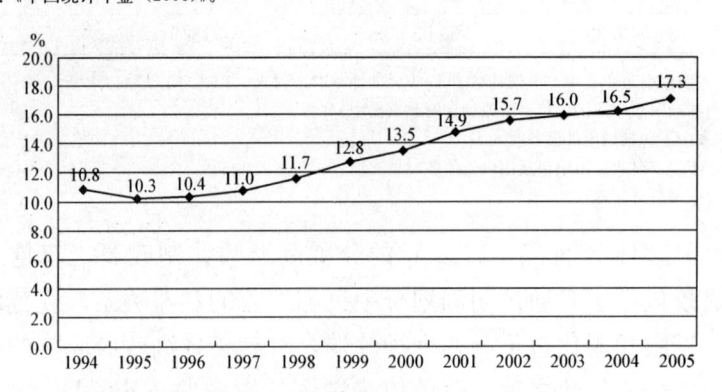

图 4—5　1994—2005 年全国财政收入占 GDP 的比重

资料来源：根据《中国统计年鉴（2006）》数据整理。

（3）就改善财政收支状况而言，1994年的财税改革，在建立与社会主义市场经济体制相适应的基本财税规范方面所做出的种种努力，对于减少税收流失，缓解国家财政特别是中央财政所面临的困难，具有不可忽视的重要作用。

1994年的财税体制改革，为我们初步搭建起了重构中国财税运行机制的基本框架。但由于种种因素的制约，当年的许多改革内容并未能一次到位，而是采取了带有某种变通或过渡性的办法。但这正是中国整个经济体制改革得以稳步进行的重要原因。

——为了体现对微利企业的照顾，在企业所得税税率设置上采用了过渡性税率（27％和18％两档照顾税率）。但这带有全额累进税的色彩，其临界点处的税负不公平。

——各级政府间事权划分及财政支出责任划分仍有待清晰，财政职能"越位"与"缺位"仍然存在。一方面，政府承揽的事务依然过宽，财政职能仍有"越位"现象；另一方面，应由政府承担的一些事务，如社会保障、卫生保健、基础产业投资等等，政府及其财政又未能很好地承担。中央与地方事权界定不够明确和具体，在政府履行职能时，出现财力（收入）上移、职责（支出）上移的趋势。这样导致政府间财政关系失衡，一些社会事业发展滞后，地方尤其是基层政府财政困难，有的负债严重（见图4—6、图4—7）

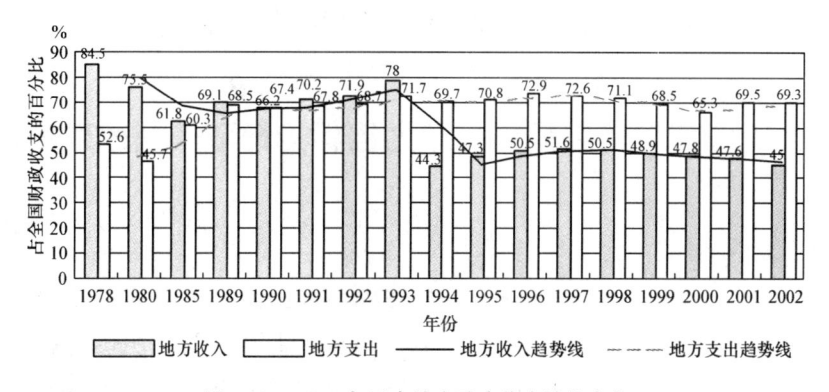

图4—6　1978年以来地方政府收支地位变化

资料来源：时红秀：《中国地方政府的债务：一个理论解释》，见《中国社会科学评论》，第3卷，91页，北京，法律出版社，2005。

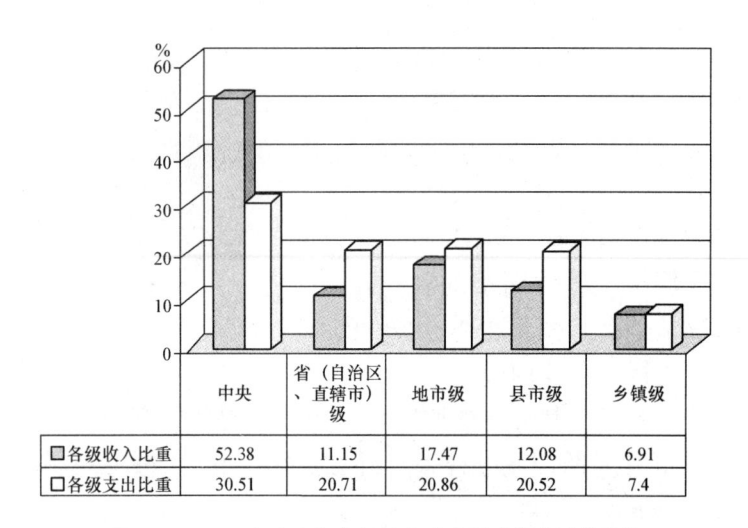

	中央	省（自治区、直辖市）级	地市级	县市级	乡镇级
各级收入比重	52.38	11.15	17.47	12.08	6.91
各级支出比重	30.51	20.71	20.86	20.52	7.4

图4—7 2001年中央和各级地方政府财政收支地位比较

资料来源：时红秀：《中国地方政府的债务：一个理论解释》，见《中国社会科学评论》，第3卷，92页。

另外，这次改革偏重于财政收入方面的变革，财政支出规模与结构的调整是后来进行的。随着中国经济市场化转型的日渐深化，财政支出机制与整体经济体制环境的矛盾日益突出。为了扩大并巩固财税体制创新的实施效果，在1994年以后，作为当年改革的延续和完善，我国又逐步在科技、教育、社会保障等财政支出领域，进行了相应的调整。经历了此后一系列的探索与尝试，在20世纪90年代末期，适应市场经济要求的财政体制有了较为明确的目标模式，即构建社会主义市场经济中的公共财政制度。

四、1998年以来以公共财政为目标的财政体制改革探讨

（一）公共财政：含义与特征

以满足社会的公共需要为口径，界定财政职能范围，并以此设计财政收支体系，这在理论上被称为"公共财政"。1998年末，我国明确将构建公共财政框架作为21世纪初期财政改革的目标。这是继1994年财税体制改革之后，中国财政经济领域力度较大、范围较广的一项根本变革，已经并将继续对中国的经济社会发展产生一系列积极而深远的影响。

各国实践表明,在市场经济中,政府必须承担公共物品的提供、外部性的消除、国民收入的再分配、避免经济波动等职责。一个运行良好的市场机制,离不开有效率的政府运作,这种运作以公共财政为基础。作为一种与市场经济相适应的财政制度安排,中国的公共财政制度的基本特征可归纳为公共性、战略性和法定性三个方面。

——公共性。在传统计划经济体制下,国家财政实际上可以说就是国有经济的财政。其职能范围除了必要的行政和防务开支外,主要在于生产建设。而在市场经济中,公共财政的职能范围要以满足社会公共需要为界。凡属于或可以纳入社会公共需要的开支,财政就必须承担。在国民经济总量中,公共支出占有较大份额,而且呈不断上升趋势。一些市场经济国家的实践证明了这一点(见表4—4)。

表4—4　　　　　　部分经合组织国家公共支出占GDP的比重(%)

年份 国家	1970	1979	1982	1984	1989
澳大利亚①	26.8	33.4	37.1	38.6	34.3
奥地利	39.2	48.9	50.9	50.8	49.4
比利时	36.5	49.3	55.3	54.1	48.9
加拿大	34.8	39.0	46.6	46.8	44.2
丹麦	40.2	53.2	61.2	60.3	59.5
芬兰	30.5	36.7	39.1	39.8	38.3
法国	38.5	45.0	50.4	52.0	49.3
联邦德国	38.6	47.6	49.4	48.0	45.1
希腊②	22.4	29.7	37.0	40.2	46.3
冰岛	30.7	32.8	34.2	32.1	38.4
爱尔兰	39.6	46.8	55.8	54.0	46.4
意大利	34.2	45.5	47.4	49.3	51.7
日本	19.4	31.6	33.7	33.2	32.9
卢森堡	33.1	52.5	55.8	51.8	—
荷兰	43.9	55.8	61.6	61.0	55.7
挪威	41.0	50.4	48.3	46.3	52.9
葡萄牙	21.6	36.2	43.0	44.4	40.9
西班牙	22.2	30.5	37.5	39.3	41.8
瑞典	43.6	61.0	66.3	63.5	60.6
瑞士②	21.3	29.9	30.1	31.4	29.7
土耳其	—	33.5	28.3	24.7	26.2
英国	38.8	42.5	46.9	47.2	39.7
美国	31.6	31.7	36.5	35.8	36.5
平均值	33.1	41.9	45.8	45.4	44.0

注:①预算年度开始于7月1日。
②仅仅是经常性支出。
资料来源:《OECD历史统计年鉴(1960—1988)》,表6.5;Oxley et al. (1990)。

财政收支公共性的结果必然不是以盈利为目的的。在市场经济条件中，作为社会管理者，政府必须以追求公共利益为己任，为市场的有序运转提供必要的制度保证和物质基础。收支行为不再以盈利为主旨。这与企业作为利润最大化的经济主体的行为有本质的不同。当然，根据一些国家的实践经验，即便不以盈利为主，在可能的条件下，财政收支仍可以进行绩效评估和成本收益分析。

——战略性。当然，在中国这样一个发展中大国，紧紧抓住难得的战略机遇期实现国家工业化、现代化，尽快改变近代以来相对贫弱、落后的国家面貌，尤其在当前经济全球化过程中面临着日趋激烈的国际竞争，由政府主导某些关系国家全局和长远利益的发展战略是必需的，如基础教育和研究、重要能源资源、重大高新技术等等。那么财政就必须在这些领域承担更多甚至全部开支。大多数发展中国家是这样，即使许多发达国家，在这方面都有较多的实践。

以基础研究为例，美国全国基础研究经费的 2/3 以上来自联邦政府[①]。20 世纪 90 年代，联邦政府科研经费投入下降 9%，但同期基础研究投入增加 42%。2000 年，联邦政府共在基础研究方面投入 233 亿美元，占全部基础研究经费的近一半[②]。1972—2003 财年，美国联邦政府对各大学的基础研究投入占各大学基础研究支出总额的 2/3 以上。

英国在 2000 年科技白皮书中，明确政府在保持该国基础研究在世界上的领先地位中负有责任，是这方面的主要投资者。2000 年政府科技预算经费 17.02 亿英镑，2001—2003 年度，平均每年增长 7%。

我国政府对基础研究投入，从 1991 年的 7.43 亿元增加到 2003 年的 87.6 亿元，13 年增长 10.79 倍，年均增长 21.4%。

——法定性。市场经济也是法制经济。财政收支活动实际上是经济利益在不同主体之间的再分配，从某种意义上看，是财产权利的调整。因此，公共财政的一个重要特征就是经过公共权力的认可，通过法定程序形成全社会遵从的法案，进行收入的筹集、支出的实施和再分配关系的确定。由于法制化要求财政预算程序是法定的，将保证财政预算从决策到执行和监督的公正

---

① 参见闫绪娴、侯光明、闫绪奇：《美国政府在科技发展中的作用及对我国的启示》，载《中国科技论坛》，2004 (3)。
② 参见王辉：《美国科技政策综述》，载《全球科技经济瞭望》，2003 (4)。

和公开。可以说，公共财政的法制化特征是社会主义政治文明的重要表现。

（二）中国公共财政框架的逐渐形成：初步措施

1996—1997年，为规范政府分配行为和方式，全国对预算外资金展开了大规模的清理整顿。这为实施税费改革打下了基础。此后先进行农村基层组织费改税试点，试点成功后在全国普遍推行。与此同时，"收支两条线"管理改革也已在部分中央部门进行试点。这些措施都是围绕一个目标推出的：即建立符合社会主义市场经济要求的公共财政制度。主要措施有以下三个方面：

1. "收支两条线"

收支两条线特指行政执法部门的预算管理中，罚没、规费收入必须解交国库，这些机构的经费不得直接用上述收入列支，也不得与之进行比例挂钩。这一措施是建立公共财政的重要内容，是对长期存在于各级政府和事业单位的预算外资金、制度外收费做真正的大手术。中央政府对各级政府及其各部门的预算外资金，此前总是通过财政专户进行管理和监督。这一次改革则意在从根本上清除预算外资金的存在，首先取消收支挂钩（包括税收提成）制，将部门预算外资金全部纳入部门预算管理，编制综合财政预算。这一措施在公安、环保、工商、计划生育等执法部门实行。"收支两条线"改革，试图从根本上纠正一些执法部门事实上的为收入而执法，为培植收入而枉法，进而扭曲公共权力的现象。

2. 调整所得税收入分享制度

对所得税收入分享的改革是1994年税制改革的深化，意在打破企业行政隶属关系的分割状态，从而打破市场封锁。按隶属关系划分企业所得税，往往促使各级政府热衷于搞"自己的"企业。改革后对所得税收入实行中央和地方按比例分享，使得地方对各种投资来源的企业一视同仁。实现所得税收入分享后，可以避免地方政府搞所得税优惠的竞争，有助于税制的公平与统一。这项改革不仅是利益格局的调整，而且是机制的转换和财政体制的完善，是公共财政改革的一项重大措施。

对于从所得税增量中多分享的收入，中央按照公共财政的要求，全部用于对地方主要是中西部地区的一般性转移支付，以完善转移支付制度。同时，省级政府对其下级政府也制定规范的转移支付制度。

3. 进一步调整和优化支出结构

调整支出结构，确保工资、社保等重点支出。本着公共财政的要求，充分发挥市场机制对资源配置的基础性作用，政府职能尽量限于弥补市场失灵。公共财政体制下的财政支出范围主要是：国防、外交、公安、司法、行政管理、监察等国家安全和政权建设支出；科技、教育、农业、文化、公共卫生、社会保障、扶贫等公共事业发展支出；水利、交通、环保、生态等公益性基础设施建设支出；对经济进行宏观调控等所必需的支出；等等。无论是发达国家还是发展中国家，只要实行的是市场经济，公共领域的开支一般都在财政支出中占有重要地位。而且，中央财政这一特征更明显（见表4—5）。通过改革，我国财政用于公共领域的支出比重开始稳步提高（见表4—6）。

表4—5　　　　　　　　若干国家中央财政支出的构成　　　　　　　　（％）

国家和地区	年份	一般公务支出	国防	教育	卫生	社会保障	住房和公共环境	文化娱乐和宗教	燃料和能源	农林牧渔	矿产制造和建筑	交通运输	其他
美国	1998	10.77	15.36	1.80	20.52	28.71	2.88	0.53	0.14	1.11	0.06	2.32	1.46
日本	1993	3.63	4.11	6.03	1.60	36.80	13.76	0.14		1.09	1.64	0.30	0.32
英国	1998	7.56	7.14	4.05	14.95	36.38	2.21	0.41	0.09	0.44	0.18	0.81	3.00
加拿大	1995	8.10	6.15	3.27	4.65	42.92	1.52	1.41	0.91	1.62	0.04	2.97	2.92
澳大利亚	1998	7.93	7.00	7.64	14.81	35.46	1.22	0.97	0.71	1.39	0.28	1.43	2.27
捷克	1998	7.17	4.78	9.65	17.86	36.36	1.99	0.91	0.49	2.22	0.36	4.20	5.79
罗马尼亚	1997	6.09	7.25	9.42	6.83	31.00	0.79	1.12	1.21	4.59	2.13	4.53	1.86
印度	1998	7.20	15.76	2.97	1.68		6.40			5.66	1.91	1.62	6.76
印度尼西亚	1998	12.47	5.28	6.88	2.29	5.01	13.87	2.02	0.62	6.56	0.37	3.65	1.45
泰国	1998	10.80	10.34	23.13	9.17	4.12	4.75	1.58	0.66	7.46	0.50	15.90	3.83
马来西亚	1997	16.30	11.14	22.80	6.26	7.20	7.31			4.65		9.89	7.07
新加坡	1997	13.32	28.90	18.82	6.72	1.79	9.04	0.07		0.25	0.03	6.90	9.99
缅甸	1997	8.89	30.62	9.35	3.51	2.29	0.37	2.29	0.01	13.38	1.01	20.01	0.52
韩国	1997	11.12	16.66	20.51	0.78	10.79	2.26	0.85	0.71	7.97	2.57	10.41	2.02
埃及	1997	7.87	9.43	14.76	3.29	0.47	5.30	8.07	0.36	5.27	0.14	4.55	0.48
墨西哥	1997	7.92	3.55	22.12	3.44	18.06	3.40	0.61	1.32	4.68	0.77	7.17	3.63
巴西	1994	10.06	3.13	3.64	6.27	30.42	0.18	0.08	1.23	2.86	0.05	0.96	0.41
阿根廷	1997	12.99	4.53	5.73	2.35	52.34	2.37	0.38	1.15	0.90	0.30	3.61	0.69

资料来源：《中国统计年鉴（2002）》，北京，中国统计出版社，2002。

表 4—6　　　　　　　　我国各项财政支出占总支出的比重　　　　　　　　（％）

年份	国内基本建设支出	科技三项费用	地质勘探费	工交商事业费	支农支出	文教科卫费	社会福利费	国防费	行政管理费	补贴支出
1994	11.04	7.17	1.11	1.74	6.90	22.07	1.64	9.51	12.59	5.43
1995	11.57	7.25	0.97	1.51	6.30	21.50	1.69	9.33	12.79	5.35
1996	11.43	6.59	0.86	1.52	6.43	21.47	1.61	9.07	13.11	5.72
1997	11.04	6.97	0.79	1.48	6.07	20.62	1.54	8.80	12.32	5.98
1998	12.85	5.94	0.77	1.13	5.80	19.95	1.59	8.66	12.29	6.59
1999	12.87	6.08	0.75	1.14	6.05	20.87	1.53	8.90	12.72	5.28
2000	10.89	6.02	0.75	1.13	6.17	20.65	1.49	9.02	13.01	6.56
2001	13.08	6.21	0.71	1.21	6.19	21.76	1.47	9.05	13.04	3.92
2002	12.75	3.93	0.42	0.94	4.47	16.14	1.51	6.93	12.09	2.62
2003	13.91	4.43	0.43	1.16	4.60	18.28	2.02	7.74	13.95	2.50
平均	12.14	6.06	0.76	1.30	5.90	20.33	1.61	8.70	12.79	5.00

资料来源：《中国财政年鉴 2005》，北京，中国财政杂志社，2005。

（三）中国公共财政框架的逐渐形成：三项支出改革

1998年以来，财政改革的重点已转向支出领域，支出管理制度改革成为"十五"期间我国财政体制改革的主线，集中在三个方面：部门预算、国库集中收付制度、政府采购制度。与此同时，"金财"工程等信息化建设加快，为新型财政体制的运行提供高技术平台。中国公共财政的建立，也有一个从个别地方试点到逐渐向各地推广的过程。众多地方政府在示范效应的激励下，借鉴其他地区的成功经验，都先后开始探索适合本地特点的预算管理模式。这一制度首先是由以河北省为代表的地方政府率先推动的。

1. 部门预算。即将一个部门预算内外资金都统一纳入预算管理，全面反映部门各项财政性资金的收支情况，增强预算的完整性、公开性和透明度。这也是市场经济国家财政预算管理的基本形式，由每年一度财政部门向全国人大报告总预算的制度过渡为报告总预算与政府各部门预算相结合的制度。其核心内容大体可以归纳为五个方面：一是实行综合预算管理，部门的全部收支都纳入预算，统一编制到使用这些资金的部门。二是部门预算内容完整，包括行政单位预算及下属事业单位预算；一般预算收支计划和基金预算收支计划；正常经费预算和专项支出预算；预算内拨款收支计划、预算外核拨资金收支计划和其他收支计划。三是取消中间管理环节，凡直接与本级财政发生经费领拨关系的一级预算会计单位均作为本级预算管理的直接对象，政府预算部门直接将预算编制并批复到这些单位。四是部门预算由部门所属各单位预算组成。所属单位按行政隶属关系分级管理，依次分为一级预算会计单位、二级预算会计单位等。五是部门预算从基层单位编起，主管部门负责审核、汇总、分析所属基层会计单位的收支预算建议计划，编制部门收支预算建议计划并报财政部门审核。

中国部门预算制度从 2000 年进行试点，教育部、农业部、科技部、劳动和社会保障部等四个部门的预算报送全国人大审查。年末财政部编制了 155 个中央预算单位 2001 年的部门预算，并将国务院所属 29 个部门的预算报送全国人大审查，同时选择 10 个部门按新的预算定额和新的预算编制方法试编部门预算。2002 年，中央财政报送全国人大审议部门预算的部门进一步增加。各省级预算单位都开始编制部门预算，30%~50% 的地市也进行部门预算试点。在这一制度下，对行政事业性专项支出和建设性支出，将通过建立项目库和择优安排项目的方法编制项目预算，逐步实现项目预算的滚动管理。

2. 国库管理。它包括国库集中支付制度和收入收缴管理制度两个方面的改革，主要是指由财政部门代表政府设置国库单一账户体系，所有的财政性资金均纳入国库单一账户体系收缴、支付和管理的制度。财政收入通过国库单一账户体系，直接缴入国库；财政支出通过国库单一账户体系，以财政直接支付和财政授权支付的方式，将资金支付到商品和劳务供应者或用款单位，即预算单位使用资金但见不到资金；未支用的资金均保留在国库单一账户，由财政部门代表政府进行管理运作，降低政府筹资成本，为实施宏观调控政策提供可选择的手段。

国库管理制度改革的核心是设计以国库单一账户为基础、资金缴拨以国库集中交付为主要形式的集中收付制度，主要包括三个方面的主要内容，即建立国库单一账户体系、规范收入收缴程序、规范支出拨付程序。我国的国库管理制度改革在 2000 年开始试点，2001 年正式启动。截至 2004 年，中央 160 多个一级预算单位中已有 140 个纳入国库集中支付改革范围，其所属 2 600 多个基层预算单位实行了国库集中支付改革，70 多个有非税收入的中央一级预算单位中，已有 47 个纳入非税收入收缴管理制度改革范围，国库单一账户体系已基本建立。这项改革难度大，财政部采取逐步到位的办法，

2000年研究制定改革方案，2001在少数地区试点，2002年扩大试点，2003年在全国全面推开。

3. 政府采购。这一制度自1996年开展试点，目前已经形成了较为完备的法规体系。几年来，财政部根据试点工作要求，陆续颁布了《政府采购管理暂行办法》、《政府采购招标投标管理暂行办法》等一系列规章制度，对政府采购信息披露、资金拨付、运行规程等作出了具体规定。特别是《政府采购法》已于2002年6月经全国人大审议通过，2003年1月1日起实施。这标志着我国已基本形成了一整套推动和规范政府采购工作的法规体系，政府采购工作步入了法制化管理轨道。

同时，政府采购监督管理体系、信息披露制度和体系也相继建成。全国各地方都在财政部门建立或明确了政府采购管理机构。

此外，对政府收支进行分类改革，建立部门分类、功能分类、经济分类等新的政府收支分类体系。这项改革从2006年试点，2007年正式推行。

五、中国财政体制改革的成效与意义

（一）中国目前财政体制的特征

1. 每级政府一级预算，共设五级预算

国家预算由中央政府预算和地方预算组成。地方预算分为省（自治区、直辖市）、市、县（县级市）和乡（镇）级预算。预算年度为公历1月1日至12月31日。按照《中华人民共和国预算法》，中央和地方的预算草案、预算执行情况，必须经过全国人民代表大会和地方各级人民代表大会审查和批准；中央和地方的预算调整方案及决算，必须经过全国人民代表大会常务委员会和地方各级人民代表大会常务委员会审查和批准。

财政部和地方各级政府财政部门具体编制中央和地方本级预算、决算草案；具体组织预算执行；具体编制预算调整方案。中央预算和地方各级政府预算按照复式预算编制。

2. 分税制财政管理体制下的各级政府间关系

在实行分税制的财政体制下，各级财政的支出范围按照中央与地方政府的事权划分，中央财政主要承担国家安全、外交和中央国家机关运转所需经费，调整国民经济结构、协调地区发展、实施宏观调控所需的支出以及由中央直接管理的事业发展支出。地方财政主要承担本地区政权机关运转所需支出，本地区经济、社会事业发展所需支出。

根据事权与财权相结合的原则，将税种统一划分为中央税、地方税和中央与地方共享税。将维护国家权益、实施宏观调控所必需的税种划为中央税；将同经济发展直接相关的主要税种划为中央与地方共享税；将适合地方征管的税种划为地方税。

分设国家与地方两套税务机构，中央税和共享税由国家税务机构负责征收，地方税由地方税务机构负责征收。

3. 逐步规范的转移支付制度

中央财政根据各地方增值税和消费税的增长情况向地方返还部分税收。中央财政每年通过转移支付方式向经济最困难地区和民族省区、非民族省区的民族自治州提供资金帮助。

（二）中国财政体制改革的主要成效

中国财政体制改革，与整个经济体制改革一样，都取得了伟大的成就。在改革进程中，也在不断就改革所取得的经验与成效、问题与教训进行及时地反思。其成效主要体现在以下几个方面：

——初步构建起公共财政基本框架，形成了社会主义市场经济的基础性制度。

经过不断探索和创新，在借鉴市场经济国家经验基础上，中国初步建立了与社会主义市场经济相适应的公共财政框架，确立了部门预算的基本管理模式、国库集中收付模式、政府采购制度、公共支出绩效评价以及综合预算管理方法等一系列预算改革新举措。

——规范了财政收支行为，初步奠定了政府在社会主义市场经济中的功能基础。

在社会主义市场经济条件下，全部政府收支纳入法定的预算范围内，不允许有不受监督、游离于预算之外的政府性收支。虽然由于历史原因，大量的预算外（乃至制度外）政府性收入作为一种过渡现象仍然存在。但在预算管理改革中，以综合预算的形式，统筹考虑预算资金使用者的各项资金，预算内拨款、财政专项核拨资金和其他收入统一作为资金使用者的预算收入；在支出序列上，首先由财政专户核拨资金和单位其他收入安排，不足部分再考虑财政预算内拨款。随着改革的进一步深化与时机的日趋成熟，将逐步完成向公共预算涵盖全部政府收支的过渡。图4—8是按功能分类的各类支出占财政支出比重的演变。

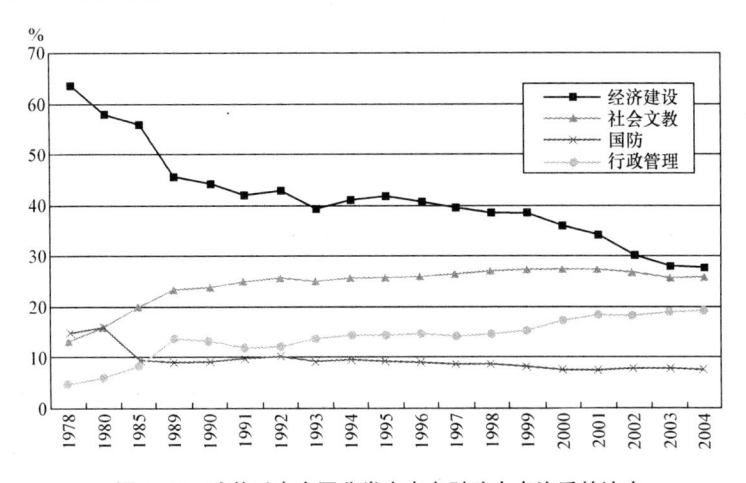

图4—8 改革以来中国分类支出占财政支出比重的演变

资料来源：根据《中国统计年鉴（2005）》数据整理。

（三）中国财政体制改革的意义

中国财政改革一直是整个经济改革的重要组成部分。通过改革，政府与企业之间、各级政府之间的利益分配关系，逐渐朝着市场经济的制度要求，步入法制化轨道。改革以来，中国企业活力增强，政府财力提高，经济增长保持快速发展态势。可以说，财政改革极大地解放了中国的生产力，提高了社会主义国家的综合国力。

目前，中国公共财政制度建设的任务远未完成。适合社会主义市场经济要求，适合中国现阶段国情和现代化建设要求的财政体制，需要不断地探索和创新。但是，公共财政制度的目标则是不可动摇的。19世纪末美国的资本主义发展面临着巨大的挑战：苛捐杂税多，贪污腐败盛行，社会矛盾尖锐。1880—1920年间美国进行了一系列重大的制度建设，包括建立公共财政制度，其核心是规范和简化税收制度，实行现代预算管理制度。这一制度虽未引起人们的足够重视，但规范了政府与企业和个人的分配关系，提高了管理效率，遏制了腐败势头，改善了政府和民众的关系，对美国后来的政治、经济、社会发展产生了巨大的保障和推动作用。有人认为，如果没有公共财政制度的铺垫，就不会有后来的"罗斯福新政"及成效，甚至没有美国今天这样的发展。中国与美国建立公共财政的背景不同，也不能作简单类比，但其做法和经验教训值得我们借鉴。

参考文献

1. 吴承明，董志凯主编. 中华人民共和国经济史. 第1卷. 北京：中国财政经济出版社，2001
2. 财政部. 中华人民共和国财政大事记. 见：财政部网站
3. 国务院关于2005年深化经济体制改革的意见. 人民日报，2005-04-18 (1)
4. 财政部. 我国财税管理体制改革取得三大突破. 见：新华网，2006-01-31
5. 何盛明. 中国财政改革20年. 郑州：中州古籍出版社，1998
6. 高培勇. 中国财政改革攻坚. 北京：中国水利水电出版社，2005
7. 国务院第一次全国经济普查领导小组办公室，中华人民共和国国家统计局. 第一次全国经济普查主要数据公报（第一号）、（第二号）、（第三号）. 2005-12
8. 中国统计年鉴（2005）. 北京：中国统计出版社，2005
9. 中国财政年鉴（2005）. 北京：中国财政杂志社，2005
10. 中国统计年鉴（2002）. 北京：中国统计出版社，2002
11. OECD历史统计年鉴（1960—1988）. Oxley et al. (1990)
12. 郭灿鹏. 中国财政体制（1949—1979）变迁的效率. 改革，2001（2）
13. 王辉. 美国科技政策综述. 全球科技经济瞭望，2003（4）
14. 闫绪娴，侯光明，闫绪奇. 美国政府在科技发展中的作用及对我国的启示. 中国科技论坛，2004（3）
15. 时红秀. 中国地方政府的债务：一个理论解释. 见：中国社会科学评论. 第3卷，北京：法律出版社，2005
16. 张宇燕，何帆. 由财政压力引起的制度变迁，见：盛洪，张宇燕主编. 市场逻辑与制度变迁. 北京：中国财政经济出版社，1998
17. [美] 约翰·奈等. 新制度经济学前沿问题. 北京：中国财政经济出版社，2003
18. [美] 诺斯. 经济史中的结构与变迁. 上海：上海三联书店，1996

执笔人　时红秀

分报告五
中国金融体制改革的基本经验

新中国的金融事业是和中华人民共和国共同诞生、一起成长的，至今已走过了 50 多年的历程。改革开放以后，中国的金融事业迎来了新的春天。经过 20 多年的曲折历程和改革发展，适应社会主义市场经济发展需要的金融体制初步形成，整体金融实力不断壮大，金融宏观调控不断加强，金融业在支持国民经济的发展等方面发挥了越来越重要的作用。

一、改革开放前我国的金融体制的形成与发展

（一）新中国金融体系的初步建立

新中国金融业的萌芽，可追溯至第一次国内革命战争时期。其真正诞生，则是在解放战争年代。解放战争胜利在即之时，为了统一货币、促进物资交流、支持生产恢复和发展，中央开始着手创建完整的金融体系。1948年 12 月 1 日，中国人民银行正式组建成立。这是我国社会主义金融事业的开端，标志着新中国金融体系的诞生，新中国的金融事业已经发展到一个新阶段。之后，通过合并解放区银行、没收并改组官僚资本银行、取缔外资银行的在华特权、改造私人银行与钱庄，以及建立农村信用社组织等途径，新中国金融体系逐步建立起来。

到 1952 年国民经济恢复时期结束时，我国已经建立了以人民银行为核心，在人民银行统一领导下的几家专业银行和其他金融机构并存的金融体系格局；对各类金融机构实行了统一管理，有效调控了市场货币供求。新中国金融体系在党和政府的领导下，制止了存在多年的通货膨胀，稳定了金融体

系；通过贯彻统一财经工作的决定和《中国人民政治协商会议共同纲领》的金融政策，便利了城乡物资交流，支持了国营经济和农业生产的发展，国民经济逐步恢复和发展。

(二) "大一统"金融体制的形成和发展

从1951开始，国家便按照一切信用归国家银行的原则，使人民银行成为"信贷中心、现金中心和结算中心"，承担了为国家"守计划、把口子"的资金供应和货币监督任务。第一个五年计划中，与高度集中的计划管理体制相适应，各类金融机构按照苏联银行模式进行了改造，建立起一个高度集中的国家银行体系，即"大一统"的银行体系模式，并于1953年开始建立了集中统一的综合信贷计划管理体制，实行"统存统贷"的管理方法，银行信贷计划纳入国家经济计划，为经济建设进行全面的金融监督和服务。这一状况一直延续到70年代末。

在计划经济的特定环境下，"大一统"的金融体制有利于统一指挥，便于政策贯彻和全局控制。在第一个五年计划期间和60年代初的三年经济调整期间，这种金融体制曾十分明显地表现出自己的效率和优点。但是，高度集中的计划经济模式与社会生产力发展的要求不相适应，不能使社会主义制度的优越性得到应有的发挥。突出的一点是统得过多，忽视商品和市场的作用，尤其是基层金融机构，更无法发挥主动性、积极性。因此，金融在国民经济中发挥的作用相对不够充分，正如邓小平同志多次所讲：过去的银行不是真正的银行，是会计出纳，是货币发行公司。当发展社会主义商品经济和发挥社会主义企业活力的方针提上日程的时候，克服这种缺点的金融体制改革才有现实性和迫切性。

二、改革开放以来中国金融体制改革历程

(一) 金融宏观调控体制改革的历程及现状

1. 金融调控体系从高度集中到市场化（1978—1993年）

中国的金融体制改革从1978年真正开始。1979年10月，邓小平同志

提出"要把银行真正办成银行"①，从而开始了恢复金融、重构金融组织体系的工作。25年的金融改革，遵循了一个以市场为取向的、渐进化的改革逻辑，改革的巨大成就体现在从整体上突破了传统的计划金融体制模式，基本建立起一个符合现代市场经济要求的市场金融体制模式。

在金融调控体制改革方面，以1993年为界，其改革可以分为两个阶段。第一阶段（1979—1993年），主要是突破过去那种高度集中型的金融机构体系，朝多元化体系方向改革。

(1) 中央银行体系的形成

随着"大一统"的金融体制逐步向多类型、多层次的格局演变，金融管理的重要性更加突出。在此形势下，中国人民银行仍然一身兼二任，就会削弱其统管金融全局的地位。在这种背景下，1983年9月国务院发布《关于中国人民银行专门行使中央银行职能的决定》，确立了中国人民银行的性质与地位，即：作为发行的银行、政府的银行、银行的银行，是领导和管理全国金融事业的国家机关，应主要用经济办法对各金融机构进行管理。同时，另设中国工商银行办理中国人民银行原来所办理的全部工商信贷业务和城镇储蓄业务。中国人民银行完全摆脱具体银行业务、专门行使中央银行职能，标志着我国金融机构体系变革的一项重大转折，即中央银行体制的正式建立。

(2) 中国货币市场的产生

改革开放后，商品经济的发展、金融体制改革的顺利进行给货币市场的发展创造了良好的条件，收入分配格局的重大变化为货币市场的发展奠定了坚实的物质基础，同时，国有企业的客观现实和财政体制、投融资制度的改革，客观上也要求货币市场的形成和发展。

票据承兑贴现市场的初步形成。这一市场出现得比较早，但发展较慢。自1979年开始，我国开始大力推行商业票据。1984年中国人民银行颁布了《商业汇票承兑、贴现暂行办法》，并从1985年4月开始在全国范围内全面推行商业票据承兑贴现业务；1986年，中国人民银行对专业银行以贴现形式买进未到期票据，正式开办了商业票据再贴现业务，从而标志着票据承兑

---

① 《邓小平文选》，第3卷，193页，北京，人民出版社，1993。

贴现市场的初步形成。

同业拆借市场的形成发展。同业拆借市场是我国货币市场中产生最早、发展最快、最具代表性的市场，它伴随着众多银行和金融机构体系的形成而发展。1985年"实贷实存"的信贷资金管理体制的实行，允许并提倡金融机构之间以有偿方式相互融通资金；在1986年国务院颁布的《中华人民共和国银行管理暂行条例》中，明确规定"专业银行之间的资金可以互相拆借"。这些政策促进拆借业务在全国的迅猛发展，同业拆借中介机构也在一些大中城市先后成立。经过几年的发展，我国初步形成了一个以中心城市或经济发达城市为依托，跨地区、跨系统的资金融通网络，同业拆借市场也逐步发展成为我国货币市场中范围最广、规模最大的部分。

另外，在这一阶段里，国债回购业务和大额可转让定期存单也开始出现，壮大了发展中的货币市场。

(3) 金融宏观调控体制的建立与货币政策的发展完善

1979年末开始的经济金融改革，核心是逐步发挥市场在宏观调控和资源配置中的作用。这时期是计划调控和市场调节并存的时期，伴随着金融机构体系的改革，我国的金融体制和货币信贷体制也适时进行了一系列的改革。可以将这一时期内货币政策的发展分为以下几个阶段：

1979—1983年间的货币政策。1979年，我国着手改革僵化的"统存统贷"的信贷资金计划管理体制，在部分地区试行"统一计划，分级管理，存贷挂钩，差额包干"的信贷资金管理办法。这一办法将信贷资金计划管理上的统一性和灵活性结合起来，同时也促进了信贷资金管理水平的提高。但是，这一信贷资金管理体制也存在一个突出的问题，即中国人民银行和各专业银行之间的资金并没有分开，各专业银行在资金使用上仍然吃人民银行的"大锅饭"。

1984—1988年间的货币政策。这期间包括1985年和1987年两次紧缩政策。1984年中国人民银行发布了《信贷资金管理试行办法》，并决定于1985年初开始正式实行"统一计划，划分资金，实贷实存，相互融通"的办法，将中国人民银行与专业银行的资金往来由计划指标分配关系改为借贷关系，其进步意义是明显的。但是，这一办法在客观上却造成了1984年年底的信用膨胀和货币发行失控，从而成为1985年热胀的重要原因。针对这一情况，国家动用了一系列紧缩手段对经济降温。同时，中国人民银行开始建立一套综合运用经济的、行政的和法律的方法进行调控的手段，如1984年建立了存款准备金制度，并于1985年将各类存款上缴的法定准备金比率统一降为10%。这一间接调节杠杆的启用，增强了中央银行宏观调控能力，也标志着健全金融宏观调控体系的时机成熟了。不过，这次调控虽然也用到了利率等间接手段，但计划手段仍然居于主导地位。[1]

1985年货币、信贷的双紧政策在抑制过旺的总需求的同时，也导致了生产的"滑坡"，中央银行被迫采取较为宽松的政策，取消了对专业银行贷款规模指令性控制。1986年下半年国民经济再次升温，1987年央行再次执行紧缩货币政策，并尝试了诸如提高法定存款准备金率[2]、调高对专业银行的存贷款利率、回收再贷款等多种间接调控手段，开始重视对基础货币供应的调控。这些措施成为中央银行的宏观调控方式开始由直接向间接转换的重要标志。

1988—1993年间的货币政策。1988年初，中央银行提出"控制总量，调整结构"的货币政策，决定继续紧缩银根。但在不久，央行迫于各方面压力放弃了紧缩政策，再加上价格放开因素，货币、信贷从上半年起迅速增长，造成了改革开放以来前所未有的经济过热。

从9月份开始，央行开始采取带有计划性的紧缩政策。第一，于9月1日和次年2月1日两次提高存贷款利率，并将法定准备金提高到13%，次年建立了备付金制度；第二，整顿结算纪律，严格货币发行的指令性计划管理和现金管理；第三，对信托公司开办了两类特种存款，严格压缩了信贷规模，并加紧对信托机构进行清理；第四，严格控制再贷款的资金来源及投向，向重点行业和产业倾斜。

这种政策在取得成功的同时，却使中国的经济增长转入了一年多的衰退期。为保持经济增长，人民银行从1989年8月开始放松银根，在一年多的时间里先后3次调低了存贷款利率，加大中央银行贷款的投入量。

1992年后，新一轮经济过热再次出现。1993年央行首先采取了带有行政色彩的严厉的信贷计划来控制信贷规模；并于5月和7月两次提高存贷款

---

[1] 参见刘溶沧主编：《中国财政政策货币政策理论与实践》，北京，中国金融出版社，2001。
[2] 当年10月将法定存款准备金率提高到12%，以控制货币派生能力。

利率。除此之外，央行还采取了诸如整顿信托业、加强金融纪律、限制地区间贷款等措施，在宏观上收紧了银根，整顿了金融秩序，但另一方面也造成了金融机构更多的不良资产，损害了非国有经济，暴露出央行调控能力不足的缺点。

在这一时期，中央银行开始注意发挥利率调节资金供求的杠杆作用，并开始通过再贷款和再贴现政策实施间接调控。再贷款逐渐成为调控基础货币的主要手段。[①] 至此，除尚未开展公开市场业务外，我国已基本建立起一套间接宏观调控机制手段。

2. 金融市场化调控体系走向成熟（1994年至今）

1994年以后，中共中央已经明确提出了建设社会主义市场经济体制的目标，金融体制也进入全面深化改革的关键时期，我国金融业在已有的基础上继续发展，并初步建立起社会主义市场金融体制的基本框架。

这一阶段的改革目标是：建立适应社会主义市场经济发展需要的以中央银行为领导、政策性金融和商业性金融相分离、以国有独资商业银行为主体、多种金融机构并存的现代金融体系。在具体实施中，主要是围绕贯彻"分业经营、分业管理"原则推进的。

（1）中央银行职能的转变

《中国人民银行法》的颁布和人民银行大区行体系的建立。1993年底，中共十四届三中全会通过的《中共中央关于建立社会主义市场经济体制若干问题的决定》，明确提出金融体制改革的重要目标之一就是建立一个能够对经济运行进行有效调控、具有一定权威，即能够独立执行货币政策的中央银行体系。

1995年3月正式颁布《中国人民银行法》，中国人民银行作为国家的中央银行，其性质、地位、职能有了坚实可靠的法律保障。该法还确定了央行的主要职能、主要货币政策工具，规定中国人民银行不再对非金融部门发放贷款，促进了货币政策真正走向间接调控。

自1998年底开始，人民银行按经济区划在全国设置九大跨省市的分行（外加两个营业管理部），彻底改变了我国几十年来按行政区划设置分支机构

---

① 参见钱小安：《中国货币政策的形成与发展》，31页，上海，上海三联书店，2000。

的框架，这对减少行政干预、推进区域经济和金融发展、加强中央银行的金融监管，显然有着深远的意义。

与中国人民银行相关的监管职能的归属转变。在这一时间里，与中国人民银行相关的监督管理职能的归属又发生了一些变化。1997年11月，原来由中国人民银行监管的证券经营机构划归中国证监会统一监管。1998年11月，中国保险业监督管理委员会成立，负责监管全国商业保险市场。2003年4月，中国银行业监督管理委员会成立，统一监管银行、金融资产管理公司、信托投资公司等金融机构。从此时起，中国人民银行作为国务院组成部门，主要职能转变为"制定和执行货币政策，不断完善有关金融机构的运行规则，更好地发挥作为中央银行在宏观经济调控和防范与化解系统性金融风险中的作用"[1]。

2003年《中国人民银行法》的修改。2003年12月，第十届全国人大常委会第六次会议通过了《关于修改〈中华人民共和国中国人民银行法〉的决定》[2]。这次修改《中国人民银行法》，主要是为了适应中国人民银行职能的调整和金融监管体制的改革，是在银行业监督管理委员会分设的背景下，中国金融体制改革不断深化的表现。修改后中国人民银行的职责被调整为制定和执行货币政策、维护金融稳定和提供金融服务三个方面。这次修改，从法律上分清了中国人民银行和银监会的职责，为这两个机构依法行政提供了法律依据，同时为银行业的进一步发展留下了空间。

（2）货币市场的发展完善

首先，全国统一的同业拆借市场开始形成。1996年1月3日，全国统一的银行间同业拆借市场交易网络系统在上海联网试运行，4月1日起正式运行，实现了同业拆借的统一报价、统一交易、统一结算。随着拆借会员不断增多，全国统一的同业拆借市场利率（CHIBOR）开始形成。这标志着中国同业拆借市场进入了一个新的发展时期。

其次，商业票据贴现和再贴现市场得到了较快的发展。1994年以后，商业汇票在全国大部分地区，特别是一些沿海经济发达省市被广泛使用，成

---

[1] 见中国人民银行网站有关人民银行简介。
[2] 见《全国人民代表大会常务委员会关于修改〈中华人民共和国中国人民银行法〉的决定》，载《金融时报》，2003-12-28。

为企业主要的结算方式和融资手段。再贴现手段也开始真正作为货币政策工具发挥作用，跨地区、跨系统贴现、再贴现和银行间转贴现业务大幅度增长。1996年起《中华人民共和国票据法》正式实施，对有效地规范票据行为、促进票据的正常使用和流通提供了可靠的法律保证。

第三，证券回购业务。国债回购市场开办以来，交易主体较杂，交易行为混乱，资金投向十分不合理。经过1995年中国人民银行、财政部和国家证监会的联合重点整治，有效控制了违规的回购交易，逐步化解了证券回购中积聚的金融风险。1997年6月，银行间债券回购业务在中国外汇交易市场网络上正式展开，它为中央银行开展以债券买卖为主的公开市场业务，以及商业银行充分运用证券资产，灵活调节资金头寸，减少金融风险都创造了条件。

(3) 利率市场化进程加快

我国在1993年明确了利率市场化改革的基本设想，1995年初步提出利率市场化改革的基本思路。从"九五"计划的第一年起，国家开始将一些资金置于市场中，通过市场机制来确定其价格，实现资金定价的市场化。

在货币市场上，从1996年6月放开银行间同业拆借市场利率开始，央行又逐渐放开债券市场债券回购和现券交易利率、再贴现和转贴现利率、政策性银行金融债券利率，并于1999年9月成功实现国债在银行间债券市场利率招标发行。货币市场上的利率市场化取得了较大的进展。

在信贷市场上，从1998年开始，我国逐步扩大贷款利率浮动幅度，同时简化贷款利率种类，取消了大部分优惠贷款利率。1999年10月对保险公司大额定期存款实行协议利率。2000年9月放开外币贷款利率和大额外币存款利率。2002年扩大农村信用社利率改革试点范围，进一步扩大农信社利率浮动幅度。但是，从总体来看，2002年以前信贷市场上的利率市场化进程是滞后的。[1] 因此，中国人民银行于2004年1月1日起再次扩大金融机构贷款利率浮动区间。[2] 这次利率浮动范围的调整将有利于营造公平竞争的

---

[1] 参见《营造公平市场环境提高资金使用效率——央行有关负责人就扩大金融机构贷款利率浮动区间、下调超额准备金存款利率答记者问》，载《金融时报》，2003-12-11。

[2] 参见《中国人民银行决定扩大贷款利率浮动区间、下调超额准备金存款利率》，载《金融时报》，2003-12-11。

市场环境，有利于推进金融机构改革和经营管理水平的提高。同时，它也给商业银行的贷款风险管理提出了挑战，需要商业银行不断加强利率定价基础信息系统和内部风险管理系统的建设。

中央银行灵活运用公开市场操作和利率工具，调控货币市场利率。1998年5月26日央行重新恢复公开市场操作业务以来，经过三年多努力，公开市场业务操作已经成为央行调控基础货币的主要政策工具，公开市场利率已经成为货币市场的基准利率。同时，自1996年5月1日以来，央行连续八次降息，支持了国民经济持续、快速发展。

外币利率改革总体运行平稳。2000年9月21日，进一步放开了外币贷款利率；对300万美元以上的大额外币存款利率由金融机构与客户协商确定，并报中央银行备案。

从以上方面可以看出：中国利率市场化改革是从货币市场起步的，其中二级市场先于一级市场；存款利率改革先放开大额、长期，对一般存款利率是实行严格管制的；贷款利率改革走的是逐渐扩大浮动幅度的路子；在本、外币利率改革次序上，外币利率改革先于本币。

2003年，在党的十六届三中全会文件中，又着重提出在金融宏观调控方面，要稳步推进利率市场化，建立健全由市场供求决定的利率形成机制，中央银行通过货币政策工具引导市场利率。利率市场化离我们越来越近。

(4) 货币政策间接调控体系在发展中完善

1994—1997年的货币政策。1994年后在总需求得到有效抑制的同时，通货膨胀却仍在继续。居民消费价格指数在"八五"期间年均上涨12.9%，1994年最高时曾经达到24.1%[①]。为贯彻中央在《关于制定国民经济和社会发展"九五"计划和2010年远景目标的建议》中提出的要求，中国人民银行采取了适度从紧的货币政策，在货币供应增幅和通货膨胀率逐年回落的同时，经济增长却保持了8.8%的较高水平[②]。

在此期间，与货币政策相关的几个大的政策变化有：第一，1994年，中国人民银行缩小了信贷规模的控制范围，对商业银行实行贷款限额控制下的资产负债比例管理。1997年底，中国人民银行颁布了《关于改进国

---

① 引自《中国统计年鉴》。以下相关数据如无特殊说明，均引自历年《中国统计年鉴》和《中国金融年鉴》。
② 引自戴根有：《货币政策目标、方针和措施》，载《金融时报》，2001-10-22。

有商业银行贷款规模管理的通知》，决定从1998年1月1日起，取消对国有商业银行贷款限额的控制，在推行资产负债比例管理和风险管理的基础上，实行"计划指导，自求平衡，比例管理，间接调控"的新的管理体制，各商业银行对资金来源与资金运用实行自求平衡，其商业化和独立性大大增加，也标志着中央银行调控手段由直接控制改为间接调控。第二，1997年3月中国人民银行建立了货币政策委员会，使制定和实施货币政策的体系和制度逐步完善，货币政策的制定向科学化、民主化迈进了一大步。第三，货币政策的操作手段逐步由过去的贷款规模直接控制为主转变为运用多种货币政策工具调控基础货币为主。1996年中国人民银行开办了公开市场业务，标志着一套完整的金融间接调控机制的基本建立。

1998—2002年的货币政策。1997年亚洲金融危机以后，我国经济增长放慢，投资和消费增长趋缓，出口大幅回落，市场有效需求不足，出现通货紧缩趋势。面对这一重大变化，党中央、国务院果断采取扩大内需的重大决策。从1998年开始，中国人民银行按照党中央、国务院的部署，开始实行稳健的货币政策，在保持币值稳定和促进经济增长方面取得了显著成效。数据表明，1998—2002年，中国GDP年均增长7.7%，居民消费价格涨幅在-1.4%和0.8%之间，人民币汇率保持基本稳定。

这期间，公开市场操作取得突破性进展。公开市场操作逐步成为中央银行货币政策日常操作的主要工具。央行通过公开市场对冲操作，支持了外汇储备的增长和人民币汇率稳定，对控制基础货币投放和货币供应量、调节商业银行流动性和货币市场利率水平，都发挥了重要作用。同时，两次下调存款准备金率，准备金率由13%下调至6%。货币政策实现了由直接控制向间接调控的转变。

央行适时调整利率水平，不断加快利率市场化改革。从1996年到现在，中国人民银行八次下调银行存贷款利率，降低了企业的经营成本，促进了生产经营。

从货币政策和财政政策的配合来看，实行积极财政政策的5年，增发国债6 600亿元，带动国债项目投资3.28万亿元，其中大部分为银行贷款。稳健的货币政策极大地支持了积极的财政政策作用的发挥。

2003年以后的货币政策操作。[①] 2003年，中国人民银行继续实行稳健的货币政策，切实加强和改进金融宏观调控，努力提高货币政策及实施金融宏观调控的科学性、前瞻性和有效性，综合运用多种货币政策工具，有效调节货币供应，取得明显效果。整体看，全年金融运行平稳，促进了国民经济持续、快速、协调、稳定增长。

2003年初已经出现明显过热现象。中央银行开始采取相应措施进行调控。自2002年12月后，基础货币投放的增速已经开始放缓。从2003年初起，央行更是采取一系列紧缩手段，控制基础货币的增长。第一，央行通过公开市场连续操作，大量回收基础货币。第二，4月后，央行开始直接发行专门设计的央行票据，这立即成为在公开市场上回收基础货币的主力工具。第三，5月19日，央行出台《关于进一步加强房地产信贷业务管理的通知》（简称121文），对规范房地产信贷作出细致、精准的规定。这是央行运用货币信贷政策或"窗口指导"工具进行宏观调控打的一次"漂亮仗"[②]。第四，最严厉的措施是央行8月24日宣布的从9月23日起将法定存款准备金率由原来的6%调高至7%。这是自1988年以来，央行第一次调高法定存款准备金率，引发了较为强烈的市场震动，其长期效果仍然在观察之中。

2003年底，中国人民银行决定，从2004年1月1日起扩大金融机构贷款利率浮动区间，并从2003年12月21日起将金融机构在人民银行的超额准备金存款利率由1.89%下调至1.62%。这一政策的出台鼓励了金融机构提高其资金使用效率，有利于推进金融机构改革，有利于营造公平竞争的市场环境、支持中小企业发展和扩大就业，也有利于抑制民间高利贷、维护正常的金融市场秩序，同时还将促进目前直接融资和间接融资不平衡状况的改善，进一步推动资本市场的发展。

（二）外汇管理体制改革与人民币可兑换进程

建国以来，中国外汇管理体制经历了由计划管理向市场调节为主、辅以计划调控管理方式的转变。1978年实行改革开放战略以来，中国外汇管理体制改革沿着逐步缩小指令性计划，培育市场机制的方向，有序地由高度集

[①] 本部分相关数据引自央行2003年第一、二季度的《中国货币政策执行报告》及《金融时报》相关新闻。
[②] 《稳健 果断 灵活——2003年中央银行货币政策和金融宏观调控》，载《金融时报》，2003-12-30。

中的外汇管理体制向与社会主义市场经济相适应的外汇管理体制转变。

1. 外汇管理体制改革

（1）计划管理与市场调节相结合的外汇管理体制（1979—1993年）

改革开放以前，我国基本上实行的是高度集中的、以行政管理手段为主的外汇管理体制，对外汇收支实行全面计划管理与控制。这一管理方式虽然可以集中有限的外汇资源满足重点项目使用，维持汇率稳定，但其弊端也是显而易见的。

1979年以后，我国外汇管理体制逐渐由高度集中的计划管理向市场管理过渡。到1993年前，已经基本建立健全了计划管理与市场调节相结合的外汇管理模式。这一时期的改革主要包括以下几方面：

逐步完善外汇经营管理组织体系。1979年以前，国家计委、财政部、经贸部、中国人民银行分别承担管理外汇的职能。1979年3月，国务院批准设立国家外汇管理总局，归属于中国银行，并赋予它管理全国外汇的职能，从此改变了外汇多头管理的混乱状况。

1979年10月，中国国际信托投资公司被批准经营外汇业务，改变了原来外汇业务只由中国银行一家经营的状况。此后，包括外资金融机构在内的一大批银行、信托投资公司、财务公司、租赁公司等金融机构陆续涉入外汇业务，我国逐渐形成了由国家外汇管理局统一管理、以外汇专业银行为主体、多种金融机构并存的外汇经营体制。[①]

公布并实施了外汇管理条例及一系列实施细则。为了规范改革开放后资本的跨国流动，促进对外贸易的发展，我国先后颁布了包括《中华人民共和国外汇管理暂行条例》在内的一系列外汇管理办法和实施细则，逐步为我国的外汇管理建立起一个法律框架，进一步完善和健全了我国的外汇管理制度。

实行外汇上缴与留成制度，建立外汇调剂市场。1979年8月13日国务院颁发了《关于大力发展对外贸易增加外汇收入若干问题的规定》，提出外汇由国家集中管理、统一平衡、保证重点的同时，实行贸易和非贸易留成制。1980年10月制定了《调剂外汇暂行办法》，开始外汇调剂试点，随后

[①] 参见《外汇管理概论》编写组：《外汇管理概论》，成都，西南财经大学出版社，1993。

逐渐扩大调剂主体范围、增加交易品种、放松了外汇调剂价格的限制，我国外汇调剂市场逐渐发展起来，形成了计划管理和市场调剂并行的管理方式以及官方汇率和外汇调剂价格并存的双重汇率制度。

对人民币汇率不断进行改革，市场化程度提高。为了发展对外贸易，适应外贸体制改革的需要，1979年我国开始实行双重汇率制，即贸易外汇内部结算汇率和官方公布的非贸易外汇收支牌价并存。这种制度在一定程度上鼓励了出口，支持了外向型经济的发展，但总体而言，并没有改变改革前外贸亏损的局面，并且双重汇率的实施为国际经济往来带来了很大的障碍。1985年后，随着外汇调剂市场的发展，我国开始实行官方牌价和外汇调剂价格并存，这实际上是一种新的双重汇率制。

（2）逐步建立起适应社会主义市场经济的外汇管理体制（1994年至今）

1994年开始，我国进行了新一轮外汇管理体制改革，进一步发挥市场机制的作用，为我国加入世界贸易组织和实现人民币可兑换奠定了基础。

汇率并轨，实行以市场供求为基础的、单一的、有管理的浮动汇率制度。从1994年1月1日起，我国实现人民币官方汇率与外汇调剂市场汇率并轨，建立了以市场供求为基础的、单一的、有管理的浮动汇率制度。汇率并轨十多年以来，人民币汇率波动不大，与美元的汇价基本保持在1美元兑换8.3元人民币左右，1998年以来更是稳定在8.27元。

实行银行结售汇制度，逐步实现经常项目下人民币自由兑换。根据1993年年底中国人民银行颁布的《关于进一步改革外汇管理体制的公告》，我国于1994年1月1日起，取消各类外汇留成、上缴和额度管理制度，实行强制银行结售汇制度。年底，我国接受国际货币基金组织协定第八条款义务，取消了对经常性国际交易支付和转移的所有限制，实行人民币经常项目可兑换，为我国企业走向国际市场、为外商来华投资和对华贸易提供了宽松的环境，创造了有利的条件。

建立银行间外汇市场，改进汇率形成机制，保持相对稳定的人民币汇率。1994年4月4日，全国统一的外汇市场——中国外汇交易中心成立并正式运行，从此中国外汇市场由带有计划经济色彩的外汇调剂市场发展到符合市场经济要求的银行间外汇市场的新阶段。它的建立统一了人民币市场汇价，彻底改变了市场分割、汇率不统一的局面，奠定了浮动汇率制的基础，有利于企业的经营运作和进一步利用外资,同时也有利于中央银行充分发挥间接宏观调控的作用,保持汇率稳定。在外汇领域基本形成了国家间接调控下的市场机制。

进一步完善外汇管理法规体系。1996年中国实现了人民币经常项目可兑换后,为配合入世进程和适应经济发展需要,我国对大量外汇管理法律法规等进行了全面的清理,按照世贸组织的要求废止和修改了部分法规,同时制定出台了《中华人民共和国外汇管理条例》、《银行外汇业务管理规定》、《境内外汇账户管理规定》等一系列新的外汇管理政策法规,使外汇管理法规更加系统、规范。

近十年来,我国外汇管理体制的其他方面也发生了不少变化。例如,在外债管理方面,我国建立了偿债基金,严格了外债管理,确保国家对外信誉;加强对资本项目的管理,促进了我国外汇管理的规范化、科学化;停止发行外汇券,禁止外币在境内计价结算和流通;强化了外汇指定银行的依法经营和服务职能;建立了国际收支统计申报体系;建立外汇储备经营管理制度等等,为稳定宏观金融、促进经济发展作出了巨大的贡献。

2. 人民币可兑换改革进程

我国外汇管理体制改革的目标是最终实现人民币可自由兑换。这一目标的实现将使我国经济更好地融入世界经济之中,促进我国整体经济的良性发展,但是,过快过急的货币可兑换进程对经济的损害也是巨大的,这已经在世界上诸多次金融危机中得到证实。1996年底我国实现了人民币经常项目可兑换,目前正在进行资本项目可兑换的系列改革。

(1) 人民币经常项目可兑换

我国实现人民币经常项目可兑换大约经历了三个阶段。

第一阶段是1979年到1987年,特点是外汇留成、审批使用。为了鼓励外贸主体增加外汇收入的积极性,也为了满足这些外贸主体日常经营的需要,国家实行了外汇留成制度。但各地区、企业的留成外汇在使用时仍需国家主管部门审批。

第二阶段是1988年到1993年,外汇留成、调剂使用。这期间外贸体制从统负盈亏经过承包制走向外贸企业自负盈亏,外汇留成也从逐步提高留成比例发展到统一全国留成比例。这期间进一步完善和扩大了外汇调剂市场,使一些企业能在国家用汇序列的指导下在调剂市场上买到所需外汇,部分地保证了企业经常项目用汇的需求。

第三阶段是1994年到现在，强制结汇、经常项目下可兑换。

(2) 人民币资本项目可兑换的改革

根据国际货币基金组织的定义，资本项目可兑换是指"消除对国际收支资本和金融账户下各项交易的外汇管制，如数量限制、课税及补贴"。当今一个国家资本项目开放问题，不仅是汇率机制确定和资金支付转移的问题，而是一国经济如何真正走向世界经济体系之中，迎接和适应经济全球化、金融自由化不可逆转的潮流所带来的挑战和机遇的问题。

资本项目可兑换是一把双刃剑。就我国而言，一方面可以引进外资为我所用，提高经济金融运行效率，另一方面伴随资本管制的放松而来的资本外逃和货币替代可能破坏金融稳定，严重威胁到经济发展。人民币资本项目可兑换的实现，需要满足一定的条件，例如：宏观经济稳定且达到较高发展水平；完善的金融体系、金融市场和合理的利率汇率形成机制；健全的宏观经济调控机制和金融调控机制；高效、稳健的金融监管制度；外汇短缺的消除和可维持的国际收支结构；自主经营、自负盈亏的企业和理性预期的居民等等。因此，人民币资本项目开放应是一个有序渐进的过程，一定要在符合我国的具体国情，适应国际经济金融发展趋势的前提下，逐步去实现资本项目可兑换的必要条件。

改革开放以来，我国通过对外国直接投资实行鼓励政策、严格控制对外借债，逐渐实现全口径管理、谨慎开放证券投资，防范国际资本流动冲击，完善有管理的人民币浮动汇率制度，加强资本项目可兑换的管理等一系列配套措施，加快了资本项目可兑换进程，同时也保证了外汇市场的平稳发展。根据国际货币基金组织的统计，与发达国家相比，我国境内的资本账户是处于一种比较严格的管制状态。但是经过20多年的改革，在实践中我国资本账户下的大部分资本项目已有相当程度的开放，实行的是一种"名紧而实松"的管制。[①]

3. 外汇黑市交易屡禁不止

长期以来我国实行的是较为严格的外汇管制。1996年颁布的《中华人

---

① 参见郭树清：《中国的外汇政策和外汇管理体制改革》，载《财经》，2003（4—5）。

民共和国外汇管理条例》（以下简称《条例》）明确规定，"在中华人民共和国境内，禁止外币流通，并不得以外币计价结算"。但在较为严格的外汇管制下，促生了运行在外汇管理体制外的外汇交易——黑市交易。我国外汇黑市交易经过 20 余年的发展，已从最初的零星交易发展成以企业为主体，规模庞大，包含贪污、走私、偷逃汇和骗税等多种因素在内的有组织的市场体系，虽经多次严厉打击，却始终屡禁不止。

（1）我国外汇黑市概况

我国的外汇黑市交易已经存在并发展了很多年，最早的黑市交易以私人为交易主体，交易量非常小，目的在于满足超出国家规定限额的因私出境产生的外汇需求。随着我国经济的快速发展和改革开放的不断深入，外汇黑市交易额增加，交易过程更加隐秘，技术手段更加现代化，并且出现了专门从事黑市外汇交易的组织——地下钱庄，交易主体也变成外商投资企业和国有外贸公司。近些年地下钱庄发展迅猛，给我国金融秩序造成了极大的危害。

由于外汇黑市交易的隐秘性，我国每年通过黑市进行的外汇交易数量无法准确统计，但从我国执法机关近年来查处的违规外汇交易的数量和涉案金额中可以大体看出黑市交易的规模。据统计[1]，2002 年，全国共查处各类外汇违规案件 1.2 万件，涉案金额 90.2 亿美元，收缴罚没款 1.1 亿元人民币。同时，国家外汇管理局还配合公安、工商等部门，捣毁"地下钱庄"及黑市窝点 78 个，抓获违法分子 519 人，批捕 27 人。以地下钱庄为主体的外汇黑市交易规模之大、危害之大，由此可见一斑。

按国际上通行的计算方式，资本外逃额即贸易顺差加资本净流入与外汇储备总额增加部分的差值。有报道称，每年我国国际收支统计中这一"误差与遗漏"有一两百亿美元，多年累计下来，数额已逾千亿美元。一些经济学家估计，由于"误差与遗漏"仅仅是被政府所统计的那一部分，更多的资金流出没有记录在案，因此这一数字可能更为惊人。另有统计显示，香港的"外来直接投资"从 1998 年的 147 亿美元大幅飙升到 2000 年的 643 亿美元。分析家认为，这笔钱中的相当一部分来自于地下钱庄的"洗钱"活动。

---

[1] 系列数据来源于人民银行总行、公安部、国家外汇管理局等部门公布数据。

(2) 外汇黑市存在的原因

外汇黑市的猖獗，不仅严重扰乱了我国的外汇金融秩序，而且对稳定人民币汇率和金融市场具有极强的破坏力。其长期存在的根本原因在于合法途径无法满足对外汇供给和需求的要求，在这些要求中有随经济快速发展产生的合理的外汇供求，也存在因非法交易产生的外汇供求。具体说来，其存在的原因主要有：1）对外汇收支较为严格的管制；2）居民对本币的贬值心理预期；3）源源不断的充足的外汇供给；4）另外，千变万化的黑市交易方式、较高的查处难度使黑市交易有恃无恐；5）国内单一的外汇投资渠道和与银行相比外汇黑市的价格优势也增加了黑市上的外汇供给，使外汇黑市达成一种"恶性"均衡。

(3) 治理外汇黑市的对策

外汇黑市交易是我国外汇管理体制外进行的非法交易，它不仅导致大量资本外流，给国家外汇资产造成巨大损失，而且大规模的外汇黑市交易还会干扰我国外汇金融秩序，使国家对货币数量和外汇交易规模的统计数据的准确性降低，严重影响我国宏观经济调控政策的有效性。对于外汇黑市交易要采取疏堵并举的措施：1）要进一步放宽政策限制、简化手续，尽可能地满足企业和个人正常的用汇需求，逐步引导黑市交易中合理的外汇需求通过合法的途径得到满足。2）应进一步完善进出口收、付汇核销制度，进一步完善资本项目的外汇管理，进而从根本上铲除"地下钱庄"生存的土壤。3）进一步完善相关法律法规，加大查处力度，增强人民银行、公安部、财政部、国家外汇管理局等部门的协调，促进各金融机构内部控制制度的完善，监督法律法规和金融机构内部控制制度的执行。

（三）银行业发展与银行监管体制改革

1. 国有商业银行的恢复发展与体制改革

(1) 国家商业银行的恢复与发展

改革开放后，国有商业银行得以恢复和发展。20多年来，其发展经历了三个主要阶段：

第一阶段：国家专业银行的恢复与设立（1979—1984年）。中国农业银行历经数次起伏，1979年3月13日重新得以恢复成立，集中办理农村信贷，领导农村信用社。紧接着，中国银行和中国人民建设银行也分别从中国人民银行和财政部分离出来。1984年，中国工商银行从中国人民银行分离，承担了原有中国人民银行办理的金融经营业务。至此，新的金融体系有了雏形，四大专业银行业务严格划分，分别在工商企业流动资金、农村、外汇和基本建设四大领域占据垄断地位。此时，由于这一体系是按照计划经济的行业管理思路进行的，各银行还不存在商业银行的经营理念。

第二阶段：专业银行的企业化改革阶段（1985—1993年）。专业银行企业化经营的改革，为以后确立专业银行向商业银行转变的改革目标提供了依据，也为这种转变做了准备。这一阶段的改革主要集中在两个方面：一是由机关式管理方式向企业化管理方式过渡，目的是全面推行责、权、利相结合的企业化管理改革，打破分配上的"大锅饭"，增强金融系统的活力。二是打破资金分配上的"大锅饭"，逐步强化银行的资金约束，并打破银行间的业务限制，使专业银行由"准企业"向真正的企业过渡。

第三阶段：国家专业银行向商业银行转变（1994年至今）。1993年12月，《国务院关于金融体制改革的决定》明确提出，要把我国的专业银行办成真正的商业银行，至此，专业银行的发展正式定位于商业银行。三家政策性银行的成立，承担了四大专业银行的政策性金融业务，专业银行开始作为国有独资商业银行，真正从事商业性金融业务。与此同时，按照把银行办成真正商业银行的要求，国家从加强国有商业银行一级法人体制、建立商业银行经营机制、银行与所办经济实体脱钩、强化内部管理和风险控制、改进金融服务等方面，进行了一系列改革。1995年《中华人民共和国商业银行法》的正式颁布，首次以法律形式明确规定了我国商业银行的权利和义务，包括四大国有独资商业银行在内的我国商业银行的发展进入了法制化的轨道。2003年银监会成立后，立即着手四大商业银行的股份制改造及上市工作，这对四大商业银行的长远商业化发展更有着深远的意义。

（2）国有商业银行"商业化"进程中的问题及改革战略

虽然向国有商业银行转化的目标已经确立，并取得了一定的成效，但国有独资商业银行的"商业化"过程仍面临着内部和外部许多困难，改革任务十分艰巨。首先，四大商业银行不良资产率较高、资本充足率不够，这已是不争的事实。虽然近年人民银行和四大商业银行在这一问题上已经付出极大努力，并取得了一定成绩，但总的来看并没有明显的起色。2004年初，国务院决定动用450亿美元外汇储备为中国银行和中国建设银行实施股份制改造补充资本金，随后将是工商银行和农业银行。这一举措的长期效果我们拭目以待。其次，公司治理结构不健全，所有者、经营者的角色和权、责、利关系不清晰，缺乏有效互动。这也是长期存在的问题，股份制改革应该是解决这一问题的较为可行的道路。第三，规模庞大的垂直组织结构不合理，影响了营运效率和内部控制的有效性。另外，国有商业银行的人事制度、激励与约束机制离公司化要求有很大差距；同时，信息技术对业务发展和产品创新的支持不足。这也都阻碍了国有商业银行的发展。在加入WTO后，面临着外资银行的挑战，国有银行的生存形势是严峻的。

现在，对于国有商业银行改革的问题，已经有了比较成型的结论。国有独资商业银行改革可分三步进行。第一步，尽快完善国有独资公司体制。按照"产权清晰，权责分明，政企分开，管理科学"的原则，将国有独资商业银行转变为经营货币信用业务的金融企业，成为真正意义上的国有独资公司。第二步，对具备条件的国有独资商业银行进行股份制改组。第三步，将符合条件的国家控股的股份制商业银行公开上市。其中，股份制改造是国有独资商业银行改革的核心。

2. 股份制商业银行与其他商业银行的发展与改革

（1）股份制商业银行的发展

1986年9月国务院批准重新组建交通银行之后，又陆续成立了11家股份制商业银行。1998年6月，海南发展银行被行政关闭；1998年，中国投资银行并入国家开发银行。目前，包括2003年刚刚成立的恒丰银行在内，我国共有全国性和区域性股份制商业银行11家（另外一家暂定名为"渤海银行"的股份制银行正在筹备之中）。股份制商业银行的建立与发展，打破了计划经济体制下国家专业银行的垄断局面，逐步形成了适应社会主义市场经济要求的多层次、多类型的金融机构组织体系新格局，有利于营造多种金融机构分工合作、功能互补、平等竞争的金融服务体系。

十多年来，在新机构、新机制基础上建立起来的股份制商业银行异军突起，机构与业务拓展迅速，整体实力不断壮大，经营管理呈现出特有的生机与活力，改革与发展取得了令人瞩目的成绩。中国人民银行统计研究报告表明，全国性股份制商业银行的资产增速最快，同时，大部分股份制商业银行的不良贷款双降明显，清收、核销效果显著，反映了其风险控制能力的增强。不良贷款"双降"是股份制商业银行完善风险控制，强化信贷资产管理的结果，体现出股份制商业银行经营理念和经营行为的日趋成熟。

在中国人民银行的大力支持下，股份制商业银行及时推出消费贷款、股票质押贷款、单位通知贷款、单位协定存款等新业务品种，开展"网上银行"业务，大力发展中间业务，是我国金融创新的"急先锋"，为金融行业整体服务水平的提高作出了贡献。另外，我国目前已有5家股份制商业银行成功上市，其他行也在积极准备之中。

（2）股份制商业银行在发展中面临的问题及发展思路

经过十多年的发展，我国经济金融发展的外部环境也已发生了重大变化，我国股份制商业银行现有经营管理机制与市场经济发展不相适应的问题日益突出。海南发展银行的关闭，就是这一矛盾的集中体现，给其他股份制商业银行提供了深刻的教训与启示。当前，我国股份制商业银行发展中除面临四大国有银行发展中诸如人员素质不高、管理体制不完善、商业化经营机制不健全、税负较重等问题外，还有一些问题十分突出：

第一，外部环境的制约。近年来，我国企业高负债、低效益的状况仍未根本好转，1998年以来一些中小金融机构相继被关闭，对股份制商业银行产生了一些负面影响。另外，业务宣传、利率管制、资本扩充途径、不良资产处理方式、资金利用方式等方面的政策限制，以及一些地方和部门行政干预企业开户等，也制约了我国股份制商业银行经营机制比较灵活的优势发挥。

第二，经营风险较大，抵御风险能力不足。一是风险控制与管理机制还不完善，特别是资产规模小、质量差、信誉低的问题比较突出。二是在当前市场整体风险不断显现的情况下，股份制商业银行的资本金不足。三是股份制商业银行机制活的潜能发挥不够，盈利能力有待进一步提高。四是有些股份制商业银行过分追求发展规模，缺乏有效约束机制，存在用人不当，内部管理机制不健全、违法、违规等现象，内部控制的有效性和经营的合规性亟待加强。例如其财务会计制度往往不符合谨慎会计原则，虚盈情况严重。[①]

---

① 参见谢平、焦瑾璞：《中国商业银行改革》，北京，经济科学出版社，2002。

五是业务特色尚不明显，股份制商行的发展模式基本上是机构和人员不断扩张的外延模式，与国有商行相比只是资产规模大小的不同，服务功能基本相同，没有体现出股份制商行利用机制、地域优势提供专业服务的特色。所以，在我国完善的存款保险制度尚未建立的情况下，以上问题显得尤为严重。

今后五到十年，我国全国性股份制商业银行改革和发展的基本思路应是：面对新形势和新挑战，要坚持把发展作为主题，把改革开放和科技进步作为动力，立足于自身特点，立足于区域特点，坚持有进有退、重点开拓与局部收缩并举的发展战略；要以现有黄金客户为依托，重点服务民营企业、私人企业、中小企业和股份制企业，积极拓展具有增长潜力的新行业和产业，服务所在地的居民，进一步培养和扩大基本客户群；要围绕基本客户群的需要来扩大业务，提供专业服务，大力发展中间业务，突出业务特色，创立自己的品牌；同时要坚持不断创新，加强联合，启动中小银行购并机制。

3. 政策性银行的建立与发展

随着我国市场经济体制改革的逐渐深入，要求建立一个适应市场经济环境需求的，有利于国民经济持续快速健康发展的完善的金融体制和投融资体制。于是，在1994年我国相继成立了国家开发银行、中国农业发展银行和中国进出口银行三家政策性银行，标志着我国政策性银行体系基本框架的建立。

我国的三家政策性银行成立后，认真贯彻国家的宏观经济政策，在支持国家基础设施、基础产业和支柱产业重点建设，支持大型成套设备和机电产品出口，以及促进农业和农村经济发展方面，做出了积极的贡献。中国政策性银行的业务发展很快，在我国整个金融体系中也占据了重要的地位。

相对商业银行，政策性银行在其发展中面临行业立法滞后、资金来源的多样性、资金运用中的潜在风险较大、资产负债联运管理、内部经营机制不完善、业务过于单一等一系列较为特殊的问题。因此，在设计政策性银行的发展思路时，也要充分考虑其业务、资产、负债的特殊性，以新的发展思路保证政策性银行在我国经济发展中的地位。

4. 城市商业银行

城市商业银行是通过对城市信用社的改制发展起来的。上世纪80年代中期，城市私营、个体经济蓬勃兴起，为其提供金融服务的城市信用社也迅速发展。但城市信用社在经营中背离了合作制原则，实际上已办成了地方性小商业银行，且存在规模小、经营成本高、股权结构不合理、内控体制不健全等问题，经营风险日益显现和突出。为了根本解决城市信用社的风险问题，1995年9月7日国务院发布《关于组建城市合作银行的通知》，决定自1995年起在撤并城市信用社的基础上，在35个大中城市分期分批组建由城市企业、居民和地方财政投资入股的地方股份制性质的城市合作银行。以后，组建范围又扩大到35个大中城市以外的地级城市。

截至2003年6月底，全国共有城市商业银行112家，营业网点5 161个，从业人员10.7万人。城市商业银行的资产总额已达13 029.40亿元，各项存款9 846.75亿元，各项贷款6 523.91亿元，实现利润36.09亿元，净资产收益率为8.06%。按总资产计算，城市商业银行占全国存款类商业银行市场份额的6%左右。此外，在112家城市商业银行中，资产规模超100亿元的有34家，其中上海银行、北京市商业银行的资产总额都已突破1 000亿元。

中国加入世界贸易组织后，已经进入或准备进入中国市场的外资银行将凭借自己雄厚的资金实力、大量的金融创新产品、完善的风险控制体系、健全的人才激励机制、领先的信息技术以及经过上百年锤炼的市场营销经验等竞争优势，在各个主要城市与中国银行业在优质客户、零售业务、外汇结算业务等方面展开激烈的竞争。而且城市商业银行还面临与国有商业银行、其他股份制商业银行的竞争。为此，城市商业银行必须及早借鉴国外商业银行先进的管理经验，找准自身的市场定位，加快业务创新步伐，提高核心竞争力。

5. 银行业监管体制沿革

(1) 从1949年到1984年

建国以来到1984年，中国实行的是"大一统"的金融体制，当时没有监管当局，没有监管对象，也没有监管法律法规。这一阶段金融监管的基本特征是抑制性，表现为对市场准入的抑制、对金融创新的抑制，监管内容主要是对货币发行和金融的高度集中性、计划性进行管理，监管手段以行政手段为主。[1]

---

[1] 参见孔祥毅：《百年金融制度变迁与协调》，北京，中国社会科学出版社，2002。

(2) 从 1984 年到 1993 年底

1984 年开始,中国形成中央银行、专业银行的二元银行体制,中国人民银行行使中央银行职能,履行对银行业、证券业、保险业、信托业的综合监管。这一期间的银行监管主要围绕市场准入进行,重点是审批银行新的业务机构。1986 年国务院发布《中华人民共和国银行管理暂行条例》,使中国银行业监管向法制化方向迈出了第一步。但直到 1993 年底,中国的银行监管仍处于探索阶段,还算不上是规范的市场化监管,仍带有鲜明的计划性、行政性金融管理的特点,监管手段单一,而且由于银行的特殊性质,人民银行在采取谨慎态度的同时,往往显得无能为力,银行监管难以适应市场金融体制及其运作的内在要求。[①]

(3) 从 1994 年到 1998 年

伴随着经济体制改革的进一步深化和金融业的迅猛发展,1993 年 12 月 25 日国务院发布了《关于金融体制改革的决定》,明确了人民银行制定并实施货币政策和实施金融监管的两大职能。

1994 年,三家政策性银行的成立为人民银行对商业银行进行市场化监管奠定了基础。就在这一年,在市场化监管方面取得了进展。首先,年初的全国分行行长会议和同年 6 月首次召开的全国金融机构的监管工作会议,都强调了金融监管的重要性,金融监管作为人民银行履行中央银行职能之一被提到重要的地位上来,监管的主要任务和具体措施也得到了落实。其次,根据转换职能的需要,人民银行总行在 1994 年进行了机构改革,增强了监管力量并明确了内部分工。第三,发布了《中华人民共和国外资金融机构管理条例》、《信贷资金管理暂行办法》、《结汇、售汇及付汇管理暂行规定》和《外汇账户管理暂行办法》等一系列专业监管法规。第四,全面展开了市场化金融监管工作,包括对各类金融机构业务活动的稽核检查,逐步建立各项具体的监管制度,清理查处了一些违法乱纪事件等。

1995 年 3 月以来,以《中国人民银行法》、《商业银行法》、《票据法》、《担保法》的颁布为标志,中国银行监管进入了一个新的历史时期,开始向法制化、规范化迈进。[②]

---

① 参见孔祥毅:《百年金融制度变迁与协调》。
② 资料来源:《银行监管与中国银监会》,见金融监管网。

(4) 从 1998 年到 2003 年

从 1998 年到 2003 年，中国人民银行对银行业的监管是按照银行的产权性质分设监管部门（依照国有银行、股份制银行、信用合作社、非银行金融机构和外资银行来分别设立）。①

1998 年 11 月，中国保险监督管理委员会正式成立，专司对中国保险业的监管，将原来由中国人民银行履行的对保险业的监管职能分离出来，中国人民银行主要负责对银行、信托业的监管。1999 年颁布《金融违法行为处罚办法》后的三年里，《国有独资商业银行考核评价办法》、《外资金融机构管理条例》、《商业银行中间业务管理办法》、《网上银行管理办法》等一系列监管法规的陆续出台，更是使监管有法可依；人民银行适应国内外宏观金融环境的变化，在加大了监管力度的同时，提高了监管技巧。2001 年，首次实现国有资产独资商业银行不良贷款比率和余额下降目标。2002 年 2 月，中共中央、国务院召开第二次全国金融工作会议，提出金融监管是金融工作的重中之重；银行业全面实行贷款质量五级分类制度；人民银行牵头制定监管体制、国有独资商业银行综合改革、农村信用社改革等监管方案。

(5) 2003 年银行业监督管理委员会的成立

中国银行业监督管理委员会成立。 2003 年 3 月，第十届全国人民代表大会第一次会议通过《关于国务院机构改革方案的决定》，批准国务院成立中国银行业监督管理委员会（简称中国银监会）。4 月 28 日，中国银监会正式对外挂牌，履行原由中国人民银行履行的审批、监督管理银行、金融资产管理公司、信托投资公司及其他存款类金融机构等的职责及相关职责。这是完善社会主义市场经济体制和宏观调控体系的重要举措，也是深化金融改革、加强金融监管、促进我国金融业更好地应对加入世贸组织的挑战的一个重要里程碑，标志着我国银行监管体制向着市场化和国际化方向又迈出了新的一步。至此，银监会、证监会和保监会分工明确、互相协调的金融分工监管体制形成。②

《中华人民共和国银行业监督管理法》的设立。 2003 年 12 月 27 日，第十届全国人大常委会第六次会议通过了《中华人民共和国银行业监督管理

---

① 参见卓夫：《我国中央银行与金融监管体制沿革》，见金融监管网。
② 参见《中国银行业监督管理委员会公告》（2003 年第一号）。

法》(以下简称《银行业监管法》),并于2004年2月1日起实施。《银行业监管法》从法律上明确了银监会对全国银行业金融机构及其业务活动进行监督管理的职责,为银监会依法履行监管职责、依法加强对银行业的监督管理、依法行政提供了法律保证。它是我国颁布的第一部关于银行业监督管理的专门法律,对于加强银行业的监督管理,规范监督管理行为,防范和化解银行业风险,促进银行业健康发展具有重大的意义。

6. 银行业协会

(1) 银行业协会概况

中国银行业协会于2000年5月10日在北京成立,它是由在中华人民共和国境内注册的各商业银行、政策性银行自愿结成的非营利性社会团体,经中国人民银行批准并在民政部门登记注册,是根据自愿原则组成的我国银行业的自律组织,实行会员制和会长负责制。中国银行业协会及其业务接受中国人民银行的指导、监督和民政部的管理。中国银行业协会主要发挥三大职能作用:一是加强同业约束。二是为央行加强监管发挥补充作用,督促各家银行贯彻执行国家金融法律法规和方针政策。三是提供行业服务。

中国银行业协会的首批会员银行共有22家。今后,中国银行业协会还将扩大会员银行的范围,吸收外资银行参加。

(2) 成立银行业协会的重大意义

成立行业协会是国际银行业加强行业自律与服务的普遍做法,也是我国社会主义发展的客观需要和银行业稳定健康发展的内在要求。

中国银行业协会的成立是银行业深化金融改革、整顿金融秩序、防范金融风险的又一重大举措;是建立央行监管、行业自律与银行内控有机结合的现代银行业管理体系的重要环节;是迎接加入WTO后国际化金融竞争的必要准备;它对于保证《商业银行法》的贯彻执行,促进商业银行依法合规经营,建立公正、合理、平等的竞争新秩序,提高银行业整体经营管理水平,维护金融稳定和安全,更加积极有效地支持国民经济发展,具有重要而深远的意义。

(四) 非银行金融机构的发展

1. 农村信用社的改革与发展

农村信用社是由农民入股,实行社员民主管理,主要为社员提供金融服务的地方性金融组织，它的服务对象是农民，服务区域在农村，服务目标是为了促进地方经济的发展和社会的稳定。农村信用社建社50多年特别是改革开放20多年来，为我国的农业和农村经济，以及农村社会稳定做出了较大的贡献。

(1) 中国农村信用社的发展历程

我国的农村信用社发展大致经历了三个阶段：

农村信用社成立以来，几经挫折甚至摧残。"文化大革命"时期，很多地方的农村信用社几乎到了破产的边缘。改革开放以后，农村信用社业务开始逐渐恢复。其20多年来的发展可以分为三个阶段。

第一阶段（1978—1983年）：农村信用社业务的恢复时期。"文化大革命"以后，农村信用社先是被交给人民银行管理，后来交给农业银行管理，使信用社既是集体金融组织，又是国家银行的基层单位。当时，虽然在国家银行领导下，信用社的业务得到一些恢复。但是，在大一统的金融体制下，信用社成为银行的附属，走上官办的道路，其发展受到很大约束，自主权受到伤害。

第二阶段（1983—1996年）：初步改革和发展阶段。1983年国务院105号文件明确规定，把农村信用社办成合作金融组织。这以后，信用社的管理体制在农业银行的领导下有了初步改革，业务也得到了一些发展。但是，信用社在农业银行领导下的改革很不彻底，合作制的原则没有得到很好的贯彻落实。

第三阶段（1996年至今）：1996年《国务院关于农村金融体制改革的决定》颁发后，农村信用社管理体制的改革成为农村金融体制改革的重点。改革的核心是把农村信用社逐步改为由农民入股、由社员民主管理、主要为入股社员服务的合作金融组织。经过在江苏省试点成功后，2003年8月，国务院又通过在其他七省（市）进行试点的决定，农信社改革试点工作进入全面实施阶段。

截至2003年6月末，全国农村信用社贷款余额16 181亿元，占全部金融机构贷款总额的10.8%，其中农业贷款6 966亿元，占全部金融机构农业贷款总额的83.8%，农贷比重由1996年的23%增加到现在的43%，提高20个百分点。农村信用社已逐步成为农村金融的主力军和联系广大农民群众的重要金融纽带。

(2) 新时期农村信用社改革的深化

从目前来看，农村信用社的发展面临着产权制度制约（股权设置结构不合理）、决策机制制约（民主管理难以实行）、治理结构约束（管理体制和内部控制制度不完善）、经营思想制约（经营目标和战略方向偏移）和适度经营规模等诸多问题，政府指令性管理的色彩十分浓厚，经营目标的实现在很多情况下是以牺牲社员利益为代价的，难以激发社员的参与意识以及参加监督和民主管理的积极性，经营管理上的问题还带来了巨大的经营风险，这些问题如果不解决，对农村信用社的长远发展十分不利。

为进一步深化农村信用社改革，改善农村金融服务，促进农业发展、农民增收、农村全面建设小康社会，2003年6月27日，国务院印发了《深化农村信用社改革试点方案》，规定以法人为单位，改革信用社产权制度，明晰产权关系，完善法人治理结构，区别各类情况，确定不同的产权形式；改革信用社管理体制，将信用社的管理交由地方政府负责；引入股份合作机制，构建现代合作金融体系；加强监管力度，注重服务质量；在坚持合作制改革基本方向的前提下，采取多种模式改造农村信用社，在农村形成多种产权形式相互竞争和功能互补的金融机构组织体系。在监管方面，2002年1月，中国人民银行颁布了加强农村信用社监管的八项措施。

从上面来看，国家对农村信用社的改革力度还是相当大的，这对于其长远发展有着极为积极的作用。

2. 城市信用社的改革与发展[①]

自1979年出现第一家城市信用社以来，我国的城市信用社从无到有、从小到大，已经深深地扎根在全国各大中城市。城市信用社已经成为我国城市金融体系的一支生力军，在支持集体经济和个体经济的发展，方便城市居民生活和促进金融业竞争等方面发挥了积极作用。

(1) 城市信用社是改革的产物

随着经济体制改革的深入，城市集体经济和个体经济迅速崛起，其向我国金融业提出了新的要求，其急需一个比原有金融体制更为灵活的金融机构

---

① 参见唐旭、高洪星：《城市信用社的业务与管理》，北京，中国金融出版社，1994。

为其提供各方面的服务，城市信用社应运而生。到了80年代中期，城市信用社作为一种主要为城市集体经济和个体经济服务的金融机构，如雨后春笋，迅速发展起来了。此时城市信用社已成为我国金融体系的一个重要组成部分，从此我国的城市信用合作事业进入一个蓬勃发展的阶段。

(2) 城市信用社在改革中不断壮大

从1985年到1986年，各地都开始进行组建城市信用社的试点。1986年7月，中国人民银行颁布了《城市信用合作社管理暂行规定》，城市信用社的发展从此步入正轨。1986年至1988年的三年间，我国的城市信用社规模迅速壮大，构成了我国城市信用社现行体制的基本框架。到1988年末，全国共有城市信用社3 265家，各类从业人员近6万余人，自有资金28亿元，存款余额156亿元，贷款余额169亿元。

(3) 城市信用社在清理整顿后继续发展

1989后，作为监管者的人民银行曾三次对城市信用合作社进行系统的整顿。在新的城市信用社成立的同时，旧的城市信用社得到了规范清理，保证了其在规范中充分地发展。

第一次（1989—1991年）整顿主要针对经过三年迅速发展的城市信用社出现的政企不分、资产质量低、监管力度不足的问题，经过两年多的清理整顿，城市信用社的机构增长速度得到了抑制，机构设置及布局渐趋合理，业务范围逐步规范，内部管理逐步健全，逐步走上了健康发展的轨道。第二次（1994—1997年）整顿是将地级的3 000余家城市信用社规范改造成股份制的城市合作银行（1997年改称为城市商业银行），将2 000余家县级城市信用社纳入农村合作金融体系。截至1997年末，全国共成立城市商业银行71家，纳入城市信用社1 638家，并决定在58家地级市继续组建城市商业银行。但对县级城市信用社的处置并未实施。第三次（1997年至今）整顿中，首先视城市信用社资产负债和风险程度，分别给予继续运行、规范改造后由城市信用合作社联社或农村信用合作社县联社归口管理、规范改造为农村信用合作社、收购兼并、破产关闭等处置；然后就前期整顿中的有关问题，进一步明确了整顿阶段、六类处置方式、城信社经营原则和资产清收原则以及地方政府的领导责任。

目前，经过整顿的城市信用社已经基本理清了发展方向、治理结构、经营方式，正在健康的轨道上迅速发展，对我国经济发展起着重要的作用。

3. 农村合作基金会的发展与整顿

农村合作基金会在农村经济体制改革与发展中扮演了重要角色，是我国农村金融体制改革的重要成果，对这种农村合作经济组织内部的信用合作的产生、发展运行及其相关政策问题的认识，关系到深化我国农村金融体制改革的方向和思路。

在农村合作基金会的萌发阶段（1984—1986年），其效果是积极的，既保障了集体资产的安全和增值，又在农村内部开辟了新的增加农业投资的渠道，受到了农民的欢迎，也得到了地方政府农经部门的支持。但对于这种自发性的资金内部融通方式，中央和国家金融管理部门的态度不是完全一致的，有些地方金融机构甚至予以限制。

中央对农村合作基金会的鼓励、支持、试验及推广，使得全国农村合作基金会在1987年以后得到蓬勃发展。特别在1992年以后，其发展更为迅猛。但在此时，初具规模的农村合作基金会已经表现为在扩张中积累矛盾：许多农村合作基金会在地方政府的干预下，把大笔的款项盲目投向急需资金的乡镇村办集体企业；诸多行政部门都加入了创办基金会、股金会的行列，参与高利率资金市场的恶性竞争；基层政府对合作基金会行政干预多，监督机制弱，管理水平低，资金投放风险放大，经营效益明显下滑，不仅单纯追求高收益导致资金投放的非农化趋势发展到十分严重的地步，而且局部地区开始出现小规模的挤兑风波。

因此，1996年，中央发布《国务院关于农村金融体制改革的决定》，农村合作基金会进入了整顿发展阶段。1997年11月中央决定全面整顿农村合作基金会。农村合作基金会自身积累的矛盾也突然表面化，并在部分地区酿成了危及农村社会及政治稳定的事件。1999年1月国务院发布3号文件，正式宣布全国统一取缔农村合作基金会。经过清产核资、分类处理、清收欠款和存款兑付几个阶段，各地农村基金会得到了彻底的清理。

农村基金会给我们的教训是深刻的。其整顿过程已经给政府信用带来较大损害，由此带来的资产损失相对更为严重。由乡镇政府向银行申请贷款兑付基金会债务，给乡镇财政造成的压力较大，广大农民也被转嫁了相当部分的债务负担，损害了广大农民的切身利益。

4. 信托业发展、整合及其管理体制改革

(1) 信托业的产生①

党的十一届三中全会以后，随着财政体制改革深化、实行利润留成和多种形式的经营责任制的出现，地方的企业及主管部门掌握的可自主支配的预算外资金规模增大，客观要求发展与之相适应的更为灵活的融资方式。与此同时，各种直接融资活动大量出现，如不对此加以管理和疏导，将对社会信用总规模和基建规模的控制产生不利影响。我国的信托业就是在这种背景下恢复和发展起来。经过一些试点后，1980年国务院颁布了《关于推动经济联合的暂行规定》，明确规定"银行要试办各种信托业务"。从此，中国信托业迅速发展起来。

(2) 信托业的整合及管理体制改革

1980年9月，中国人民银行根据国务院精神下发了《关于积极开办信托业务的通知》，各地陆续开办了信托业务。截至1982年底，全国各类信托机构发展到620多家，信托业的发展掀起了第一次高潮。但是短期内的迅速发展产生了分散资金、拉长基建战线、与银行争业务等弊端。因此，国家于1982和1984年分别对其进行了结构整顿和业务整顿，信托业在规范中逐步发展。

1986年，中国人民银行颁布了《金融信托投资机构管理暂行规定》等一系列信托法规。随后，我国信托业进入发展最快的时期，各地、各部门设立信托机构的积极性也越来越高，与此同时，信托业也出现了诸多弊端。因此，1988年（第三次整顿）中国人民银行再次对信托机构进行了清理和整顿，信托机构的数量迅速下降。

1994年（第四次整顿），为了规范信托业的发展，国家又撤并了越权批设的信托投资公司分设机构。1995年为贯彻银行业分业管理的原则，进一步深化金融改革，整顿金融秩序，国务院批准了四大商业银行与其所属的信托投资公司脱钩的意见。截至1996年底，除四家银行的总行所属信托投资公司得以保留外，银行的信托机构基本清理完毕。

1999年（第五次整顿），财政部发布关于《信托投资公司清产核资资产

---

① 参见金建栋、马鸣家：《中国信托投资机构》，北京，中国金融出版社，1992。

评估和损失冲销的规定》，标志着新一轮整顿的开始，信托业不良资产绝对值大幅减少，卸掉了许多历史包袱，提高了幸存机构的核心竞争力。2001年，国务院出台了《中华人民共和国信托法》。此后，中国人民银行又分别于2001年和2002年发布了《信托投资公司管理办法》和《信托投资公司资金信托管理暂行办法》。信托业的管理形成了"一法两规"的模式，为信托业的发展提供了法律依据，在很大程度上促进了信托业的合理、规范发展。2003年，十届人大一次会议通过了国务院机构改革方案，规定信托机构由新设立的银行业监督管理委员会（银监会）直接监管，使得信托业的管理逐渐趋于合理化。

（3）信托业目前的发展状况

中国的信托机构从1979年至今经历了五次整顿，目前已成为金融体系的重要组成部分。但是，由于政策支持的力度不够、资产质量低且风险大、社会认同性及业务人员的素质较低、业务创新能力不足，中国的信托业的发展受到很大阻碍，在一定程度上也无法适应新形势的需要。因此，如何为中国信托业正确定位，如何为信托业确定新的发展思路，如何实现信托业与其他金融机构的协调发展，将是未来几年我国信托业改革的重点。

5. 金融租赁和信用担保机构的发展

（1）金融租赁

改革开放政策极大地推动了我国包括租赁业在内的各项经济事业。1979年10月，中国国际信托投资公司作为我国第一家金融租赁公司宣告成立。紧接着，中国东方租赁公司成立和中国租赁有限公司成立，标志着我国现代租赁信用，即融资租赁业的开端。《中华人民共和国合同法》和《金融租赁公司管理办法》的出台，将租赁业的发展纳入法制化轨道。20多年来，金融租赁机构以融资租赁的方式，为促进地方经济发展、培育地方特色经济和块状经济作了很大贡献，为企业提供了大量的先进技术设备，业务范围也不断得到扩展。截至2002年末，全国已有15家金融租赁公司以及200多家兼营融资租赁的非银行金融机构。

但是，由于社会认识不足、欠租问题严重、法律环境不完善、行业监管条块分割、融资渠道不畅等问题，我国租赁业总体发展缓慢，市场基础比较薄弱。目前整个融资租赁业处于无序竞争状态，近年来业务甚至有所萎缩，租赁公司普遍面临经营困难和支付风险，不少租赁公司负债额较大，资金周转困难。

加入WTO以后外资金融租赁公司的介入给中国金融租赁业又带来新的挑战。中国在加入WTO的谈判中承诺入世后立即全面开放金融租赁业。这对我国处于弱势地位的金融租赁业无疑是一个严峻的考验。因此，针对上述金融租赁业的弱点，加快金融租赁业改革，促进其迅速发展以迎接入世的挑战成为当务之急。

(2) 中小企业信用担保机构

为了支持中小企业的发展，为中小企业融资提供更广阔的渠道，1999年国务院下发了《关于建立中小企业信用担保体系试点的指导意见》，决定在全国范围内开展中小企业信用担保机构的试点工作。从1999年至今，国家先后批准了三批担保机构作为信用担保试点。中小企业信用担保机构得到了快速的发展，大部分省、自治区、直辖市已初步形成了省（区）、市两级中小企业信用担保体系。同时，担保机构可以划分为全国性中小企业信用担保机构、省级中小企业信用担保机构和地市中小企业信用担保机构三个层次，并由政策性的中小企业信用担保机构、非营利性的企业间互助担保机构和营利性的民营商业性担保机构三种类型构成。

(五) 金融市场的发展[①]与证券、保险监管体制改革

1. 证券市场形成、发展与监管体制改革

在大一统的银行体制下，我国是没有金融市场的。随着1979年以后金融组织体系的建构，以银行为中介的间接融资市场首先发展起来；同时，以货币市场和资本市场为主体的直接融资市场也开始出现。进入1985年以后，利用发行债券和股票筹集资金的企业开始增多，银行开始发行债券，金融市场在我国逐渐产生。[②]

(1) 证券发行市场的产生和发展

股票发行市场的产生和发展。当代中国的股票发行，是伴随着股份制企业的试点及其发展而产生的。1978年十一届三中全会以后，联产承包责任

[①] 货币市场的产生发展已经在前面提到。
[②] 参见赵海宽：《中国金融体制改革最新读本》，63页，北京，中共中央党校出版社，1994。

制逐渐在中国农村普及起来，这是我国股份合作经济的萌芽时期。随着股份合作在农村的发展与壮大，从1984年开始股份经济在城市的试点进入了起步阶段。1984年4月的城市经济体制改革试点工作会议拉开了城市集体企业、国营小企业进行股份制初步试点的序幕。当年，上海飞乐音响股份有限公司发行了50万元股票，开创了我国股票发行的先河。随着试点范围的扩大和内容的逐步深化，中央政府开始介入和主导股份经济试点，试点范围也扩大到全国各地和多类企业，真正意义上的股票发行数量不断增多。股票的公开柜台交易、场外交易和私下交易等交易方式随之出现，一批专事股票发行、转让或交易相关业务的证券公司相继成立，为深、沪股市及证券交易所的设立和运行奠定了市场基础。

1991年起，随着经济建设的发展和改革的深化，我国股票市场开始进入快速发展时期，股票发行的步子也逐渐放大。1992年我国第一支B股——真空B股在上交所发行上市；1993年我国顺利完成了第一批9家H股试点企业中6家企业在香港的发行上市。自1993年起，股票发行试点从深沪两地向全国推广。1993年底，《中共中央关于建立社会主义市场经济体制若干问题的决定》进一步明确了股份制和股票市场在建设社会主义市场经济体制中的重要地位，进一步推动了股票发行市场规模的不断扩大和股票发行方式的不断创新。

1997年以来，股票发行市场呈现稳步发展的势头。截至2003年11月，A、B股股票市场共有上市公司1 282家，筹集资金9 738.50亿元。同时，经过监管部门一系列的规范整治，股票发行市场逐渐走上良性发展的道路。

债券发行市场的产生和发展。1979年以来，我国经济理论界和政府部门重新肯定了债务在国民经济发展和经济运行中的重要作用。因此，从1981年开始，又重新恢复国债的发行。但在十多年的时间里，并没有形成国债市场，国债发行本身是行政任务，发行量也比较小。1991年4月20日，财政部同以中国工商银行信托投资公司为主干事的承购包销团签订了"1991年国库券承销合同"，这标志着我国的国债发行终于开始走向市场。此后，国债发行逐步高涨，1994年国债发行全面走向市场，且发行量突破了1 000亿元。从此我国的国债市场形成了，再也没有出现行政摊派。

随着我国企业制度改革的发展，我国企业债券也得到了飞速的发展。

1997年3月，国务院证券委颁布了《可转换公司债券管理暂行办法》，从法律上为我国企业发行可转换债券提供了依据。同时，随着金融体制的发展，金融债券[①]也开始产生。1994年4月由国家开发银行第一次发行政策性金融债券。从此以后，政策性金融债券的发行稳步发展。1998年9月国家开发银行成功发行了第一期50亿元一年期金融债券，迈出了市场化筹资的第一步。2000年我国政策性金融债券完成了由计划发行向市场发行的转变。

(2) 证券流通市场的产生和发展

沪、深交易所的产生和发展。随着股份制试点的扩大和股票发行数量不断增加，客观上要求放开并不断扩展股票流通转让市场。1986年9月26日上海试办了股票的公开柜台交易，它是改革开放以来中国最早的股票交易方式，标志着股票流通市场在当代中国的恢复和起步。但是由于柜台交易的一些缺陷（如网点少、股票种类少、手续繁杂、交易成本高等），股票的场外私下交易一直没有停止过。随着股票发行量、上市量和交易量的不断扩大，客观上对股票流通市场建设的要求也日益强烈。1990年11月26日中国第一家证券交易所——上海证券交易所宣告成立。接着，深圳证券交易所于1991年7月3日宣告成立。沪、深交易所以及1990年建设的STAQ系统（中国证券交易自动报价系统）成为新中国成立后我国证券市场重新建立的正式标志。自此，中国证券市场的发展开始了一个新的篇章。

在随后的十多年里，两交易所发展迅速，股票规模不断扩大，证券交易所辐射面扩大，会员大量增加，交易制度、交易设施、交易手段和结算技术日趋先进，股价指数也逐步形成了系列。两所在建立市场秩序方面做了大量基础性工作，对规范集中交易市场、防范风险、加强交易管理起到了有效的作用。

证券交易中心的产生和发展。早在1990年，我国国内就出现了证券交易中心。1993年前后，随着深、沪两市的建立和完善，各地证券交易中心如雨后春笋般迅速发展起来。但由于当时存在的证券交易中心组建主体多样、审批程序不一、技术装备水平差异巨大、未形成一个有序的管理体制，因此状况极为混乱。基于这一情况，中国证监会根据国务院下发的有关通知

---

① 金融债券是由银行和非银行金融机构发行的债券。在英、美等欧美国家，金融机构发行的债券归类于公司债券。在我国及日本等国家，金融机构发行的债券称为金融债券。

要求，陆续对各地的证券交易中心进行清理整顿，证券交易中心的管理和发展逐步迈入了规范化。

证券经营机构的产生和发展。首先，证券经营机构的总体发展。1991—1995年前后，我国基本上形成了一个由专业的证券公司、兼营证券业务的金融机构、代理证券业务的金融机构组成的多层次、隶属于不同系统的证券经营机构体系。由于处于中国证券市场建立初期，这一段时期的证券经营机构地区分布不均衡，影响了证券市场发展的整体水平；不同的机构业务方面差距很大，真正高质量的机构还不多；而且在经营过程中还有部分证券机构从自身利益出发，片面追求盈利，使市场上充斥着不规范现象。中国人民银行于1996下半年对相关证券经营机构进行了严厉的整治。借助银证脱钩的有利时机，全国证券机构之间的收购兼并正式起步，通过这些规模扩张手段，专业证券商的实力大大增加，构成了激烈的市场竞争局面。证券经营机构的结构调整促进了其进一步的规范和发展。1997年以后，证券经营机构不断拓展业务空间、开展国际合作，不断加强内部管理，加强对风险的防范、监控与化解，不断改善交易条件、提高服务水平、完善传统业务，逐渐走上了依靠规范求生存、依靠管理求发展的道路。

其次，券商的发展与整合。中国的券商是随着证券市场的产生而产生的。在我国，1998年以前，券商主要包括证券公司和兼营证券业务的信托公司，1998年后券商主要是指专业性的证券公司。1998年以前，券商体系的总体特点是"散、乱、弱"，抗风险的能力很差。1998年《中华人民共和国证券法》颁布后不久，证监会又发出《关于加强证券经营机构股票承销业务监管工作的通知》。面对这些规定，中小券商只有通过增资扩股、合并重组才能达到要求，而兼营证券业务的信托投资公司只有通过增资扩股、分立重组转化为证券公司才能继续从事证券业务。在这种政策背景的影响下，证券界掀起了一股大购并、大重组的浪潮，经过这次大调整，券商数量大大减少，同时其资产规模和资产质量得到了很大的提高。截至2003年全国共有证券公司124家，其中72家属于综合性券商。

再次，证券投资基金的产生和发展。我国内地现代的投资基金起步于1991年。1991年8月经中国人民银行珠海分行批准，成立了我国第一家投资基金——珠信投资基金，这标志着我国投资基金的产生。1992年和1993

年是国内投资基金大发展的时期,截至1993年底,全国已有证券投资基金50余家。但是在这一阶段,在大环境的影响下,基金发展和监管的状况也十分混乱。1993年中国人民银行下发了《关于立即制止不规范发行投资基金和信托受益债券做法的紧急通知》等数个文件,对基金市场进行全面清理,基本遏制了越权审批基金的势头。1997年11月14日《证券投资基金管理暂行办法》的出台,更是对证券投资基金的设立和运作进行全面规范,在保护基金投资者的权利、促进证券投资基金业的发展方面起到了十分积极的作用。2003年《中华人民共和国证券投资基金法》的出台,确立了中国证券投资基金业独立发展的专属法律地位,为基金业的发展创造了良好的政策环境,也为监管部门的工作突出了重点,指明了方向,标志着中国的基金业进入了一个新的发展阶段。

加入WTO后,证券市场的新发展——QFII、QDII。QFII (qualified foreign institutional investors) 即合格境外机构投资者。建立QFII制度可以控制外来资本对本国经济独立性的影响、抑制境外投机性游资对本国经济的冲击、推动资本市场国际化、促进资本市场健康发展,对一些新兴国家尤其重要。2002年11月15日,中国人民银行和中国证监会联合发布的《合格境外机构投资者境内证券投资管理暂行办法》正式实施,QFII制度在中国拉开了序幕。这是将中国资本市场纳入全球化资本市场体系所迈出的第一步,也为国际机构投资者开放了一个新的、日新月异的新兴资本市场。更重要的是,QFII制度将起到进一步吸引外资及促进有序的资本跨境流通的作用。

QDII (qualified domestic institutional investors) 即合格境内机构投资者。它与QFII正好相反,是允许在资本项目未完全开放的情况下,内地投资者往海外资本市场进行投资。它是通过中国政府认可的机构来实施的。有关专家认为,最有可能的情况是内地居民将所持外币通过基金管理公司投资港股。目前我国还没有实行QDII制度,其一旦实行,对香港股市可以说是一条好消息,特别是中资概念股机会将大增,但对B股市场会形成资金分流。

(3) 证券监管体制改革

股票市场监管。我国股票市场的监管体制是一个由高度分散的监管体制向集中化监管体制转变的渐进过程。1992年证券委成立之前,股票监管是一个多部门分头管理的体系,行业和部门保护主义色彩浓厚,这不仅直接影响了公平和效率,而且加重了股票市场的运行成本,监管目标的多重性也难以在多头监管的条件下实现。

1992年以后,以证券委员会和中国证券监督管理委员会的成立为标志,对股票市场的监管逐步进入了集中型监管体制阶段。这一阶段的主要特征是明确了国务院证券委是国家对全国股票市场进行统一管理的主管机构,部分地改变了股票市场监管权力分散、交叉、弱权威性、弱独立性,部门利益冲突,监管目标不同一等缺点。1998年国务院机构改革撤销了证券委,明确中国证监会为国务院直属机构。随后《证券法》于1999年正式施行,进一步明确了我国以证监会为核心的集中统一的监管模式,对证券市场的长远发展有着积极的作用。

债券监管体制改革。首先,国债管理。到2002年6月底,我国国债余额已达1.27万亿元,包括政府背景的机构国债已逾2万亿元。尽管国债市场如此庞大,并不断发展,但是我国在1992年制定的《国库券条例》,由于其内容过于简单,根本不足以对现有国债市场有效监管。同时,国债市场应该有专门机构对其进行监管,包括规划国债市场,分析并监控国债市场运行,国债市场管理、监控等。目前直接负责国债发行管理职能的财政部的国债处难以独立完成对国债的系统管理,而在证监会和交易所方面监管力量也不足。

为了加强对国债市场的监管,2003年财政部召集国内债券业内人士召开会议,集中讨论了正在制定中的《国债管理条例》,该管理条例制定的目的就是为了使国债管理有法可依。条例将由财政部上交国务院,制定为全国性的法规,预计近期就可出台。另一部业内期盼已久的《国债法》也正在制定中。

其次,企业债券管理。为了加强对社会筹集资金的管理,引导资金的合理流向,有效地利用社会闲散资金,保护各方合法权益,1987年3月27日国务院发布了新中国第一部债券管理法——《企业债券管理暂行条例》方案。该条例的公布施行,对于加强债券发行的管理,制止债券滥发乱放状况起到了重要作用。[①] 1998年4月,中国人民银行在《企业债券管理条例》的

---

① 参见《企业债券管理暂行条例》。

基础上制定了《企业债券发行与转让管理办法》，规范了企业债券各当事人的行为，并对企业债券风险防范做出了明确的规定。它的出台标志着企业债券的管理进入了一个新阶段。近期可能出台的新修订的《企业债券管理条例》，预计将在规范企业债券发行、债券利率市场化、企业债券流通机制、融资用途等方面起到更为积极的作用。

证券业协会——民间自律组织监管作用的发挥。在中国这样的新兴市场中，开始往往是政府主导市场发展，许多本应由自律组织承担的职能，都由政府代行。但是，随着市场规模的扩大和监管理念的更新，自律性机构应该承担更多的职能，发挥更大的作用，保护行业总体的健康发展。因此，发展证券业协会对证券市场的完善和发展具有重要意义。

我国的证券业协会建立于1991年，是证券业的自律性监管机构，其建立初期的主要作用在于普及证券知识、开展国际交流以及提供行业发展信息等。1998年出台的《中华人民共和国证券法》明确规定了中国证券业协会是证券业的自律组织，并规定了它的职能。1999年开始，按照《证券法》的要求，中国证券业协会进行了改组，在行业自律方面开始了有益的探索；2002年7月，在中国证券业协会第三次会员大会上，修订并完善了一系列章程和自律规则，初步建立起行业自律的框架，进入了新的历史发展时期。截至2003年末，中国证券业协会共有会员246家，已经涵盖证券业内相关的法人单位；协会从原来意义上的"证券商协会"变成了真正的"证券业协会"。证券业的政府监管与行业自律相结合的监管模式初步发挥了作用。

2. 保险市场发展与保险监管体制改革

（1）保险市场的发展

寿险市场的发展。十一届三中全会后不久，中国人民银行即在全国分行行长会议上提出要恢复国内保险业务。但直到1985年，保险市场上仍然是中国人民保险公司一统天下，同时经营产险业务和寿险业务。此后，随着平安保险公司、中国太平洋保险公司及数家股份制人寿保险公司的陆续成立，在保险界开始出现寿险和财产险分业经营的局面。

随着寿险市场上经营主体的增多，保险产品的种类也不断增加，除团体人身意外伤害保险、简易人身保险、养老保险之外，又陆续扩展到各种医疗保险、子女教育保险、婚嫁保险、团体人身保险等险种。1999年10月，中国平安保险公司寿险在上海推出投资连结保险,之后各种分红保险和万能型寿险相继推出,丰富了保险市场,满足了多层次的保险产品需求。

从市场结构看,中资控股股份制保险公司保持强劲的增长势头。目前我国商业寿险市场共有44家人寿保险公司,其中中资19家,外资25家。寿险市场已初步形成了以国有保险公司为主体,中、外资公司并存,多家公司竞争发展的新格局。

产险市场的发展。改革开放后近十年的时间里,在全国范围内经营保险业务的只有中国人民保险公司一家,在此期间,中国人民保险公司在国家有关政策的扶植下得到了极大的发展,并在保障社会生产和生活方面起了一定的作用。

随着太平洋保险和平安保险的成立,我国保险市场形成了三家公司垄断的局面。在该阶段初期,太平洋和平安占保险市场的份额还十分有限。但在此之后,太平洋保险和平安保险发展迅速,从业务规模绝对增长率上看,人保五年间增长1.45倍,太平洋增长8.63倍,而平安则增长16.8倍。随着我国保险业的进一步发展及对外开放,市场主体呈现多元化,产险市场也形成了寡头垄断与垄断竞争共存的格局。

再保险市场的发展。随着我国保险市场规模的扩大以及其他保险主体的发展,为保障直接保险公司经营的稳定性,1988年施行的《保险企业管理暂行条例》规定了国内强制再保险业务,国内开始办理30%的法定分保业务,由人保再保部代行国家再保险公司的职能。1988年后,随着市场主体的增加,虽按规定再保险业务属法定业务,但再保险市场已开始形成。90年代以后,为了引进竞争,提高经营效率,逐步打破人保对再保险市场的完全垄断,1993年,国务院与中国人民银行明确太平洋、平安两家保险公司可以经营国内、国外再保险业务。国内再保险主体开始增多,市场建设快步发展。随后,为了鼓励商业再保险的发展,1995年实施的《保险法》又将法定分保比例由30%降至20%。1996年中国人民保险公司改制组建集团公司,成立了中保再保险有限公司。至此,国内才有一家经营再保险业务的专业公司,再保险业在国内保险市场上的地位有了很大提升。1999年3月,中国再保险公司在中保再保险有限公司的基础上成立,使得我国再保险市场有了专业的供给主体,并承担着国家再保险公司的职责,在我国再保险市场上占据着绝对的市场份额。从此，再保险业进入了一个新的发展时期，一个多形式的初具规模的再保险市场已经形成。

(2) 保险中介的发展

保险代理。1980—1986年，中国人民保险公司在保险市场上一统天下，保险代理以兼业代理为主。在城市，开始以招临时工为主的代理形式，后来逐渐演化成职业化的代理人。在农村，最初委托农村信用社代办，后来过渡为深入到乡村由农技员或计生员等基层干部兼理农村代办站（所）的形式。1986—1992年，中国人民保险公司、中国平安保险公司、中国太平洋保险公司在保险市场上形成了三分天下之势，依附于它们的保险代理也随之形成了三大势力范围。1992年美国友邦保险公司在上海设立分公司，带来了全新的个人代理营销模式，在不到两年的时间里很快抢占了上海寿险市场，由此引发了国内寿险公司的竞相仿效。从此，个人代理制成为国内寿险营销的主渠道，保险代理进入了质的飞跃时期。90年代后期国民、国泰、合盟等保险代理公司的相继出现，逐渐成为社会职业的一道亮丽风景线。而以《保险法》为核心的一系列法规的相继出台，又将盲目无序超常规发展的保险代理纳入到法制化、规范化的发展轨道。保险代理也由单纯的产险代理转变为财寿险混合代理。

保险经纪。我国保险经纪是随着改革开放后保险业的全面恢复而逐渐发展起来的。以《保险法》为核心的一系列关于保险经纪人法律地位的确认和相关管理规定的出台，才初步奠定了我国保险经纪人制度。而1999年的首次保险经纪人资格考试推动了保险经纪人的职业化。随着北京达信、江泰，上海东大河，广州长城等保险经纪公司的成立，整个保险经纪行业发展迅速加快。到2002年9月，已有17家保险经纪公司获准成立。

保险公估。在我国经济体制改革和开放之前，还没有保险公估公司，但有关保险的公估活动一直存在着。真正意义上的保险公估是到改革开放后，随着保险业的恢复和发展而逐渐产生和发展起来的。1990年在内蒙古自治区成立的"保险理赔公证技术服务中心"是改革开放后最早成立的公估公司。以后相继在市场经济较发达、开放程度较高的沿海沿边地区出现了一些公估公司。随着以《保险法》为核心的一系列关于保险公估的管理法规的出台，保险公估才走上了快速发展之路。到2002年9月为止，在我国已获批准成立 26 家保险公估公司。

(3) 保险监管体制改革

以人民银行为监管主体的保险监管体系。在保险监管方面，20 世纪八九十年代保险管理体制属"金融型"，即"银行管保险"。1980 年保险机构恢复之初，仍然沿用 1964 年以来的建制，中国人民保险公司直接属于中国人民银行，为局级专业公司，其管理体制也基本上沿袭 50 年代的总、分、支公司垂直领导形式。但是，随着保险机构的迅速壮大和业务领域的不断扩展，作为全国唯一的国家独资的保险企业，其经营管理体制上"统得过死"、"责、权、利不清"的弊端逐渐显露出来。因此根据 1984 年十二届三中全会《中共中央关于经济体制改革的决定》以及国务院批转的《中国人民保险公司关于加快发展我国保险事业的报告》，1984 年 12 月中国人民保险公司召开了全国保险工作会议，对核算管理办法、利润留成办法、业务经营权、干部管理权、资金运用权、财务管理权等进行了一系列改革。自此，保险业也逐步打破了由中国人民保险公司独家经营的传统格局，开始出现了多家办保险的局面。[①]

以保监会为主体的保险监管体系。随着保险业的发展，原有的"金融型"监管体制已不适合保险业发展的新形势。因此，1998 年 11 月 18 日，原中国人民保险公司分拆成立中国人民保险公司和中国人寿保险公司后，公司管理人员和原中国人民银行保险监管司合并，成立了中国保险监督管理委员会（简称保监会）。保监会为国务院直属事业单位，根据国务院授权对中国保险业履行行政管理职能，并实施市场监管。这是保险监管体制的重大改革，标志着我国保险监管机制得到了进一步完善。保监会成立以来，对中国保险业的规范发展起到了重大的促进作用。

保险业协会——民间自律组织监管作用的发挥。中国保险业协会成立于 2000 年 11 月 16 日。与证券业协会一样，其成立目的是发挥保险业的政府监管、民间自律和保险业内部监管的三重监管作用。协会主要致力于强化行业自律、加强会员间的信息交流与合作、开展国际交流、推动中国保险业参与国际竞争等。但在目前，由于社会对于民间自律组织的作用缺

---

① 参见中国保险学会《中国保险史》编审委员会：《中国保险史》，北京，中国金融出版社，1998。

乏充分的认识，政府也没有给予保险业协会以应有的监管权限，而且保险业协会自身发展不健全，因此保险业协会的自律作用还没有充分地发挥出来。

3. 期货市场的发展与监管

(1) 期货市场的产生与发展

为了促进资源的科学配置，1988年5月国务院领导做出"研究国外期货市场并结合中国实际制定试点方案"的重要指示。1990年12月，中国第一家引进期货机制的全国性粮食批发市场——中国郑州粮食批发市场组建成立，期货市场的发展进入了试点阶段。此后几年，我国期货市场发展迅猛，为促进资源有效配置做出了一定贡献。

由于此间的期货交易监管分散，导致地方政府投机泛滥，特别是1995年国债期货出现"3·27"事件和"3·19"事件后，国务院加强了对期货市场的监管力度。但由于处罚力度过急过猛，导致期货市场成交量每年以30%~40%的速度递减。截至1998年，整个期货市场的格局得到了较大的调整，原来的14家期货交易所合并为大连、郑州、上海三家。1999年6月，国家有关部门颁布了《期货交易管理暂行条例》等系列法规，为期货市场的进一步清理整顿和规范运作打下了坚实的基础，我国期货市场由此进入了发展新阶段。中国期货业协会也于2000年底在北京正式成立。经过连续7年的调整，2001年我国期货市场扭转了连续多年交易规模持续下滑的局面，实现了恢复性增长。

(2) 期货市场的监管

1990—1993年，是期货市场发展的起步阶段。这一时期的监管较为混乱，其建立和管理是按照产品职能设置管理部门，不同的交易品种的批发市场和交易所由不同的部门管理。全国50多家期货交易所出现了各自为政、管理混乱的局面。

为了控制期货市场的盲目发展，1993年国务院开始对期货市场进行整顿，规定由国务院证券委员会负责对期货市场试点工作进行指导、规范、协调和监管。1998年8月1日，国务院发布《国务院关于进一步整顿和规范期货市场的通知》，要求中国证监会要进一步加强监督与管理。1999年6月2日，国务院正式颁布了《期货交易管理暂行条例》，强化了证监会对期货市场实行统一监管的地位，赋予证监会极为广泛而具体的权力，期货市场的监管进入了良性循环的轨道。2001年，中国期货行业协会在北京建立，它的成立标志着我国政府管理期货市场的方式发生了重大变化，即由直接监管转向依法间接监管。从此期货市场的管理模式转向了政府监管、协会自律、会员自律三层分工相结合的新格局。

4. 产权交易市场的形成与整顿

(1) 产权交易市场的产生及发展

产权交易中心的产生及发展，主要是由于计划经济向市场经济转型的过程中，资金配置方式发生了变化。一方面，市场化的融资机会开始替代财政分配的主渠道；另一方面，深沪两个交易所远远不能满足大企业的融资需求。产权交易中心的发展可分为以下几个阶段：

初创期：20世纪80年代中后期到90年代初，我国股份制改革进入前所未有的高潮，沪深两个交易所相继产生，但它们远远不能满足企业融资的需求，产权交易所应运而生。1988年，武汉和四川乐山率先成立了我国第一批产权交易所。1992年邓小平南方谈话后，产权交易市场的发展进入了高潮期。

衰退期：1994年国有资产管理局颁布了《国务院办公厅关于加强国有企业产权交易管理的通知》，通知中规定"暂停企业产权交易市场和产权交易机构的活动"。在此之后，产权交易市场一度衰落。1998年在整顿金融秩序、防范金融风险的要求下，国务院办公厅发布了1998年10号文，把拆细交易和非上市公司权证交易视为"场外非法股票交易"明令禁止。一批产权交易市场因此关闭，相当多的产权交易所虽然没有关闭，但实际上也处于半关闭或半停业状态。

政策限制条件下的顽强发展：1998年国务院发表10号文以后，在相当多的产权交易所处于关闭或半关闭的情况下，上海和深圳的产权交易所却还在顽强地发展。"上海产权交易所"的前身是1994年4月成立的"上海城乡产权交易所"，1996年3月重组改名为"上海产权交易所"。在政策限制的条件下，"上海产权交易所"却以其组织大工业的魄力获得了相当的发展。上海市要求国有和集体企业的兼并、重组、结构调整都要进入产权交易市场，使得缺乏交易内容的市场得以生存并发展。

90年代中后期,在我国产业升级和高新技术产业发展的浪潮中,许多成果需要寻找创业资金,为使风险投资与科技成果结合起来,技术成果交易与融资功能相结合的技术产权交易市场应运而生。上海、深圳、北京、成都、重庆等地都先后成立了技术产权交易所。有的是新组建的,有的是在原科委系统的技术交易市场基础上改造的,有的是在高交会基础上延伸的。深圳还成立了知识产权交易所,性质仍然是产权交易。1997年7月,以上海产权交易所为理事长单位,以江苏、江西、四川、安徽、青海、重庆、湖南、福建等八省和九江、宁波、合肥、武汉、杭州、南通、厦门、涪陵、衡阳等九市为成员,共同组建了"长江流域产权交易共同市场",从而加强了上述区域内各产权市场的联系,大大推进了以产权为纽带的跨地区、跨行业、跨部门的收购兼并活动。[①]

(2) 产权交易市场的发展趋势

虽然产权交易市场的发展至今仍然受到限制,但关于产权交易市场的争论一直没有停止过。世纪之交中国经济发展和改革出现了具有重要意义的两大需求,产权交易市场的发展有了重大转机。一是国有资产经营公司接受债转股项目后迫切需要寻求退出机制,显然主板市场不能满足这一要求,产权交易市场自然成为关注对象;二是风险投资公司的迅速发展对进入推出机制提出了迫切要求,使它们也把目光投向了产权交易市场。尤其具有重大意义的是,一向受到指责的"非上市股份有限公司股权登记托管业务"重新开展起来。河南、厦门、青岛、深圳等省市在2000年以来相继出台了有关政策法规,明确当地产权交易中心开展非上市股份有限公司的股权登记托管业务的合法性。这种做法不仅为股权的有效合理流动提供了良好的市场环境,而且为产权交易所的发展创造了条件。

2003年10月党的十六届三中全会公报明确表示"要依法保护各类产权,健全产权交易规则和监管制度,推动产权有序流转"。由此可见,国家对于产权交易市场的政策已经开始放宽,一个更为完整的产权交易规范体系有望迅速建立起来。

[①] 参见胡雄飞:《企业、市场和政府——对建立现代企业制度的若干经济学思考》,上海,上海教育出版社,2000。

三、中国金融体制改革的成就和经验

(一) 中国金融体制改革的基本成就

金融体制改革20多年来，中国金融业通过创建多样化的金融体系、发展市场化融资体系、不断改进金融服务方式、建立有效的宏观调控和监管体系等方式，在维护经济稳定与金融业安全运行、运用货币信贷政策支持经济增长、促进经济结构合理调整、保持币值的稳定、维护金融秩序等方面发挥了重要的作用。中国金融体制已经成为国民经济的重要组成部分。

1. 健全多样化的金融体系，增强金融实力

通过改革开放20多年的发展，我国金融组织体系由单一的中国人民银行体制发展到今天，已初步建立了由中国人民银行调控，由银监会、保监会、证监会分业监管，国有商业银行为主体，政策性金融与商业性金融分离，多种金融机构、多种融资渠道并存，功能互补和协调发展的新的金融体系。截至2001年底，除中国人民银行外，我国还有政策性银行3家；国有独资银行4家；10家全国性股份制商业银行[①]；109家城市商业银行；1 049家城市信用社；3 805家农村信用社；13家保险公司（不含几十家外资保险公司分公司和中外合资的保险公司）；证券公司109多家；191家营业性外资金融机构[②]。

金融实力不断增强。截至2002年6月底，全部金融机构总资产达23.2万亿元，比1989年增长近14倍，比1997年增长66%。[③]

金融机构的所有制结构也发生了很大变化。在我国的金融机构中，除四大商业银行和中国人民保险公司、中国人寿保险公司是国有独资形式，其他的均是采用股份制形式，其入股资金既有财政资金也有企业法人资金甚至居民个人入股资金。1996年成立的中国民生银行，主要是由私人企业法人入股投资，是第一家民营股份制商业银行。目前我国的金融机构基本上适应了多种所有制结构的发展需要，金融市场化程度不断加深。

[①] 恒丰银行于2003年8月成立。
[②][③] 见《人民日报》，2002-09-22。

上市银行的规模和实力不断增大。到 2003 年末为止，我国已有深圳发展银行、浦东发展银行、民生银行、招商银行和华夏银行①五家上市公司。单从 2003 年上半年来看，深圳发展银行、浦东发展银行、民生银行、招商银行等四家上市银行分别实现营业利润 8.9 亿元、15.68 亿元、4.95 亿元和 21.65 亿元。在业绩增长的同时，四家上市银行的不良贷款率也有较大幅度的下降。截至 2003 年第二季度末，招商银行不良贷款率为 8.06%，比年初下降了 2.19 个百分点；深圳发展银行不良贷款率由年初的 14.84% 下降到年末的 13.39%。② 国有商业银行也在积极进行股份制改造，四大国有商业银行已有 3 家成功上市。

2. 稳定人民币币值，为经济发展提供良好金融环境

改革开放以后，我国不断推进外汇体制改革，形成了以市场供求为基础的、单一的、有管理的浮动汇率生成机制，人民币的对内币值与对外币值有了共同的市场基础。中国人民银行有效地充实、运用、管理外汇储备和黄金储备，在国际经济交往中，人民币汇率的稳定，也获得了较好的国际信誉。1997 年爆发东南亚金融危机之后，中国人民银行谨慎地应对形势的变化，适度调整货币政策操作力度和调整方式，力保人民币汇率的稳定，得到了国内外的普遍赞同和高度评价。

同时，中国人民银行在国务院有关部委的协助下，通过灵活的货币信贷政策，使国内物价基本保持了稳定，保证了人民币对内币值不出现大的波动，为经济发展和社会进步提供了良好的金融环境。

3. 改进金融服务方式，发展市场融资体系

改革开放后，金融服务的市场需求和金融业竞争开始加强。金融机构的服务水平不断提高，提供的各项金融服务已覆盖到国民经济各部门和社会发展的各方面，基本形成了适应经济发展需要的现代金融组织和服务体系。改革开放以来，新中国金融体制适应经济发展的需要，从复合型单一银行向多种金融机构分工协调的金融体制转变，为国民经济持续稳定健康发展构筑了良好的货币和金融环境。在我国金融体系发展和完善金融服务方面，形成了以中国人民银行为主，国有商业银行、政策性银行、股份制商业银行、其他

---

① 华夏银行于 2003 年 9 月上市。
② 参见《银行业　控制风险　渐进改革》，见国家信息中心中经网，2003-09-09。

金融机构为辅的良好局面。

从1986年央行开始推行以票据信用为主体的规范化结算制度,协调各金融机构,进行了支付结算体系的现代化建设。在"八五"计划期间,电子化的清算体系取得了重大突破,1991年中国人民银行电子联行系统正式投入使用,"天地对接","实时清算"。在大额支付系统和全国电子联行系统组成的我国支付清算系统混合运行以来,一直运行稳定,为整个金融系统及全社会提供了良好的支付清算服务。同时,中国现代化支付系统与债券市场、外汇市场、同业拆借市场等有机连接,为其提供快速、高效的资金汇划和清算服务,有效支持金融市场的发展和货币政策的实施。我国逐步形成一个以现代化支付系统为核心,商业银行行内系统为基础,各地同城票据交换系统并存的中国支付清算体系。

我国银行卡联网通用网络已基本覆盖全国地市级以上城市,同城跨行交易成功率和异地跨行交易成功率均有一定程度的提高,联网通用工作取得重要进展。截至2003年11月底,加入跨行网络的成员机构达109家;单2003年1—11月份就实现银行卡跨行交易9.49亿笔,交易金额2959亿元,同城跨行交易成功率达到88.08%,异地跨行交易成功率实现突破,达到80.56%。全国联网特约商户已达20万家,联网POS机32.7万台、ATM机5.46万台①,银行卡大约5亿张,平均年发卡量增长64%,交易量年增长76%。② 30余家内地银行"银联"标识卡自2003年1月18日和19日起先后可在香港4 000多商户消费及1 100台ATM上港币提现。③ 24小时银行、电话银行、限时服务等新型服务种类和方式对普通老百姓也已不再陌生。

在建立市场融资体制中,一方面是建立了市场供求为基础的新的投融资体制,商业银行要求为基本建设项目贷款实行项目法人制度、项目资本金制度和项目铺底流动资金制度,并大力开展国际通行的银团贷款、BOT等新的融资方式。另一方面是不断探索社会融资的市场组织形式。从银行同业拆借、外汇交易和票据贴现市场业务的拓展,到上海及深圳证券交易所的成

---

① 参见《银行卡联网通用取得重要进展》,载《金融时报》,2003-12-21。
② 见《金融时报》,2003-12-18。
③ 参见《18日起"银联"卡通行香港》,载《金融时报》,2004-01-18。

立,体现了一个市场化融资组织形式的良性发展的逻辑。

同时,以商业银行为主体的商业金融机构体系积极开展各类中间业务,特别是公司理财、金融咨询、代客买卖、代理收费、代发工资等等,提高了社会资金的使用效率,方便了广大客户,间接支持了经济的发展。

4. 运用货币、信贷政策支持经济增长,调整经济结构

改革开放以来,银行和非银行金融机构根据不同时期的经济需要,运用货币信贷政策,集中资金支持经济建设,保持了经济的持续增长,促进了经济结构的调整。80年代扭转"重重轻轻"的畸形经济结构,90年代在扩大利用外资渠道、推进国企改革等重大的经济发展和经济结构调整中,根据国家决定的经济发展战略和国民经济建设方针,适时调整货币政策,合理运用信贷资金,为支持国民经济的调整作出了重要贡献。[①] 从适度从紧的货币政策到稳健的货币政策的制定执行,对进一步发挥信贷政策作用,扩大需求,促进国民经济稳定增长产生了良好作用。截止到2003年11月,金融机构本外币各项存款218 574.35亿元,各项贷款16 8513.48亿元;到2003年第三季度,金融机构外汇信贷收支中,各项存款1 480.68亿美元,各项贷款1 264.01亿元。[②]

5. 建立有效的宏观调控和监管体系,维护经济稳定与安全

1979年以后,经过20多年的改革,中国人民银行适应经济金融的体制变革与快速发展,宏观金融调控职能和调控手段不断强化,除了传统的信贷规模和现金发行量的计划控制之外,相继开发和运用中央银行贷款、中央银行基准利率、公开市场业务、再贴现率等手段进行货币和信贷总量调控与结构管理,并逐步由直接控制走向间接控制。到1998年,取消了信贷规模控制,全面转向货币供应量的间接调控,对金融机构实行资产负债比例管理和风险管理,中央银行严密的金融监督日益成为经济金融安全的基本保证。

在市场经济体制下,中国人民银行依法履行监督管理职责。1993年后,中央银行加大金融监管力度,全面指导国内各金融机构强化其内部管理,按照分业经营、分业管理的原则规范金融市场行为,建立多层次的金

---

① 参见本报告货币政策的发展部分。
② 见中国人民银行网站银行概览。

融监管体制。对金融风险的识别和处理能力有了较大的提高。由一般的行政性金融管理，上升到市场准入、业务运营、风险监控和市场退出等全面监管，中央银行的监督强度与密度均有所提高，金融秩序逐年有所好转，金融业的运营质量有所提高，一个依法管理、谨慎高效的中央银行宏观调控和监管体系正在逐步形成和完善。为了保证经济的稳定和金融业的安全，多年来不断推进金融规章制度建设；对非法金融机构、违章经营以及资产风险极为严重的金融机构，依法进行整顿、接管、关闭，维护了投资者的合法利益，为稳定金融秩序、健全金融法制、保护国家经济安全，起到了重要的作用。

中国证监会在1992年成立以来，与人民银行一起共同对证券机构和证券市场进行了有效的监管。1998年人民银行将对证券机构的监管交给了证监会，形成了对证券行业的统一管理。1985年《保险企业管理暂行规定》明确了中国人民银行为国家保险主管部门。在其后的十多年中，中国人民银行在探索有效的保险业监管手段、维护广大被保人的利益等方面做了大量的工作。1998年11月18日，中国保险监督管理委员会成立，统一保险监管职能，对中国保险市场的稳定和有序发展发挥了重要作用。2003年银监会成立，接管了原来由中国人民银行承担的对金融进行监管的职能，从其近一年的实践来看，已经在稳定银行业方面起到了巨大的作用。

6. 稳步推进金融对外开放，开展国际金融合作

改革开放以来，我国金融业实行对外开放政策，对外往来不断扩大，国际金融合作内容日益丰富。按照国内经济发展水平和国际间的相互合作原则，从1979年开始，我国就有计划有步骤地开放国内金融市场。随着我国加入世贸组织以及国家实施"引进来"和"走出去"相结合的战略，我国金融业对外开放速度加快，金融对外开放水平不断提高，中央银行严格履行加入世贸组织的承诺，已有一批外资银行可以不受地域和客户限制办理外汇业务，并进一步增加了外资银行从事人民币业务的城市。到2002年12月底，在华外资银行营业性机构180家，代表处211家；在华外资银行总资产391.54亿美元，负债总额349.41亿美元；2002年全年累计实现盈利1.84亿美元；年底不良贷款比率为6.19%。自我国1996年允许在上海、深圳的外资银行试点经营人民币业务以来，获准经营人民币业务的外资银行总数已

达53家。① 目前，对外资银行正式开放了14个城市的人民币业务。更值得关注的是外资入股境内金融机构。目前，有外资参股的国内商业银行有中国光大银行、上海银行、南京市商业银行和西安市商业银行。同时，国务院下决心进行了汇率机制的改革，并随后实现了人民币在经常项目下的可兑换，这一改革取得了成功。

与此同时，一些中小商业银行正积极寻求到海外上市。近年来，中资金融机构也已经在一些经济发展速度较快和有发展潜力的发展中国家和地区，如在东南亚和非洲等地设立金融机构。仅至1998年底，国有商业银行和保险公司在境外设立了687个机构，其中营业性机构654个，代表机构33个，遍及世界五大洲的24个国家和地区，主要集中在国际金融中心城市，如香港、新加坡、东京、伦敦和纽约等地，雇员总数2.8万人。②

在国际金融事务中，中国人民银行代表政府，参与各国国际金融活动，维护了中国的主权利益，同时也履行了相应的国际义务。中华人民共和国是国际货币基金组织、国际清算银行、亚洲开发银行等国际金融机构的成员，在这些组织中中国人民银行代表政府发挥了成员国应有的作用。

进入2003年，金融业对外开放又取得了一系列成绩：6月2日，由中国出资参加的亚洲债券基金（Asian Bond Fund）正式启动，亚洲金融合作进一步加强。2003年12月1日，银监会主席刘明康宣布，从2003年12月1日起，将外资金融机构经营人民币业务的地域扩大到济南、福州、成都、重庆四个城市，并在已开放人民币业务的地域，允许外资金融机构向中国企业提供人民币服务；保险业、证券业也如期实现对外开放承诺。12月8日，银监会发布《境外金融机构投资入股中资金融机构管理办法》。内地与香港、澳门建立更紧密的经贸关系安排，对内地与香港、澳门在银行、证券、保险等领域的金融合作作出了一系列新的安排。在CEPA（《内地与香港关于建立更紧密经贸关系的安排》）框架下，11月19日，中国人民银行和香港金融管理局在京签订合作备忘录，当日中国人民银行发布公告，经国务院批准，中国人民银行将为在香港办理个人人民币存款、兑换、银行卡和汇款业务的有关银行提供清算安排。12月24日，央行决定授权中银香港为香港银

---

① 参见《银行业 控制风险 渐进改革》，见国家信息中心中经网，2003-09-09。
② 参见戴相龙主编：《中国人民银行五十年》，北京，中国金融出版社，2000。

行个人人民币业务清算行。这将有利于内地与香港特别行政区之间的经贸和人员往来，引导在香港的人民币有序回流。

（二）新中国金融改革的基本经验

在 20 多年的金融改革历程中，我国进行了艰苦的探索和大胆的实践，付出了一定的代价，取得了瞩目的成效，同时，也积累了宝贵的经验。

1. 加强宏观调控、保持币值稳定是经济持续增长的重要条件

实践证明，货币的稳定和经济发展是相互依存、互为条件的，而通货膨胀与经济失调往往又是互为因果、形影相随。改革开放以来，我国数次经济起伏，反复证明币值稳定对经济发展的重要意义。1996 年我国经济实现"软着陆"，从 1997 年下半年开始到 1999 年 6 月底，中国经济出现了商品零售价格指数连续 20 个月的负增长，居民消费价格也连续 16 个月负增长。近年来，我国实行稳健的货币政策，并不断改进调控目标、工具和手段，经历了抑制通货膨胀——防治通货紧缩——预防通货膨胀等一系列的金融宏观调控阶段，货币政策的效果正在逐渐显现。实践经验证明：通货膨胀和通货紧缩，都会加剧经济的动荡，给经济的持续增长带来巨大的负面影响，在我国市场机制还不够完善，市场机制的内在的调节功能还无法有效发挥作用的情况下，维护货币稳定，始终是中央银行的首要职责和历史责任。在实际操作中，要根据实际经济运行情况，不同时期实行不同的货币政策操作，灵活调控货币供应量，既要防止通货膨胀，又要防止通货紧缩。

加强财政政策与货币政策的配合，有利于提高宏观调控的效率。改革开放以来，特别是我国经济进入 90 年代以后，财政政策和货币政策的协调和配合，已远远超过了固定资产投资领域。参与国际经济分工、利用国外资源和适应国际国内市场需求，已成为我国经济持续、快速、健康增长的重要条件。中央银行在制定和实施货币政策时，既要注意结合实际国情，有效地调节货币总量的适度增长，调整信贷结构，增加有效供给，提高金融运行效率；又必须配合和支持财政政策的运用，以维护宏观经济的稳定，促进国际收支平衡，促进经济结构的合理化，使国民经济协调平稳发展。

2. 加强和改进金融监管，是维护金融安全的基本保证

随着金融发展和金融改革的不断深化，我国始终把加强对金融业的监管

作为改革的重要日程,坚持在维护金融稳定的前提下推进金融改革。中国人民银行专门行使中央银行职能以来,为维护金融秩序,降低金融风险,保证金融业的稳健运行,采取了一系列措施,不断完善监管法规,改进监管手段,将合规性监管与风险监管并重,把风险防范作为金融监管的核心,显著提高了金融监管能力和操作水平。2000年成立了中国保险监督管理委员会,并把对证券机构的监管权由人民银行划转给中国证券监督管理委员会,2003年中国银行业监督管理委员会成立,专门履行对存款类金融机构的监督管理职能,我国金融监管向专业化、规范化的方向又前进了一大步。金融监管体制的改革和加强,对维护金融稳定、促进金融发展起到了不可或缺的重要作用。

3. 协调发展直接融资和间接融资,是提高金融运行效率的基础

改革开放以来,经济货币化程度开始提高,国民收入分配格局出现了大调整。随着居民收入的提高和企业经营机制转变以及效益的提高,储蓄存款和其他资金来源开始迅速增加,提高金融资源的配置效率和金融运行效率的问题,逐步显现出来。社会资金通过信用渠道进入银行运用的比例快速上升的同时,金融风险也在不断加大。在90年代初期市场体系逐步形成和横向经济联系迅速发展的新形势下,仅仅依靠银行作为中介的间接融资不适应了。以1990年和1991年上海、深圳证券交易所成立为标志,直接融资发展迅速。近几年,直接融资在社会融资中的比重不断上升,约占全国融资量的1/3,而80年代初只有2%左右。经过20多年的改革实践证明,在发展间接融资的同时,逐步提高直接融资比重,有利于扩大民间投资,促进储蓄向投资转化,最大限度地动员社会资金,推动经济发展。直接融资与间接融资的互相配合、协调发展,还有利于改善企业信用状况和经营业绩,提高资金使用效率;有利于分散和控制金融风险,使储蓄主体(居民)和投资主体结为一体、所有者利益和风险结为一体,促使资金向效益高的企业和项目流动,运用市场、法制和社会的力量控制金融风险,提高金融运行效率。

4. 金融改革与经济改革必须协调推进

金融体制改革相对于经济体制改革,应该超前、稍后、还是同步,是我国理论界曾经讨论很长时间的一个问题。20多年的事实已经证明,超前和滞后都会对改革和经济发展带来损失,只有同步进行才能协调配合,加快经

济体制的改革和促进经济的发展。1988年至1993年期间，为了有效治理通货膨胀，加强了指令性计划，实行限额管理，整顿了同业拆借，金融体制改革处于巩固阶段，前进步伐放慢，对当时经济体制改革的进展产生一些制约。经济理论界不少人批评银行是"经济体制改革的卡脖子部位"，银行体制改革"就地打转转"拉了整个经济体制改革的后腿。党的十四届三中全会特别是十五大以后，我国的金融体制改革步伐加快，而国有企业的改革相对较慢，又明显阻碍着金融体制和整个经济体制改革的进展；1998年银行取消信贷资金的限额管理，决定运用经济手段进行宏观调控。然而由于国有企业营运机制改进不大，亏损企业较多，对这些企业的贷款到期回收无保障，很难按照经济原则正常发放和收回贷款，银行贷款实际上仍然没能完全摆脱行政手段的影响。

金融体系内部各项改革更需要衔接配套。在党的十五大之后，中国人民银行向规范的中央银行前进的步伐大大加快，而国有大银行向商业银行推进的速度却相对慢些，以致在宏观经济政策传导方面出现了不协调现象，加快商业银行改革的步伐成为当前的重要任务。

5. 金融自由化、金融国际化必须循序渐进

根据我国金融体制改革进行的程度和我国自身的经济实力，量体裁衣、审时度势逐步推进我国的金融对外开放，是我国金融体制改革的一大特色。由于我国的金融体制改革还有待于继续深化，符合国际规范的现代商业银行体制尚未建立起来，金融市场体系中规范有效的"公开、公平、公正"的竞争机制尚未形成，国内银行业务的国际化经营刚处于起步阶段，能参与国际竞争的高素质金融人才普遍缺乏，宏观金融间接调控的水平还有待进一步提高等，这一切都决定了我国金融对外开放的步伐不能走得太快。在金融改革开放的过程中，我国采取了逐步开放金融市场，逐步放宽外资准入限制，逐步实现人民币在经常项目下可兑换，逐步放松对资本账户的管制等一系列渐进式改革政策，成功地抵御了亚洲金融危机的冲击，维护了人民币币值稳定和国内金融系统的稳定，有力地证明了我国渐进式金融改革的成功。

实践证明，金融自由化的过程应与市场发展的进程相适应，各类金融机构的改革应同步进行。自由化过程如果超过市场的承受力，就会产生严重的后果。对必须进行的金融自由化改革，如果采取拖延政策，不但不能避免或

推迟金融风险，反而会导致新的市场扭曲。同时，如果金融市场改革不同步，对不同金融机构实行区别管制，就会扭曲各类金融机构的竞争地位。金融自由化的过程要与我国金融体系抵御风险的能力相适应，金融市场的发展应规范化与自由化并举。如果金融自由化步伐超出了金融体系抵御风险的能力，就会导致金融危机。只有加快改革金融体制，包括完善金融监管制度，加强金融基础设施，促进专业化银行的商业化改造，才能更好地推进金融自由化。

国内金融自由化必须在金融约束之后，外部自由化必须在外贸自由化和国内金融自由化之后，金融体制改革与发展是渐进的过程。金融约束随着金融改革的深入可适当减轻，直到过渡到金融自由化。随着金融市场的建立与完善，我国可逐步开放资本市场，在开放的同时应采取一些政策措施和间接的资本控制，消除资本注入的消极影响，提高短期资本进入成本，减少短期资本涌入，避免资本大进大出对国内经济的冲击，这样才符合渐进式的改革思路。因此，部分地控制资本自由化在相当长的时期内是我国金融自由化的最佳选择。

6. 立足本国实际、大胆借鉴国外先进经验是有益尝试

建立社会主义市场经济体制是我国经济体制改革的目标，也是一项前所未有的大胆探索。金融是现代经济的核心，在推进金融改革的过程中，一方面充分考虑到我国从计划经济转轨到市场经济，经济发展的路径和初始条件与国际上许多市场经济国家有着巨大差别的实际，认真研究中国实际，慎重推进我国的金融体制改革；另一方面，也充分认识到市场经济的共性，大胆借鉴市场经济国家在促进金融改革和发展过程中的一些成功的做法，引进一些成功的经验和先进技术，从而避免了从头开始探索，避免了不必要的成本和损失，赢得了后发优势，取得事半功倍的效果。我国实行的中央银行制度、市场金融制度、银行参与宏观经济调控等等，就是从市场经济国家引进，结合我国实际情况，略加修改后实行的。今后我国金融业还需深化改革，并积极创造条件走上国际市场，重视吸收国外做法，这将具有更加重要的意义。

参考文献

1. 尚平顺，严彩郡. 中国外汇体制改革理论与实践. 北京：中国经济出版社，1995

2. 巴曙松. 中国外汇市场运行研究. 北京：经济科学出版社，1999
3. 李平，杨清仿. 人民币汇率——理论、历史、现状及其发展趋势. 北京：经济科学出版社，1999
4. 李长江. 人民币迈向国家化的道路. 北京：中国物资出版社，1998
5. 王国刚. 资本账户开放与中国金融改革. 北京：社会科学文献出版社，2003
6. 姜波克. 人民币自由兑换和资本管制. 上海：复旦大学出版社，1999
7. 吴晓灵. 新一轮改革中的中国金融. 天津：天津人民出版社，1998
8. 谢平，焦瑾璞. 中国商业银行改革. 北京：经济科学出版社，2002
9. 尚明. 新中国金融五十年. 北京：中国财政经济出版社，2000
10. 唐旭，高洪星. 城市信用社的业务与管理. 北京：中国金融出版社，1994
11. 丁孜山. 政策性银行经营管理. 北京：中国金融出版社，2001
12. 中共中央关于完善社会主义市场经济体制若干问题的决定. 北京，人民出版社，2003
13. 孙天琦. 金融组织结构研究. 北京：中国社会科学出版社，2002
14. 上海财经大学金融学院. 2003 中国金融发展报告. 上海：上海财经大学出版社，2003
15. 谢伏瞻，魏加宁. 金融监管与金融改革. 北京：中国发展出版社，2002
16. 余龙武，郭田勇. 中国银行业的综合经营与监管. 北京：中国商业出版社，2002
17. 黄达主编. 货币银行学. 北京：中国人民大学出版社，1999
18. 王松奇. 金融学. 北京：中国金融出版社，2002
19. 李健. 商业银行学. 上海：立信会计出版社，1998
20. 宋海林，刘澄. 中国货币信贷政策理论与实证. 北京：中国金融出版社，2003
21. 魏革军. 中国货币政策传导机制研究. 北京：中国金融出版社，2001
22. 洪葭管主编. 中国金融史. 成都：西南财经大学出版社，1993
23. 吴利军. 证券市场风险监管. 南京：江苏人民出版社，2002
24. 吴敬琏. 十年纷纭话股市. 上海：上海远东出版社，2001
25. 魏兴耘. 证券市场制度研究. 广州：广东经济出版社，2001
26. 胡雄飞. 企业、市场和政府——对建立现代企业制度的若干经济学思考. 上海：上海教育出版社，2000
27. 曲昭光，徐明威. 资本市场与资本流动. 北京：法律出版社，1998
28. 中国保险学会《中国保险史》编审委员会. 保险史. 北京：中国金融出版社，1998
29. 戴相龙主编. 中国人民银行五十年. 北京：中国金融出版社，2000
30. 钱小安. 中国货币政策的形成与发展. 上海：上海三联书店，2000
31. 王煜. 中国货币政策趋势. 北京：中国金融出版社，2000
32. 吴利军. 证券市场风险监管. 南京：江苏人民出版社，2002
33. 吴念鲁. 论人民币汇率机制及人民币自由兑换的前景. 国际金融研究，2000（6）
34. 汪小亚. 我国资本账户开放与利率—汇率政策的协调. 金融研究，2001（1）
35. 赵海宽. 人民币可能发展成为世界货币之一. 经济研究，2003（3）

36. 丁一凡. 必须谨慎对待人民币自由兑换的问题. 国际经济评论, 2003 (9—10)

37. 吴晓灵. 我国外汇体制改革的进展. 金融研究, 1997 (1)

38. 钟伟, 张庆. 美元危机和人民币面临的挑战. 国际金融研究, 2003 (3)

39. 范从来. 论国际资本流动的货币冲击效应. 经济社会体制比较, 2003 (4)

40. 孟保德. 农村信用社的生存及发展趋势. 世界农业, 2002 (4)

41. 朱冰. 试论农村信用社的制度创新. 农业经济问题, 2002 (2)

42. 马忠富. 农信社路向何方. 中国改革, 2002 (1)

43. 李崧. 现代合作金融体系与我国农村信用社的发展. 农业经济, 2002 (4)

44. 赵杰, 孙培宽. 对完善现代金融监管体系的思考. 济南金融, 2002 (10)

45. 王兵, 胡炳志. 论有效金融监管. 经济评论, 2003 (12)

46. 孔祥毅. 百年金融制度变迁与协调. 北京: 中国社会科学出版社, 2002

47. 中国银行业监督管理委员会公告（2003 年第一号）

48. 林毅夫. 中国金融体制改革的回顾和展望. 2000-04

49. 钟伟, 巴曙松, 高辉清, 赵晓. 中国金融风险评估报告, 2002-09

50. 徐传谌, 郑贵廷, 齐树天. 我国商业银行规模经济问题与金融改革策略透析. 经济研究, 2002 (10)

51. 戴根有. 关于利率市场化. 金融时报, 2001-11-26—12-24

52. 申艳丽. 如何推进利率市场化. 金融时报, 2003-05-19

53. 林毅夫, 李永军, 路磊等. 中国金融体制改革的回顾和展望. 北京大学中国经济研究中心经济发展战略研究组讨论稿系列. 2000-04

54. 陆世敏. 中国金融体制改革的回顾与展望. 财经研究, 1999 (10)

55. 伞峰. 让股价跟上宏观经济发展步伐. 经济参考报, 2003-02-26

56. 孙国峰. 两千年两千点: 泡沫是怎样形成的. 财经, 2000 (9)

57. 梁忻. 中国企业债券市场向规范化迈进. 中国企业报, 2003-10-02

58. 中国保险年鉴. 历年

59. 郝演苏. 保险业的风险——偿付能力风险对于中国保险业之影响. 计算机世界报, 第 27 期 G22、G23

60. 中国人民银行. 外资银行统计监管月报, 1998 (12)

61. 郭树清. 中国的外汇政策和外汇管理体制改革. 财经, 2003 (4—5)

62. 乔桂明. 货币替代: 中国资本项目开放进程中的考验与政策选择. 国际金融研究, 2003 (11)

63. 林毅夫, 李永军. 发展中小金融机构, 促进中小企业发展. 北大经济研究中心讨论稿. 2000-10

64. 张捷. 中小企业关系型贷款与银行组织结构. 经济研究, 2002 (6)

65. 何德旭. 金融监管: 世界趋势与中国的选择. 管理世界, 2003 (9)

66. 中国人民银行银行监管课题组. 进一步发挥现有中小商业银行的作用. 金融时

报，2002-09-05
67. 刘丽京. 审慎银行监管在我国应用的主要方面. 中国金融，2003（9）
68. 银行监管与中国银监会. 见：金融监管网
69. 卓夫. 我国中央银行与金融监管体制沿革. 见：金融监管网

执笔人　宋　立　孙天琦

分报告六
中国价格改革的基本经验

中国在推进经济体制改革过程中,一直重视价格改革。1979年农村改革起步,大幅度提高农产品收购价格是当时两大举措之一(另一举措为实行家庭联产承包责任制)。1984年10月20日通过的《中共中央关于经济体制改革的决定》,对价格改革在经济体制改革中的重要性和地位做出明确的表述:价格是最有效的调节手段,价格体系的改革是整个经济体制改革成败的关键。1992年10月,党的十四大报告重申了上述观点,提出:价格改革是市场发育和经济体制改革的关键,应当根据各方面的承受能力,加快改革步伐,积极理顺价格关系,建立起以市场形成价格为主的价格体制。20多年来,中国的价格改革正是在上述指导思想引导下,在各级政府的推动和广大公众的支持下,逐步展开并取得实质性进展的。目前,在实物商品和服务价格方面,已基本上建立起市场价格体制,生产要素价格的市场化进程也已开始。可以说,农村改革在20世纪80年代初期取得初步成功后,直到整个90年代,价格改革一枝独秀,走在改革前列。进入新世纪新阶段,以完善为主题推进社会主义市场经济体制建设过程中,仍需深化价格改革,着重推进要素和资源产品价格市场化,加强对垄断行业价格的监管,规范各种收费等。认真总结中国价格改革的成功经验,探索价格改革的规律性,并做出必要的理论概括,对繁荣经济科学和继续推动价格改革实践,都是有意义的。

一、农村改革初步成功后,价格改革迅速推进

从1978年底党的十一届三中全会确定中国实行改革开放以来,中国经

济体制改革的一个显著特点是，作为整个经济体制改革成败关键的价格改革，一直是目标明确（通过调整价格和放开价格，逐步建立以市场形成价格为主的体制，理顺价格关系），稳步推进（平时迈小步，不停步，一旦宏观经济环境稍微宽松迈大步），无大曲折（两次出现中度通货膨胀，因治理及时，没有出现改革的大倒退），无大震动（1978—2003年，平均社会商品零售价格上涨率为5.1%，城市居民消费价格上涨率为6.5%，处于社会和公众可承受的范围内），因而是继农村改革取得初步成功后改革的又一巨大的成功。这突出地表现在以下几个方面。

（一）实物商品和服务价格形成机制已基本转换，市场价格体制基本确立

改革开放以前，中国绝大多数商品价格由政府决定。1978年，政府定价比重，社会商品零售总额为97%，工业生产资料销售收入总额为100%，农副产品收购总额为92.6%。经过20多年的价格改革，2003年，社会商品零售总额中，市场价格的比重已上升为95.6%；工业生产资料销售收入总额中，市场价格的比重已上升为87.4%；农副产品收购总额中，市场价格的比重已上升为96.5%。1998年国务院价格主管部门及有关部门管理的价格，包括政府定价和政府指导价，已由1978年的1336种（类）减少为58种（类），2001年进一步减少为13种（类）。[①] 可见，在实物商品领域，市场价格体制已基本形成。与此同时，各种服务收费，凡属竞争性行业的收费，其价格也已放开，由市场调节。

（二）价格结构有重大改善，比价差价关系比较合理，市场信号比较准确

从工农产品比价看，1997年与1978年相比，农产品收购价格上升了425.4%，农村工业品零售价格上升了194.8%，1997年农产品换工业品的数量比1978年增加50%多，工农产品价格剪刀差缩小了。从农产品内部比价看，1997年与1978年相比，粮食收购价格总水平累计上升了574.7%，

---

① 13种（类）政府定价的，包括：重要的中央储备物资、国家专营的产品、部分化肥、部分重要药品、教材、天然气、中央直属及跨省水利工程供水、电力、军品、重要交通运输、邮政基本业务、电信基本业务、专业服务等。

比农产品收购价格总水平上升率高149.3个百分点，说明粮食价格偏低的状况有所改善。从工业品内部比价看，1997年与1978年相比，采掘工业产品价格累计上升了712%，原材料工业产品价格累计上升了411%，加工工业产品价格累计上升了201%，说明历史上遗留下来的加工工业产品价格偏高、基础产品价格偏低的状况有了明显的变化。此后，由于主要工农产品价格放开由市场调节，人为扭曲价格的状况进一步改善。

质量减价、季节差价、批零差价等，也逐步合理。1998年5月和6月，全国粮食和棉花流通体制改革工作会议，确定粮食和棉花收购要拉开质量差价、品种差价，以促进粮食和棉花种植结构的合理调整，这对建立合理的比价差价关系有重要意义。随着社会主义市场经济的发展和居民收入水平的提高，产品质量差价呈扩大趋势，名牌效应明显。这几年，由于拉开了质量差价，优质专用农产品快速发展。到2002年，优质专用小麦已经占我国小麦面积的31%，优质水稻占60%。

（三）与国际市场价格衔接有重大进展

随着对外开放的扩大，对外贸易依存度的提高，国内外价格体系的衔接已成为必然的趋势。自1988年中国外贸体制实行"自负盈亏、放开经营、工贸结合、推行代理制"的改革以来，国内外价格体系的对接效应增强，逐步实行进出口商品代理作价原则，1993年起取消了对粮食、化肥等五种商品进口的补贴，同样实行代理价格。现在，占进口用汇几乎100%的商品已实行直接进口或进口代理制，进口商品的国内代理价格由市场决定，已实现与国际市场价格对接。由于可贸易商品范围的扩大，国内外价格的比较日益受到各方面（地方、部门、企业和个人）关注和重视。

据原国家计委市场价格司对1993年17种主要生产资料和农产品国内综合平均价的跟踪比较，其中高于国际市场平均价格的有大豆、花生油和镀锌板3种，高出幅度在10%～15%之间；低于国际市场价格的有原油、木材、棉花、大米、小麦等5种，低的幅度为14%～15%之间；与国际市场价格持平的有线材、中厚板、铜、铝、铅、锌、豆油、菜子油和玉米等9种。[①]

---

① 参见刘文、张旭宏：《我国市场体系的培育发展》，载《经济工作者学习资料》，1994（36）。

到1998年，情况有了一定变化。据有关单位选择有代表性的48种商品按国家规定汇价折算，进行国内外价格对比，其中国内价格高于国际市场价格的35种，占73%（高于20%以内的13种，占27%；高于21%~40%的7种，占15%；高于40%以上的15种，占31%），国内价格低于国际市场价格的13种，占27%。虽然有一些商品是按离岸价算的，如果同国内价格比较，还要在离岸价基础上加运输、保险费及进口税，但总的看来，那时还有较多的商品国内价格高于国际市场价格，为了更好地参与国际市场竞争，对国内价格体系作适当的结构性调整势在必行。中国加入世贸组织，承诺逐步降低关税，关税总水平2004年进一步降到10.4%，中国经济融入世界经济一体化的进程加快，国内外价格体系衔接的进程也就加快。

（四）价格调控体系初步建立

中国要建立的市场价格体制，并不是放任自流的，而是有政府宏观调控的。政府对价格调控的主要内容有三个：一是控制物价总水平的上升率，尽可能保持物价总水平的基本稳定和大体稳定，在集中改革时候，也要力求年上涨率不超过两位数；同时，也要阻止物价的持续下跌。二是调节重要商品市场价格的异常波动，防止上下涨落的波幅过大，以免对生产和流通带来不利影响。三是保护和支持在竞争中处于特殊地位的重要部门，如农业部门等。

改革开放20多年来，中国的价格调控体系已初步建立。1993—1997年中国治理通货膨胀、控制物价过大幅度上涨、实现经济"软着陆"说明了这一点。同时，广泛地实施"菜篮子"、"米袋子"工程，建立相当规模的重要商品包括粮食、棉花、钢材等储备和价格调节基金，主要运用经济手段和法律手段，辅之以必要的行政手段，调控物价主要是物价总水平，已积累了许多成功的经验。1998年以来，中国经济呈现微弱的通货紧缩趋势，物价总水平持续小幅度下跌，其中居民消费价格一直到2002年，商品零售价格到2003年9月持续下跌（其中居民消费价格指数2000年和2001年有小幅反弹），政府从1998年起实施扩张性的财政政策和货币政策，实施扩大内需的方针，抑制通货紧缩趋势，其中也实行对农民生产的粮食按保护价收购。从2003年起，还推进粮食补贴方式改革试点。安徽、吉林、湖南、湖北、河南、辽宁、内蒙、河北等 8 个省区,将原来对流通环节的间接补贴改为对种粮农民的直接补贴,并已取得初步成效。到 2003 年,中国通货紧缩趋势已得到有效抑制。

(五)《价格法》等法规的颁布实施,使价格工作走上法治化轨道

《中华人民共和国价格法》已于 1997 年 12 月 29 日颁布,并从 1998 年 5 月 1 日起正式实施,配套法规也在制定和完善。除此以外,截至 2002 年,已出台的有关价格的法规主要还有 30 多个,如表 6—1:

表 6—1　　　　中国制定和实施的有关价格的法律法规和政策一览表①

序号	年份	名　　称	发布单位
1	1982	《物价管理暂行条例》	国务院
2	1987	《中华人民共和国价格管理条例》	国务院
3	1990	《中共中央、国务院关于坚决制止乱收费、乱罚款和各种摊派的决定》	国务院
4	1993	《中华人民共和国反不正当竞争法》	中华人民共和国主席令
5	1994	《关于商品和服务实行明码标价的规定》	国家计委
6	1994	《物价检查人员廉洁自律的若干规定》	国家计委
7	1994	《城市房地产交易价格管理暂行办法》	国家计委
8	1995	《制止牟取暴利的暂行规定》	国家计委
9	1995	《城市国有土地使用权价格管理办法》	国家计委
10	1996	《关于加快价格法律体系建设的若干意见》	国家计委
11	1996	《价格评估管理办法》	国家计委
12	1998	《关于制止低价倾销工业品的不正当价格行为的决定》	国家计委
13	1998	《城市供水价格管理办法》	国家计委、建设部
14	1999	《价格违法行为行政处罚规定》	国家计委
15	2000	《关于治理向乡镇企业乱收费、乱罚款、乱集资和各种摊派等问题的通知》	国家计委
16	2000	《关于商品和服务实行明码标价的规定》	国家计委
17	2000	《关于改革医疗服务价格管理的意见》	国家计委、卫生部
18	2000	《国家计委关于规范餐饮连锁企业价格管理的通知》	国家计委
19	2001	《国家计委关于整顿涉农价格和收费的通知》	国家计委
20	2001	《国家计委和国务院有关部门定价目录》	国家计委
21	2001	《政府价格决策听证暂行办法》	国家计委
22	2001	《价格违法行为举报决定》	国家计委
23	2001	《禁止价格欺诈行为的规定》	国家计委
24	2001	《政府制定价格行为规则》(试行)	国家计委

续前表

序号	年份	名称	发布单位
25	2001	《国家计委、财政部关于全面整顿住房建设收费取消部分收费项目的通知》	国家计委
26	2001	《国家计委、国家粮食局关于2001年夏粮收购价格有关问题的通知》	国家计委、粮食局
27	2002	《财政部、国家计委关于将部分行政事业性收费转为经营服务性收费（价格）的通知》	财政部、国家计委
28	2002	《政府制定价格行为规则》（试行）	国家计委
29	2002	《国家计委、建设部关于印发经济适用住房价格管理办法的通知》	国家计委、建设部
30	2002	《政府价格决策听证办法》	国家计委
31	2002	《重要商品和服务价格成本监审暂行办法》	国家计委

注：①参见北京师范大学经济与资源管理研究所：《2003中国市场经济发展报告》，113～114页，北京，中国对外经济贸易出版社，2003。

（六）价格改革的成功实践，有力地促进了经济活跃和市场繁荣，推动社会经济运行从计划主导型转为市场主导型

改革开放前，由于实行传统的社会主义经济体制，中国处于明显的短缺经济状态，物资供应紧张，许多重要的商品实行价格管制，凭证供应，排队抢购，黑市猖獗，人民群众不但消费水平低，而且生活极不方便。80年代初，南方一些省市率先放开一部分商品如水果、水产品、蔬菜等的价格。很快，奇迹出现了。放开价格的商品，在经过短时间涨价后，由于市场机制的作用，这些商品像泉水般涌流出来，供应市场，而且价格逐渐回落。这使广大干部和群众看到了和亲自体验到了市场机制神奇的魔力。此后继续放开一些农产品、工业消费品等的价格，同样收到上述喜人的效果。所以，从政府定价改为由市场形成价格的最大好处是，带来经济的活跃和市场的繁荣，使中国老百姓到90年代初就告别凭票供应商品，接着又告别商品短缺，90年代后期开始形成了买方市场的格局，人民群众物质生活水平大为改善。

价格是由市场配置资源的核心。价格放开和转向市场价格体制，使价格能较好地反映价值和供求关系，形成比较合理的价格结构。这就给生产者和经营者发出准确的市场信号，使生产者和经营者知道应当生产与经营哪些商品，从而促进资源配置的优化，提高经济效率，推动社会经济持续、快速和健康发展。世界银行《1983年世界发展报告》曾分析了价格偏差（或扭曲）

同经济增长的关系，用统计数据表明价格结构比较合理的国家，其经济增长率较高。该报告搜集了31个发展中国家的资料，这些国家代表除中国以外的发展中国家的75%以上的人口，集中分析了外汇、资本、劳动力和基础设施特别是电力方面的价格偏差，然后作出了以下的估计：价格偏差较高（属于最高的1/3）的国家的经济增长率比平均数（每年约增长5%）约低两个百分点，价格偏差低（属于最低的1/3）的国家比平均数约高两个百分点。报告还指出，经济增长率差别的原因，需要考虑其他许多因素，不仅起码要考虑自然资源的禀赋，还要考虑其他经济、社会、政治和体制等因素，才能较全面地说明问题。但是，价格偏差能对经济增长情况的差别说明大约1/3的问题。[①] 改革开放以来，中国经济增长加快，其中一个重要原因，是因为价格放开，价格结构趋于合理。中国经济建设的实践说明改善价格结构、减少价格偏差，对经济发展发挥着正面作用的判断，是正确的。

价格改革的成功实践，还大大促进了市场体系建设，使社会经济运行从计划主导型转为市场主导型，实现社会经济运行机制的转轨。

价格改革是市场发育的关键，搞活价格是搞活市场的前提。在价格改革的推动下，我国各种各类市场迅速发展起来，包括消费品流通和生产资料流通在内的商品流通业已成为国民经济各行业中市场化程度比较高的行业。在消费品市场方面，经过短短20几年，就从原来商品匮乏、网点稀少、结构畸形、设施落后的卖方市场状态，发展为商品丰富、竞争激烈、结构改善、设施较好的买方市场。到上个世纪末，全国各种类型的商业网点已有1 600万个，从业人员4 900万人；各类批发市场10万多个，其中具有一定规模的工业消费品专业市场7 630个，农副产品专业市场24 620多个，生产资料市场7 000余个。绝大多数商品进入市场流通。在商品流通结构方面，已形成多种经济成分共同发展的格局。从1978年到2002年，社会消费品零售额从1 558.6亿元增加到40 910.5亿元。扣除物价因素，增长6.9倍，年均增长9%。与此同时，商品市场的组织形式和营销方式不断创新，连锁经营规模和网络发展迅速，零售业态不断创新，电子商务发展很快。

价格改革对生产资料市场的发展作用更明显。改革开放前，主要生产资

[①] 参见世界银行：《1983年世界发展报告》，63页，北京，中国财政经济出版社，1983。

料实行计划调拨制，基本上不存在生产资料市场。1984年起，国家放开了计划外生产资料和属于企业自销的生产资料（占计划内产品的2%）的价格，才开始出现生产资料市场。随着市场定价比重的增大，特别是上个世纪90年代初生产资料双轨价基本上合并为市场单轨价，生产资料市场迅速发展起来。到1998年，国家只对原油、成品油、煤炭、天然气和汽车等五种生产资料中的部分产品实行统一配置，其余都在市场自由流通，由市场配置，生产资料市场进一步迅速发展。

由于价格改革迈出实质性步伐，中国的消费品市场和生产资料市场逐步成熟，生产要素市场也开始快速发展，致使中国的经济运行到上个世纪末，就实现了从计划主导型到市场主导型的转变，实现了经济运行机制的转轨。

中国价格改革的成功实践，还对中国的企业改革特别是国有企业改革提出严重的挑战，要求企业包括国有企业成为真正的市场主体，即对价格的变动能作出灵敏反应的竞争主体。做到了这一点，中国才能从传统的计划经济体制过渡到比较完善的社会主义市场经济体制。目前，企业改革尚未到位，有些国有企业尚未成为真正自主经营、自负盈亏的法人实体和市场主体；国有企业改革，已成为整个经济体制改革的重中之重和关键环节。今后，中国将继续着力推进国有企业改革，以便使中国不仅在经济运行机制方面，而且在经济运行主体方面，同社会主义市场经济的发展相适应。

二、调放结合，先调后放，逐步放开的渐进市场化之路

改革开放以来，中国价格改革之所以进展较快效果明显，其原因是多方面的，其中最主要的是两条，一条是坚持以市场为取向，一条是实行渐进式推进。

中国价格改革始终坚持以市场为取向，没有出现大的曲折，从根本上保证了改革的顺利推进。

中国价格改革的目标，是用市场价格体制取代传统的政府定价体制，实现价格模式的转换。这个认识并不是改革一开始就明确并为大家接受的。上个世纪80年代初期，只有少数经济理论工作者明确提出中国价格改革是要

摒弃计划价格体制，改行市场价格体制。但是，中国价格改革从一开始就明确要引入和扩大市场机制，要使价格的形成和管理从严重违背价值规律变为尊重价值规律，这就使中国的价格改革实际上坚持了以市场为取向。1984年10月《中共中央关于经济体制改革的决定》，确认社会主义经济是有计划的商品经济以后，特别是上个世纪80年代初价格领域市场取向改革的推进，从小商品和农副产品开始，越来越多的商品的价格放开由市场调节，价格结构也在逐渐改善，有力地推动了市场的活跃和繁荣，给整个国民经济注入了新的生机和活力，经济加速发展，人民生活迅速改善。这样，就使大家更新观念，转换脑筋，逐步接受中国价格改革的目标是建立市场价格体制这一提法。

（一）为什么价格改革以市场价格体制作为改革目标？

1. 经济体制改革的目标是发展经济，提高人民生活水平。为了更自觉地促进生产和建设事业的发展，就要很好地尊重客观经济规律特别是价值规律。而价值规律的作用是通过价格及其运动实现的。推进价格改革，使价格能经常反映社会劳动消耗和市场供求关系的变化，正是价值规律充分发挥其对经济发展的积极作用，使社会化大生产和流通顺利发展的前提条件。经济体制改革要求通过经济的商品化和市场化加快工业化和现代化的进程，即要求扩大市场机制的作用来活跃整个国民经济。市场机制的核心是价格机制，市场取向的价格改革正是发挥市场机制作用的关键。

2. 优化资源配置与改善消费结构的需要。经济体制改革旨在有效和充分地利用现有的经济资源，提高经济活动的效果，促进社会生产力的发展，节约社会劳动。在社会主义商品经济和市场经济条件下，资源的配置和消费结构都是由市场导向的，因而要靠比较准确的能反映资源的稀缺程度的价格信号来改善和优化。不合理的价格结构，等于给生产者、经营者和消费者一套错误的信号，必然导致资源配置失当和滥用浪费，使长线产业缩不短，短线产业拉不长，消费结构也不合理。只有改政府定价体制为市场定价体制，改变价格的扭曲状态，才能使市场导向有助于改善我国的生产和消费结构。这里还要说一说调整价格和放开价格的关系。由于中国原来价格结构严重扭曲，因此在改革初期，为避免放开价格带来利益关系的剧烈变动和增强价格变动的可控性，需要较多地采取有计划调价的办法，这是无可非议的。但是要看到，调价有其固有的缺陷，调价并未改变价格形成机制，因而不能成为改革的主要途径，而应当看成是为了利用它来初步缓解突出的不合理的矛盾，为价格的放开准备条件。单靠调整价格是永远理不顺价格关系的，即使一时看来顺了一点，很快就会因供求关系等的变化又不顺了。所以，只有实现价格形成机制的转换，建立市场价格体制，才能从机制上保证理顺价格关系。

3. 企业改革发展的客观要求。开展和深化企业改革，特别是国有企业改革，使企业真正成为自主经营、自负盈亏的商品生产者和经营者，独立的市场主体，以便为社会主义市场经济重新塑造充满生机和活力的微观经济基础，一直是我国经济体制改革的中心环节。而企业要走向市场，参与平等竞争，在竞争中发展壮大自己，就要求有比较规范和合理的评价企业经济活动效果的标准，要求有比较合理的价格结构，从而要求推进价格改革，建立市场价格体制，以便理顺价格关系。另一方面，对自己生产或经营的产品的定价权和调价权，是独立的商品生产者和经营者、独立的市场主体必不可少的一项权利，是企业自主经营权的重要组成部分。这也要通过转换价格形成机制，即实现从政府定价体制到市场定价体制的转变来实现。

4. 建立社会主义市场经济体制和市场规则、市场秩序的需要。产品要摆脱计划分配的控制进入市场，就要放开价格，在市场上自由买卖。要扩展市场关系，就要实行平等竞争，公平交易，等价交换，反对垄断和部门分割、地方封锁，排除非市场力量的干扰。而这也要求政府尽可能放弃对具体产品和服务价格的干预和管制，让价格回到市场交换中形成，使价格真正能反映产品的社会劳动消耗和供求关系的变化，反映资源的稀缺程度。大力推进以市场为取向的价格改革，正是搞活市场并使市场活动有序的关键环节。

（二）我们的市场价格体制，是有政府宏观调控的市场价格制度

1. 这种价格制度并不是把全部商品和服务价格放开，而是把绝大部分商品和服务价格放开，少数自然垄断产品、重要的公共产品和服务、关系国计民生而又长期短缺且供给弹性也低的个别重要产品的价格，仍需由政府定价。按交易额计算，实行政府定价的部分，可能要占15%～20%，其余占

80%~85%部分的价格,则放开由市场调节。① 《价格法》第十八条规定:下列商品和服务价格,政府在必要时可以实行政府指导价或者政府定价:(1)与国民经济发展和人民生活关系重大的极少数商品价格;(2)资源稀缺的少数商品价格;(3)自然垄断经营的商品价格;(4)重要的公用事业价格;(5)重要的公益性服务价格。

2. 对放开的价格也不是完全放任自流,还要用反映商品交换规律的市场交易法规,包括反对垄断和封锁、保护平等竞争等加以约束,如实行明码标价,反对价格欺诈和追逐暴利,反对不正当竞争等。

3. 国家对宏观价格首先是物价总水平,以及一些战略性价格如利率、汇率、工资等,主要运用经济手段进行调节和控制,力求避免价格总水平上涨幅度过大和变动幅度太大,影响经济稳定和人心安定。因此,这种价格体制,仍然体现着计划与市场相结合的原则。

中国价格改革之所以取得实质性进展,除了是由于坚持了改革的市场取向外,还因为坚持了逐步推进的方针,即先调后放,调放结合,逐步放开,包括逐步同国际市场价格相衔接,不搞一次到位。②

所谓逐步推进价格改革,具体表现为1984年以前以调为主,兼及放开价格;1984年以后以放开价格为主(除上个世纪80年代末90年代初三年治理整顿期间以外),兼及调整价格,走调放结合的路子,并逐步同国际市场价格衔接。调整价格在于初步理顺价格结构和比价、差价关系,使各行各业都能得到大体相同的利润水平;放开价格在于使价格能比较充分地反映市场供求关系,反映资源的稀缺程度;同国际市场价格相衔接在于使价格进一步反映国际市场供求关系,更好地适应经济全球化趋势和参与国际市场竞争。

(三)为什么中国价格改革要"先调后放,调放结合"?

1. 先调后放,调放结合,可以使价格改革带来的物价上涨约束在一定

---

① 经济发达的市场经济国家也不是把所有物价和服务收费放开。例如,日本的公共事业收费标准就是由政府(经济企划厅物价局)制定,包括:水费、电费、煤气费、邮电费、高速公路通车费、铁路及航空运费、米价、社会保险费、医疗费、公立学校学费等14种。据统计,这14种价格占日本消费物价指标的19%。参见石玉:《且看日本政府怎样调控物价》,载《中国改革报》,1994-06-14。

② 也有一些经济学家提出过一次放开价格的思路,但未得到采纳。参见吴稼祥、钟朋荣:《蓄住货币一次放开价格的思路》,载《世界经济导报》,1988-08-08(12)。

幅度内，以利于经济的稳定，使经济发展和改革能顺利进行。传统经济体制存在和积累了隐蔽的通货膨胀。随着价格改革的开展，无论是调整价格还是放开价格，都会使原来隐蔽的通货膨胀释放出来，导致物价上涨。采取先调后放，调放结合，逐步推进价格改革的方针，可以使这种通货膨胀分阶段释放，物价上涨幅度不会太大。改革初期，人们曾经估算过，要理顺物价关系，使价格结构不再畸形，在不发生新的通货膨胀的条件下，将导致物价总水平上涨一倍左右。如果这种上涨分 15 年到位，那么年均上涨率只有 4.7%，可以为各方面所承受；如果分 10 年到位，那么年均上涨率为 7.2%，也大体可以为各方面承受。如果不是这样，搞一次到位，使隐蔽的通货膨胀一次释放出来，原来偏低的产品价格马上上涨到位，物价总水平一下子就成倍上涨，必然会破坏经济的稳定。中国的实践证明，物价上涨幅度过大，经济不稳定，不但不利于经济的顺利发展，也不利于改革的顺利推进，因而是不可取的。我国零售物价总指数 2003 年比改革前的 1978 年上涨 244%，25 年平均每年上涨 5.1%，未影响经济稳定，因而是较成功的。

2. 先调后放，调放结合，并逐步同国际市场价格相衔接，可以使价格改革对人们经济利益的变动的影响不会太大。价格改革过程是各种商品和服务的相对价格变动的过程。尽管价格具有刚性，涨价容易降价难，但不同商品和服务的价格的上涨幅度是不一样的。而价格的不同变动直接影响到不同地区、部门、企业和个人或群体的经济利益，产品涨价多的获利较多，涨价少的获利较少甚至利益受损。价格改革迈步越大，不同地区、不同社会集团等的经济利益的变动就越大。价格改革迈的步子过大，甚至一步到位，在一些地区和一些社会集团获得厚利的同时，肯定会有一些地区和一些社会集团获利甚少甚至利益受损，它们因此容易对改革不满或阻挠改革。实行分步推进价格改革的方针，可以减轻和缓解经济利益矛盾，从而减轻改革的阻力，使改革得到更为广泛的支持，避免不应有的社会震荡，降低改革的成本，从而有利于向新体制的平稳过渡。

3. 先调后放，调放结合，有利于使新价格体制的形成同市场发育相配套。中国本来是一个商品经济很不发达的国家，市场发育程度差，新中国成立后长期实行传统的社会主义经济体制，排斥商品市场关系，1979 年改革开始时，只存在一个残缺不全的消费品市场。改革以来，各种各类市场关系迅速发展。但是，由于原来的底子差，政府面临重新培育和建设市场的繁重任务。市场发育是要经历一个过程的，是要随着商品货币关系的逐步扩展而逐渐成熟的。经过 20 多年的改革，中国尚未很好建立起完善的全国统一、开放、竞争和有序的市场体系，而规范的市场价格体系应是在全国统一、开放、竞争和有序的市场体系中形成和运行的。市场发育要经历一段时间才能逐渐成熟，制约着市场价格体系也要经历一段时间才能很好地形成和运行，即新价格模式要逐步建立起来。因此，价格改革只能分步推进，不要以为在市场不发育的条件下，一旦放开价格就会自然而然地形成规范的市场调节价格。

4. 中国价格体系同国际市场价格相衔接也要分步进行。中国经济体制改革是同对外开放一起进行的。随着对外经贸关系的发展，中国经济的外贸依存度正在提高，新世纪初就达 40% 以上。① 2003 年出口依存度为 31.1%，进口依存度为 29.3%。经过多年的外贸体制改革，目前出口企业已取消补贴，实行自负盈亏制，除企业自己直接进口的商品外，几乎所有的进口商品已实行代理制。这说明国内价格同国际市场价格的关系越来越密切，其中实行代理制的进口商品的国内销售价格已直接同国际市场价格挂钩。今后对外开放进一步扩大，中国经济更深地融入世界经济一体化进程（包括加入世界贸易组织），中国的价格体系将在大范围内同国际市场价格衔接。但是，由于中国原来的价格体系同国际市场价格脱节，价差很大。这样，国内外价格衔接只能逐步进行，以免基础产品价格陡涨，加工企业承受不了。比如，可以先在可贸易商品的范围内衔接，然后逐步扩大，不必急于一步登天。当然，随着加入世贸组织承诺的过渡期的结束，除较低的关税调节外，国内外商品价格将进一步相衔接。

从实物商品与服务价格改革即狭义价格改革发展为包括生产要素价格改革的广义价格改革，是在价格领域渐进式改革的一个重要特征，需要单独论述。

传统的社会主义经济理论排斥广义价格概念，因为这种理论不承认资金、劳动力、土地等生产要素商品化的可能性和必然性，利息率、工资、地价和地租都由国家制定和调整，排斥市场机制的作用。1985 年"巴山轮会

---

① 一些国内外专家认为这个数字高估了。因为作为分母的中国国内生产总值低估了（有人说低估了 10%～20%），出口总值中有一半是加工贸易产品。尽管如此，中国经济的外贸依存度高是公认的。

议"上，提出了战略性价格的概念，即把主要生产要素价格归结为战略性价格。[①] 随着社会主义市场经济理论研究的进展，生产要素被确认要逐渐商品化和进入市场，显露其价格，广义价格及其改革的概念被提出来并开始得到广泛的重视。此后，这方面研究取得了较大的进展。

在改革的实践方面，1979年以来，我国价格改革已经历如下两个阶段：（1）1984年前以调整各种产品和服务价格为主的阶段。（2）1985年后以放开各种产品和服务价格为主的阶段。前10年可以归结为主要从事狭义的价格调整与改革。从90年代起，我国价格改革进入一个新的阶段，其主要特征是物价、工资、利率、汇率联动的广义价格的调整与改革，实物商品和服务价格的市场化扩大到生产要素价格的市场化。只有跨越这一阶段，市场机制才能真正形成，市场对资源配置的基础性作用才能真正发挥，市场取向的改革才能取得实质性的成功。

从狭义的价格改革发展为广义的价格改革，是价格改革进程的合乎逻辑的发展。

发展还是排斥商品货币关系，是新旧体制的根本区别所在。在扩展商品货币关系方面，我们已两次冲破传统经济理论的束缚，形成新的社会主义商品经济观和市场经济观。第一次为上世纪70年代末，肯定生产资料也是商品；第二次为1984年以后，肯定生产要素包括资金、劳动力、土地等的商品化或具有商品形式。在当代，商品经济就是市场经济。随着商品关系范围的扩大，不仅生产资料要进入市场，生产要素也要进入市场，形成完整的市场体系，从而使依靠市场优化资源配置成为现实的经济过程。这是中国经济体制改革步步深化的集中表现。

商品和市场范围的扩大，开拓了人们关于价格改革的视野。价格改革不只是包括各种实物商品和服务的价格体系与形成机制的改革，而且是包括各种生产要素的价格体系与形成机制的改革，即从狭义的价格改革发展为广义的价格改革。广义的价格改革过程同完整的市场体系的形成过程的统一，同市场机制的整体功能的发挥的统一，是新时期价格改革的显著特点。这正好

[①] "有三种价格是战略性的，一是资本的价格，即利率；二是劳动力的价格，即工资；三是外汇的价格，即汇率。国家要对这三个市场的运转加以控制。"见中国经济体制改革研究会编：《宏观经济的管理和改革》，50页，经济日报出版社，1986。

标志着改革向深层次发展和人们对改革认识的深化。

三、生产资料价格双轨制是中国人的发明创造

中国工业生产资料上个世纪80年代中期开始实行双轨制价格，到90年代初顺利向市场单轨价过渡，是中国推进渐进式的市场化价格改革的成功范例。

还在中国开始实行生产资料价格双轨制时，1985年9月，在著名的"巴山轮会议"上，波兰经济学家布鲁斯就对此给予很高的评价，认为是中国一个有用的发明。他说："在生产资料实行双重价格，是中国的发明。从配给制向商品化过渡时，社会主义国家曾经在消费品市场方面实行过双重价格，但把双重价格应用到生产资料上，没听说过。这是一个有用的发明。所谓有用，是指它可以作为一个桥梁，通过它从一种价格体系过渡到另一种价格体系，也就是说由行政、官定价格过渡到市场价格。有了这个桥梁，过渡起来就比较平稳。但有一个重要的条件，双重价格不能持续太长时间。"①

十多年后，美国经济学家斯蒂格利茨又一次对中国实行生产资料价格双轨制给予很高的评价，比喻为天才的办法。他说："大约20年前，中国经济学家和政府正致力于设计向有中国特色的社会主义市场经济转变的计划。如何从一个严重扭曲的价格体系过渡到一个能较准确地反映经济资源稀缺程度的价格体系？也许可以设计一套经济模型来确定均衡价格（假如输入模型的数据的准确度可靠的话，而我们中却没有多少人相信这一点）。但即使只做理论上的探讨，即使均衡价格已知，我们也看不清应该如何进行价格转轨。然而中国成功了，采用的是一个天才的解决办法：实行价格双轨制，使计划外部分能得到适当鼓励。"②

看来，对生产资料价格双轨制，有必要单独展开论述。

中国同种工业生产资料在同一时间、地点上存在计划内价格和计划外价格，即价格双轨制，是1984年开始出现的。1984年5月20日，国务院规

---

① 见中国经济体制改革研究会编：《宏观经济的管理和改革》，51页。
② [美] 斯蒂格利茨：《中国第二步改革战略》，载《人民日报》，1998-11-13（海外版）。

定：工业生产资料属于企业自销（占计划内产品的 2%）的和完成国家计划后的超产部分，一般在不高于或低于国家定价 20% 的幅度内，企业有权自定价格，或由供需双方在规定的幅度内协商定价。1985 年 1 月 24 日，国家物价局和国家物资局又通知，工业生产资料属于企业自销和完成国家计划后的超产部分的出厂价格，取消原定的不高于国家定价 20% 的规定，可按稍低于当地的市场价格出售，参与市场调节。从此，双轨价格就成为合法化和公开化的了。

价格双轨制是在短缺经济环境下，双重经济体制特别是双重经济运行机制并存的集中表现，是双重生产体制和物资流通体制的集中表现。既然生产计划体系的改革是缩小国家的指令性计划，给予企业逐渐加大的生产什么、生产多少的决策权；物资流通体制的改革是减少国家统一调拨分配的物资，让企业有权自行销售和采购一部分产品和原材料，这部分自由生产和自由购销，自然要有自由价格相配合，才有实际意义。如果没有自由价格，所谓自由生产和自由购销就没有真正落实，只是徒有虚名而已。价格双轨制就是在这种条件下出现的。在价格双轨制中，工业生产资料价格双轨制最为重要。因为同一种农产品价格双轨制，是长时期一直存在的。农民根据规定按牌价向国家出售农产品，同时还可以把剩下的一部分农产品在集市上销售，集市价往往高于国家牌价。工业消费品在改革初期就从小商品开始逐步放开，实行双轨制价格的并不普遍和重要。工业生产资料则不同，1984 年以后，实行双轨制价格的产品迅速扩大，不久即几乎遍及所有产品，成为中国价格改革过程中最具有特色的现象。据 1988 年统计，在重工业品出厂价格中，按国家定价包括地方临时价格销售的比重，采掘业产品为 95.1%，原材料产品为 74.6%，加工工业产品为 41.4%。国家定价外销售的部分，一般实行市场调节价。另据国家物价局对 17 个省、市、自治区的调查，1989 年企业按计划购进的生产资料占全部消费额的比重，以实物量计算约为 44%，以金额计算仅占 28%，其中煤炭的计划调拨数量为 45.4%，钢材为 29.7%，木材为 21.7%，水泥为 15.5%。

可见，我国工业生产资料价格走上双轨制道路，是实行渐进式改革不可避免的选择，是从高度集中的行政命令经济体制向社会主义市场经济体制平稳过渡的一种有效途径，企图以此使市场机制逐步渗入经济运行中。这对原来商品经济不发达、市场发育很差的中国来说，更是合乎逻辑的。

中国的实践说明，双轨制价格的利弊都较明显。双轨制价格在物资普遍短缺的条件下，能刺激紧缺物资的增产，鼓励超计划的生产，满足计划照顾不到的非国有经济包括乡镇工业对原材料等的需要，有助于调剂余缺、调节流通，有助于了解市场供求关系的变化和正常的比价关系等，这是它的利的一面。双轨制价格又常常在利益驱动下影响供货合同履行，不利于增强一部分承担计划任务较多的大中型企业的活力，助长投机倒卖，营私舞弊等，这是它的弊的一面。一些经验数据表明，如果双轨价差不那么大，市场价格高出计划价格一倍以内，双轨价的积极作用可以发挥得好一些；而如果双轨价差很大，市场价格高出计划价格一倍以上，双轨价的消极作用就较突出。还有，双轨价只能在短时间利用，不宜延续时间过长，如十年八年。

生产资料双轨价差，主要受供求关系变化影响。1985年12月底估计，计划外生产资料市场价格水平一般高于计划价格一倍左右，基本上是正常的。此后，在投资需求过旺拉动下，供求矛盾趋紧，价差拉大，到1988年年底，冷轧薄板（0.7～1mm）市场价（每吨4 053元）高出计划价3.1倍，圆钢市场价高出计划价2.5倍，汽油高出2.1倍，柴油高出4.3倍，烟煤高出6.7倍，等等。这时，市场秩序混乱，人们热衷于倒买倒卖生产资料，追逐流通利润，以权谋私的寻租活动猖獗，责骂双轨价、要求取消工业生产资料双轨价的呼声很高。1990年和1991年，由于国家实行治理整顿、紧缩经济政策见效，宏观经济环境改善，供求矛盾趋于缓和，生产资料市场价格回落，双轨价差缩小，一般回落到高出计划价格一倍以内甚至50%以内，个别产品还出现市场价格低于计划价格的现象。这表明，生产资料价格双轨制并轨的条件具备了。[1] 价格改革的深化也要求生产资料双轨价并为市场单轨价。

双轨价并轨曾受到一些主管部门的阻挠。例如1991年，水泥、玻璃和其他一些建材产品，供求关系比较协调，双轨价差不大，各方面都认为并为市场单轨价条件成熟，要求抓住时机并轨。但是，有关主管部门却千方百计阻挠，有人甚至提出要求并为计划单轨价。1992年，国家物价局通过重新

---

[1] 统计资料参见张卓元：《论中国价格改革与物价问题》，92、151、152页，北京，经济管理出版社，1995。

修订和颁布中央管理价格的分工目录,其中,重工业生产资料和交通运输价格由 1991 年的 47 类 737 种减少为 89 种(国家定价 33 种,国家指导价 56 种),一次放开近 600 种,使绝大部分工业生产资料双轨价一下子并为市场单轨价。显然,这是明智之举。

中国的实践表明,必须立足于改革,以市场为取向解决工业生产资料价格双轨制问题。在这一过程中,不应把主要精力用在具体计算并轨过程中价格水平的确定上面。当然,对于并为计划轨的极个别产品来说,的确有一个重新合理确定价格水平的问题,如实行计划价格和市场价格综合平均定价等。但是,绝大部分产品是并为市场单轨价的,就不存在所谓合理定价问题,而是放开由市场调节。中国在价格改革过程中,由于比较好地解决了这个问题,使工业生产资料价格双轨制画了一个圆满的句号。

四、既保持了物价整体稳定,又能适时放开价格

中国的实践证明,改革的策略运用得好不好,对改革能否顺利推进,也很重要。改革策略最关紧要的是能否抓住机遇迈出一个个实质性的步伐。根据中国的情况,价格改革的机遇主要是宏观经济环境比较宽松,通货膨胀压力不大。

中国价格改革的丰富实践告诉我们:进行价格改革的难点和主要矛盾在于既要理顺价格关系,又要稳定物价水平。这个关系处理好了,价格改革就能顺利推进;处理不好,价格改革就很难迈步,再好的方案也无法出台,甚至有可能重新强化行政干预。

在传统体制下,由于严格的行政管制,农产品价格、初级工业产品价格和一些服务收费长期被压得很低。改革价格体系,就要改变这种状况,提高上述偏低的价格,而原来偏高的产品价格是不容易降下来的。这样,在理顺价格关系的过程中,物价总水平一定幅度的上涨是必然的。因此,进行价格改革要打破传统的稳定物价即冻结物价、物价总水平越是原封不动越好的观念,逐步树立市场经济价格经常变动、价格总水平也会有所变动而且可能会有所上升的新观念。

在价格改革过程中，无论是调整价格还是放开价格，如果物价总水平的上涨只限于改变畸形的价格结构，理顺比价差价关系，那么其上涨率不会太高，而且这种上涨是分10多年甚至更长时间实现的，因而年度上涨率不会超过5%至7%，不可能达到两位数，还能保持基本稳定（如果在5%以内的话）或大体稳定（如果在10%以内的话）。也就是说，可以在保持物价基本稳定或大体稳定的前提下逐步理顺价格关系。但是在实践上，有些年份会超越这一理想模式，出现物价总水平上升幅度过大的情况，从而增加了价格改革的难度。

有的经济学家认为，在价格改革过程中要抛弃稳定物价的口号，说"稳定物价"是一种"非商品观念的物价意识"；稳定物价会束缚我们自己的手脚，"可能使我们越搞越被动"[1]。我们认为，在价格改革过程中，以及在建立起社会主义市场经济体制以后，稳定物价的口号和方针仍然不能抛弃。[2]这里所说的稳定，不是绝对的稳定，或固定不变，而是基本稳定或大体稳定。国际经验表明，经济发展的较佳模式，是实现稳定发展，在稳定中求发展。而稳定发展的最重要标志，是保持物价的基本稳定或大体稳定，避免变动波幅过大。这不仅适用于经济发达国家，也适用于发展中国家。

我国价格改革过程中，从1979年至1987年，我们较好地处理了理顺价格关系和稳定物价水平的关系，社会零售物价年平均上涨率只有4.3%，还算保持了物价的基本稳定。1988年问题较大。1988社会零售物价上涨18.5%，政府被迫采取治理整顿方针，平抑物价。经过1989—1991年的治理整顿，物价涨幅降下来了。但是，从1993年起，物价涨幅又上去了，而且涨幅比1988年那次更高，持续时间也更长。从1993年起，零售物价上涨率又持续两年多超过10%。政府不得不从1993年下半年起，加强宏观经济调控。但这一次采取的是"软着陆"的政策，即逐步收缩投资和信贷，而不是一下子大刹车。到1996年，GDP仍保持9.6%的高速增长，而社会商品零售价格上涨率已回落至6.1%。1997年，GDP增长8.8%，社会商品零售物价上涨率进一步回落至0.8%。这表明，宏观经济已恢复协调，通货膨胀

---

[1] 见曹思源：《物价口号的反思》，载《世界经济导报》，1988-03-07 (1)。

[2] 2002年11月，党的十六大报告提出：要把促进经济增长，增加就业、稳定物价，保持国际收支平衡作为宏观调控的主要目标。

压力已逐渐消失。总的来看，改革开放 20 多年来，虽然曾两度受到中度通货膨胀袭击，但时间较短，治理及时，从 1978 年到 2003 年 25 年间，年平均物价上涨率（以社会商品零售价格上涨率和居民消费价格上涨率为代表）在 7% 以下，处于社会可承受的范围内。这样一个大环境，为中国价格改革提供了一个较好的环境，有利于价格改革的顺利推进。

为什么价格改革难以在发生中度通货膨胀、物价上涨幅度过大的条件下顺利推进呢？这是因为，物价的持续过高上涨会对人们产生心理压力，使企业和单位不是致力于改进技术，改善经营管理，提高效益，而是致力于囤积居奇，投机倒卖，竞相提价，以及利用垄断、特权和搞价格欺诈追逐大量流通利润等，使公众产生通货膨胀预期，储蓄的积极性受到挫伤，抢购物资，冲击市场等。这种情况，只能使价格关系混乱，甚至使已初步理顺了的价格关系重新扭曲，即不合理比价复归。物价上涨过猛，也影响价格改革的深化，使原定的改革方案难以出台，如像 1987 年的钢材调价方案（调价的本本都已印好）和 1988 年物价与工资改革方案（价格改革"闯关"）那样，或者放慢价格改革步伐，因为风险太大，怕影响社会的安定。1993、1994 年的物价过大幅度上涨，还突出地带来利率的双轨价差过大，市场利率高出国有银行利率一倍以上，致使金融体制改革难以深化，政策性金融与商业性金融难以分离，专业银行商业化经营进程受阻。

可见，从中国 20 多年改革的实践看，推进价格改革，要求宏观经济大体协调，其困难多是来自经济过热和通货膨胀的袭击。所谓宏观经济大体协调，一般来说，主要指社会的总供给和社会的总需求大体协调，供求差率不能过大。根据中国的经验，供求差率不宜超过 5%。[1] 一旦超过和持续超过 5%，就会带来物价的过大幅度上涨，即两位数以上的上涨率，使改革难以迈步，各方面的注意力都放在控制物价过大幅度上涨，包括运用行政管制等手段控制物价，从而同放开价格的改革要求相违背。当然，也不是物价不涨反降更好。1997 年以后一直到 2002 年，中国出现经济紧缩现象，物价连续几年负增长，对经济产生负面影响。政府采取扩张性宏观经济政策，实行扩大内需的方针，使商品零售价格指数 2003 年 10 月起转正，居民消费价格指

---

[1] 参见国家计委政策研究室编：《迈向 2020 年的中国》，377 页，北京，中国计划出版社，1997。

数则于 2003 年起转正。

中国改革开放 20 多年总的宏观经济环境是好的，是有利于价格改革的。但是，除了有几年出现中度通货膨胀以外，各年的具体情况也是不同的，有的年份有利于总的价格改革迈步，有的年份则只宜于一部分或少数几种商品与服务的价格改革迈步。还有，中国那么大，各地千差万别，有的地区，改革可以先行一步，率先放开一些产品价格，试验其效果怎样。这些都有一个机遇能否被抓住的问题。中国价格改革成功之处在于，能较好地抓住机遇，不失时机地迈出改革的步伐，使改革取得了一个个实质性的进展。

早在 1978 年 8 月，广州市决定把沿袭 20 多年的蔬菜购销由国家定价改为购销双方在一定幅度内议价成交。蔬菜价格引入市场机制后，菜价上扬吸引了四面八方的蔬菜源源汇聚而来，菜源一年四季充足，几十个品种任人选择，起初一度急升的菜价很快逐步回落。到 1984 年 11 月 1 日，广州蔬菜市场和价格全面放开。两个月后，广州在全国率先放开猪肉价格；再过三个月，又率先放开水产品价格。结果是"放到哪里活到哪里"。鱼价放开之初，塘鱼价格曾涨至平均每公斤 6 元左右，价值规律很快刺激了广东塘鱼生产的大发展，不到一年便平抑了鱼价。到了广东全部取消水产品派购任务的 1985 年，广州塘鱼价格稳定在每公斤 4 元左右，成为全国鱼价最低，也是最早解决"吃鱼难"的大城市。商品短缺、价格管制的伴生物是各种票证存在，许多商品凭票供应。广州市在上世纪六七十年代票证最多时达 118 种，随着一样一样商品价格放开和市场供应充足，票证一个个被取消。1982 年还有 48 种票证，1983 年减至 21 种，1984 年剩下 6 种，1988 年只剩粮票、糖票两种，不久连这两种也取消了。[①]

随着农业生产的迅速发展和农产品供应迅速增加，从 1985 年开始，放开了除国家定购的粮食、棉花、油料、糖料等少数品种以外的绝大多数农副产品的购销价格。此举是中国价格改革在全国范围内的一个重大行动，为中国农村发展商品经济和市场经济创造了重要的前提条件。

工业消费品价格也快步跟上及时放开。1985 年放开了缝纫机、国产手表、收音机、电风扇等 5 种工业消费品价格，1986 年放开名牌自行车、电

---

① 参见《广州放开农产品价格——中国价格改革由此开端》，载《粤港信息日报》，1998-07-05。

冰箱、洗衣机等7种耐用消费品价格，1988年再放开了13种名烟名酒的价格。在此之前，1982年9月和1983年9月先后放开了160种和350种小商品价格。

1992年，随着治理整顿经济、抑制通货膨胀和物价上涨取得成效，宏观经济恢复协调和稳定，市场环境开始宽松，政府抓住这一大好机遇，价格改革迈大步，放开大量适宜放开的价格。有关部门确定中央管理价格的分工目录，其中，重工业生产资料和交通运输价格由1992年的47类737种减少为89种；农产品价格由原目录的40种减少为10种；轻工商品价格由原来的41种减少为9种。[1] 从此，由市场形成价格的体制初步形成了。

五、中国价格市场化改革发展前景

中国改革开放总设计师邓小平说过，中国经济体制改革要过几个关口，可能比关公"过五关斩六将"还要过更多的"关"，其中价格改革关是比较难过的，要担很大的风险。但这个关非过不可。不过这个关，就得不到持续发展的基础。[2] 1988年曾经打算"闯关"，作了决定，发了号召，制定了方案，但因当时正处于经济过热、物价上涨幅度过大的恶劣环境，结果未能闯过去，政府于1988年第四季度起实施治理经济环境、整顿经济秩序的方针，主要是治理通货膨胀、抑制物价迅速上扬的势头。这一年，由于宏观经济环境偏紧，价格改革不但没有迈出实质性步伐，而且为控制物价不得不采取一些临时的管制措施，一些已经放开的市场和价格被迫关闭和实行限价。从20世纪90年代初期起情况不同了，80%以上的实物商品和服务的价格均已放开，由市场调节，市场价格体制已基本形成。从这个意义上说，价格改革的关口已经闯过去了。但是，中国价格改革的关口并未完全过去，主要是生产要素和一些资源性产品价格改革并未基本完成，生产要素和一些资源性产品价格市场化改革的任务还较重，价格调控机制与体系还有待完善，价格法规也还不够健全。总之，价格改革并未过万重山，前面还有几个山要过，还

---

[1] 参见马凯：《中国价格改革20年的历史进程和基本经验》，载《价格理论与实践》，1999（1）。
[2] 参见《邓小平文选》，第3卷，131、262页。

有一些改革的任务有待完成。一般预计，要到 21 世纪头 10 至 20 年，才能建立起比较完善的市场价格体制。

（一）着力推进生产要素和一些资源性产品价格改革

这是 20 世纪 90 年代末 21 世纪初中国价格改革的重点。生产要素价格改革的方向是市场化，这是必须明确的。有人以生产要素在经济活动中特别重要需要政府掌握和"中国特色"为由，不赞成生产要素的市场化改革方向，这是很难令人信服的。因为要从计划经济体制转向社会主义市场经济体制，充分发挥市场在资源配置中的基础性作用，关键在于发展要素市场和要素价格市场化。生产要素如果不能进入市场流通，生产要素如果不能自由地从效益低的部门和企业流向效益高的部门和企业，资源配置就不能优化和更加有效。而生产要素进入市场就意味着生产要素价格由市场形成，只有放开要素价格，要素才能进入市场流通。所以，要建设社会主义市场经济体制，由市场来引导资源配置，就要培育和发展要素市场，实现生产要素价格的市场化。这在逻辑上是非常清楚的，否认生产要素价格的市场化将导致对社会主义市场经济体制的否定。

生产要素价格主要包括资金的价格——利息，劳动力的价格——工资，土地的价格——地租和地价，人民币对外币的比率——汇价。按照发展社会主义市场经济的要求，它们都要求由市场形成和调节，以免最重要的市场信号失真，影响资源配置效率的提高。

在生产要素价格中，资金（本）的价格——利息特别重要。因为资金是每一个市场经济社会最重要和稀缺的经济资源。生产要素价格的市场化，首要的是实现利息率的市场化。目前我国资金价格利率的市场化改革正在逐步展开。外汇存贷款利率已大体实现市场化。本币方面，货币市场如短期资金拆借利率已经放开，债券利率正在向市场化靠拢，部分贷款特别是对中小企业贷款和农户贷款已实行浮动利率。但大部分本币存贷款仍实行银行统一利率。今后，为深化利率改革，适应加入 WTO 后金融业逐步对外开放带来的挑战，应尽快地转向政府或中央银行对利率的调节，主要是调节基准利率，并以此来影响市场利率，而不是直接规定金融市场上利率及其变动。对于商业银行和其他金融机构的存贷款利率，政府不要干预，放开由市场调节。对于各个企业、公司直接融资的利率，也应由发债主体自行决定债券的利率，政府同样不要干预。政府需要对基础设施建设或先导产业的发展给予优惠贷款时，可采取财政贴息的办法解决。要建立完善的社会主义市场经济体制，实现利率的市场化是一个重要标志。

工资是劳动力的价格，工资体制改革的方向是市场化，即工资应在劳动力市场上通过竞争形成。劳动力价格——工资的市场化，是企业成为真正的市场活动主体的前提。劳动力不能流动，职工总是捧"铁饭碗"，干好干坏一个样，企业就无法在市场上竞争，或者在竞争中必然失败。职工不能优胜劣汰，企业也就不能优胜劣汰，市场机制也就无从发挥作用。因此，劳动力价格的市场化，是企业转向现代企业制度和走向市场的重要一环。当然，劳动力价格的市场化、劳动力市场的建立和发展的进程，要同社会保障制度的建立和逐步健全密切配合，以利于人心的安定和社会的稳定。

鉴于在上个世纪八九十年代土地批租中出现许多腐败大案，为了纠正目前土地价格特别是城市土地使用权转让价格相当混乱的不正常状况，今后需加强地价评估。商业性用地使用权的出让和转移，要一律通过招标、投标、公开拍卖方式进行，加强竞争性，提高透明度。可以考虑建立一套"公告价格"体系，以指导和规范地价评估活动，并作为对土地课税的标准。通过房地产营业税、所得税和增值税等，防止土地使用权转让和交易中国家土地收益的流失，打击非法"炒买炒卖"地皮、哄抬地价、牟取暴利的活动。

中国已于1994年初进行了汇率并轨，并实现了人民币在经常账户范围内同外汇自由兑换。汇率应按外汇的供求关系变化和国际市场汇率变动进行调整，在条件成熟时，实现人民币在资本账户方面同外汇的自由兑换。但要注意，在条件尚未成熟时，不要匆忙开放人民币资本账户的自由兑换。上个世纪90年代后期亚洲金融危机的深刻教训值得我们认真汲取。

还有，一些资源性产品价格的市场化改革仍需大力推进，主要是放松政府的管制，使这些产品价格能较好地反映市场供求关系和资源的稀缺程度，以促进资源的节约和合理利用。

（二）合理调整政府定价和收费标准

社会主义市场经济并不是完全放任自流的，而是有政府指导和宏观调控的。与此相适应,我们所要建立的市场价格体制也不是要把全部商品和服务的价格放开,而是把绝大部分商品和服务的价格放开,对那些不能进入竞争性市场的商品和服务的价格,主要是自然垄断性产品和重要公共产品与服务的价格,还要保留政府定价,包括对重要的产品和服务收费进行价格听证等。政府定价的比重,按交易额计算,可能要占15％左右。但是,保留政府制定和调整的价格,除极少数以外,都必须尊重价值规律,充分考虑市场供求关系,使各类商品和服务的社会成本能够得到补偿并获得大体平均的资金利润率。

还有极少数商品和服务,主要包括提供给穷人的福利房房价和房租,城市公共交通收费包括地铁票价,居民福利性设施(博物馆、图书馆等)收费等,都应实行低价,甚至低于成本,由国家财政给予补贴。

除上述极少数外,目前政府定价商品和服务的价格存在两方面问题,有待调整和理顺。

一是垄断行业商品和服务价格偏高,垄断行业职工收入大大高于其他行业,造成分配不公,公众啧有烦言。

二是不少公共产品和服务价格偏低。如城市自来水费、地铁和其他公共交通收费、煤气收费、邮政收费、医院挂号费等,都偏低,需适当提高。调价幅度要同居民和社会承受力相适应。一般来说,在物价总水平比较稳定的条件下,可以多调价,而且调价幅度可以大一些;反之则不宜多调价,调价幅度也不宜大,以免影响市场的稳定和经济的稳定。

(三) 健全价格法规体系,规范政府和企业的价格行为

《价格法》是依法治价的主要法规。要围绕《价格法》进一步完善价格法规。比如,要制定《价格法》实施细则,对正当的价格竞争和不正当的价格竞争作出具体的界定,特别是中国已从卖方市场转为买方市场、各种价格大战此起彼伏,出现了一些不正当竞争,需依法规范。还有,对政府的定价和收费行为,也要有明确的法规予以规范。当前一些收费要改为税收是现实经济生活中迫切需要解决的问题,税费的界线也需依法划分清楚。有了法规,还要加强监督,严格执法,否则就会助长有法不依、有章不循,后患无穷。

要依法端正政府和部门的定价和收费行为。当前突出的是政府乱收费和有的部门千方百计保持垄断地位阻挠竞争,为本地区、本部门和本单位捞取好处。各种各样名目繁多的乱收费,累禁不止,使一些企业和居民苦不堪言,已经成为顽症。这说明,依法规范政府和部门价格行为是何等迫切。今后,要改革垄断行业价格管理制度,合理认定成本,确定适当的利润水平,实行价格听证制度,强化对垄断行业价格的监管和社会监督等。

前几年,由于出现多种重要产品价格大战,有关部门曾倡导搞"行业自律价格",冶金、建材、化工、电子等行业先后对钢材、玻璃、纯碱、彩管等实行行业自律价格。这个办法一出台,就引发不同意见的争论,反对"行业自律价"的呼声很高。"行业自律价"因缺乏充分的法律依据和理论依据,问题不少,也难以操作,已流于形式。但通过这一场争论,对企业如何走向市场,参与竞争,适应市场经济的发展,却大有好处。自律价的最大问题是企求限制竞争,有的甚至想搞行业垄断价格,完全违背了市场经济鼓励竞争的本质要求。由于不合理重复建设造成的一些产品生产能力过剩、产品大量积压,引发价格大战。有的企业搞不正当竞争,低于自己的成本倾销产品,这是不合理的,应依法纠正。但这不应妨碍有的先进企业,用低于社会成本(但仍高于本企业成本)的价格销售自己产品提高市场占有率的做法,因为这是市场经济中最常见最典型的竞争行为,价值规律发挥优胜劣汰积极作用的生动体现。"行业自律价"的问题在于企图限制后一种完全属于正当的竞争,因而肯定会在实践中碰壁。从这里可以看出,如何依据《价格法》规范企业的价格行为,还要根据实践提供的丰富经验,作出更准确、更清晰的规定。

近些年,有些专家、人大代表陆续反映,随着改革的深化和社会主义市场经济体制的逐步建立,《价格法》也存在许多不适应和不完善的地方需要进行进一步修改和完善。一是《价格法》对要素价格尚未涉及,工资、利率、汇率、地价等要素价格亟须立法规范。二是《价格法》第14条虽然对价格垄断、低价倾销、价格欺诈等不正当价格行为作了原则性规定,但在许多方面还缺乏可操作性,不能有效制止不正当价格行为。如对价格歧视行为的规范只限定在经营者之间,不能有效地保护消费者权益;一些自然垄断部门和行业利用垄断地位抬高价格或乱收费;一些行业组织搞"自律价",限制有竞争力的企业按低于社会平均成本的价格销售产品;一些企业相互串通搞价格联盟,规定最低销售价格,阻止正常降价;一些大商场搞虚假标价进行价格欺诈等。对此,需要对《价格法》第二章的不正当价格行为有关条文进行完善。三是随着我国社会主义市场经济体制的逐步完善和经济形势的发展变化,《价格法》规定的三种价格形式,需要补充完善;实行政府指导价或政府定价的商品和服务的范围也需要重新研究,除《价格法》第18条规定的五个方面外,还应包括法律法规明确规定实行专营的商品和政府储备物资,以及政府出于安全、环保等目的指定使用的商品或必须接受的服务等。四是《价格法》对行政性收费的规范管理缺乏系统性和确定性,不利于治理乱收费和规范市场经济秩序,也不利于行政审批制度改革。五是起草《价格法》时,为稳定市场价格总水平,增强政府宏观调控能力,保障社会主义市场经济的健康发展,总结前几年治理通货膨胀的经验,《价格法》第四章对控制通货膨胀做了许多规定,但对如何控制通货紧缩保持经济稳定发展没有规定。六是《价格法》规定省以下价格主管部门没有直接定价权,但随着市场化进程的推进,应当将定价权适当下放,给县市价格主管部门一定定价权。

针对以上情况,有的同志建议:(1)鉴于《价格法》对价格垄断、低价倾销、价格歧视、价格欺诈等不正当价格行为规定不具体,缺乏可操作性,为有效制止不正当价格行为,更好地为整顿市场经济秩序服务,需要对《价格法》中不正当价格行为条款进行补充、完善。(2)为适应社会主义市场经济体制和经济形势的发展变化,建议对《价格法》第四章"价格总水平调控"进行修改,增加政府对通货紧缩的宏观调控措施。(3)为完善宏观调控下主要由市场形成价格的机制,应总结《价格法》实施情况,对政府的定价形式、定价权限、定价范围进行修改。(4)在《价格法》中增加有关规范国家机关收费的内容。(5)适应我国加入世贸组织的要求,修改完善有关条款。如反倾销、反补贴问题,都涉及价格水平问题,为此需在价格制定的原则、方法等方面进行完善等。

我们认为,以上这些意见值得重视,建议价格主管部门和立法部门认真研究吸收。

(四)进一步完善价格调控体系

在社会主义市场经济条件下,政府对价格的调控主要是控制物价总水平，保持物价总水平的大体稳定（年上涨率5％左右，力争不到两位数）和基本稳定（年上涨率低于5％和年降低率低于3％）。价格是国民经济状况的综合反映。物价总水平的大体稳定和基本稳定，是市场稳定、经济稳定的最重要标志。

用什么指标来衡量物价总水平的变动？过去中国一直用社会商品零售价格水平来代表。随着经济的发展和居民收入、生活水平的提高，第三产业的加快发展和在经济总量中所占比重的提高，各种服务价格对居民消费的影响逐步增大，用社会商品零售价格水平来衡量物价总水平的缺点逐步显露出来。因为社会商品零售价格不包括服务价格在内，不能反映服务价格的变动。看来，用居民消费价格水平来反映物价总水平的变动，比用社会商品零售价格水平来反映物价总水平的变动，要真实一些，准确一些，也比较现实可行，统计部门也有较丰富的经验。当然，如果用国内生产总值平减指数来反映物价总水平，可能更为真实和准确，但这一指标不易计算，统计部门经验也不够丰富，所以第一步可考虑先改为用居民消费价格水平来主要反映物价总水平，可能要好一些。

在社会主义市场经济条件下，调控物价总水平主要运用经济手段和法律手段，行政手段只能作为非常规的临时措施。1994—1995年中国治理通货膨胀、控制物价大幅度上涨的经验，表明了这一点。那时，主要是实施适度从紧的财政政策和货币政策，抑制总需求过旺的势头，重新协调供求关系，才从根本上促使物价涨幅回落。当时也采取了一些行政措施，如限价，控制差率，暂停调价，但效果并不显著，而且时效很短（如限价）。今后，政府调控物价，将更加主要依靠经济手段和法律手段，运用货币政策和财政政策（包括财政补贴），运用价格调节基金和物资储备等。

从1979年改革开放到1997年，政府调控物价碰到的都是物价上涨是不是幅度过大的问题，有时还把控制通货膨胀、抑制物价上涨作为政府宏观调控的首要任务。但是，从1997年10月起，社会商品零售价格与上年同月比开始下降，至2003年10月才止跌回升；从1998年4月起，居民消费价格与上年同月比出现下降，中间有些反复，直至2002年底才止跌回升。对此，不少经济学家认为中国已处于明显的通货紧缩状态，提出要对宏观经济政策作大的调整，同时检讨过去的宏观经济政策。认为宏观经济政策首先应是保持经济增长和增加就业，而不应是保持物价稳定；用温和的通货膨胀政策治理通货紧缩，是一正确的选择，等等。

关于这个问题，有待进一步研究。中国1997年以来的物价走势，表明中国的确存在通货紧缩现象，已对经济发展和市场活跃产生一定的消极影响。因此，中国的宏观经济政策需作适当调整，1997年至2002年，政府已采取适度扩张的财政政策和货币政策，以刺激投资和消费。同时，深化财政、金融体制改革和国有企业改革，硬化预算约束，以免"投资饥饿症"再度复发。应当看到，中国那一段的通货紧缩是不典型的，比较微弱的，因为一则中国经济并不是处于衰退状态，而只是增长速度有所回落，1997年以来的经济发展速度仍达7%以上，经济增长速度在全世界排在前列；二则货币供应虽有放慢但增长率并不低，还远远高于经济增长率，1997年以来直至2003年，情况都是这样。2003年以后，中国经济已走出通货紧缩困境，经济增长进入快车道。还要看到，1997、1998年的物价回落，在一定程度上是对90年代以来物价较大幅度上涨的某种"纠正"。1998年，居民消费价格总指数，仍比1995年上涨10.4%，比1990年上涨102.6%；社会商品零售价格指数，仍比1995年上涨4.1%，比1990年上涨78.7%；工业品出厂价格指数，比1995年下降1.6%，但比1990年上涨89.9%。[①]

不管怎样，物价持续下跌，总是不好的，不利于经济的活跃和企业的正常生产经营。在发展社会主义市场经济中，我们不仅要有效制止和克服通货膨胀，也要有效制止和克服通货紧缩，以促进经济的稳定增长。

参考文献

1. 邓小平文选. 第3卷. 北京：人民出版社，1993
2. 成致平主编. 中国物价五十年（1949—1998）. 北京：中国物价出版社，1998
3. 马凯. 中国价格改革20年的历史进程和基本经验. 价格理论与实践，1999（1）
4. 张卓元等主编. 20年经济改革的回顾与展望. 北京：中国计划出版社，1998
5. 张卓元. 论中国价格改革与物价问题. 北京：经济管理出版社，1995
6. 国家统计局编. 中国统计年鉴（2003）. 北京：中国统计出版社，2003

---

① 参见国家统计局编：《中国统计摘要（1999）》，72页，北京，中国统计出版社，1999。

7. 北京师范大学经济与资源管理研究所. 2003 中国市场经济发展报告. 北京：中国对外经济贸易出版社，2003

8. 王梦奎主编. 改革攻坚 30 题. 北京：中国发展出版社，2003

执笔人　张卓元　路　遥

分报告七
中国收入分配制度改革的基本经验

收入分配是整个社会经济系统中一个十分重要的子系统。收入分配的状况不仅会影响生产的效率,而且会影响人们的切身利益从而影响社会的协调与稳定。所以,收入分配问题一直是深受人们关注的重大经济问题之一。本报告拟从探讨转型期收入分配的基本原则入手,进而论述收入分配改革的起点和改革开放以来收入分配格局的变化,并在此基础上分析产生这种变化的原因,最后将探讨改进收入分配的途径,特别要探讨政府在收入再分配中的功能和扩大中收入群体的比重问题。

一、转型期收入分配的基本原则

人们通常把收入分配关系分为以下两个方面,即国家、集体和个人之间的收入分配关系以及个人(或居民)之间的收入分配关系。不过,一般来说,人们在谈到收入分配问题时,主要是指个人之间的收入分配关系,本部分所要讨论的主要也是这种分配关系。那么,我们在进行收入分配时应该处理好哪些基本关系呢?或者说,应该遵循哪些基本原则呢?我们认为,首先要处理好按劳动这一生产要素进行分配和按其他生产要素进行分配之间的关系,即要坚持按劳分配为主体、多种分配方式并存的原则。其次是要处理好先富和共富的关系,即要坚持先富带后富的原则。再者,还要处理好效率和公平之间的关系,即在现阶段要坚持效率优先和兼顾公平的原则。

(一) 按劳分配为主体，多种分配方式并存

长期以来，人们把按劳分配作为社会主义的一个根本标志，从而把按劳分配当做进行收入分配的唯一原则。尽管1958年的"大跃进"期间和后来的"文化大革命"期间，按劳分配曾被认为含有资产阶级法权而受到过批判，但从50年代到80年代中期，在党的有关文件中，按劳分配仍然是我国收入分配领域唯一通行的原则。

改革开放以来，我国在坚持实行按劳分配的前提下，逐步放松了对其他分配方式的限制，使其他分配方式也有了用武之地。1987年党的十三大的政治报告明确地提出："社会主义初级阶段的分配方式不可能是单一的。我们必须坚持的原则是，以按劳分配为主体，其他分配方式为补充。除了按劳分配这种主要方式和个体劳动所得以外，企业发行债券筹集资金，就会出现凭债权取得利息；随着股份经济的产生，就会出现股份分红；企业经营者的收入中，包含部分风险补偿；私营企业雇用一定数量劳动力，会给企业主带来部分非劳动收入。以上这些收入，只要是合法的，就应当允许。"可见，十三大报告实际上已经承认了劳动以外的其他生产要素参与分配的现实，并肯定了按劳分配以外的其他分配方式的合法性，只不过当时还把其他分配方式放在"补充"的地位而已。

1993年党的十四届三中全会通过的《中共中央关于建立社会主义市场经济体制若干问题的决定》和1997年党的十五大政治报告对此有了进一步的发展。十四届三中全会的决议指出，"个人收入分配要坚持以按劳分配为主体、多种分配方式并存的制度"，"劳动者的个人劳动报酬要引入竞争机制，打破平均主义，实行多劳多得，合理拉开差距"，"国家依法保护法人和居民的一切合法收入和财产，鼓励城乡居民储蓄和投资，允许属于个人的资本等生产要素参与收益分配"。十五大报告进一步指出，"坚持按劳分配为主体、多种分配方式并存的制度。把按劳分配和按生产要素分配结合起来"，"允许和鼓励资本、技术等生产要素参与收益分配"。可见，十四届三中全会和十五大尽管继续肯定了按劳分配的主体地位，但是却把其他分配方式从"补充"的地位提高到"并存"的地位，并明确地指出了资本、技术等生产要素参与收益分配的必要性和合法性。

党的十六大通过的《全面建设小康社会　开创中国特色社会主义事业新

局面》的报告进一步明确地指出，"确立劳动、资本、技术和管理等生产要素按贡献参与分配的原则，完善按劳分配为主体、多种分配方式并存的分配制度"。我认为，十六大报告在这一问题上有以下两点进展：第一是明确地把劳动作为生产要素之一而且作为最重要的生产要素加以肯定下来；第二，对"按劳分配为主体、多种分配方式并存的分配制度"，则从"坚持"发展到"完善"，说明这一制度无疑已经确立，但还需要完善。

强调各种生产要素参与收益分配的最大好处是有利于稀缺资源的优化配置和有效利用。经济学的原理告诉我们，稀缺的或有限的资源的使用不应该是免费的，不然就会造成资源的浪费。只有在劳动获得报酬，投资取得利润，土地和房屋的出租取得租金，股份分得红利，债券取得债息，存款取得利息，乃至企业家获得风险报酬等等情况下，才能促使各种资源得到合理的和节约的使用，形成人们通常所说的"人尽其才，物尽其用，地尽其力"的局面，促进经济的高效率发展。可见，收入分配不仅仅是把产品和劳务消极地在人们之间进行分配，而且通过这种分配，积极地促进生产的发展和效率的提高。

强调各种生产要素参与收益分配，并不会影响坚持按劳分配为主体的原则。劳动不仅仅是同资本、土地、技术、管理等相并立的生产要素，而且是一种特别重要的生产要素。随着科学技术的发展，知识在经济发展中的作用变得越来越重要。在有的发达国家，科技对于经济增长的贡献率已超过70%。在现代经济学中，人们甚至把知识和技术型的劳动称之为"人力资本"。从这个意义上讲，技术、管理等生产要素都可以视为劳动这一生产要素的延伸和提高。即使在发达的市场经济国家，劳动收入的比重也是相当大的。何况我国是社会主义国家，劳动收入所占的份额只会比其他国家更高。因此，即使强调劳动以外的其他生产要素参与收入分配，也不会冲击按劳分配的主体地位。

（二）"先富"带动"后富"，达到"共富"

所谓先富带共富，是指允许和鼓励一部分人通过诚实劳动和合法经营先富裕起来，促进效率的提高，在此基础上带动越来越多的人富裕起来，达到共同富裕的目的。20多年来，它已经成为指导我国收入分配的基本原则和政策之一。

先富带后富的政策，最早是由邓小平同志提出来的。1978年12月，党中央为即将召开的十一届三中全会作准备，召开了中央工作会议。会上，邓小平同志明确提出："在经济政策上，我认为要允许一部分地区、一部分企业、一部分工人农民，由于辛勤努力成绩大而收入先多一些，生活先好起来。一部分人生活先好起来，就必然产生极大的示范力量，影响左邻右舍，带动其他地区、其他单位的人们向他们学习。这样，就会使整个国民经济不断地波浪式地向前发展，使全国各族人民都能比较快地富裕起来。""这是一个大政策，一个能够影响和带动整个国民经济的政策"[①]。

邓小平同志关于部分先富和共同富裕的这一论断，后来得到了党中央一系列文献的肯定。从党的十二大到十六大，都反复强调了这一思想和政策的重要性。这项政策不仅已经成为指导收入分配的基本原则之一，而且成为建设有中国特色的社会主义的基本理论的一个组成部分。

先富带后富政策的提出具有深刻的时代背景和强烈的针对性。1978年正处在从计划经济向市场经济转型的转折点上。计划经济下形成的平均主义分配僵局不仅挫伤了劳动者的生产积极性和阻碍了经济的发展，而且影响了人民群众生活水平的提高。人们痛切地感到，普遍贫穷决不是社会主义，共同富裕才是我们的目标。而为了实现共同富裕，就必须打破平均主义的僵局，让一部分人先富裕起来。

我们还应该看到，先富带后富的思想不仅具有如上所说的强烈的现实性，而且具有重大的理论意义。这一思想在理论上涉及到收入差距的变化趋势或变动轨迹问题的探索。国内外经济学家都对这一问题进行过不同程度的探索。

早在1954年，美国经济学家西蒙·库兹涅茨在美国经济协会的会长就职演说中就对经济增长中收入差距的变动趋势进行了开创性的分析。他在考察了若干国家收入分配不平等的数据以后指出，"收入分配不平等的长期趋势可以假设为：在前工业文明向工业文明转变的经济增长早期阶段会迅速扩大，尔后是短暂的稳定期，然后在增长的后期阶段会逐渐缩小"[②]。这就是著名的库兹涅茨"倒U型假说"。近半个世纪来，各国经济学家对这一假说

[①] 《邓小平文选》，2版，第2卷，北京，人民出版社，1994。
[②] [美] 西蒙·库兹涅茨：《经济增长与收入不平等》，载《美国经济评论》，1955年第45卷第1期，18页。

进行了广泛地讨论。许多案例的研究验证了这种倒 U 型关系，但也有的案例显示不出这种关系。迄今为止，库兹涅茨的倒 U 型假说得到了许多支持，但仍然存在着争议。不过，库兹涅茨的这一开创性研究在理论上的贡献是举世公认的。

应该指出，我国经济学界在探讨收入差距的变动趋势时也曾经提出过类似的看法。例如，汪洋在 1962 年就提出劳动者之间劳动报酬的差距变动有一个从小到扩大再到缩小的过程（即所谓的"小大小"趋势）。他说："在我国的具体条件下，按劳分配规律可能会经历一个作用不够充分到作用比较充分的过程"，"在劳动报酬变化的趋势上可能会出现这样的情况：在社会主义建成以前，随着生产力的发展，在人们的生活水平普遍有了很大提高的情况下，劳动报酬的差距比现有的差距从总的方面来看有扩大的趋势；而在社会主义建成以后向共产主义过渡阶段，劳动报酬差距会出现逐步缩小的趋势。"[①] 可以说，汪洋对收入分配差距变化趋势的看法同库兹涅茨的假说有异曲同工之妙。不过，同库兹涅茨的假说相比，汪洋的看法更加缺乏实证的基础，而仅仅是一种构想。

在这里，特别需要指出的是：无论是"倒 U 型"假说，还是"小大小"设想，以及"先富带后富"政策，尽管彼此之间有紧密的沟通之处，但又都是在不同的历史背景下分别地和独立地提出来的。正因为如此，这些有关收入差距变化趋势的思想具有特别可贵之处。可以说，"先富带后富"是这种变化趋势的理论探讨在政策层面上的概括，换言之，"先富带后富"的政策在理论上也是有基础的。

(三) 效率优先和兼顾公平

在收入分配中如何处理公平和效率的关系也是一个令人关注的问题。从哲学上讲，两者是对立统一的关系，即既有互相促进的一面，又有此长彼消的一面。因此，在决策过程中存在着在两者之间的抉择或取舍的问题。有的学者甚至认为，公平和效率之间的抉择是"最大的社会抉择"[②]。效率实际上是指馅饼如何做大的问题，公平实际上是指馅饼如何分割或分配的问题。

---

① 汪洋：《关于按劳分配规律的一点想法》，载《经济学动态》，1962 (22)。
② [美] 奥肯：《平等与效率》，82 页，北京，华夏出版社，1987。

显然，在对两者进行抉择或取舍的时候，走两个极端都是不可取的。例如，我们不能为了效率而只让市场机制发挥作用而放弃政府在收入分配特别是收入再分配中的功能，从而舍弃了公平的目标，即只顾馅饼的做大而不顾馅饼的分割；我们也不能只顾公平分配而不顾生产效率的提高，即因袭"不患寡而患不均"的陈旧观念，只顾馅饼的分割而不顾馅饼的大小。事实上，走两个极端都只能造成效率和公平之间的互相促退，形成恶性循环的关系，造成既无效率又无公平的结局。

因此，比较可取的抉择或取舍是在两者兼顾中寻找一个适当的均衡点。当然，所谓兼顾，只要不是走两个极端，都可以泛泛地称之为兼顾。所以，在两者兼顾的前提下是多考虑效率的因素还是多考虑公平的因素，则要根据社会经济发展的具体阶段和任务来确定，换言之，这个均衡点的选择是灵活的和历史的，而不是僵死的。例如，1992年党的十四大报告提出要"兼顾效率与公平"。1993年党的十四届三中全会通过的《中共中央关于建立社会主义市场经济体制若干问题的决定》中则进一步具体化为"效率优先、兼顾公平"。1997年党的十五大报告也指出要"坚持效率优先、兼顾公平"。2002年党的十六大报告进一步指出："坚持效率优先、兼顾公平，既要提倡奉献精神，又要落实分配政策，既要反对平均主义，又要防止收入悬殊。"可见，"效率优先、兼顾公平"是"兼顾效率与公平"的具体化。那种把"效率优先、兼顾公平"同"兼顾效率与公平"对立起来的观点是站不住脚的；那种把收入差距过大（详后）的问题归罪于"效率优先、兼顾公平"原则的观点也是站不住脚的。党的十五大和十六大的报告都一再强调要"坚持"这一原则是完全可以理解的。

在我国经济发展的现阶段，实行"效率优先、兼顾公平"的原则是可取的。我国目前不仅处在从计划经济向市场经济的转型之中，而且处在从二元经济向现代经济（或如前面引用的库兹涅茨所说的从前工业文明向工业文明）的转型之中。在这种转型的过程之中，由于产业结构的迅速转换等原因，经济发展比较迅速，要求效率有较大的提高，收入差距也有所扩大。所以，在经济发展的现阶段，实行效率优先、兼顾公平的原则是符合客观经济规律的。从这个角度来看，我们可以发现"效率优先、兼顾公平"的原则同上面所说的"先富带共富"原则的一致性。当经济发展到了更高的阶段以后，公平的因素可能要考虑得多一些。当然，即使到了那个时候，也不能违背效率和公平兼顾的大前提。例如，北欧福利国家的代表瑞典从上世纪50年代到70年代过度地强调扩大福利和公平分配，影响了劳动积极性的发挥和生产效率的提高，使瑞典经济的国际竞争能力和在世界经济中的排序大大下降。所以，瑞典从80年代中后期以来，不得不引进改革措施，诸如减少福利和税收，增强对劳动的激励，以提高经济效率。可见，即使像瑞典那样的发达国家在处理公平和效率的关系时可以多考虑公平的因素，也要掌握一个适当的度。就我们来说，既要从自己过去的"穷大锅饭"中吸取教训，又要从人家的"富大锅饭"中吸取教训，在处理公平和效率的关系中掌握好均衡点。

二、改革前收入分配状况

改革开放以前的中国（这里是指1956年计划经济体制确立以后至1978年提出改革以前这20多年时间）在收入分配方面有什么特点呢？如果用一句最简单的语言来概括，可以这么说：改革以前的中国是一个均等化程度很高或不平等程度很低的社会，但同时也存在着和隐含着一些不平等的因素。

为什么说中国在改革以前是一个均等化程度很高的社会呢？根据许多研究文献，中国在改革前夕或改革之初，收入分配的基尼系数[①]比世界上大多数发展中国家都要低。城市的基尼系数在0.2以下，农村的基尼系数略高，但多数估计都在0.21~0.24之间。而许多发展中国家，城市的基尼系数则在0.37~0.43之间，农村的基尼系数则在0.34~0.40之间。[②]

改革以前中国收入均等化程度较高，至少有三个原因：第一，制度上的原因。社会主义制度是以生产资料公有制为特征的，因此，从1949年至1956年逐步实行生产资料公有化以后，劳动收入几乎成为居民收入的唯一形式，除了少量储蓄存款的利息收入以外，几乎没有财产收入。第二，政策

[①] 基尼系数是国际上通行的用来分析收入差距的指标。其数值在0和1之间，0为绝对平等，1为绝对不平等。在其间，数值越小，表示收入差距越小；数值越大，表示收入差距越大。

[②] 参见赵人伟、李实：《中国居民收入差距的扩大及其原因》，载《经济研究》，1997（9）。

上的原因。当时的决策者认为，社会主义所追求的目标是社会公平，加上建设初期应该多积累、少消费，即使是劳动收入也应该是低而平均的。第三，中国文化传统中"不患寡而患不均"的平均主义观念的束缚。这种观念离开效率来谈公平，不求做大"馅饼"来讲分配，往往划不清共同富裕和普遍贫困之间的界限。

不过，如果我们作进一步的考察则可以发现，即使在那样一种均等化程度很高的状态下，仍然存在着和隐藏着一些不平等的因素。例如：

（1）城乡居民之间的收入差距比较大。据世界银行的计算，中国城乡居民人均收入的比率是2.5（1979年），比亚洲其他低收入国家要高（平均约为1.5），稍大于中等收入的国家（平均约为2.2）。[①] 改革以前中国城乡居民收入差距较大的一般原因是同其他发展中国家一样都存在着二元经济结构，即现代工业部门同传统农业部门并存。差距较大的特殊原因是中国的决策者当时实行了特殊的政策，尤其是农产品低价收购的政策，并把它作为积累工业化所需资金的手段之一，同时采取了严格限制农村居民迁入城市的户籍制度，进一步强化了城乡两个经济系统的分割。[②] 可见，在当时收入分配高度均等化的情况下，特别是在城镇内部的均等化程度还高于农村内部的情况下，由于城乡之间收入的较大差别，对农村居民来说，仍然存在着不均等的因素。

（2）在消费品的分配方式上，强调实物分配方式，即供给制，而抑制市场分配方式（通过货币购买）。在强调实物分配的情况下，居民的货币收入的差距要小于实际收入的差距。实物分配实际上是一种暗的或隐性的福利补贴制度，这种补贴制度的初衷是要对低收入阶层作一种补偿，起缩小收入差距的作用。但实行的结果则不尽然。首先，占人口大约80%的农村居民并不享有城镇居民所获得的补贴。其次，即使对城市居民来说，也只有按人口定量供应的那部分消费品（如粮、棉、油），其补贴是按平均主义的原则分配的，但按职位供应的那部分消费品（如住房、汽车、电话等），其补贴的分配是高度不平等的。应该说，这样一种补贴制度或福利制度，也是均等主义掩盖下的一种不均等因素。

[①] 参见世界银行：《中国：社会主义经济的发展（1981）》，北京，中国财政经济出版社，49页，1982。
[②] 参见赵人伟：《中国转型期中收入分配的一些特殊现象》，载《经济研究》，1992（1）。

（3）工资的长期冻结，造成对青年一代不利的收入分配格局。改革以前，在 1956 年至 1976 年之间大约 20 年期间，工资基本上是冻结的。当然，这一期间基本生活消费品的价格基本上也是冻结的。从表面来看，在这种工资和物价"双冻结"面前人人都是平等的，因为大家都同样地失去了增长工资的机会。但实际上长期的工资冻结对不同代人的收入分配效应是不一样的，它造成代际的不平等，形成了对青年一代人不利的收入分配格局。[①] 这种情况所造成的后果在 80 年代初期甚至成为一个突出的社会问题。在非战争年代，持续如此之久的工资基本冻结是相当特殊的。即使是当年的苏联和东欧各国，也没有出现过这种情况。应该说，这是同"大跃进"和"文化大革命"造成的特殊背景有关的，可以说是计划经济的中国式特殊形态所产生的特殊现象。这种现象也属于均等主义掩盖下的一种不均等因素。

不过，话要说回来，尽管改革以前的中国在收入分配中存在着上述一些不平等的因素，但总的来说，当时的中国还是一个平均主义盛行的社会。这种平等中存在着不平等，不平等中又存在着平等的状况，说明了中国社会经济状况的复杂性。我国收入分配格局的变化就是从这样一个复杂的起点开始的。

三、改革以来收入分配格局的变化

改革开放以来我国收入分配格局发生了很大的变化。总的趋势是按照改革初期提出的目标发展的，或者说是同第一部分中所说的基本原则相吻合的。但也有不少变化却超出了原来的设想。收入差距是扩大了，但是实际上又超出了克服平均主义的范围，而且，有些差距的拉大并未同效率的提高相联系；一部分人是先富裕起来了，但其中有的人同诚实劳动和合法经营并未挂钩。这些情况的出现，既说明了实践的丰富性，也说明了改革的复杂性。在这里，我们拟对改革以来收入分配变化的一些重要方面做一考察。

（一）变化的总趋势

改革开放以来，我国 GDP 年均增长达到 9.5%，是世界上增长最快的

[①] 参见赵人伟：《劳动者个人收入分配的若干变化趋势》，载《经济研究》，1985（3）。

国家。在经济快速增长的基础上，城乡居民的收入水平也有了很大的提高。从名义增长来看，1978年到2001年，农村居民人均收入（纯收入）由133.6元增长到2 366元，提高了17倍；城镇居民人均收入（可支配收入）从1978年的343元增长到6 860元，提高了19倍。即使扣除物价因素，其增长的幅度也是非常可观的。[1]

但与此同时，收入差距也明显地扩大了。表7—1是根据国家统计局的数据计算出来的。从中可以看出，改革以来无论是农村还是城市，由基尼系数所反映出来的收入差距总的来说呈现出一种上升的趋势，尽管个别年份有缩小的情况。

其中，农村居民收入的基尼系数从1978年的0.21上升到2000年的0.35，城镇居民收入的基尼系数从1978年的0.16上升到2000年的0.32。

表7—1　　　　中国居民收入差距（基尼系数）的变化（1978—2000年）

年份	基尼系数	
	农村	城镇
1978	0.212	0.16
1979	0.237	0.16
1980	0.238	0.16
1981	0.239	0.15
1982	0.232	0.15
1983	0.246	0.15
1984	0.258	0.16
1985	0.264	0.19
1986	0.288	0.19
1987	0.292	0.20
1988	0.301	0.23
1989	0.300	0.23
1990	0.310	0.23
1991	0.307	0.24
1992	0.314	0.25
1993	0.320	0.27
1994	0.330	0.30
1995	0.340	0.28
1996	0.320	0.28
1997	0.330	0.29
1998	0.340	0.30

---

[1] 参见国家统计局编：《中国统计年鉴（2002）》，320页。

续前表

年份	基尼系数	
	农村	城镇
1999	0.340	0.30
2000	0.350	0.32

资料来源：(1) 唐平：《我国农村居民收入水平及差异的分析》，载《管理世界》，1995 (2)。(2) 任才方、程学斌：《从城镇居民收入看分配差距》，载《经济研究参考》，1996 (157)。(3) 1996 年以后的基尼系数是由国家统计局城调队和农调队提供的。(4) 相关年份的《中国统计年鉴》。本表转引自李实：《中国个人收入分配研究回顾与展望》，载《经济学季刊》，2003 (2)。

以上的基尼系数是分别就城市和农村各自来计算的。由于我国城乡差别比较大，全国的基尼系数必然要高出城市或农村分别计算的基尼系数。按照官方的口头公布，我国 2000 年全国的基尼系数为 0.39。世界银行的发展报告则以中国官方的统计为基础，计算出我国 1995 年全国的基尼系数为 0.415[1]，1998 年全国的基尼系数调整为 0.403[2]。

表 7—2 是根据中国社会科学院经济研究所收入分配课题组（以下简称经济所课题组）在 1988 和 1995 年的两次抽样调查所计算出来的基尼系数。尽管其数值同统计局公布的结果有一些差异，但无论是农村还是城镇，基尼系数的上升、收入差距的扩大这样一个总的趋势是一致的。其中，农村的基尼系数从 1988 年的 0.338 上升到 1995 年的 0.429，同期，城镇的基尼系数从 0.233 上升到 0.286，全国的基尼系数从 0.382 上升到 0.445。

表 7—2　　　　　　　　　　1988 年和 1995 年的基尼系数

年份	农村	城镇	全国
1988 年	0.338	0.233	0.382
1995 年	0.429	0.286	0.445

资料来源：中国社会科学院经济研究所收入分配课题组的抽样调查（1988、1995）。

按照南开大学经济研究所的调查，如果包括非法和非正常收入在内，1994 年和 1995 年全国的基尼系数均已分别达到了 0.511 和 0.517。[3]

可见，对于全国的基尼系数目前有各种各样的计算和估计。概括起来可以分为以下三种不同的估计：低估计：0.4 左右；中估计：0.45 左右；高估

---

[1] 参见世界银行：《1999—2000 年世界发展报告》，234 页，北京，中国财政经济出版社，2000。
[2] 参见世界银行：《2002 年世界发展报告》，236 页，北京，中国财政经济出版社，2002。
[3] 参见陈宗胜、周云波：《非法非正常收入对居民收入差别的影响及其经济学解释》，载《经济研究》，2001 (4)。

计：0.5左右。如果撇开计算方法上的差异，三种不同估计的差别是：第一种估计主要考虑货币收入，而较少考虑实物收入，特别是补贴收入；第二种估计则比较多地考虑了实物收入；第三种估计则不仅考虑了货币收入和实物收入，而且考虑了非法收入和非正常收入。

针对基尼系数的日益扩大，人们提出了各种各样的看法。其中有两种看法值得提出来讨论。

一种看法是：由于国际上有人把0.4作为差距是否过大的警戒线，因此，为了使我国的收入差距控制在合理范围内，应当尽量使基尼系数控制在0.4以内。我们认为，中国是一个幅员辽阔、人口众多、社会经济发展的均质性很低的社会，客观上容许有较高的基尼系数，不必机械地、死死地守住0.4这条线。当然，突破0.4这条线以后，根据我国目前的情况，究竟放松到什么程度比较合适仍然可以讨论，但是，为了进行这种讨论，打破死守这条线的自我束缚是必要的。这就要求我们对收入差距从扩大到缩小的转折点问题进行研究（详后）。

另一种看法是：我国是二元经济社会，城乡之间的收入有较大差别是不可避免的，因此，只能分别计算城市或乡村的基尼系数，而不能合起来计算全国的基尼系数。不然，就会夸大我国的收入差距。我们认为，全国的基尼系数、城市的基尼系数、乡村的基尼系数、乃至各省的基尼系数等等，都能各自说明不同的问题，完全没有必要取此舍彼或厚此薄彼。事实上，许多属于二元经济的发展中国家也都分别计算城乡的和全国的基尼系数，我国似乎没有必要在这个问题上寻求例外。

除了用基尼系数来衡量收入差距及其变化以外，人们还用五等分组或十等分组的办法计算最高收入组和最低收入组在总收入中所占的百分比来衡量收入差距及其变化。例如，世界银行按十等分组的办法计算出我国1992年最低收入组10%的人占有2.6%的收入，最高收入组10%的人占有26.8%的收入，两者之比为10.3∶1。[①] 到了1998年，这三组数字分别为2.4%、30.4%和12.7∶1。[②] 国家统计局城调队则用同样的办法计算出我国城市居民收入差距的变化。根据该队的调查，10%最高收入户与10%最低收入户

---

① 参见世界银行：《1996年世界发展报告》，198页，北京，中国财政经济出版社，1996。
② 参见世界银行：《2002年世界发展报告》，236页。

人均可支配收入之比1988年为3.1∶1，而2000年扩大为5∶1。[1]用这种办法来衡量收入差距极其变化同用基尼系数的办法来衡量，在方向上是一致的。

（二）城乡收入差距

城乡居民收入的差距在上世纪80年代初期曾经呈现过逐步缩小的趋势，但从80年代中期以来则呈扩大的趋势。表7—3是根据国家统计局公布的经过近年来调整过的数据所计算出来的80年代中期以来城乡居民收入差距的变化情况。尽管其结果比其他一些估计的城乡收入差距要小一些，而且个别年份之间的变化有所波动，但80年代中期以来城乡居民收入差距呈扩大趋势这一点仍然是明显的。

表7—3　　　　中国城乡居民人均收入及其差距（1985—2001）

年份	农村名义人均收入	城镇名义人均收入	农村居民消费价格指数	城镇居民消费价格指数	农村实际人均收入	城镇实际人均收入	城乡实际人均收入比率
1985	398	739	1.00	1.00	398	739	1.86
1986	424	900	1.06	1.07	400	838	2.09
1987	463	1 002	1.13	1.16	410	861	2.10
1988	545	1 181	1.32	1.41	413	837	2.03
1989	602	1 376	1.58	1.63	381	842	2.21
1990	686	1 510	1.65	1.66	416	910	2.19
1991	709	1 701	1.69	1.74	420	978	2.33
1992	784	2 027	1.77	1.89	443	1 074	2.42
1993	922	2 577	2.01	2.19	459	1 175	2.56
1994	1 221	3 496	2.48	2.75	492	1 273	2.59
1995	1 578	4 283	2.91	3.21	542	1 335	2.46
1996	1 926	4 839	3.14	3.49	613	1 388	2.26
1997	2 090	5 160	3.22	3.60	649	1 435	2.21
1998	2 162	5 425	3.19	3.57	678	1 518	2.24
1999	2 210	5 854	3.14	3.53	704	1 658	2.36
2000	2 253	6 280	3.14	3.56	718	1 764	2.46
2001	2 366	6 860	3.17	3.58	746	1 916	2.57

资料来源：李实：《中国个人收入分配研究回顾与展望》，载《经济学季刊》，2003（2）；国家统计局编：《中国统计年鉴（2002）》，320页。

根据经济所课题组的两次抽样调查，如果我们把样本中的全部居民按收入高低进行十等分组，那么，无论是1988年还是1995年，乡村居民集中地分

---

[1] 参见国家统计局：《城市家庭财产调查概述篇六：家庭财产的历史性变化》，见中国统计信息网，2002-09-28。

布在低收入组，城市居民集中地分布在高收入组。从表7—4和图7—1（图7—1的纵轴代表居民所占的百分比，横轴代表代收入的高低）可以看出，这种X形的分布状况在1988年和1995年之间没有发生显著的变化，说明城乡收入的差距仍然是显著的。有趣的是，在低收入和中低收入各组，几乎没有什么变化；一些微小的变化则发生在中高收入各组（扩大了差距）和最高收入组（缩小了差距）。这可能是因为：农村乡镇企业的迅速发展，使少数企业的雇主很快地进入最高收入组，但乡镇企业的雇员即使能进入中高收入组，由于个人能力和体制性因素的限制，其收入的增长仍然慢于城市的中高收入组。

表7—4　　　　　　　　按收入十等分组城乡居民各占的比例（%）

十等分组组序	1988年		1995年	
	乡村居民	城市居民	乡村居民	城市居民
1（最低）	99.24	0.76	99.36	0.64
2	97.94	2.06	97.41	1.59
3	95.37	4.63	94.95	5.05
4	89.30	10.70	90.36	9.64
5	77.53	22.47	76.95	23.05
6	56.71	43.29	55.53	44.47
7	36.37	63.63	34.16	65.84
8	24.87	75.13	23.10	76.90
9	20.47	79.53	18.92	81.08
10（最高）	19.55	80.45	23.78	76.22

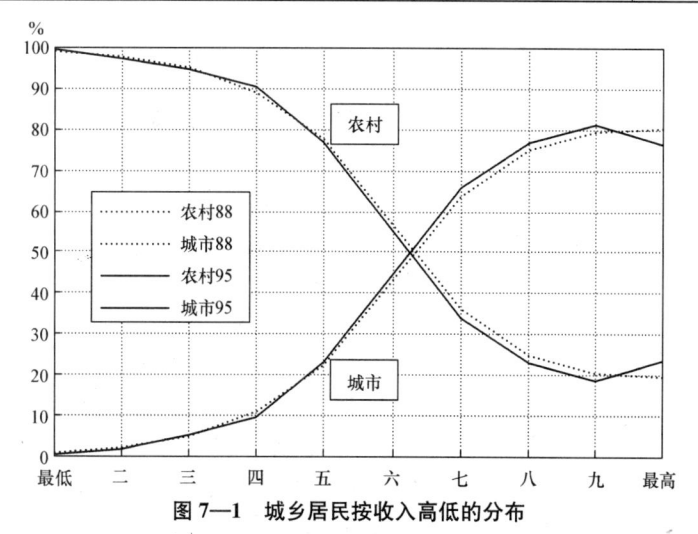

图7—1　城乡居民按收入高低的分布

除了上述课题的研究成果以外，世界银行的有关报告指出，世界上多数国家城乡之间收入的比率超过2的极为罕见；在绝大多数国家，农村收入为城市收入的66%或更多些。在中国，1995年农村收入只有城市收入的40%，从十年前占58%的高峰降了下来，换言之，1995年中国城乡之间收入的比率为2.5。这份报告还指出，如果加上城市居民所享有的实物性福利，就会使1995年城市居民的收入增加72%，其中，住房占了增加数的大约60%。① 按世界银行这份报告的估计推算，我国1995年城乡收入的比率应为4.3。具体数据见表7—5和表7—6。

表7—5　　　　　　　　中国城市地区收入（1995）　　　　　　　　单位：元/人

收入构成	合计	家户百分位数，按人均收入排列					
		底层10%	10%~30%	30%~50%	50%~70%	70%~90%	顶层10%
用于开支的收入	4 612	1 777	2 733	3 592	4 572	6 153	10 250
实物性收入	3 304	2 096	2 803	3 284	3 629	4 030	3 882
其中：							
住房补贴	1 960	1 182	1 705	2 047	2 267	2 353	1 906
养老金补贴	595	233	380	495	603	853	1 222
医疗补贴	306	226	264	295	325	366	367
教育补贴	252	289	269	255	238	255	185
交通补贴	14	14	14	14	14	14	14
物价补贴	59	59	59	59	59	59	59
其他实物收入	87	69	83	88	91	95	95
其他福利性补贴	31	24	29	31	32	35	34

资料来源：世界银行：《共享增长的收入：中国收入分配问题研究》，17页，表2.2。

表7—6　　　　　中国城市地区的实物收入（1990、1995年）　　　　　单位：元/人

年份	实物收入占住户调查收入的百分比	家户百分位数，按人均收入排列					
		底层10%	10%~30%	30%~50%	50%~70%	70%~90%	顶层10%
1990年	77.7%	137.5	106.3	90.5	79.4	67.1	49.8
1995年	71.6%	116.8	102.6	91.4	79.4	65.5	37.8

资料来源：世界银行：《共享增长的收入：中国收入分配问题研究》，17页，表2.3。

（三）区域收入差距

关于区域间的收入差距，无论根据国家统计局的数据还是中国社会科学

---

① 参见世界银行：《共享增长的收入：中国收入分配问题研究》，14~17页，北京，中国财政经济出版社，1998。

院经济所课题组的数据,都有所扩大。由于经济所课题组迄今进行了两次抽样调查(1988年和1995年),为了便于比较,在这里只引用到1995年的数据。

表7—7是根据国家统计局的数据绘制的。从中可以看出,三大地区之间的人均收入(人均国民生产总值)差距有了明显的扩大。例如,1978年东部地区比西部地区高出87%,到了1995年则高出124%。

表7—7 三大地区人均收入及其变化(1978—1995) 单位:元

年份	东部	中部	西部	东/中	东/西	中/西
1978	467	312	250	1.50	1.87	1.25
1979	517	356	289	1.45	1.79	1.23
1980	572	389	316	1.47	1.81	1.23
1981	617	421	332	1.47	1.86	1.27
1982	672	457	370	1.47	1.82	1.24
1983	733	514	408	1.43	1.80	1.26
1984	869	599	478	1.45	1.82	1.25
1985	1 045	704	571	1.48	1.83	1.23
1986	1 158	775	619	1.49	1.87	1.25
1987	1 358	927	713	1.46	1.90	1.30
1988	1 692	1 087	885	1.56	1.91	1.23
1989	1 890	1 193	972	1.58	1.94	1.23
1990	2 008	1 272	1 104	1.58	1.82	1.15
1991	2 281	1 362	1 226	1.67	1.86	1.11
1992	2 870	1 601	1 418	1.79	2.02	1.13
1993	4 148	2 022	1 898	2.05	2.19	1.07
1994	5 493	2 867	2 469	1.92	2.22	1.16
1995	6 777	4 310	3 019	1.57	2.24	1.43

资料来源:有关年份《中国统计年鉴》,转引自郭荣星:《中国经济是如何运转的——一个跨地区的考察》,英国麦克米伦出版社,90页,1999。
说明:三大地区的划分如下:
东部地区:辽宁、河北、北京、天津、山东、江苏、上海、浙江、福建、广东、海南、广西
中部地区:山西、吉林、黑龙江、安徽、河南、湖北、湖南、江西、内蒙古
西部地区:四川、贵州、云南、陕西、甘肃、青海、西藏、宁夏、新疆

表7—8和表7—9是根据经济所课题组的两次抽样调查的数据绘制的。从中也可以看出类似的趋势。

表 7—8 　　农村三大地区人均收入及其变化（**1988 和 1995 年，按 1988 年价格**）

	1988 年		1995 年		区域内收入绝对差（元）(3)−(1)	区域内收入相对差(3)/(1)	区域间收入相对差（以西部为100）	
	(1)人均收入（元）	(2)基尼系数	(3)人均收入（元）	(4)基尼系数			1988 年	1995 年
东部地区	891	0.34	3 150	0.45	2 260	3.54	161.7	243.9
中部地区	606	0.30	1 599	0.33	993	2.64	110.0	123.8
西部地区	551	0.29	1 292	0.38	742	2.35	100	100

说明：三大地区的划分如下（1988 年调查包括 28 个省市；1995 年调查包括 19 个省市）：
东部地区：<u>北京</u>、<u>上海</u>、<u>天津</u>、<u>辽宁</u>、<u>河北</u>、<u>山东</u>、<u>江苏</u>、<u>浙江</u>、<u>福建</u>、<u>广东</u>、广西、海南
中部地区：山西、内蒙古、<u>吉林</u>、<u>黑龙江</u>、<u>安徽</u>、<u>江西</u>、<u>河南</u>、<u>湖北</u>、<u>湖南</u>
西部地区：<u>四川</u>、<u>贵州</u>、<u>云南</u>、陕西、<u>甘肃</u>、青海、宁夏
（有下划线者为 1995 年调查的 19 个省市）

表 7—9 　　沿海和内地城市人均收入及其变化（**1988 和 1995 年，按 1988 年价格**）

	1988 年		1995 年		区域内收入绝对差（元）(3)−(1)	区域内收入相对差(3)/(1)	区域间收入相对差（以内地为100）	
	(1)人均收入（元）	(2)基尼系数	(3)人均收入（元）	(4)基尼系数			1988 年	1995 年
沿海	1 584	0.213	2 502	0.277	918	1.58	134.6	149.0
内地	1 177	0.220	1 679	0.247	502	1.43	100	100

说明：沿海和内地的划分如下（1988 年调查包括 10 个省市；1995 年调查包括 11 个省市，即加了四川省）：
沿海：北京、广东、江苏、辽宁
内地：山西、河南、安徽、四川、湖北、云南、甘肃

从表 7—8 可以看出，在 1988 年至 1995 年这八年间，农村三大地区的人均收入均有明显增长，但东部地区增长得最快，中部地区其次，西部地区增长得最慢。从三大地区基尼系数的变化可以看出，三大区域内的收入差距都有所扩大。从区域间收入的相对差可以看出，三大区域间的收入差距也有所扩大。

从表 7—9 可以看出，在 1988 年至 1995 年这八年间，沿海和内地城市的人均收入也有明显增长。从基尼系数的变化可以看出，沿海内部和内地内部的收入差距都有所扩大。从区域间收入的相对差可以看出，沿海和内地之间的收入差距也有所扩大。

如果我们进一步比较农村区域间同城市区域间收入差距的扩大情况，那么，上述数据表明：农村区域间收入差距的扩大程度要显著地高于城市区域间收入差距的扩大程度。

(四) 财产收入差距

如前所述,改革以前中国居民除了少量的个人储蓄的利息收入以外,几乎没有什么财产收入。改革以来,居民的财产收入,特别是城市居民的财产收入增长很快,而且分布也颇为不平等,已经成为人们关注的一个新问题。因财产分布的不平等而引起的收入分配不平等,主要表现在两个方面:

第一,因金融资产分布的不平等而引起的。进入20世纪90年代以来,我国城市居民金融资产的增长极其迅速。根据国家统计局的调查,1984年我国城市居民户均金融资产仅为0.13万元,到2002年6月末,户均达到7.98万元,年均增长速度为25.5%。而且,金融资产的分布颇为不平等。表7—10是根据国家统计局的调查绘制的。从中可以看出城市居民金融资产分布的不平等状况。按五等分组,1996年6月末,最高20%家户的户均金融资产为最低20%家户的户均金融资产的12倍。到了2002年6月末,最高20%家户的户均金融资产为最低20%家户的户均金融资产的51倍。

表7—10　　　　　　　　　城市居民金融资产的分布

城市家户按五等分组组序（从高到低）	1996年6月末户均金融资产		2002年6月末户均金融资产	
	绝对值（元）	比重（%）	绝对值（元）	比重（%）
1（最高）	74 359	48	264 810	66.4
2	35 629	23	70 046	17.6
3	24 786	16	39 066	9.8
4	13 942	9	19 606	4.9
5（最低）	6 192	4	5 109	1.3
最高组与最低组之比		12:1		51:1

资料来源:国家统计局:《统计报告》第21号,1996-11-08;国家统计局:《城市居民家庭财产调查概述篇二:家庭金融资产的分布》,见中国统计信息网,2002-09-27。

说明:金融资产由人民币和外币两部分组成。其中人民币资产由储蓄存款、国库券、股票(A股)、储蓄性保险、住房公积金余额、手存现金、借出款和其他有价证券组成;外币资产由储蓄存款、手存现金和股票(B股)组成。

第二,因住房分布的不平等而引起的。根据经济所课题组的研究,如果把住房改革后居民自有住房的估算租金也当做一种财产收入的话,那么,在迄今为止的住房改革中,自有住房估算租金的不平等系数(1995年为0.371)已经超过了计划经济时代形成的住房补贴(暗补)的不平等系数(1995年为0.322),而住房补贴的不平等系数又超过了城镇居民总体的不平等系数(1995年为0.286)。这说明,住房改革中把原来隐形收入(暗补)的不平等加以显形化只不过是承认原来的不平等的话,那么,当自有住房估算租金的不平等超过了原有住房补贴的不平等时，就应该看到，这是显形化过程中追加的不平等。这种不平等主要是因公有住房的实际出售价格同市场价格之间的巨大差额所引起的。这种不平等在各个地区是不一样的。一般来说，中小城市的差额要小于大城市。在特大城市的黄金地段，差额就更大。根据有的学者研究，就平均而言，市场价格要比实际出售价格高出7.7倍；极端的事例则要高出22倍。① 而且，还应该看到，这种状况在90年代中后期以来的住房改革中进一步恶化了。在从实物分房向货币分房过渡的关头，有的部门和单位加紧买房和盖房，超标准地给职工分大房和分好房，给职工一份"最后的晚餐"。人们发现，住房的双轨价格的差别，远比一般商品的双轨价格的差别要大。特别是像北京这样的城市，多分一间房的意义少则十万元多则数十万元。如果说，80年代后期所盛行的"寻租"活动是利用既有的价差来谋取利益的话，那么，90年代后期所出现的"设租"活动则是通过设置价差来谋取利益了。因为，"寻租"中的市场价和计划价都是给定的——计划价是计划经济时代所遗留下来的，市场价是体制转型中在市场上形成的。然而，"设租"就是另外一回事了。如果说，"设租"中的市场价也是给定的话，那么，"设租"中的计划价就有很大的主观性和随意性了——它往往取决于有权者和垄断者的主观意志和利益驱动。这种因权力和垄断而引起的新的分配不公，不能不引起人们的严重关切。

  应该指出，居民的收入状况和财产状况之间是有密切关联的。居民收入的增长必然带来财产的积累；而财产的积累又会导致收入的增长。财产分布的不平等又会影响收入的不平等。因财产分布的不平等而引起的收入不平等应该引起我们的高度重视。根据国家统计局的调查，截止到2002年6月末，我国城市居民家庭财产户均总值为22.83万元，其中，房产为10.94万元，占47.9%；金融资产为7.98万元，占35.0%；耐用消费品为1.15万元，占5%；经营资产为2.77万元，占12.1%。最低收入10%的家庭其财产总额占全部居民财产的1.4%，而最高收入10%的家庭其财产总额占全部居民财产的45.0%。城市居民家庭财产的基尼系数为0.51，远远高于城市居民

---

  ① 参见汪利那、魏众：《城市住宅福利规模与收入分配》，见赵人伟、李实、李思勤主编：《中国居民收入分配再研究》，542页，北京，中国财政经济出版社，1999。

收入的基尼系数 0.32。①

(五) 高收入群体问题

改革开放以来，我国已经逐步形成了一个高收入群体。用通俗的语言来表达，这个高收入群体就是先富起来的人群。对于这一群体中属于通过诚实劳动和合法经营而先富起来的部分，人们是能够认同的；但对于那些通过不正当手段而先富起来的部分人，则引起了社会强烈的反应。但如何弄清高收入群体的规模及其实际的收入水平，一直是困扰着人们的一大难题。现在我们能够掌握的有限资料有两类：一类是社会上的各种案例调查；另一类是上述两次抽样调查。前一类的缺陷是对全国的代表性不清楚，后一类的缺陷是许多高收入人士根本进不了抽样调查的样本。

例如，根据浙江温州市的一项研究，在一般的私营企业中，企业主的年收入为一般职工的 21 倍；在具有百万资产以上的私营企业中，企业主的年收入为一般职工的 79 倍。② 但这一研究的代表性如何是不清楚的。有的研究认为，新富起来的人，主要由一部分私营企业主、部分合资企业中的中方管理人员、出场费很高的歌星和影星等十多类人员组成。其中，有的新富固然同诚实劳动和出色的合法经营有关，但也有的是靠不正当手段致富的。

80 年代后期利用双轨价格所进行的寻租活动曾引起社会上的强烈反响和学术界的极大关注。③ 近年来，人们对以权谋私、权钱交易、设租活动、贪污腐败等非常愤慨。不过，由于掌握实际情况上的困难，对这些问题作出有根有据的分析，已超出了本部分的范围。

以上我们是从几个侧面来考察收入分配的变化的。再从时序上看，20 多年来收入分配格局的变化可以分为三个阶段。这三个阶段的划分及每个阶段的主要倾向可以概括如下：

(1) 70 年代末至 80 年代中：平均主义。

在改革开放初期，即 70 年代末和 80 年代初期和中期，收入分配方面的

---

① 参见国家统计局：《城市家庭居民财产调查概述篇一：家庭财产总量和结构》，见中国统计信息网，2002-09-27。
② 参见郑达炯：《从私营企业主、百万富翁与职工的收入情况看社会收入差别的变化》，为"社会转型期公平问题及对策研讨会"提供的论文，1994-12，杭州。
③ 参见胡和立：《1988 年我国租金价值的估算》，载《经济社会体制比较》，1989 (5)。

主要倾向仍然是计划经济时期遗留下来的平均主义。这一阶段农村的改革取得了很大的成功，但是，无论是农产品收购价格的提高还是家庭联产承包责任制的推行，其经济利益的分配是比较均衡的。当时城市的改革还没有全面推开，无论是机关、事业单位还是企业单位，收入分配领域基本上还是沿用计划经济体制的传统做法。

(2) 80年代中后期至90年代初：两种现象并存。

到了80年代中后期和90年代初期，由于双重体制的并存和摩擦，在收入分配方面的主要特征是两种现象（计划体制内的平均主义，计划体制外的收入差距较大，两种体制间的收入差距也较大）的并存。所谓"手术刀不如剃头刀"、"搞原子弹的不如卖茶叶蛋的"之类的抱怨，就是双重体制的并存和摩擦初现时的矛盾在收入分配问题上的反映。在这一阶段，人们最为关注的是利用双重体制所进行的"寻租"活动所引起的收入差距的扩大。

(3) 90年代中后期以来：差距过大。

90年代中后期以来，尽管平均主义问题在某些部门和企业内还存在，但从全社会来看，收入差距过大已经成为主要倾向，特别是同激励机制（促进效率提高）无关的收入膨胀，即所谓的暴富，则更引起了社会上强烈的不满。如果说，经济增长引起的收入差距的正常扩大是人们所能普遍认同的话，那么，这一阶段因权钱交易、贪污腐败、各种垄断、内部人控制、"设租"活动等因素引起的收入差距的非正常扩大就成为人们关注的焦点。

不过，值得注意的是，20多年来尽管收入差距有了明显的扩大，但贫困的下降也是非常显著的。按照我国的标准，我国农村的贫困人口已经从1978年的2.5亿下降到2000年的3 000万左右。这种不平等增长和贫困下降同时出现的状况主要是因为改革以来实现了高速的经济增长。换言之，改革以来收入差距的扩大是在"馅饼"不断做大的基础上发生的。尽管先富起来的人中有鱼龙混杂的问题，富起来的手段中也有不正当的乃至非法的问题，但是，从总体上来说，这些变化仍然体现了本报告第一部分中所论述的几个基本原则。

四、转型期收入差距变化的原因分析

在上一部分分析收入分配格局的变化时实际上已经涉及到影响收入差距变化的原因。本部分的任务是集中分析改革以来收入分配差距变化的原因。长期以来,人们往往用经济增长或发展来解释收入差距的扩大,特别是根据上述库兹涅茨的"倒U型假设"来解释发展中国家在经济起飞过程中收入差距的扩大。然而,根据中国的实际情况,我们认为至少应该考察以下三个方面的因素对收入分配的效应,即:(1)经济增长或发展;(2)经济改革或体制变迁;(3)经济政策及其变化。除了这三方面的因素以外,如果考虑到我国对外开放程度的进一步扩大,特别是2001年加入世贸组织(WTO)以后,还应该考虑外部因素对我国收入差距变化的影响。因此,外部因素也可以成为第四个因素。当然,这些因素对收入分配差距的效应,既有扩大的一面,又有缩小的一面(见表7—11)。在过去20多年中,扩大的效应起了主导作用,所以收入分配的差距总起来说是扩大的。下面,我们将逐一分析这些因素对收入分配差距的效应。

表7—11 经济增长、经济改革、经济政策和外部因素对收入分配的效应

各种因素	对收入分配差距的效应	
	对城市内部或对乡村内部	对城市和乡村之间
(1) 经济增长或经济发展		
● 城市非国有经济的较快发展	+	+
● 农村非农产业的较快发展	+	—
● 农业生产的发展(特别是1979—1983年)		—
(2) 经济改革或体制变化		
A. 有序变化		
● 农村价格改革	—	
● 农村家庭联产承包责任制	—	
● 农村劳动力的流动		—
● 城市住房制度的改革	+	+

续前表

各种因素	对收入分配差距的效应	
	对城市内部或对乡村内部	对城市和乡村之间
B. 无序变化		
● 寻租和设租活动	＋	＋
● 内部人控制	＋	＋
● 垄断	＋	＋
● 腐败	＋	＋
（3）经济政策及其变化		
● 农产品低价收购		＋
● 农业税		＋
● 农民的税外负担		＋
● 农村的税费改革	—	—
● 个人所得税	—	—
● 城市补贴的减少		
（a）按人头	＋	
（b）按职位	—	
● 城市居民福利转化为个人财产	＋	＋
（4）外部因素及其变化		
● 中国加入WTO		＋

说明："＋"号表示扩大差距即增加不平等；"—"号表示缩小差距即降低不平等。有的因素作用方向复杂难以简单判断其效应者，则以空白表示。

（一）经济增长或发展

改革以来的事实表明，在经济增长或发展方面，城市非国有经济的较快发展（同国有经济相比）和农村非农产业的较快发展（同农业相比）是引起收入差距扩大的两个强有力因素。

表7—12和表7—13是根据经济所课题组两次抽样调查计算出来的结果。从表中可以看出，城市非国有部门的基尼系数明显地高于国有部门，农村非农产业的基尼系数明显地高于农业。因此，在非国有经济和非农产业较快发展的情况下，收入差距的扩大是一种非常自然的现象。应该指出，并不是所有的经济增长因素都会引起收入差距的扩大。例如，1979年至1983年农业生产的迅速发展对城乡之间的收入差距就起明显的缩小作用。

表 7—12　　　　　城市国有部门和非国有部门工作人员工资收入的基尼系数

	1988 年	1995 年
国有部门	0.222	0.283
非国有部门	0.286	0.347

表 7—13　　　　　农村农业收入和非农产业收入的基尼系数

	1988 年	1995 年
农业	0.242	0.239
非农产业	0.390	0.512

(二) 经济改革或体制变迁

由于中国采取了渐进改革的方式，在体制转型中出现了双重体制并存的局面，再加上一些非经济因素的影响，使得经济改革或体制变迁中发生了许多无序的问题。因此，把体制变迁的因素划分为有序变化和无序变化这两类是可行的。

80 年代初期农村的价格改革和家庭联产承包责任制的推行，特别是土地的承包到户，对农民来说是普遍受益的，所以这些改革措施对农村内部来说起的是缩小差距的作用，而对城乡收入差距来说，起的更是显著缩小的作用。

至于农村劳动力的流动，对城乡收入的差距起缩小作用是比较明显的，但它对农村内部收入分配的效应则比较复杂：由于农村劳动力流出的地区分布极不平衡，因此，对于整个农村地区来说，它扩大了收入差距，但对某一个社区内部来说，又有缩小收入差距的作用。因此在表 7—11 中没有加以标明。

80 年代后期以来城市住房制度的改革是一项非常重要的改革措施。有的学者认为，其意义相当于农村当年推行家庭联产承包责任制。虽然这次改革还在进行之中，不过它对收入分配的初步效应已相当明显。如上所述，自有住房租金估价的不平等系数不但高于城镇的不平等系数，而且还要高于住房补贴的不平等系数，所以，住房制度的改革已经扩大了收入分配的差距。由于这一改革没有对原有公房分配中形成的不平等因素加以认真考虑，例如，对有公房者和无公房者、有好房者和有次房者、有大房者和有小房者的差别没有按市场经济的原则进行认真的算账，其结果，不但扩大了城市居民收入分配的差距，而且扩大了城乡居民收入分配的差距。

至于体制变迁中的无序因素对收入分配的效应，是最不容易调查清楚的问题，也是引起社会上强烈反响的问题。

在无序因素中，特别引人注目的是寻租和设租活动。如上所述，关于租金的分布，迄今尚无准确的研究，但一般都认为，租金的分布是极不平衡的。因此，说寻租和设租活动扩大了收入的差距并且是形成高收入群体的重要因素，应该是没有什么疑问的。

内部人控制也是体制变迁中一个重要的无序因素。在体制转轨的过程中，对公有资产的集中控制逐步放松，各部门、各地方和各企业都有了对公有资产的控制权。对公有资产占有量的差别所造成的利益往往通过内部人控制而转化为本部门、本地区和本单位乃至有关个人的利益。这部分利益的分配很不透明，也很不均等。国有资产的大量流失都同内部人控制有关。

体制转轨过程中的各种垄断行为，包括部门垄断、行业垄断等，也是造成收入分配不平等增加的原因。应该说，上述设租活动同各种垄断有着密切的关系。至于腐败所造成的分配不均，特别是权钱交易所造成的分配不均，更是人们所深恶痛绝但又很难调查清楚的因素。

从上述分析可以看出，并不是体制变迁的所有因素都扩大了收入分配的差距。相反，上述有序变化中的若干因素还缩小了收入分配的差距。

在分析收入差距的扩大同经济改革或体制变迁的关系时，我们认为有两种倾向都需要防止。一种是把收入差距的扩大以及出现的问题都简单地归罪于经济改革本身；另一种是把收入差距的扩大简单地归结为经济改革所应该付出的代价。

我们认为，对于收入差距的扩大，应该分为三个不同层次来对待：第一层次是属于有利于提高效率的激励部分，这部分是属于克服平均主义的成果，从而应该加以肯定。第二层次是属于经济改革所必须付出的代价。例如，中国的改革只能采取双轨过渡的渐进方式，从而必然会出现利用双轨进行"寻租"等活动。在一定限度内，这可以说是改革所应付出的代价。[①] 第

[①] 世界银行的报告对中国收入差距的扩大是这样分析的："将工资、收入和财富的差距扩大到一定的程度是转轨的必要的组成部分，因为让市场决定工资会创造出高效率的激励因素，而这种激励因素对于成功的改革是至关重要的"（世界银行：《1996年世界发展报告》，68页）我认为，这一分析指的主要是第一个层次的情况，最多再加上第二个层次的情况。

三层次是属于过高的代价，或者说是属于不应该付的部分，或应该防止和避免的部分。当然，第二层次同第三层次之间的界限是不容易分清的，特别是难以量化。但我想从理论上讲是能成立的。而且，有一些"设租"活动，特别是住房改革中所出现的"设租"活动，应该说在相当大的程度上是可以避免的。

（三）经济政策及其变化

除了上述经济增长和体制变迁以外，经济政策及其变化对收入分配的效应也是不可忽视的。在这里，我们想着重分析一下经济政策同城乡收入差距的关系。为什么80年代中期以来城乡居民的收入差距总体来说呈扩大的趋势呢？看来，这很难说主要是由经济增长的因素所引起的。从国际经验来看，发展中国家在从二元经济向现代经济转换的过程中，城乡差距呈逐步缩小的趋势。从我国自身的经验来看，农村工业化的进展，主要表现为农村非农产业的快速发展，起的是缩小城乡收入差距的作用。至于体制变迁的因素，其中有序部分往往起缩小差距的作用，而无序部分则很难在国家统计局和经济所课题组的抽样调查中得到反映。因此，也很难说上述数据中所反映出来的城乡居民收入差距的扩大主要是由经济改革或体制变迁的因素所引起的。我们认为，城乡收入差距的这种扩大，在相当大的程度上同原有体制下的"政策惯性"有着密切的关系。长期存在的城乡分割是原有体制下的一种政策产物。农产品的低价收购政策、对农民的税收政策、对农民的税外负担政策、对城市居民的福利补贴政策、限制农民进城政策，都是原有政策的重要组成部分。改革以来，这些政策有所松动和改变，但离根本性改变尚有距离。80年代初期和1995年以来大幅度提高农产品收购价格的政策有力地缩小了城乡收入的差距，这从另一个角度说明了政策因素对城乡收入差距的重要作用。近年来推行的农村税费改革政策，也是缩小城乡收入差距的一个重大因素。

（四）外部因素及其变化

除了上述三个因素以外，我们认为还应该考虑外部因素的影响。随着经济全球化进程的发展、国际上区域经济合作（如APEC）和次区域经济合作的进展，我国经济将越来越融入国际社会。2001年我国加入世贸组织（WTO）就是我国经济进一步融入国际社会的一个重要标志。关于加入世贸组织对我国经济的影响，已经有很多研究，主要是研究参加世贸组织以后对各个产业部门的影响，因为这种影响是比较直接的。至于参加世贸组织以后对我国收入分配格局的影响，主要是通过对各产业部门的产出、就业和进出口的变化间接地发生的。国务院发展研究中心李善同研究员等人的研究和模拟分析表明，由于中国加入世界贸易组织，从1998年到2010年间大约有960万农业劳动力需要转移到其他部门，同时，纺织和服装行业则会增加540万个就业机会。其结果，"农村居民的实际收入将比基准情景下降2.1%，而城镇居民的人均实际收入则会增加4.6%，从而加大收入分配的不均"①。尽管具体的数据还将根据实际情况的发展而会有所调整，但我国加入世贸组织会影响收入分配格局，特别是会扩大城乡之间收入差距这一趋势可以说是一个不争的事实。显然，这也是加入世贸组织以后我们所面临的挑战的一个组成部分。

五、改进收入分配的途径

收入分配是整个国民经济的一个重要侧面。它既从一个侧面反映了整个国民经济的运转情况，又从一个侧面制约着经济改革和经济发展的进程。因此，我们必须摆好收入分配问题的位置。要改进收入分配的状况，就分配论分配是论不通的，而必须从大处着眼，小处着手。从这样的见地出发，我们认为，改进收入分配可以采取如下所述的一些途径。

（一）抓住改革和发展两个环节

收入分配中的许多问题是同转型期的复杂性联系在一起的，许多不正常收入乃至非法收入都同转型期的种种无序状态有关。像利用价格双轨制的寻租活动所获取的暴利，利用部门垄断、行业垄断的设租活动所获取的暴利，

---

① 李善同等：《加入世界贸易组织对中国经济的影响》，见于永定等主编：《中国入世研究报告：进入WTO的中国产业》，78～79页，北京，社会科学文献出版社，2000。

利用内部人控制对产权不清晰的国有资产所进行的侵蚀乃至侵吞,都同转型期的无序状态有关。如上所述,我们决不能把这些问题归罪于改革本身,从而否定改革的大方向,甚至要求回到老体制去。同时,我们也不能因为我国采取的是渐进改革而放慢改革的步伐,从而加大改革的成本,使改革付出过高的、不必要的代价。因此,只有深化改革,积极推动社会主义市场经济秩序的建立和完善,才能从根子上解决转型期的无序状态所带来的问题。这可以说是改进收入分配状况的一个大思路。

另外,计划经济时代遗留下来的一些隐形收入的不平等,也只能通过深化改革来解决。特别像住房和公车使用上的实物分配体制(供给制)所造成的不平等,都只能通过市场化改革的办法来解决。应该说,这方面的改革任务也是相当繁重的。原因有二:第一,实物分配所涉及的面较广,其中有的项目如住房所占的比重还较大;第二,随着经济的发展,通过这种体制分配的实物是有增量的,其中有的项目如公车使用的增量还比较大。实物收入的货币化、市场化是改革的方向,但改革起来要涉及到许多人的既得利益,难度比较大。像公车使用货币化的改革,酝酿了那么多年,实施起来却困难重重。但是,只能知难而进,才能把改革进行到底。

发展是硬道理。只有经济发展了,"馅饼"做大了,才能为公平分配和减轻贫困打下牢固的物质基础。从我国目前的情况来看,特别要重视农村经济的发展和西部的大开发。只有加速农村经济的发展,加速从二元经济向现代经济的转换,才能为缩小城乡收入差别创造必要的条件。西部大开发对缩小地区收入差别的积极意义更是显而易见的。

(二)发挥政府在收入再分配上的功能

实行市场经济并不是不要发挥政府的作用,而是要发挥政府的有效功能。简而言之,市场能管的政府就不要管,市场管不了的,或者说,在市场失灵的地方,政府就必须管起来。在收入分配领域,人们通常是这样说的:初次分配由市场来管,再分配由政府来管。党的十六大报告指出:"初次分配注重效率,发挥市场的作用,鼓励一部分人通过诚实劳动、合法经营先富起来。再分配注重公平,加强政府对收入分配的调节职能,调节差距过大的收入。规范分配秩序,合理调节少数垄断性行业的过高收入,取缔非法收入。"

政府在收入再分配上的功能主要是通过税收和转移支付这两个途径来实现的。税收的主要对象是高收入群体，转移支付的主要对象是低收入群体。政府通过这两个手段进行的收入再分配，发挥的是缩小收入差距的功能，通俗地说，起的是"抽肥补瘦"的作用。

税收调节的功能是非常重要的。特别是其中的个人所得税，对调节高收入阶层和低收入阶层之间的差距起着重要的作用。个人所得税一般都有起征点和免税额，收入在起征点以下的人可以免交所得税；个人所得税一般还实行累进税率而不是比例税率，即收入越高的人所缴纳的税就越多。我国利用个人所得税进行收入差距的调节可以说还刚刚起步，今后在这方面还大有文章可做。

首先是要增强人们的纳税意识。计划经济时代人们的收入很低，政府也没有引进个人所得税制度。这种传统和习惯使得人们长期以来缺乏纳税意识。上世纪80年代以来，我国已经引进了个人所得税制度，而且有的人也确实先富裕起来了。但是，在实际经济生活中，偷税漏税的现象却比比皆是。这种现象除了体制上的原因以外，同人们纳税意识的淡薄也有关系。因此，在建立和健全市场经济体系的过程中，必须增强我国公民的纳税意识，让每一个公民都意识到《中华人民共和国宪法》中的如下明文规定："中华人民共和国公民有依照法律纳税的义务"。

其次是要提高收入的透明度。如果说，增强纳税意识是实行税收调节的思想基础的话，那么，提高收入的透明度是实现税收调节的体制基础。由于我国现阶段还处在体制转型之中，提高收入的透明度也有一个过程；相应的，发挥税收调节的功能也有一个过程。例如，实物收入的货币化是提高收入透明度的一个重要方面，但进展起来并不那么容易。又如，实行银行存款实名制也是提高收入透明度和加强税收征管的一个重要前提，但实名制还刚刚起步，很不完备。在这种情况下，税收调节功能的发挥也不能不有局限性。著名经济学家斯蒂格利茨认为，"如果富人比穷人缴纳更多的税，但并不是按比例递增的，那么这种税收制度仍然被认为是累退的"[①]。他解释说，

---

① [美]约塞夫·斯蒂格利茨：《经济学（第二版）》，上册，481页，北京，中国人民大学出版社，2000。

税收要讲公平，而在试图界定公平的含义时，经济学家集中于两个原则：横向公平（horizontal equity），指境况相同或相似的人应当缴纳相同或相似的税；纵向公平（vertical equity），指境况好的人应当多纳税。富人比穷人缴纳其收入中更大份额的税收制度被称为累进制（progressive），不然就被称为累退制（regressive）。这种税收理念，按照中国人的表达习惯，我们不妨把它概括为"不进则退"的税收理念。我认为，这种"不进则退"的理念对于我们建立科学的税收制度、转移支付制度，进行收入再分配、调节贫富之间的收入差距具有重要的意义。按照这种理念，个人所得税一般实行累进税率而不是比例税率，即收入高的人的税率要高于收入低的人的税率。我国利用个人所得税进行收入差距的调节可以说还刚刚起步，由于种种条件的限制，还不可能在征收个人所得税的所有领域都实行累进制。就以利息税来说，由于存款实名制还不完备，我国目前还只能实行比例税率，而不是累进税率，即对所有的存款都征收20%的利息税。应该说，这种征收办法也是不完备的，具有过渡性。因为这种办法不能起缩小贫富差距的作用。试想，如果在同一时期，某甲获得利息收入10 000元，某乙获得利息收入1 000元。两者税前收入的比例为10：1。缴纳20%的利息税以后，甲的税后利息收入为8 000元，乙的为800元。两者税后收入的比例仍然是10：1。他们的利息收入差距在税前和税后没有变化。可见，要发挥税收的调节功能，就必须在提高收入透明度的基础上向累进制的方向发展。

转移支付是政府在收入再分配上的另一个重要功能，其目的是增加低收入群体的收入水平。转移支付主要包括两个方面，即地区之间的转移支付和阶层之间的转移支付。就我国目前的具体情况来说，地区之间的转移支付主要是东部地区向西部地区的转移支付。这种转移支付可以由中央政府直接进行，比如更高比例的财政收入返还，拨专款兴修对当地发展有重要作用的工程等；也可以是在中央政府的宏观调控下由地方和企业来进行，如"一帮一"工程，即一个东部省市帮助一个西部省市，一个东部县市帮助一个西部县市，一个东部企业帮助一个西部企业等。① 阶层之间的转移支付主要通过各种福利和补贴来进行；为了促进经济增长和提高效率，在条件许可的情况

---

① 参见赖德胜：《先富！共富？——中国转型期的收入分配》，219页，武汉，湖北人民出版社，1999。

下，也可以通过以工代赈的方式来进行。

原则上来说，通过税收和转移支付的调节，即通过收入的再分配，应该缩小收入的差距。但在计划经济时代，对农村实行的是净税收的政策，对城市实行的则是净福利、净补贴的政策，被人们称之为逆调节的政策，其结果是扩大了收入的差距。这种状况，在转型期已经有所改善，但要使这两种手段进入市场经济下宏观调控的正常轨道，则还需要作进一步的努力。这里特别需要注意的是必须把这两个手段联系起来运用，而不能顾此失彼。例如，对某一高收入群体实行累进的所得税，本来是为了缩小收入差距，但如果同时对这一群体实行高福利和高补贴，就会使所得税变成负所得税，失去了原来的意义。

(三) 改进宏观经济政策对收入分配的影响

如果说，上述税收和转移支付的调节是对初次分配的结果所进行的宏观调节的话，那么，从更加宏观的意义上来考察，还有对分配结果产生以前的调节，即对分配起点和分配过程的调节。现仅以劳动这一生产要素为例来进行考察。

在当今的时代，劳动这一生产要素在参与收入分配中的作用，已经不再单纯地取决于劳动的数量，而是更重要地取决于劳动的质量。而劳动质量的提高又在很大的程度上取决于教育。因此，改善低收入人群的教育状况，就成为在结果上缩小收入差距的一个重要前提。换言之，通过改善教育，可以使人们在人力资本的差距上有所缩小，从而为人们取得比较平等的收入结果创造一个比较平等的起点。

就劳动这一要素来说，所谓分配过程的调节，就是要逐步消除劳动力流动的种种障碍，促进劳动力的流动，为人们在参与收入的创造和分配的过程中提供比较平等的机会。改革开放以来的事实已经证明，劳动力流动，特别是城乡之间劳动力的流动，已经在缩小收入差距上起了显著的作用。当然，我们也应该看到，计划经济时代对劳动力流动严格限制所造成的原有格局，并不是短期内就能改变的。阻碍劳动力流动的制度性障碍，如户籍制度、福利制度、住房制度、用工制度等障碍，虽然在迄今为止的改革中已经解除了很多，但离市场经济的要求还相差甚远。因此，培育和健全劳动力市场，特别是城乡之间可以自由流动的劳动力市场，仍然是今后宏观经济政策的一个重要方面。

宏观经济政策还应该通过促进产业结构的转换来改进收入分配的状况。如前所说，缩小城乡收入差距是摆在我们面前的一项历史任务。但是，在提高农民收入的各种途径中，许多已经没有留下多少空间。例如，我国农产品的价格大体上已同国际市场价格持平，今后很难再通过提高价格的办法来提高农民的收入。再如，提高农产品单位面积产量是增加农民收入的另一重要途径，随着科学技术的进步和高产优质农业的发展，这方面的潜力还是存在的。不过，同世界各国相比，我国农业的单产并不低，因此，这方面的潜力应该说也不是很大的。所以，在今后的长时期内，提高农民收入的根本途径是加速产业结构的转换，积极发展第二、第三产业，努力推动劳动力从第一产业向第二产业，特别是向第三产业的转移。

宏观经济政策还应该有利于中收入群体的形成和壮大。党的十六大报告指出，"以共同富裕为目标，扩大中等收入者比重，提高低收入者收入水平"。我认为，这一问题的提出，是同改革开放20多年来我国收入分配格局的巨大变化，特别是收入差距的明显扩大这一背景分不开的。重视中收入群体的形成和壮大，应该是我们上述"先富带后富"等原则以及"抽肥补瘦"等政策的必然伴侣和结果。对先富起来的人中的高收入者实行累进税，对低收入者通过福利和补贴等实行转移支付，特别是对生活在贫困线以下的人实行扶贫措施，不仅能抑制高收入群体的膨胀，而且能使低收入群体中的一部分人进入中收入群体，都有利于中收入群体的形成和壮大。如何壮大中收入群体，形成橄榄形的或菱形的社会收入结构，实际上是克服收入差距过大，向缩小收入差距和共同富裕方向前进的一种具体的和形象的说法。不过，对这个问题还应该提高到战略的高度来认识。收入分配政策在继续保持其激励机制和促进效率提高的作用之外，如何缩小收入差距，特别是缩小城乡收入的差距，就不仅仅是一个经济问题，而且是一个社会问题，还涉及到全民族（不仅仅是城市）实现现代化的问题。它不仅涉及到人们之间经济利益关系的协调，而且还涉及到整个社会和政治的稳定。

总之，壮大中收入群体是一个很好的目标，但从我国目前的实际情况来看，是一个长期才能实现的目标。当然，千里之行，始于足下，我们应该从现在做起。我认为，迄今为止，我们还没有找到一个收入差距（特别是城乡收入差距）从扩大到稳定乃至缩小的转折点。尽管如上所述根据我国的实际情况并没有必要把全国基尼系数 0.4 作为我们的警戒线，但是，探索收入差距从扩大到缩小的转折点则是十分必要的。在上述影响收入差距变化的诸因素中，有一些因素（如发展因素）的可调控性比较低，但有一些因素（如政策因素）的可调控性是很强的。我们能不能像通过计划生育政策来控制人口那样，通过推行收入再分配等政策来控制收入差距的过度扩大呢？我们能不能像人口问题的研究那样，找到一个从增长到稳定乃至有所缩小的转折点呢？看来，收入差距的这个转折点，也是壮大中收入群体的一个转折点，是摆在我们面前的一个重大课题。

参考文献

1. ［美］西蒙·库兹涅茨. 经济增长与收入不平等. 美国经济评论, 1955, 45 (1): 18
2. 汪洋. 关于按劳分配规律的一点想法. 经济学动态, 1962 (22)
3. ［美］奥肯. 平等与效率. 北京: 华夏出版社, 1987. 82
4. 赵人伟, 李实. 中国居民收入差距的扩大及其原因. 经济研究, 1997 (9)
5. 世界银行. 中国: 社会主义经济的发展 (1981). 北京: 中国财政经济出版社, 1982, 49
6. 赵人伟. 中国转型期中收入分配的一些特殊现象. 经济研究, 1992 (1)
7. 赵人伟. 劳动者个人收入分配的若干变化趋势. 经济研究, 1985 (3)
8. 国家统计局编. 中国统计年鉴 (2002). 北京: 中国统计出版社, 2002. 320
9. 世界银行. 1999—2000 年世界发展报告. 北京: 中国财政经济出版社, 2000. 234
10. 世界银行. 2002 年世界发展报告. 北京: 中国财政经济出版社, 2002. 236
11. 陈宗胜, 周云波. 非法非正常收入对居民收入差别的影响及其经济学解释. 经济研究, 2001 (4)
12. 世界银行. 1996 年世界发展报告. 北京: 中国财政经济出版社, 1996. 198
13. 国家统计局. 城市家庭财产调查概述篇六: 家庭财产的历史性变化. 见: 中国统计信息网, 2002 - 09 - 28
14. 世界银行报告. 共享增长的收入: 中国收入分配问题研究. 北京: 中国财政经济出版社, 1998. 14～17
15. 国家统计局. 统计报告第 21 号, 1996 - 11 - 08
16. 汪利那, 魏众. 城市住宅福利规模与收入分配. 见: 赵人伟, 李实, 李思勤主编. 中国居民收入分配再研究. 北京: 中国财政经济出版社, 1999. 542
17. 国家统计局. 城市家庭居民财产调查概述篇一: 家庭财产总量和结构. 见: 中国统计信息网, 2002 - 09 - 27

18. 郑达炯. 从私营企业主、百万富翁与职工的收入情况看社会收入差别的变化. 为"社会转型期公平问题及对策研讨会"提供的论文，1994-12. 杭州

19. 胡和立. 1988年我国租金价值的估算. 经济社会体制比较，1989（5）

20. 李善同等. 加入世界贸易组织对中国经济的影响. 见：于永定等主编. 中国入世研究报告：进入 WTO 的中国产业. 北京：社会科学文献出版社，2000. 78~79

21. ［美］约塞夫·斯蒂格利茨. 经济学（第二版）. 上册. 北京：中国人民大学出版社，2000. 481

22. 赖德胜. 先富！共富？——中国转型期的收入分配. 武汉：湖北人民出版社，1999. 219

23. 杨宜勇. 收入分配体制改革攻坚. 见：邹东涛主编. 中国改革攻坚丛书. 北京：中国水利水电出版社，2005

执笔人　赵人伟

（本报告初稿写于2003年，收入本书时所用数据未及更新；从总结经济改革经验的角度仍可供参考）

分报告八
中国就业体制改革的基本经验

就业是民生之本，减少失业、扩大就业是我国当前和今后长时间内一个重要的社会问题。要较好地解决这一问题，就必须建立完善的就业体制。就我国而言，随着经济体制的转变，传统的计划体制下的就业体制必然要进行改革。市场经济条件下改革就业体制，应充分发挥市场的作用，排除就业过程中的各种障碍，逐步构建完善我国就业机制。20多年来，我国就业体制改革不断朝着这一方向前进，基本解决了计划时期遗留的问题，建立起较为适应市场经济要求的就业体制。解决我国就业问题，从发展思路上说，主要是减少劳动人口的供给，增加对劳动力的需求，调整就业结构，形成比较完善的就业机制。但同时我们应该清醒地看到，我国就业仍然存在许多问题，认真总结我国就业体制改革的经验，深刻把握我国就业体制改革与经济体制改革的规律，对于进一步推进就业体制改革，推进经济发展具有重要意义。

一、中国就业体制改革的基本背景

综观人类历史，人们主要发明了两种协作体系：组织与市场。组织是通过参与者对共同目标的认同，以组织管理者的权威来促成协作；市场则是通过参与者对自身利益的追求，以市场价格的波动来引导协作。在全社会范围内主要是靠市场来促进协作的经济发展方式，被称为市场经济体制。在市场经济中，各个局部还是靠组织这种协作方式进行活动的。在全社会范围内，主要靠组织，也就是主要靠一个管理中心的权威促成协作的经济活动方式，被称为计划经济体制。实践证明，完全的市场经济或绝对的计划经济都有不可避免的缺陷，因此，实行市场经济体制的国家逐渐变成了程度不同的混合经济体制，实行计划经济的国家也先后开始了向市场经济体制的转轨。

（一）中国计划经济时期的就业体制

社会主义国家进行经济体制改革以前，人们曾经普遍认为在实行计划经济的社会主义国家不存在失业。因为社会主义国家以生产资料公有制为基础，生产资料归全体劳动人民共同所有，每一位劳动者作为生产资料的共同所有者之一，都有实现同生产资料相结合、参与生产劳动的权利。为了保证这种权利的实现，各社会主义国家都实行了对包括劳动力在内的所有生产要素的计划调配。新中国成立初期，曾经存在着严重的失业问题，政府为了恢复经济、发展生产、稳定社会秩序，采取各种措施对失业人员进行了安置。到1957年末，不仅基本消灭了失业现象，而且安置了城镇新成长的劳动力以及部分农村劳动力。这一成功更强化了人们社会主义计划体制中不存在失业的认识，并且形成了与整个计划经济体制相适应的对劳动力进行计划调配的劳动力就业制度。其主要特点是对劳动力的计划配置、统包就业、行政调配、城乡分割。

1. 统一计划和统包就业城镇劳动力

"一五"期间，我国逐渐形成了对劳动力的计划管理，通过计划在地区间和部门间分配劳动力，以寻求劳动力资源和配置的相对平衡。其中，由国家直接控制的职工增长计划具有很强的法令效力，以计划作为配置劳动力资源的基础性手段。这种管理体制在几次经济调整中不断强化，久而久之，造成人们认识上的偏差，以为解决就业问题是靠"计划"。就业工作的出发点和落脚点就是"招工指标"。

新中国成立之初，为争取财政经济状况的基本好转与政局稳定，对旧社会遗留下来的外国企业和官僚资本企业的职工，对所有旧公教人员及一切公私企业富余职工全部包下来，失业人员也由劳动部门介绍就业。此后，又实行对大学、中专、技校毕业生实行国家统一分配；对城镇复员军人实行归口包干，统一安排为固定职工；不再升学的初高中毕业也都包干安置。与此同时，个体经济与私营经济的发展受到限制，形成了单一的全民所有制经济，于是各类人员通过劳动部门安排到全民单位当固定工几乎成了唯一的就业渠道。

2. 统一招收和行政调配城镇劳动力

与劳动力的计划管理和统包就业相适应，国家对单位用人的数量和招收范围实行严格的审批程序，审批权一般集中到省、自治区、直辖市政府，直至国务院。用人单位和劳动者没有更多的选择余地，劳动者一旦被招用，便以国家职工的身份终身固定下来，不能自由流动。同时，国家对劳动力调剂实行统一调配，这一行政手段作用广泛，上至部门、地区、单位之间劳动力的平衡调剂，组织支援重点项目建设；下至解决夫妻分居职工的团聚或上班路远等困难，均依靠统一调配。即使是对集体所有制单位职工的调动也有统一规定。调配权则根据调动人数与范围不同，分别由产业主管部门、地方劳动部门或国家劳动管理机构掌握。

统一的劳动力招收和调配制度，即是解除企业、事业单位自行招工的权力，将招工的权力集中于劳动部门一家手中。这样的制度安排是限制劳动力自由流动，保证在政府控制条件下，使"充分就业"目标得以实现的重要基础之一。

3. 城镇是国家劳动就业工作的重心

在城镇是就业重心的体制下，农村是调节劳动力供求的蓄水池，如20世纪60年代初精简1 600万职工回乡参加农业生产和六七十年代1 700万知识青年上山下乡，其出发点之一就是试图减轻城镇就业压力。而农村劳动力就业却置于计划之外，不允许农村劳动力向城镇流动。

总之，在传统的就业管理体制下，政府促进就业的主要政策手段是扩张劳动力的需求，包括实行"低工资，高就业"，"三个人的饭五个人吃"的政策。依靠这一政策，在建国后的七八年时间里，我国解决了400万人的就业问题，1957—1966年基本做到了城镇无失业现象。也包括实行非企业化的生产组织方式，如建立"生产建设兵团"和各种具有军事和政治特征的生产组织，这种组织的资金有机构成一般都比较低，能够容纳较多的劳动力。在特定的历史条件下形成的这套就业制度在一定时期内对于促进经济建设、加快工业化进程、扩大劳动者就业、保障社会安定，发挥过积极作用。

（二）中国计划时期就业体制的弊端及分析

在社会主义初级阶段，劳动是"生活的第一需要"，但"仅仅是谋生的手段"。劳动工作，无论是就业岗位的提供、就业前教育、劳动市场就业安置、就业后的再培训和岗位调整、劳动关系的调整、劳动成果的分配等，都应该体现以人为本，牢记"人是目的，而不是手段"。在劳动工作中，首要的是就业。就业包括达到就业年龄者的安置与失业者的再就业，前者主要是提供就业岗位，后者主要是再培训。

首先，计划劳动制度的实质是不承认劳动力的商品属性，其理论基础是不承认社会主义条件下存在失业现象。因此，劳动力资源不能根据市场需求自由流动和配置，只能由国家统一调配和安置。由于国家拥有的物资资源总量与劳动力资源总量之间的巨大不平衡，国家难以把总量巨大而且不断增长的劳动力资源完全"包下来"，或者说难以完全实现有效率地就业。这就使计划劳动体制本身存在着巨大的矛盾：一方面，国家承诺的"充分就业"目标需要计划劳动体制安置大量的劳动力就业；另一方面，该体制事实上缺乏安置远远供大于求的劳动力资源的条件。其结果是在有限的资源情况下尽可能多地安置就业，"三个人的活五个人干"，并通过严格的城乡隔离体制把大量的农业劳动力阻挡在城市就业渠道之外。这就出现了社会主义国家特有的、严重的"过度就业"与"隐性就业"现象。①

其次，对劳动力的计划管理，短期内确实消灭了失业现象，但实际上并没有从根本上解决劳动就业问题，只是表面上消除了摩擦性失业。因为，在全社会范围内实行统一的计划管理，由于范围广大、情况复杂，不可能把各种用人单位的需要同所有劳动者的能力、素质、愿望完全对应起来。结果，一方面由于用人单位没有用人自主权，不能根据自己的需要选择适合自己的劳动力数量和质量，仅仅通过宏观层次的计划很难实现在各个用人单位内部的资源优化配置；另一方面，劳动者没有选择职业的自由，又无需承担创造就业机会的义务，加上依次分配定终身，劳动者的劳动积极性和潜在能力的发挥受到了极大的束缚。这只是将摩擦性失业以隐蔽的方式分散于各个经济组织之中，并没有真正减少因摩擦性失业造成的人力物力损失。而且，这还必然影响经济的发展，使经济发展缓慢、不稳定，加之中国人口的过快增长，使劳动力在数量上与其他生产要素失衡的问题非但没能得到解决，反而

---

① 参见袁志刚：《隐性失业论》，41页，上海，立信会计出版社，1998。

由于暂时将剩余劳动力以计划手段分散于各个用人单位而使问题越积越多。到20世纪60年代中期，仅仅在城镇，安置新增劳动力就变得越来越困难了。为了缓解城镇的就业困难，曾几次向农村安置城市剩余劳动力，但在耕地紧缺、人口增加的情况下，农村也不能无限地吸收城镇的剩余劳动力。另外，由于将大量新增劳动力安置到农村从事简单劳动，使其失去了知识、技能得以提高的环境条件，在加剧了劳动力在数量上与其他生产要素失衡的同时，也积累着劳动力在质量上与其他生产要素失衡的问题。国内外的历史与现实都已经表明，在人口增长的同时，只有经济的一定程度的发展，特别是工业化与城市化的发展，才有可能解决富余劳动力的就业问题。中国采取逆城市化的方式解决就业问题，只能造成在城市和农村都存在大量的剩余劳动力。

再次，大量的事实已经说明，计划经济体制既不能解决摩擦性失业问题，也不能解决结构性失业问题，而且，在经济发生波动、工商业领域吸纳劳动力的能力下降时把城镇剩余劳动力安置到农村，更不是解决问题的根本之道。这种就业体制存在着严重的弊端。一是城乡分隔的劳动管理制度，即通过严格的户籍管理和城乡隔离体制，把占中国劳动力总数70%以上的农民固定在土地上，不能自由迁徙，也不能自由择业。二是由于国家拥有的物质资源总量与劳动力资源总量之间的巨大不平衡，国家难以把总量巨大而且不断增长的劳动力资源完全"包下来"，或者说难以完全实现有效率地就业。其结果只能是在有限的资源情况下尽可能多地安置就业，从而造成大量冗员和富余劳动力，即"三个人的活五个人干，三个人的田五个人种"，无论城乡都普遍存在着"隐性失业"现象。① 三是由于实行以政府劳动计划为核心的集中统一管理，一方面实行固定工（终身雇佣）为主体的用工制度，并对劳动力的招收和调配实行"统包统配"；另一方面在工资管理上"一刀切"，完全由政府规定从业人员的劳动报酬，实行职工福利保障和服务的单位化、企业化。其结果必定是强制性、低流动性、无风险性和无激励性，因而不仅

---

① 按照失业的表现形式不同可分为隐性失业和显性失业。隐性失业又称隐蔽性失业或在职失业，是指那些名义上有工作可做而实际上没有工作可做的现象，一般来说隐性失业常常存在于计划经济体制或二元经济模式中。此外，隐性失业也指劳动者从事那种不能充分发挥其能力的工作或从事劳动生产率低于其能达到应有标准的工作。如让高级技术工人从事初级工人就可完全胜任的工作，这名为就业，实际上是失业或半失业的就业状况。显性失业是指劳动者想工作而实际上没有工作可做的现象。参见袁志刚：《隐性失业论》，41页。

劳动者不能自主择业，而且用人单位也无法根据自己的实际情况确定用工人数，并自由吸纳劳动力。四是体制固有的功能缺陷。因为国家运用计划手段实现劳动者完全就业，必须有充分的信息和对信息变化迅速做出反应的能力，由于计划调节信息传递的纵向性和缓慢性，很难保证劳动者供需总量和结构的持续协调，因而由于计划调节者缺乏充分信息常常导致劳动力资源误配置，结果用人单位出现了"想要的人得不到，不想要的人硬往里塞"的现象。五是计划型劳动就业体制的负面影响，它不仅束缚了劳动者自谋职业的主动性，而且促使所有制结构和就业渠道单一化，强化产业结构重型化和就业结构畸形化，并在某种程度上鼓励人口无节制地过快增长。

到20世纪70年代末期，计划时期的就业体制越来越不适应劳动力流动和企业改革的需要，包括劳动就业在内的计划管理体制实际上已经难以为继，同时，面对日益严重的劳动力就业压力，计划就业体制的安置越来越力不从心，已经无力安置数以千万计的新增劳动力和回城"知青"就业问题。但是由于意识形态方面的原因，许多人还很难承认社会主义存在失业，就用"待业"这一概念来指称大批新增劳动力，包括返城青年无工可做、无业可就的局面。近年来，随着经济体制改革在农村和城市的深入，以及在科学技术发展的推动下经济结构的迅速变化，原来以隐蔽的方式存在于农村和城市的大量的剩余劳动力正在日益显性化。虽然目前人们以"下岗职工"这个概念表示那部分劳动力与失业人员还是有一定差别的，表示他们还与原企业保持着各种关系，但是从原企业已经不再能够为其提供工作岗位的角度看，"下岗职工"就是失业人员。这些人是由于经济体制转轨和社会经济结构转型，由原来的潜在失业者演变而来的。

经济发达国家与发展中国家的经验都已表明，当人类的经济活动发展到以机械化、自动化、信息化为特征时，失业就成为与经济发展相伴随的不可避免的社会经济现象。当前，对于社会主义国家的经济活动也需要由市场机制来调节，在社会主义国家也存在着失业问题，人们已经形成了共识。因此，中国越来越正视失业现象的存在，进行就业体制改革，采取积极的对应措施。其中，最大的突破是中共中央在1980年提出了"劳动部门介绍就业、自愿组织起来就业和自谋职业相结合"的就业方针。新的方针打破了由国家完全解决就业的旧观念和旧体制，开辟了多渠道就业的新格局。

二、中国就业体制改革的基本经验

（一）中国劳动就业体制从计划型走向市场型

劳动就业体制是指为了使劳动者获取就业岗位和引导劳动者在不同岗位流动而形成的一种机制，是在生产社会化条件下，全社会范围内的劳动力配置方式。一种社会或一种社会的不同发展阶段选择什么样的劳动就业体制，取决于经济体制的不同性质。我国经济体制改革坚持走市场化的道路，即从计划经济体制到市场经济体制的转变。其中，从新中国成立到1978年改革以前，我国逐步形成了高度集中统一的计划经济管理体制；我国改革开放以后，经过20多年的经济体制改革，已经初步建立了社会主义市场经济体制。与此相适应，形成了两种不同的劳动就业体制，即计划型劳动就业体制和市场型劳动就业体制。[①]

计划型劳动就业体制是指国家通过计划调配来实现劳动者就业的一种就业体制，它包括劳动者、计划和国家三个构成要素。这种就业体制的运作机理是：国家在保证所有劳动者实现就业的目标下，首先把全体劳动者就业包下来，然后有计划地把劳动者分配到各个经济单位就业。劳动者一旦被计划型劳动就业体制所吸纳，就处于一定的就业岗位，取得相应的报酬，终生没有失业之忧。因此，计划型劳动就业体制具有三个特点：一是政府用计划手段统一安排所有劳动者就业；二是劳动者与用人单位保持稳定的劳动关系；三是劳动者根据自己的劳动技能和劳动成果取得相应的工资收入。

市场型劳动就业体制则是指通过劳动力市场来配置劳动力的一种就业体制，它包括劳动力市场、雇主、劳动者和政府。其中雇主占有生产资料，他组织生产需要购买劳动力；劳动者是劳动力的所有者，他要获得生活资料必须出卖自己的劳动力；劳动力市场是劳动力买卖的场所，它把劳动力供求双方联系起来，尽管政府的作用是不可或缺的，但市场型劳动就业体制是一种以追求就业效率为主旨的劳动力配置方式，因此，雇主购买劳动力严格地遵

---

① 参见王延中：《中国的劳动与社会保障问题》，北京，经济管理出版社，2004。

循利润最大化目标。具体来说，雇主购买多少劳动力一般体现着工资与劳动边际生产力均衡的原则，即购买最后一个劳动力生产的产品价值与他的工资相等时，这个劳动力就是雇用的界限。当劳动力的工资超过他的边际生产率时，这个劳动者通常不会被雇用。因此，失业就成为一种必然现象。

可见，这两种不同的劳动就业体制的区别：一是背景不同。计划型劳动就业体制是与计划经济体制相适应的劳动力配置方式；市场型劳动就业体制则是与市场经济体制相适应的一种劳动力配置方式。二是手段不同。计划型劳动就业体制是政府用计划手段统一安排所有劳动者就业；市场型劳动就业体制则通过劳动力市场来配置劳动力资源。三是结果不同。计划型劳动就业体制否认失业的存在，其目标是要实现劳动者的完全就业；市场型劳动就业体制则认为失业是一种必然现象，其目标是追求效率最大化和利润最大化。

回顾我国计划型劳动就业体制的形成，可以发现，该体制是在解决旧中国遗留下来的失业问题过程中逐步形成的，因为新中国成立后面临的最为突出的问题就是大量失业人员如何就业。据统计，当时城镇失业人口为4 722万人，失业率高达23.6%。为此，党和政府制定了一系列有关劳动就业和用工方面的政策、法规，一方面，国家实行"包就业"政策，即除有重大政治历史问题的人外，全部包下来，并规定大中专、技校毕业生由国家统一分配工作；另一方面，对失业人员采取了积极救济和安置就业的措施，缓解就业压力。到1956年三大改造完成后，国家"包就业"的范围进一步扩大，并在就业招工和劳动力调配、复转军人安置、多余职工安置、招用临时工和使用计划外用工等方面都做出了明确规定。这表明我国统一的以统包统配和固定工制度为主要内容的计划型劳动就业体制基本建立。尽管在实践中逐渐暴露出一些问题，但直到改革开放之前，这种计划型劳动就业体制一直主导着我国的就业形势。其功能和作用就是实现劳动者的完全就业，在这种就业体制下，政府一方面有计划地安排劳动力人口及劳动力就业结构，以达到调节劳动力供给总量的目的；另一方面有计划地调节生产规模来改变劳动力需求总量，最终实现劳动力供需总量的平衡。此外，它还能够按照统筹兼顾的原则在全国范围内合理配置劳动力资源。通过前面的分析，我们看到这种计划型劳动就业制度存在着许多问题，在城乡隔绝地配置劳动力资源的情况下，由于农业中剩余出来的劳动力无法向工业和城市转移，造成产业结构的扭曲，即不仅表现在初级产业份额下降缓慢，城市化水平低，更主要地反映在结构变化中就业转换滞后于产值转换。此外，这种制度由于在城市实行全面就业的政策，劳动者就业的唯一条件是具有城市户口，因而企业职工没有失业的顾虑，感受不到就业竞争的压力，劳动报酬、社会保障水平以及享受福利水平也与职工工作努力脱离了联系。

因此，随着经济体制改革进程的加快，计划型劳动就业体制表现出来的弊端也越来越突出。其中最突出的就是失业问题显性化，即从计划配置资源的隐性失业逐渐转变为市场配置资源的显性失业。[①] 具体来说，克服计划型劳动就业体制弊端的进程，可分为四个阶段：一是就业渠道多元化阶段，提出并确定了"劳动部门介绍就业、自愿组织起来就业和自谋职业相结合"的就业方针，这是对传统的"统包统配"就业方针的突破性变革，它拓宽了就业的领域，将国有经济、集体经济、个体经济都纳入了就业渠道，使传统的就业思路发生了根本的变化。二是企业安置为主阶段，它以推进优化劳动组合、实行劳动合同制为手段，改变了传统就业体制中的固定工制度。对企业富余人员，不仅确定了"企业自行安置为主，社会帮助为辅，保障富余职工基本生活"的分流安置富余职工的原则，而且创造性地采取了灵活多样的形式，如停薪留职、有偿解除劳动合同、提前退休、自谋职业以及开发型安置、开拓型安置、交流型安置、储备型安置、分流型安置、约束型安置等。三是下岗分流阶段。下岗是我国经济体制转轨时期出现的特殊现象，是振兴国有企业的一项根本措施，是具有中国特色的劳动力调整方式，是我国过渡时期的产物，更是企业富余人员走出企业、走向劳动力市场的前奏，是"半市场化"分流富余职工的手段，是符合我国国情的选择。具体来说，按照双轨（下岗+失业）、转轨（转向失业）、并轨（失业）三步走的规划，推进下岗职工基本生活保障向以失业保险制度为基础的市场就业机制的平稳过渡，坚持隐性失业人员市场化分流的改革方向。四是初步建立市场型劳动就业体制阶段，其主要标志是明确了劳动力市场的主体关系，即用人单位和劳动者之间不再是传统的固定关系，而是雇用和被雇用的关系；形成了全方位、多元化、开放的劳动力市场格局，消除了所有制、城乡、地区之间劳动力流动

---

① 参见乔榛：《中国失业引论》，哈尔滨，黑龙江人民出版社，2003。

的障碍；并逐步形成了市场化的劳动力价格体系，即职工的工资在国家宏观调控基础上基本由市场价格来决定。

随着我国经济体制改革的不断深化，在摸索中逐步确定了市场化的改革路径，即从计划经济体制到市场经济体制的转变，其标志就是1992年10月召开的中共十四大，它明确指出我国经济体制改革的目标是建立社会主义市场经济体制，这是一种市场在国家宏观调控下对资源配置起基础性作用的经济体制。1993年党的十四届三中全会还通过了《中共中央关于建立社会主义市场经济体制若干问题的决定》（简称1993年《决定》），对此进行了系统阐述和部署。与此相适应，我国的劳动就业体制也要发生根本的变革，其路径选择就是要坚持市场化的改革方向，逐步改变传统的计划型劳动就业体制，形成与市场经济体制相适应的市场型劳动就业体制。基于这一认识，1993年《决定》提出了劳动力市场的构想，要求改革劳动制度，逐步形成劳动力市场，通过市场调节实现就业，从而确定了我国劳动就业体制改革的基本路径。具体来说，有四大任务：一是要发挥我国劳动力充裕的优势，把开发利用和合理配置人力资源作为发展劳动力市场的出发点；二是要广开就业门路，更多地吸纳城镇劳动力就业；三是要鼓励和引导农村剩余劳动力逐步向非农产业转移和在地区间的有序流动；四是要发展多种就业形式，运用经济手段调节就业结构，形成用人单位和劳动者双向选择、合理流动的就业机制。

（二）坚定不移地走市场化就业体制道路

1. 放松对劳动力就业和流动的限制

随着经济体制市场化改革进程的加快，就业体制的改革不断深入。1984年10月，中共十二届三中全会通过了《中共中央关于经济体制改革的决定》，分别对国有企业与机关事业单位的工资制度进行改革，开始在国有企业中实行效益工资改革。1986年7月，国务院颁布《国营企业实行劳动合同制暂行规定》，在新增工人中确立了劳动供求双方的自主权，用工主体开始由国家向企业转换。1989年9月，劳动部发布《私营企业劳动管理暂行规定》，加强了对私营企业的劳动管理。1992年6月，劳动部、体改委发布《股份制试点企业劳动工资管理规定》，确定股份制企业的劳动关系。1992年7月，国务院发布《全民所有制工业企业转换经营机制条例》，规定了企业在劳动用工、人事管理、工资奖金分配等方面的自主权。1992年12月，农业部发布《乡镇企业劳动管理规定》，以法规形式规范乡镇企业的劳动关系。1993年4月，国务院颁布《国有企业富余职工安置规定》，开始了安置国有企业富余职工的工作。1993年7月，国务院颁布《中华人民共和国企业劳动争议处理条例》，通过劳动仲裁或法律形式处理企业劳动争议，规范雇佣双方的劳动关系。1993年8月，劳动部发布《劳动监察规定》，以维护劳动秩序。

  1993年11月，中共十四届三中全会通过了《中共中央关于建立社会主义市场经济体制若干问题的决定》，明确提出了建立劳动力市场体系，促使就业、用工、工资等方面的市场化。该《决定》明确提出了"失业"问题，终于承认社会主义国家依然存在失业现象，并提出通过建立与劳动力市场相适应的多层次的社会保障体系来解决失业问题。1993年，国务院颁布第125号令即《国家公务员暂行条例》，开始在公务员招聘、使用、管理中引进一定的市场机制。1993年11月，劳动部发布了《企业最低工资规定》，以适应社会主义市场经济的发展，保障劳动者个人及其家庭成员的基本生活。

  1994年7月，八届全国人大常委会第八次会议通过《中华人民共和国劳动法》。这是我国颁布的第一部适应社会主义市场经济的劳动法，对规范劳动关系，保护劳动者的合法利益，促进经济发展和社会进步意义重大。1994年8月，劳动部、外经贸部发布《外商投资企业劳动管理规定》，以法规形式规定外商投资企业的劳动关系。1994年11月，针对汹涌澎湃的"民工潮"和无序流动状况，劳动部发布《农村劳动力跨省流动就业暂行规定》，引导农村劳动力跨地区有序流动。1994年12月，劳动部发布了《集体合同规定》，以协调处理集体劳动合同争议和加强集体劳动合同管理。1995年和1996年，劳动部等先后颁布《职业指导办法》、《就业登记规定》等制度，规范劳动服务部门的工作。1997年，八届全国人大常委会第二十五次会议通过了《关于批准〈就业政策公约〉的决定》，中国的劳动法规逐步向国际标准接轨。1997年，国务院颁布了《劳动促进法》、《失业保险条例》、《劳动合同法》、《劳动监督检查条例》和《劳动安全卫生条例》，对规范和完善劳动力市场起到了积极作用。

  1998年，中共中央、国务院、劳动与社会保障部等，先后发布《关于切实做好国有企业下岗职工基本生活保障和再就业工作的通知》、《"三年千万"再就业培训计划》、《关于建立职工基本医疗保险制度的决定》等政策文件和有关法规,以缓解日益严峻的就业压力,解决职工的基本生活与社会保障问题,为深化改革和完善劳动力市场体系创造条件。

从2000年开始,为解决日益严重的城镇失业下岗问题,中国政府在北京、上海、苏州等城市实施积极就业政策,标志着中国就业制度改革进入了由改革传统体制为主,转变为改革旧体制与增加就业并重的新阶段。归纳起来,主要是从以下三个大的方面进行了改革:

第一,农村劳动力不再局限于从事农业劳动,其就业已经广泛地分布在城乡各种行业中。农村实行家庭联产承包责任制以来,农村剩余劳动力大规模转移到非农产业中就业,并且在经历了离土不离乡的阶段之后,开始大规模地向城市部门转移。2001年农村劳动力总数约4.8亿人,超过33%的农村劳动力已经转移出农业,在工业、建筑业和第三产业等部门就业,其中很大部分转移到本乡以外。与改革以前的情况相比,农村就业结构已经发生了根本的变化。

第二,城市职工现在不仅不再享受传统就业体制的"铁饭碗",而且面临着就业岗位的竞争。国有企业劳动制度的第一轮改革开始于1987年。当时针对的是固定工的雇用政策改革,第一次动摇了存在了几十年的终身雇用制度,即"铁饭碗"。同时,从80年代后期开始,农村劳动力中的一部分转移到城市,参与了城市就业机会的竞争。虽然这些外地劳动力大多从事那些城市居民不愿意接受的工作,但潜在的工作竞争毕竟已经出现,劳动力市场开始发挥其功能。

第三,国有经济不再是劳动者就业的唯一渠道,国有经济吸纳劳动力的比重大大下降。随着非国有经济的发展,对劳动力需求越来越大,吸收了大量城市新进入劳动力市场的就业者和农村转移劳动力。而随着国有经济在整个经济中的比重趋于下降,其就业比重也相应下降。例如,在1978—2001年期间,国有企业就业比重从占城市全部就业的78.3%下降到31.9%;城市集体经济就业比重从21.5%下降到5.4%;其他城镇非国有经济的就业比重则从无到有,2001年达到62.7%。正是在国有经济和传统集体经济就业比重的这种下降中,城乡劳动力市场开始形成。①

---

① 参见蔡昉:《市场配置劳动力,政府促进就业》,见 http://www.whb.com.cn/wxpd/jy/jjygg/t20031222_2542.htm。

2. 积极培育我国劳动力市场

随着市场化取向的经济体制改革进程的不断深入，中国对劳动计划管理体制也进行了一系列的改革。乡镇企业与城镇非公有制企业的发展吸收了越来越多的从业人员，使中国劳动力市场在改革过程中逐步发育起来。在存量劳动力即实行劳动计划管理的国有经济部门及城镇集体经济部门中，随着劳动计划管理体制的改革，劳动力配置的市场机制也开始形成。目前，中国城镇劳动力市场劳动力供求主体已经确立，供求双方择业和用工的自由度正在加强，劳动工资的市场化程度越来越高，市场化、社会化、非正规就业化等多元化就业的格局已经形成，劳动力市场作为配置劳动力资源的基本机制和基础地位已经确立。20世纪90年代中期，中国农村劳动力市场化程度在25％左右，城镇劳动力市场化程度在40％左右。[1] 到1997年中国城镇劳动力市场化程度上升到70％[2]，目前达到80％以上。

3. 实施"再就业工程"降低失业率

随着体制改革的日益深化，企业中沉淀的大量冗员日益成为企业参与市场竞争的沉重负担。伴随着大批亏损的国有、集体企业不得不破产、兼并或调整结构，导致了企业隐性失业显性化和5 000多万职工下岗、失业。由于中国失业保险制度和社会保障制度还处于起步阶段，无法承受如此剧烈的体制性失业高峰，只好保留"下岗"职工的劳动关系，缓解体制性失业的公开化和社会化。与此同时，对下岗职工实施"再就业工程"，综合运用政策扶持和各种就业服务手段，依靠政府、企业、社会以及失业职工和富余职工的共同努力，帮助企业妥善安置和分流企业富余职工，促进失业职工和富余职工尽可能实现再就业。从1993年至1996年10月，500多万失业下岗职工参加了再就业工程，243万人实现了再就业。1998年有609万国有企业职工实现了再就业，再就业率为50％。[3] 1999年再就业率为42％，2000年为35％。[4] 从1998年至2000年，全国累计2 300万国企下岗职工进入再就业

---

[1] 参见胡伟略：《1995—1996年向市场经济转变中的劳动就业问题》，见汝信等主编：《1995—1996年中国社会形势分析与预测》，125~137页，北京，社会科学文献出版社，1998。

[2] 参见常修泽、高明华：《中国国民经济市场化推进程度及发展思路》，载《经济研究》，1998 (11)，48~55页。

[3] 参见张左己：《坚定信心，知难而进，巩固两个确保，全面深化劳动和社会保障制度改革》，载《中国劳动》，1999 (2)。

[4] 参见胡鞍钢：《中国战略构想》，杭州，浙江人民出版社，1999 (2)。

中心，陆续有 1 650 万人离开中心，其中，88% 实现了再就业。[①] 2001 年有 227 万人实现再就业，再就业率大约为 30%。再就业工程成为中国在社会保障制度不健全的情况下克服体制性失业高峰的重要手段。

4. 建立失业保险和新型社会保障制度

计划经济体制下中国实行劳动保障，不承认失业，没有失业保险制度。大批下岗失业人员的出现，迫切需要改革传统社会保障制度，建立与社会主义市场经济相适应的、独立于企业之外的现代社会保障制度和失业保险制度。为了配合劳动体制和经济体制改革，国务院 1986 年颁布了《国有企业职工待业保险暂行规定》，但是，保险范围比较窄。1993 年国务院发布《国有企业职工待业保险规定》，把保险范围扩大到所有国有企业职工，当年覆盖范围达到 8 000 万人。1999 年国务院颁布《城镇职工失业保险条例》，使失业保险覆盖面进一步扩大，2001 年底达到 10 355 万人，失业保险缴费率也从 1993 年的 0.6%～1% 提高到 3%（单位缴 2%、个人缴 1%）。城镇职工失业保险制度基本建立起来。同时，中国对传统养老、医疗和救济制度进行了改革，在全国城镇普遍建立了最低生活保障制度。2001 年有 1 123 万低于城镇最低收入标准的居民获得最低生活保障，其中，大部分是下岗、失业人员。失业保险制度和社会保障制度建设，对中国劳动力市场的改革和发展起到了促进和保障作用。

5. 建立劳动预备和职业教育培训制度

中国一方面劳动力总量严重供大于求，另一方面劳动者职业技能总体水平偏低。中国从业人员的 84% 只有初中文化程度，高级技工仅占技术工人总数的 3.5%。1998—2000 年城镇新增就业人口 2 000 万人，其中，900 万是新成长的初、高中毕业生，500 万是大中专毕业生，大部分缺乏职业技能培训。为了适应经济发展和结构调整的要求和中国加入 WTO 之后的国际竞争，中国从 1999 年开始建立劳动预备制度，对初、高中毕业生实行 3 年的职业教育和职业培训。一方面是为了延缓他们加入劳动队伍的时间，适当减少劳动力供给，另一方面是强化他们的劳动技能和职业素质。除了加强就业前培训外，中国政府还采取一定措施，加强在职职工培训、就业培训，整体推进职业资格认证制度，促进职业培训

[①] 参见信长星：《中国劳动力市场发展的回顾与前瞻》，"转型中的中国劳动力市场国际研讨会"（北京，2001-12）论文。

面向市场需求，提高中国从业人员尤其是产业工人的整体素质。

6. 努力建立劳动力市场服务体系

中国面临着日益严重的就业压力与失业高峰，单纯依靠建立失业保险制度和社会保障体系仅是被动地应付当前的失业高峰，难以有效克服我国劳动力素质较低及劳动力市场不完善的问题。中国逐步完善社会保障制度的同时，开始把劳动力市场建设的重点放到实施与完善积极劳动政策方面，作为我国扩大就业、治理失业的基本手段。自 2000 年以来，我国提出了实施积极劳动政策的设想，并选择北京、上海、苏州等作为试点城市探索积极劳动政策的措施与途径。积极劳动政策的重点，一是实施"再就业援助行动"，包括政策咨询、职业指导、就业信息、技能培训、接续社会保险关系和生活援助等；二是加强劳动力市场信息服务，已在 62 个试点城市提供劳动力市场职业供求信息和工资指导信息；三是加快建立和完善街道、社区就业服务网络和公开就业服务制度，直接承担对街道失业人员的管理和服务工作。各地通过大力发展职业介绍、职业培训、岗位开发、创业扶持等积极的就业服务体系，促进了就业岗位开发和劳动力市场建设，缓解了社会保障体系的压力，发挥了下岗、失业人员重新回到劳动力市场的积极性，对深化改革、促进社会稳定起到了积极作用。

总之，我国就业体制的改革是对传统劳动制度的彻底改革，随着市场化取向的经济体制改革进程的不断深入，我国对劳动计划管理体制进行了一系列的改革，逐步形成了较为统一开放的劳动力市场。

三、当前中国劳动力市场发展及问题

（一）中国劳动力市场基本形成

随着劳动制度的改革，劳动力市场逐步发育和发展起来。"主要表现在增量的劳动力逐步开始借助市场机制进行配置，而存量劳动力中也有一部分开始流动起来。"[1]

---

[1] 陆铭等：《就业体制转轨中的渐进改革措施》，载《经济研究》，1998 (11)，41～47 页。

增量的劳动力市场主要体现在以下几个方面：第一，在广大农村逐步放宽了农民从事非农产业的限制，从而使乡镇企业"异军突起"。由于乡镇企业基本上实行市场机制，其劳动力供求关系也基本上是市场化的。1978—1997年，我国乡镇企业职工从2826.6万人增加到13050.4万人，占全国从业人员的比重由7.0%提高到18.75%。第二，城市计划管理体制的改革与经济市场化的发展，为劳动力流动尤其是"农民工"进入城市和跨地区就业创造了条件。20世纪90年代中期以来，流动民工数量保持在5000万人左右，约占到社会从业人员的7%左右。第三，为适应国民经济调整与解决十分严峻的就业压力，70年代末，我国实行了"劳动部门介绍就业、自愿组织起来就业和自谋职业相结合"的"三结合"方针，突破了国家"统包统配"单渠道安置就业的局面，形成了就业渠道多元化的新格局。市场化就业逐步成为安置城镇新增劳动力的主导方式。仅个体、私营和其他经济成分在1997年就吸纳了3780万人就业。1998年，城镇私营个体从业人员增加了563万人。[①] 相反，国有经济单位就业人数在1995年达到12621万人的顶峰后逐年下降，集体经济单位就业人数从1991年开始持续下降（见表8—1）。

表8—1　　　　　改革以来我国从业人员的结构变化（%）

从业人员类型		年份 1978	1985	1990	1995	1997	2001
乡村从业人员	乡镇企业从业人员	7.0	14.0	16.3	18.9	18.8	23.1
	农业劳动者	69.3	60.3	54.9	47.6	46.3	44.1
城镇从业人员	国有经济单位职工	18.6	18.0	18.2	16.6	15.9	10.4
	集体经济单位职工	5.1	6.7	6.3	4.6	4.1	1.76
	其他经济单位从业人员	—	1.0	1.5	4.3	5.5	20.6

资料来源：《中国统计年鉴（2002）》，120～121页。

在存量劳动力即实行劳动计划管理的国有经济部门及城镇集体经济部门中，随着劳动计划管理体制的改革，劳动力配置的市场机制也开始形成，其主要标志是在1993年中共十四届三中全会上第一次提出了建立劳动力市场。20世纪90年代中期以来，劳动制度改革的深化特别是

[①] 参见国家统计局，《中华人民共和国1998年国民经济和社会发展统计公报》，载《人民日报》，1999-02-26。

政府机构的改革，使机关事业单位的计划劳动制度也逐步向市场化用工机制转变。

目前，我国的劳动力市场基本形成。其主要标志为：第一，我国劳动力供求主体已经确立，供求双方择业和用工的自由度正在加强，多元化就业格局已经形成。第二，劳动力流动日趋活跃，流动规模逐步扩大。第三，劳动工资的市场化程度越来越高，并日益成为调节劳动力供求的有效手段。各种市场制度与社会保障体系也在建立，为劳动力市场发育提供了有力的保证。① 第四，我国劳动力市场化的程度和水平不断提高。仅仅从就业的角度看，市场化程度可能更高。

随着劳动力市场的发展，政府对劳动用工方面的管理，也从直接向微观经济单位分配用工指标，转向对劳动力市场的宏观调控。主要通过劳动力市场规则，建立劳动监察体制，监控劳动力市场的运行，推行劳动仲裁制度，保证劳动关系双方合法权益，维护劳动力市场公平竞争秩序。

改革以来，城镇就业总量始终是在增长的。2003年末全国城镇就业人员总量达到2.56亿，比上年增加了860万人。在1978—2003年期间，城镇年均就业增长率为4.1%，平均每年增加645万人。在此期间，国有单位雇用的劳动力比重从占城市全部就业的78.3%下降到26.8%；城市集体单位就业比重从21.5%下降到3.9%；其他城镇新兴单位如有限责任公司、股份有限公司、私营企业、港澳台商和外商投资等单位的就业则从无到有，已经占到全部城镇就业的66.6%。这标志着在一个更为灵活的劳动力市场机制下，就业结构形成了多样化的局面。此外，在分单位类型统计的就业人数和城镇全部就业人数之间有一个差额，差额部分从20世纪90年代以来逐渐扩大，到2003年达到9 908万人，比国有单位和集体单位就业之和还多出1/4，占全部城镇就业的39%，反映了随着就业压力扩大、失业问题严峻化，劳动力市场配置机制发挥更大的作用，形成非正规就业。

在城市打工的农民工的就业，以及下岗和登记失业者的再就业，是上述非正规渠道就业的主要组成部分，从而也是近年来就业总量增长的贡献者。如果我们把这部分就业考虑在内，近年来整体就业仍然是在增长的，同时劳

---

① 参见张灿等：《中国劳动力市场化进程测度》，载《经济改革与发展》，1998（5），13～16页。

动力越来越多地通过市场方式配置。

(二) 中国劳动力市场分割问题严重

随着市场经济体制的改革，我国逐步建立和完善了劳动力市场，但在我国劳动力市场日益完善的同时，仍存在着分割现象，这种分割随着劳动力市场的发展经历了四个典型的阶段：

第一阶段，为1978年后改革最初之几年（大约止于1984年），中国的劳动力市场分割为城镇正规部门劳动力市场和农村劳动力市场，而城镇正规部门劳动力市场事实上也具有分割性质。由于户籍制度控制，人口流动几乎不存在，城乡分割非常明显。拥有城镇户口的居民的就业完全由国家包办，去处为国家事业单位、国有企业和集体所有制企业。就业机会非常稳定，具有稳定的工资收入，有保障职工及其家庭的基本生活必需的实物福利和社会服务，如住房、医疗、教育、托幼等作为货币工资之外的补充。

进一步的分析会发现，国有企业、国家事业单位的工资以及保障福利都比集体所有制企业的要好，因此，在城市正规劳动力市场内也具有分割性。同期农村，联产承包责任制使得农民有了自己的土地，短期内的收入快速增加使得他们安于在自己土地上耕作的现状。当时，无论城镇还是农村，个体经济正是从无到极少数的状态。这样便可将农村归为另一个劳动力市场，该期农民收入增加较快但不稳定，没有社会保障。

第二阶段，大约为1985—1991年，我国的劳动力市场分割为城市不完全竞争的劳动力市场、城市完全竞争的劳动力市场和农村完全竞争的劳动力市场。1986年，国务院颁布了《国营企业实行劳动合同制暂行办法规定》，此后关于改革企业用工制度的有效文件相继出台，尝试扩大企业的招工范围。于是，公有制尤其是在纺织、建筑等行业大量招用农民轮换工或农民合同工上岗。同时，由于户籍制度没有根本改革，各种社会保障制度尚未建立或完善，拥有城镇户口的居民仍然由政府安排就业，去处仍是有稳定工资收入、社会保障福利较好的国家企事业单位和集体所有制企业。与国有企事业单位和集体所有制单位招收的农民工不同，城镇户口的居民一旦进入工作单位，他们的工作稳定性很高。我们将由国有企业、事业单位和集体所有制企业和拥有城镇户口的居民所组成的劳动力市场称为城市不完全竞争的劳动力市场。而在国有企业、事业单位和集体所有制企业就业的农民工,则不仅工资较低,不能享受社会保障福利,而且工作的稳定性都得不到保障。农民工的工资主要由用人单位的招工名额和农民工的供给量决定。

第三阶段,1992—1997年,我国的劳动力市场仍分割为城市不完全竞争的劳动力市场、城市完全竞争的劳动力市场和农村完全竞争的劳动力市场。其中完全竞争的劳动力市场的特征与前述第二阶段并没有什么实质差异,但是不完全竞争的劳动力市场的特征出现了一些不同。原来只进不出的特征逐渐改变,从1993年开始国有企业开始实行职工下岗制度,由于国有企业实行的是工资总额控制的制度,当下岗制度施行后,事实上国有企业的员工的薪酬也能够参照由供求决定的劳动力价格进行调整。这一阶段的分割另一有别于前一阶段之处在于城市完全竞争的劳动力市场和农村完全竞争的劳动力市场各自所包括的供求主体的内容有了变化。从1992年开始,城镇非公有制经济当中的私营经济以及混合经济得到了飞速发展,从1992年各自的从业人员占全国总从业人员的比重分别为0.2%和0.9%增加到1997年的分别为1.1%和1.6%。我们称这几部分为正规部门中的非公有制企业与劳动力组成的劳动力市场。于是,该阶段的城市完全竞争的劳动力市场就包括公有制单位中的农民工、在正规部门中的非公有制单位的从业人员和非正规经济部门经济的从业人员以及相应的劳动力需求主体。农村方面,从1992年开始乡村的非农产业有了快速发展,其1992年和1997年的从业人员分别占全国从业人员总数的3.1%和5.9%。这样,农村完全竞争的劳动力市场就由传统农业从业人员和非农产业的从业人员以及劳动力需求主体构成。

第四阶段,为1998年以后,我国的劳动力市场分割为城市完全竞争的劳动力市场和农村完全竞争的劳动力市场。经过几年的改革后,国有企业已初步具备自主经营、自负盈亏的特点,建立起现代企业制度,从而对企业的员工数量有很好的控制能力和决定能力,自行调整职工工资也变得可行。同期,国家事业单位也开始了大规模的机构精简以及公务员制度深入推行,以往只进不出、只上不下的事业单位用人机制逐渐改变为能进能出、能上能下的机制。另外,在非公有制经济方面,企业被要求从1995年起向职工提供生育保险,从1996年起向职工提供工伤保险,从1997年起向职工提供养老保险，从1999年起提供失业保险和医疗保险。对城市的非正规部门，国家也开始建立起相应的社会保障方法，并鼓励个体经济从业人员参保。

这样可将城市劳动力市场统称为完全竞争的劳动力市场。该市场已趋近欧美国家的劳动力市场就业机制，而且在市场内部也呈现另一种分割状态：一级劳动力市场和二级劳动力市场。一级劳动力市场上的雇主是一些大公司，主要生产资本密集型产品，工人能得到较高的工资，有晋升机会，工作环境好；二级劳动力市场上的雇主是由众多中小企业组成，主要生产劳动密集型产品，工人的工资低于一级市场并呈一个固定的水平，晋升的机会几乎没有，工作环境也较差。我们可以将个体经济的从业人员也归属于二级劳动力市场。在农村，仍可称为农村完全竞争的劳动力市场，由非农产业的劳动力市场和传统农户组成。该市场的就业机会不稳定，工资收入低于城市劳动力市场的工资水平且不稳定，社会保障缺乏。

由于我国人口众多，尤其是农业人口多，而国民经济发展具有长期性和缓慢性的特点，注定了城市能吸纳的农村剩余劳动力人口数量的有限性。由于基础投资、人口素质的差异，城乡之间的差距将会长期存在，城市劳动力市场和乡村劳动力市场的工资收入、社会保障和就业环境等方面的差距也将长期存在。我国城市完全竞争的劳动力市场和农村完全竞争的劳动力市场这种分割状态将保持相当长的时间。

（三）中国劳动力市场分割的成因分析

劳动力市场运行中存在分割的成因，大致可概括为体制约束原因、发展理论原因和改革思路原因等。

1. 双重体制分割劳动力市场

双重体制的约束是存在分割的根本原因。这些问题既是传统旧体制的反映，又是新体制成长、运行中的产物。

现存计划经济体制因素的约束导致了劳动力市场发育的滞后性及其各方面表现。国有企业统包统配模式尚未破除，职工没有增加自身人力资本存量，提高就业竞争力的积极性，一心依靠企业的传统就业观依然存在，国有企业的机制、活力及经济增长方面的局限性都极大地影响了其就业容量的扩大，从而使得就业问题仍是处于劳动力资源配置及劳动管理工作方面第一位的问题。国有经济统包统配模式的延续还是我国严重的隐性失业问题与劳动力缺乏流动性的基本原因,并最终制约了劳动力市场的发育不足。

成长中的、发育不全的市场经济体制因素是劳动力市场运行中无序状态的体制原因。计划、市场体制的双重约束与摩擦,使得国有经济劳动力流不动的同时,却又出现了非国有尤其是非公有制经济劳动力的无序、盲目流动。流不动的"死"与流动中的"乱"并存。国有经济第一职业岗位有效工时严重不足,伴随着第二职业的蓬勃兴起及劳动力向非国有经济的单向跳槽、流动。劳动力市场建设离法制化、规范化目标还有较大距离,加之劳动力供求双方市场配置的要求与宏观调控的乏力,使非法劳动力市场及"市场"外配置得以存在,并成为转轨时期劳动力资源配置的非规范化市场配置特征。

2. 转轨时期发展理论导致劳动力市场分割

劳动力市场分割的存在也是转轨时期发展理论、发展战略及操作中偏差的必然反映。新时期将工作重心转到了经济建设方面来,但正如帕金斯指出的那样,"中国领导人在开始改革经济结构时心中就有一个设计好的蓝图是不可能的"[①]。由于过去长期实行重工业优先发展的赶超战略,工作重心的转移并没有自觉地用新的更切合实际的发展理论与战略取而代之,加快经济建设步伐被认为只是赶超战略在新形势下的实现形式。但现实中,国家重点倾斜的国有经济、传统优先产业的发展不如人意,而在相对较为宽松的环境下,以前受压制的部门、产业和非国有经济的发展却异军突起,形成事实上的双峰对峙局面。国有经济、传统产业在劳动力资源配置方面的计划保证制度,既使其延续了旧体制的保障职能,同时又成为其迈向市场化道路的严重障碍,并使其运行机制难以挣脱"死"与"统"的束缚。非国有经济及从市场风险中成长起来的产业,在劳动力资源配置方面,既内生出市场新体制的要求及运作行为,又进一步增强了其自身的市场竞争力与生命力,但在调控不力的市场行为与无序竞争中却总是反复编织以"乱"为特征的运行网络。

新时期伴随对外开放的梯度发展理论、战略与具体操作,把资源配置重点及国家政策支持都主要倾斜到了东部与沿海。这种发展理论与实践固然看

---

① 转引自北京大学中国经济研究中心:《经济学与中国经济改革》,5页,上海,上海人民出版社,1995。

到了东部地区较好的经济基础及地理环境，其经济的迅速发展确实起到了从沿海到内地的推动和扩散作用，但由于忽视了中西部的资源优势，在劳动力资源的配置上导致了无序化和背离资源比较优势原则的逆向配置与流动，并且逐渐强化了东部地区与中西部地区经济发展中出现的差距扩大趋势。

3. 改革思路不够明确导致劳动力市场分割

改革思路的不明确也是出现分割问题的另一重要原因。主要表现为改革对象、改革目标和改革进程的不够明确。

改革对象不明确是指改什么不明确。改革对象应是传统计划经济的劳动力资源配置方式，而我国劳动、体制改革的起步和进行却是把"就业难"作为了改革对象。实际上，"就业难"不过是旧体制的具体表现；劳动力统包统配必然带来沉重的就业压力、大量的富余人员；政出多门的繁杂规定必然造成劳动力资源低效配置；高度集权式管理必然使整个劳动管理处于僵死的运行状态中。将旧体制运行中表现出来的各种问题本身作为改革对象，企图在原体制框架内修修补补地加以解决，是不能完成的，至多是缓解一下只因操作原因而增加了严重性的部分。对象不明而采用的治标不治本的改革措施，难有实效，结果是旧病未除，新病又起。面对无序流动的民工潮等新问题，又将其作为改革、治理的对象用行政手段去调控、规范，但收效甚微。有的甚至更加蔓延滋生，愈演愈炽。

改革目标的不明确，是指劳动力资源配置最终目标模式不明确。劳动力资源配置的改革目标应是建立起适应社会主义市场经济要求的劳动力资源配置方式、运行机制及管理制度。由于市场经济体制改革目标的确立经历了相当长的理论及实践探索过程，因而劳动力资源市场化配置改革目标也多年未能明确。改革总是在计划经济与市场调节及其比例方面着眼，在"集权"与"放权"二者间作文章，并简单地把"放权"作为改革的主要目标。国有经济劳动力安置统包统配模式的延续代表了计划经济"统"的结果。劳动力市场的发育则代表了市场调节的部分，是"放"的结果。在没有完善的体制保证的条件下，单纯注重放权，就形成周而复始的"治乱"循环。在把放权作为改革目标，却又把随之出现的种种问题归之于"放"的结果后，必然在"统"与"放"两难选择中摇摆不定，两种不同类型的劳动力资源配置问题也就必然同时存在。

改革进程也不尽明确。改革进程应是逐步建立劳动新体制以代替旧体制，向改革目标渐次推进的过程。但在改革对象、目标模式尚不明确的情况下，改革主要是"广开就业门路"与"放权"等，其进程安排就表现出紊乱与无序。国有经济就业容量的增长取决于受经济发展计划制约的职工人数增长指标的控制额度。因上世纪80年代末高通胀而采取的"治理整顿"一度带来市场疲软、经济滑坡和失业加剧的副作用。为缓解城镇就业矛盾又把扼制民工潮，清退农民工作为应急举措，用行政性手段强行造成转移中农业劳力剩余的回流。实则为民工潮的更大浪头人为地积蓄了能量。

另外，说改革思路不明确还在于：向市场经济劳动力资源配置机制转变的思路选择尚未形成统一共识。在社会经济发展与改革进程中，劳动力资源配置领域总会有一些为社会普遍关注的问题。旧问题解决了，新的问题又会产生。但不论其影响面多广，尽快解决之重要性多大，都不能把劳动领域改革的目的简单地归结于解决这些问题。必须明确，旧的劳动力资源计划配置模式及其管理制度，是改革的对象；新的劳动力资源配置模式及其相应的管理制度，是改革的目标。

劳动体制改革的最终目的不是单纯地解决诸如"就业难"等人所关心的问题，而是要建立起以劳动力市场为中心，以市场机制配置劳动力资源的新型劳动体制。当前，劳动力市场发育、就业领域存在着如前所述的诸多问题，有的问题社会影响面极大，并因其制约着人们对改革的态度从而影响着下一步整个经济体制改革的推进与发展，因而，人们在深化劳动体制改革的对策思路中，常会自然而然地就把如何解决当前面临的问题摆在了首要的位置。同时，采用行政性手段去解决某些问题，既驾轻就熟，又较易在短期内立见成效。

因此，在当前市场经济改革目标已确立，劳动领域又呈现着一种错综复杂的新旧矛盾、问题交织的局面下，如何推动劳动力资源配置机制的转变，深化劳动制度改革，仍然存在着两种不同的思路。一种思路是把解决劳动领域中的矛盾与问题作为主要目的，力图用行政手段将劳动力资源配置纳入国家规定的新轨道，甚至将宏观调控也作为一种政令统一的强制性手段来贯彻国家的配置意图。另一种思路则是以建立市场经济的劳动力资源配置制度为目标，以市场机制作为确立劳动力资源配置新秩序的基本手段，以宏观调控保证其正常运行。实际上，这两种思路也是我国多年并存的"统"与"放"两种改革思路在新形势下的延续与发展。从理论上说，在市场经济改革目标已确立的情况下，前一种思路不应有延续的空间与环境。但实际上，它仍有着广泛的社会基础与影响。

前面我们已说明当前劳动力资源配置领域存在的诸多问题其主要原因在于双重体制的摩擦，而双重体制及其劳动力资源双轨配置机制的一定阶段的存在，又是由于我国选择了从总体上看成本、代价或破坏性较小的渐进式改革道路所致。但渐进式改革一定程度上回避了一些难度较大、风险较大的关键问题所引起的副作用今天已不容忽视。因此，应认识到，前期渐进式改革中遗留下的问题须在下一阶段的改革中解决。双轨制的根本出路在于向市场并轨。劳动力资源双轨配置机制运行中存在的问题只有在向市场机制并轨完成后才能得到真正的解决。

因此，前一种改革思路固然看到了用行政性手段解决一些劳动问题的速效作用，也看到了行政性手段在规范劳动力市场，解决劳动力盲目、无序流动等问题方面的重要作用；单纯从解决某些问题的角度看，这种思路的确立有较强的针对性，但是，由于它未认清"双轨制"并存才是根源之所在，其改革举措不能促进向市场的并轨，并且，往往还会导致向旧体制的复归，从而延长双轨运行的时日。这种思路形式上也是向市场经济配置模式的转轨，但其具体做法的内容实质却是与此相悖的。如它也强调劳动力市场化配置和劳动力市场的培育，但却将其等同于有形市场的建设，或者说简单地将其等同于建筑物的建设和行政性的管理与收费。如，在规范劳动力有序流动的"证卡合一"工作中，用前一种思路作指导去办，又会把发放外来人员就业证、外出人员就业卡变成简单的收费问题。实践中这种只收费只增加行政管理环节而未转换机制、促进市场化配置的例子比比皆是。

毋庸置疑，在上述两种思路的选择中，正确的选择应是选择第二种即坚持市场取向的改革思路，而不应在两种思路间摇摆不定。更不能因体制转轨中存在的一些问题就走回头路，重新回到计划经济的老路上去。对于双重体制的摩擦、碰撞所产生的一些问题，除对症下药外，还应将其视为改革的成本与代价，应创造条件加快改革的步伐以减少这种代价。

四、阻碍中国就业体制改革的主要因素

近年,我国就业形势日益严峻。从城镇登记失业率看,1999年到2000年一直保持在3.1%左右的水平;2001年升幅明显,达到3.6%;2002年升至4%;2003年底达到4.3%。2004年和2005年虽然登记失业率有所下降(4.2%),但绝对数却分别达到872万和839万人。实际上,城镇登记失业人数仅仅是全国失业人群的很小一部分。以2003年统计为例,城镇登记失业人数为795万人;国企下岗和进中心的人数为632万人;未登记的城镇各类企事业单位的下岗失业人员为700万人。三项合计,城镇失业人员超过了2 000万人,大约相当于城镇经济活动人口的10%。在农村,最保守的数据是目前尚有1.7亿左右的剩余劳动力存量。

可以说,失业和就业问题已成为我国当前和今后相当一个时期内的矛盾焦点。如何解决?现在理论和实践的主流是主张用经济措施去解决失业问题。从过去的实践看,我国确实在用发展经济的手段解决就业问题方面取得了巨大的成就。但实践证明,这种手段在我国的作用已经有限,经济增长对就业的推动作用在近20年来呈现出边际递减的趋势。"八五"期间,就业对GDP的弹性值从1978—1989年间的0.311 1下降到1990—1996年间的0.107,1997年为0.13,目前仅为0.1左右。按此值计算,我国的GDP每增长一个百分点,可吸纳的新增就业量为100万人左右,即使每年GDP增长8~9个百分点,也只能新增就业量800~900万人。而今后10多年中,我国每年新增的劳动力数量就超过1 400万人。这就是说,目前情况下高速增长的经济并不能从根本上解决我国的劳动力供求矛盾。

中国的失业问题是否就是劳动力过剩?从我国的人均资源占有情况看,劳动力的过剩还是相对的,总量问题并非根本原因。这种过剩除了经济的原因之外,还有更深层次的原因,即不适应社会发展需要的劳动就业体制导致了我国就业问题的日益突出。这种滞后的劳动就业体制突出地表现在:城乡分割、区域封闭的户籍就业制度;国有领域人员只进不出和国家承担无限责任的身份就业制度;以所有制和行业作为标志的等级就业制度;以及单位就

业制度。我们要充分认识到严峻的就业形势与滞后的劳动就业体制之间的关联度：在同样的经济增长速度下，先进与落后的就业体制可以产生不同的就业率。因此，要改革传统的就业体制，建立适应市场经济发展要求的新型就业体制，我们必须清醒地认识到这些束缚我国就业体制发展的方面，从而对它们进行改革。下面我将具体分析一下影响我国就业体制改革发展进程的因素。

（一）现有户籍制度束缚就业体制改革

1958年1月9日全国人大常委会通过《中华人民共和国户口登记条例》，规定"公民由农村迁往城市，必须持有城市劳动部门的录用证明，学校的录取证明，或者城市户口登记机关的准予迁入的证明，向常住地户口登记机关申请办理迁出手续"。以此为标志，以立法形式形成了国家限制农民进城的二元户籍管理制度。以后的20几年，与城乡分割的二元户籍制度相应的二元社会结构逐步形成并固化，农民向城市迁移受到严格限制。直到1980年9月才出现第一次重大调整改革："农转非"的控制指标由不超过农业人口的0.15%调整到0.2%。1984年国务院发出了《关于农民进集镇落户问题的通知》，规定：凡申请到集镇（指县以下集镇，不含城镇）务工、经商、办服务业的农民和家属，在城镇有固定住所、有经营能力或在乡镇企事业单位长期服务的，公安部门应予以落常住户口，发给《自理口粮户口簿》，统计为"非农业人口"。1997年7月国务院批转公安部《关于小城镇户籍制度改革试点方案》，规定试点镇具备条件的农村人口可以办理城镇常住户口。2000年6月13日，中共中央、国务院下发了《关于促进小城镇健康发展的若干意见》，规定："从2000年起，凡在县级市区、县人民政府驻地镇及县以下小城镇具有合法固定住所、稳定职业或生活来源的农民，均可根据本人意愿转为城镇户口，并在子女入学、参军、就业等方面享受与城镇居民同等待遇，不得实行歧视性政策。"改革开放20几年来，我国小城镇户籍制度的改革迈出了实质性的步伐，但是各大中城市依然维持传统的二元户籍制度不变。虽然有些大中城市为了吸引人才和资金也出台了一些条件比较高的进城落户政策，但对广大农民群众来说，这些没有实质性的现实意义。

自1958年开始实行并在1982年得到宪法肯定的户籍管理制度，把公民从户籍上划分为农业人口和非农业人口,农村居民非经审批不得迁入城市。由此,中国建立起了城乡二元户籍就业制度。虽然改革开放以后这一制度已有所突破,但是,政策和法律上的根本性限制仍然没有使城乡分割的传统就业制度得到突破。与城乡二元就业制度相配套的是区域封闭的户籍就业制度,即城市居民也只能在户籍所在地就业,城市居民的迁徙同样要经过严格的审批。在近500万的深圳市常住人口中,有近50%的人没有深圳市户口。类似情况在许多地区较为普遍。

城乡分割的二元户籍就业制度和区域封闭的多元户籍就业制度副作用明显:户籍就业制度严重阻碍了市场经济条件下劳动力市场的统一性和流动性。一方面,它阻碍了农村剩余劳动力向其他产业的转移,延缓了我国工业化、城市化和农业产业化、现代化以及全社会文明化的进程,加剧了农村居民的失业。我国农村现有劳力5.1亿,耕地19亿亩,若每人耕种10亩,仅需1.9亿,靠土地增加就业已属不可能,如再不消除限制农村居民进城定居的种种落后制度,随着农业人口的进一步增长,农村失业将进一步严重。另一方面,它又阻碍了区域间特别是各地城市间劳动力的合理配置,导致了区域间的劳动力供求失衡,加剧了区域性总量失业和摩擦失业。

同时,城市的发展受到城乡间和区域间户籍壁垒的限制,生产要素难以合理流动,城市劳动力结构难以适应产业升级的需要,导致了结构性失业的日益膨胀。近几年,每年超过2000万人的城镇下岗失业者正是结构性失业的结果。因为在传统体制下,长期的户籍就业使大量的城镇劳动力停留在没有竞争的低技术性岗位上,随着产业的升级和市场自发的对户籍就业制度的突破,传统行业的相当一部分国有企业退出了,原有的劳动力一方面因素质偏低难以在较高层次的岗位上就业,一方面又因就业观念落后不愿从事低层次的体力劳动和进行自主创业,以至于不得不加入失业队伍。

日益严重的户籍管制性失业说明,尽快地彻底地变革传统的城乡分割、区域封闭的多元户籍就业制度是深化劳动就业制度改革的首要任务。如何变革户籍就业制度?一是取消农业户籍与非农业户籍的管理制度,代之以城乡统一的居民户籍制度;二是取消区域性户籍管理制度,代之以全国统一的居民户籍管理制度;三是取消传统户籍制度附加的各种权利和限制,彻底淡化户籍的政治、经济和社会功能,代之以与世界接轨的人口管理制度,使户籍不再成为居住和就业的障碍。可以预见，户籍制度的变革将从根本上扭转我国在失业问题上的被动局面，使我国的就业体制适应市场经济的要求。

（二）不公平的教育制度阻碍就业体制改革

20世纪60年代初期，随着城乡分割的户籍管理制度的建立，逐渐形成了对城市中小学实行一种政策，对乡镇以下的农村中小学实行另一种政策。城市中小学教育经费由国家承担，农村中小学的教育经费由乡村、农民自筹解决。城市的中学，特别是地级市以上的城里中学不对农民子女开放，造成了城乡学生求学机会起点不平等的格局。改革开放以来，尽管我国的教育事业有了很大的发展，但城乡分割的两种教育体制格局仍然没有根本改变。

近年来，我国的财政收入大幅度增加，已经有能力来解决这些问题了。但现行的教育体制仍然阻碍着这类问题的解决。当前，我国劳动力市场分割问题十分严重，但是导致劳动力市场分割的一个深层次原因是现行城乡分割的教育体制。这种教育体制使农村劳动力的整体素质比较低下，严重地阻碍了农村劳动力向城镇和非农产业的顺畅转移。即使能够转移进城就业，又由于受教育的时间短，人力资本存量比较低，也只能在体制外临时工或农民工劳动力市场上谋求低层次的就业，很难进入城市体制内劳动力市场寻找到更高层次的职业。因此，必须对我国现行的城乡分割的教育体制进行改革，实现城乡一体的教育体制，使城乡青少年学生都能获得公平的教育机会。

（三）等级就业制度不利于就业体制改革

中国的市场化改革为非公有制经济的迅速壮大创造了有利的制度环境，各类非公有制经济在主导产业部门蓬勃兴起。非公有制经济的迅速增长，改变了我国国民经济的所有制结构。

1985年以前，非公有制经济几乎不存在，公有制经济和农户经济并存的格局非常清晰，与此相应地导致了清晰的城市正规部门劳动力市场和农村劳动力市场分割的局面。1985年至1991年，非公有制经济在未被合法承认的背景下有所发展。在没有政府部门介入和法律法规规定的情况下，非公有制经济一切活动当然包括其雇佣员工都是市场化运作的，这样就导致了完全竞争的劳动力市场的出现。1991年后非公有制经济被法律承认从而迅猛发展，但是因为并没有相应的主管部门，而且原来适用于公有制经济的配套制度如企业用工管理、社会保险制度等并没有适用于非公有制经济，所以非公有制经济一切活动当然包括其雇佣员工仍然是市场化的，这样完全竞争的劳动力市场的规模更加得以扩大。总结起来，不同所有制经济部门的不平衡发展导致了不完全竞争的劳动力市场和完全竞争的劳动力市场并存的局面。

等级就业制度不但使社会劳动力市场分割，壁垒森严，阻碍了统一的市场体系的建立，而且使各等级就业市场的内部同时并存着劳动力供过于求和供不应求的矛盾，从而加剧了全社会的结构性失业。等级就业制度按照不同依据将劳动者划分为若干人群，如城市人、乡村人；国家人、集体人、个体人；行政人、事业人、企业人等。以上这些等级形成了各自独立、自我循环的就业体系，使整个劳动力市场处于割据的非开放均衡状态。在这种状态下，一方面是各个等级的制度属性要求本等级人群实现等级内就业，而另一方面市场又要求突破等级实现跨等级就业。因为各个等级能够提供的工作岗位是多层次的，且各等级内人群的劳动素质也参差不齐，这就很容易造成一些工作岗位无人就业和一些岗位就业竞争主体太多的情况。等级制的失业人员从各个局部推动了社会整体的就业供求矛盾。

等级就业制度下的失业状态说明，尽快地彻底地变革传统的国有领域人员只进不出和国家承担无限责任的身份就业制度是深化劳动就业制度改革的关键。如何变革等级就业制度？一是取消户籍等级，使人的地域身份不再成为就业等级的依据；二是取消所有制等级，使物质资本的所有权形态不再成为划分人力资本等级的依据；三是取消行业和领域等级，国家对各种领域和行业的职工一视同仁，并对领域和行业的制度利润进行市场化调节，确保全社会的劳动力价格围绕劳动力价值波动，规范就业制度。

（四）传统的单位就业制度妨碍就业体制改革

单位就业制度是在城镇公有制领域，一个人一旦就业就很难变更工作单位。因为单位雇佣制是建立在低货币薪酬与高社会福利保障基础之上的，就业者只从工作中获取较少部分的劳动力价值的货币收入，较多的一部分劳动力价值则以社会福利保障的形式隐形地进入了单位这个不可分割的共同体中,一旦退出就业单位,他所享受的这种福利保障就失去了。所以,一个人一旦就业之后就很难再次选择单位,并不得不依附于单位。正是这种单位制将我国的传统就业制度推向了极致。

单位就业制度激化了国有领域隐性失业矛盾,并为社会整体失业队伍的扩大提供了来源,其与劳动力市场的自由竞争特性形成了严重对立:一是单位不仅是工作场所,它更是城市公有制的细胞,是国家对城市进行管理的权力单元;二是单位不仅是就业制度,它更是一种社会保障制度,单位人离开了单位将面临巨大的成本;三是单位不仅是一个组织,它更是一个契约。这三方面使自由竞争的劳动力市场存在失去可能性。虽然,正在发育的劳动力市场部分地触动了这种单位制,但是它仍然享有广泛的被普遍认同的制度性效力。如果这一制度不予以变革,不但自由竞争的以劳动者自由签约为核心的劳动力市场制度不可能发育成熟,而且更为重要的是,国有领域单位的就业拥挤成本将越来越大,累进增长的冗员将以隐性失业的形式逐渐地拖垮这些单位,使其成为社会失业队伍的重要来源地,从而进一步放大失业问题的危险度。

彻底地变革传统单位就业制度是深化劳动就业制度改革的核心,其变革过程应从这样几个方面入手:一是取消单位的政治职能,使单位不再成为对职工进行超经济强制的手段;二是取消单位的社会职能,使单位不再充当对职工进行社会保障和管理的社区组织;三是取消单位拥有的制度性特权,使单位提供给职工的收入完全货币化和明晰化;四是将单位建设成一个只有工作职能的劳动场所,使职工解除对单位的任何依附。

(五) 城乡分割的社保制度制约就业体制改革

养老保险制度方面。我国城镇企业职工的养老保险制度建立于上世纪50年代初期,以后几经修改补充,但覆盖面仅为全民所有制企业。1986年7月12日,建立了国企劳动合同制度职工的养老保险制度,确立了企业、个人、国家三方共同筹集养老保险基金的原则。1991年6月26日国务院颁布实施的《关于企业职工养老保险制度改革的决定》明确提出社会养老保险主要由国家、企业和个人三者共同承担。1995年,国务院发出《关于深化企业养老保险制度改革的通知》,进一步明确了个人缴纳养老社会保险费的原则和具体办法，并提出到 20 世纪末，将覆盖范围扩大到城镇各类企业职工和个体劳动者，提出基本养老保险应逐步做到对各类企业和劳动者统一制度、统一标准、统一管理和统一调剂使用基金。1997 年 7 月 16 日国务院颁发了《关于建立统一的企业职工养老保险制度的决定》。

失业保险制度方面。1986 年 7 月 12 日国务院颁布了《国营企业职工待业保险暂行规定》，其实施范围仅是国营企业。1995 年 5 月 1 日，国务院又颁布实施了《国有企业职工待业保险规定》，这一规定的实施范围虽然确定为国有企业职工，但是省、自治区、直辖市人民政府可以根据本规定制定实施办法。于是有些地区将实施范围扩大到城镇集体所有制企事业单位、外商投资企业、股份制企业、联营企业、城镇私营企业和国家机关与团体。1999 年 1 月 20 日，国务院颁布了《失业保险条例》，决定从 1999 年 4 月 12 日开始实行，其覆盖范围为包括国有企业、城镇集体企业、外商投资企业、城镇私营企业和其他城镇企业的城镇企事业单位。

医疗保险制度方面。建国后长期以来，我国一直都对国有企事业单位职工实行公费医疗制度和职工劳保制度。1992 年才进行大病医疗费用社会统筹改革，将企业职工医疗保险制度的覆盖范围扩大至城镇各类职工。在试点后，从 1999 年起，我国对医疗社会保险制度进行彻底全面的改革，覆盖范围为城镇所有用人单位，包括企业、机关、事业单位、社会团体、民办非企业单位及其职工，城镇个体经济组织及其从业人员也可以参加基本医疗保险。

所以，从 1978 年一直到农村建立起社会保险制度为止，社会保险都促成并保持着劳动力市场的城乡分割的状态。在非公有制经济发展壮大但是没有被纳入社会保险覆盖范围的时期，社会保险又在促成并保持城市当中完全竞争的劳动力市场和不完全竞争的劳动力市场分割状态的过程中发挥了一定作用。

通过以上分析，可以知道：我国就业体制改革要顺利进行，特别是弱化我国劳动力市场分割状况的办法，就是在继续推进市场化改革、大力发展经济并保持各产业均衡发展这个最根本的前提下，统一对各种所有制经济单位的管理、根本改革二元户籍制度和随经济发展不断改革社会保险制度。

五、中国就业体制改革的发展趋势

经过从建立市场型劳动就业体制到完善市场型就业体制的改革与实践，我国劳动就业体制改革已经进入攻坚阶段，重点纠正四轻四重倾向，即对城镇就业问题的关注远远重于对农村和农村剩余劳动力就业的关注；对正规部门失业问题的关注远远重于对非正规部门失业问题的关注；对大学毕业生就业问题的关注远远重于对普通人员就业问题的关注；对就业岗位的关注远远重于对就业环境的关注。通过对我国就业体制改革基本经验的总结，我们可以看到我国的就业体制改革今后的发展趋势：

第一，要消除劳动力市场城乡分割的不利影响，尽快建立城乡统一的劳动力市场，充分发挥城乡统一市场在劳动力资源配置中的基础性作用，形成城乡劳动者平等就业的制度。具体来说，一是要深化户籍制度改革，破除旧的制度障碍。这是建立城乡就业一体化机制的关键所在。从我国多重分割的劳动力市场形成的历史来看，制度因素是最重要的核心因素，这些制度包括城乡分割的就业管理体制、城乡分割的社会保障制度以及城乡不同的发展政策和户籍制度等。正是这些制度造成了几种完全不同的公民身份并人为地赋予了不同的权利，形成了不同的利益群体和固定的思维模式。面对这些问题，必须消除封闭的二元结构模式，特别是与公民的大量权利有着密切关系的户籍制度，它直接地将劳动力市场分割成两个大的群体：农村户口和城镇户口。二是要给所有劳动者提供同等的就业机会。平等的就业机会是每一个公民应有的权利，无论是农民还是城镇居民都拥有这种权利，任何政府、任何人不得以任何形式剥夺。这种权利具体包括平等地获得就业信息、平等地选择就业领域以及平等的就业条件、平等的就业福利待遇、平等的就业培训和平等处理劳动关系争议的权利。三是要构建城乡统一的劳动力市场。早在2001年，浙江省就开展了城乡统筹就业试点打破城乡就业二元格局，统一城乡劳动力市场。2003年，浙江省又提出五统一原则，即统一城乡就业政策、统一城乡就业和失业登记制度、统一城乡劳动力市场、统一城乡就业服务制度、统一城乡劳动用工管理制度，初步形成了城乡就业一体化的政策框架。实践证明，也只有这种劳动力市场才适应农村劳动力向非农产业和城镇转移的需要。

第二，要引导劳动者转变就业观念，在大力发展正规就业岗位的同时，采取非全日制就业、季节性就业等灵活多样的就业形式，提倡自主就业。所谓灵活多样的就业形式，是相对于传统的、典型的、正规的全日制工作形式而言的一系列就业形式的总称，包括非正规部门就业、正规部门的灵活用工形式及自我雇佣等多种形式的就业。它具有如下特征：一是用工灵活。灵活就业人员或与用人单位建立劳动关系，或提供劳务建立劳务关系。二是工作时间灵活。如短期工、季节工、劳务工、派遣工、小时工以及弹性就业等不同时间段的就业。三是劳动报酬灵活。可为计时、计件或以其他方式获得劳动报酬。四是就业岗位灵活。可在一定时期的不同时间段为多个用人单位或多个居民家庭提供服务。五是就业门槛低，是以高年龄、低技能和女性劳动者为主要特征的下岗职工重新就业，以及农村富余劳动力在城镇寻找就业岗位的首选就业方式。因此，当务之急是要以法律形式明确三项内容：一是建立灵活的用人管理制度，允许灵活就业人员与两个或多个用人单位建立劳动关系或劳务关系；二是要建立灵活的劳动合同制度，明确规定单位雇用灵活就业人员要本着双方协商确定的原则，签订书面合同或以口头协议方式确定劳动关系，二者具有相同的法律效力，切实维护劳动者的合法权益，解除灵活就业者的后顾之忧；三是要根据灵活就业的特点，进一步完善社会保障制度，明确规定灵活就业人员参加社会保险的缴费基数、费率、缴费年限、缴费方式、社会保险待遇及对弱势人员的相应补助。在此基础上，还要加强劳动行政监察队伍配备，加大监察力度，解决当前灵活就业人员权益保障方面存在的突出问题。①

第三，我国就业市场应实行以人为本的就业普惠制原则。如果只关注某些人的劳动就业问题，有悖于以人为本的就业普惠制原则。目前，我国就业市场存在的问题主要表现在两个方面：一是就业总量不足和就业结构失衡的问题。2005年初，我国人口已经达到13亿，约占世界总人口的21%，相当于亚洲总人口的1/3，比世界上现有的所有发达国家和地区人口总量还多1亿。② 因此，人口总量过大，劳动参与率（参加就业的人口与总人口的比

---

① 参见刘铁明：《灵活就业人员社会保障制度设计研究》，载《湖南社会科学》，2004（3）。
② 参见刘铁明：《论劳动就业体制改革的思路与发展趋势》，载《湖南财经高等专科学校学报》，2006（4）。

值）过高，而有效需求不足，是造成就业压力不断增加的主要原因。更要紧的是，由于劳动力供给远大于需求的人口总量压力持续存在，就业的结构性矛盾就被凸显出来。前些年的大规模产业工人下岗、再就业现象，现在的民工荒、技工荒、大学生群体就业困难等突出问题，都缘于此。二是公平公正问题。例如，对城镇就业问题的关注远远重于对农村和农村剩余劳动力就业的关注，对大学毕业生就业问题的关注远远重于对普通人员就业问题的关注，以及政府花钱给下岗职工买工作岗位（简称花钱买岗位）的做法，都有悖于这一原则。因此，有人认为目前存在的问题大多数都不是就业机会不够的问题，而是就业不公平、下岗不公平、待遇不公平的问题。特别是自上世纪90年代初农民工进城务工以来，就有一种观点，说是农民工抢了城里人的饭碗（工作岗位）。其实，农民工进城找工作，是一种公平的市场竞争，它体现了市场经济公平竞争的原则。因此，根据以人为本的就业普惠制原则，切忌不要因消除对某一群体（如对弱势群体）的社会排斥和社会歧视，而导致对另一群体的社会排斥和社会歧视。

第四，实施积极的就业政策，努力改善就业环境，克服目前对就业岗位的关注远远重于对就业环境的关注的弊端。具体来说，表现在两个方面：从宏观层面上看，就是要确定以促进就业为取向的宏观政策体系，即不仅要将就业作为经济增长的前提和经济运行的结果，而且要将其作为经济发展的基本目标，在产业结构和产业布局的调整以及经济增长方式和增长速度的确定等重要决策中，充分考虑各项措施的就业效应，将能否促进就业增长作为宏观经济决策的基本原则；从微观层面看，则主要体现在政府对劳动力市场的主动干预上，具体包括鼓励发展劳动力密集型产业以创造更多的劳动力需求，通过发展正规教育、提供职业培训和劳动中介服务来影响劳动力供给水平和供给结构，提高劳动者的就业能力，通过立法的手段反对就业歧视，保证不同群体有公平的就业机会等。基于这一认识，我国实施的积极就业政策的基本内容可概括为五大支柱六个领域十项政策：五大支柱是积极就业政策的五个重要组成部分，即通过促进经济增长拉动就业的宏观经济政策；以重点促进下岗失业人员再就业为取向的扶持政策；以实现劳动力与就业需求合理匹配为取向的市场引导政策；以减少失业为取向的宏观调控政策；既有效保障下岗失业人员基本生活又积极鼓励促进再就业的社会保障政策。六个领域是开发就业岗位的六个主攻方向,即非公有制经济、第三产业、中小企业、劳动密集型企业、灵活就业方式和劳务输出。十项政策是将中央积极就业方针进一步具体化,即税费减免政策、小额贷款政策、社保补贴政策、就业援助政策、企业主辅分离政策、就业服务政策、财政投入政策、社保关系接续政策、企业新裁员政策、社区就业和社会保障工作平台建设等十个方面。

参考文献

1. 蔡昉. 市场配置劳动力,政府促进就业. 见 http://www.whb.com.cn/wxpd/jy/jjygg/t20031222_2542.htm
2. 常修泽,高明华. 中国国民经济市场化推进程度及发展思路. 经济研究,1998(11)
3. 国家统计局. 中华人民共和国1998年国民经济和社会发展统计公报. 人民日报,1999-02-26
4. 国家统计局编. 1994年中国发展报告. 北京:中国统计出版社,1994
5. 胡鞍钢. 中国战略构想. 杭州:浙江人民出版社,1999
6. 胡伟略. 1995—1996年向市场经济转变中的劳动就业问题. 见:江流等主编. 1995—1996年中国社会形势分析与预测. 北京:社会科学文献出版社,1996
7. 刘铁明. 灵活就业人员社会保障制度设计研究. 湖南社会科学,2004(3)
8. 刘铁明. 论劳动就业体制改革的思路与发展趋势. 湖南财经高等专科学校学报,2006(4)
9. 陆铭等. 就业体制转轨中的渐进改革措施. 经济研究,1998(11)
10. 乔榛. 中国失业引论. 哈尔滨:黑龙江人民出版社,2003
11. 王延中. 中国的劳动与社会保障问题. 北京:经济管理出版社,2004
12. 信长星. 中国劳动力市场发展的回顾与前瞻. "转型中的中国劳动力市场国际研讨会"论文(北京,2001-12).
13. 张灿等. 中国劳动力市场化进程测度. 经济改革与发展,1998(5)
14. 张左己. 坚定信心,知难而进,巩固两个确保,全面深化劳动和社会保障制度改革. 中国劳动,1999(2)
15. 杨宜勇. 劳动就业体制改革攻坚. 北京:中国水利水电出版社,2005

执笔人 王延中 赵 茜

分报告九
中国社会保障制度改革的基本经验

现代社会保障制度是工业化革命和社会化大生产的产物,是人类19—20世纪所创建的最重要的文明制度之一。随着人口老龄化的到来,就业和社会保障成为发达国家面临的两大难题,社会保障制度的改革也成为世界范围内各国政府考虑的重大问题。20多年来,世界范围内社会保障制度发生了深刻的变革,中国的社会保障制度改革是与世界范围内的社会保障制度改革基本同步进行的。总结中国社会保障制度改革的基本经验,认识社会保障制度改革过程中产生的问题,就是为了更明确地认识中国的社会保障制度改革方向,更好地解决社保基金这一社会保障制度的核心问题。

一、中国社会保障制度的建设和改革

(一)新中国社会保障制度的初步建立

新中国养老保险制度始建于20世纪50年代初。1951年政务院发布《中华人民共和国劳动保险条例》,对企业职工的养老保险做了规定,这标志着中国养老保险制度开始建立。这一阶段养老保险制度的特点是:在筹资方式上,采取现收现付制;在资金管理方式上,采取社会统筹和单位管理相结合,所筹资金一部分上交全国总工会作为劳动保险总基金调剂使用,一部分作为企业按规定抚恤、补助、救济职工之用;在费率方面,属企业单方缴费,费率较低(包括养老、医疗、工伤、生育各项缴费之和为工资总额的3%);在管理体制方面,执行与监督职能分设,工会系统负责执行各项法规、政策,劳动部门负责监督。新中国养老保险和整个社会保险制度的建立维护了劳动者的合法权益，为国民经济的快速恢复和发展做出过不可低估的贡献。

与此同时，建国后政府加强了对女工的保护。保护妇女和儿童的利益，是政府一贯的政策，在革命战争年代的各劳动法和《中华人民共和国宪法》中明确规定，妇女在政治、经济、文化、社会和家庭生活各方面享有同男子平等的权利，婚姻、家庭、母亲和儿童应受国家的保护。为了贯彻这一政策，1956年发布了《中华人民共和国女工保护条例（草案）》。该条例共分14条，条文除了重申并强调了女工应有的权利和地位外，主要对女工的健康保护、怀孕期、小产、生育和哺乳期的保险待遇等问题作了较为具体的规定。贯彻这一条例，可以使妇女积极参加社会主义经济和文化建设事业，减少她们在工作和生活中的困难，增进其健康，提高其工作效率，我国生育保险的内容进一步丰富了。

在医疗保险中增加了对职业病的保障。1957年，卫生部颁发了《职业病范围和职业病患者处理办法的规定》，将危害职工健康、严重影响生产和职业性比较明显的14种疾病列入职业病范围，并规定了疗养期间以及医疗终结确定为残废乃至治疗无效而死亡时的保险待遇。这一规定，改善了劳动条件，促进了职业病防治工作，使我国的医疗保险在结构体系上进一步完善。

适当提高了某些险种的给付标准。随着生产发展和人民生活不断改善，我国社会保险给付的标准逐步提高，其主要表现在：第一，工人、职员退休、退职的待遇标准逐步增加。第二，国家机关工作人员病假在6个月以内的生活待遇，20世纪50年代中后期规定，工作年限不满10年的，发给本人工资的80%，1981年则规定发给90%。第三，女工产假在50—70年代，一般为56天，1980年以后，部分单位将产假延长到3～6个月。第四，革命烈士抚恤金标准也有所提高。

社会保险的范围进一步扩大。20世纪50年代初，我国社会保险的范围只局限在有条件的国营企事业单位，1956年以后，保险的实施范围逐步扩大到商业、外贸、粮食、供给合作社、金融、民航、石油、地质、水产、国营农场、造林等13个产业和部门。1977年12月14日，轻工业部、财政部和国家劳动总局下发了《关于手工业合作工厂劳动保险福利待遇标准和劳保费用列支问题的通知》，正式将手工业合作工厂纳入社会保险的范围。1978年9月29日，国务院批转商业部、财政部、供销合作总社、国家劳动总局关于合作商店实行退休办法的报告，将社会保险的对象进一步扩大到合作商店的职工。随着保险范围扩大，受保人数迅速增加。

然而，我国社会保险事业在完善发展阶段并不是一帆风顺的，由于各方面的原因，它屡受挫折，甚至还经历过相当长的倒退时期。1958年，正当我国社会保险事业蓬勃发展之时，各种"左"的思想也泛滥起来，有些人忽视中国的具体情况，大肆宣扬取消商品生产，"打烂小锅小灶，跨上千里马，跑步进入共产主义"，导致人们对发展社会保险的认识走向极端。一方面，把社会保险仅仅看做是"按需分配"的一种方式，盲目扩大保险项目，一时"共产主义免费食堂"遍及全国，造成了严重的浪费；另一方面，片面追求经济发展速度，重积累、轻消费，将大量的职工生活及文化设施改为生产场所，使社会保险工作难以正常进行。随之而来的是三年经济困难时期，面对全国普遍存在的生活困难状况，社会保险工作只能让位于全国性的对困难家庭的救济工作，不可能按照社会保险的原则和方式开展活动。直至1962年，随着经济调整的进行，经济状况逐步好转，社会保险工作才正常开展起来。

1966—1976年，一场持续十年的"文化大革命"，使我国的政治、经济、文化都遭受到严重破坏，刚刚复苏发展的社会保险事业也难免受创。这一时期，社会保险被当做"资本主义"、"修正主义"的东西加以批判，结果，各种保险设施、管理机构被取消，基金制度被废除，职工正常的退休、退职工作被迫停止，社会保险的组织基础和财政基础被破坏殆尽，整个保险工作陷入瘫痪。1976年，"四人帮"被粉碎，结束了"文化大革命"。在1978年中共十一届三中全会上，根据建国以来、特别是"文化大革命"的经验教训，重新确立了党和国家的工作重点是社会主义经济建设，并强调社会主义基本经济规律及其在经济建设中的实际意义，从此以后，我国社会保险事业才又恢复了活力。

1966年以后至70年代末期由于"文化大革命"的破坏，工会系统不再收集劳动保险基金，职工的退休费用等劳保开支改在企业营业外列支，职工个人福利费开支从企业实报实销，从而使劳动保险包括养老保险制度出现了倒退，养老保险制度不再拥有统筹调剂职能。这种由企业保险和企业内实报实销的制度在计划经济的统购统销体制下没有太大的问题。但在计划经济体制转向社会主义市场经济体制之后，企业变成了自负盈亏的市场竞争主体，问题就凸显出来：一方面，企业要参与市场竞争，希望轻装上阵，但由于退休人员多寡不一，企业负担畸轻畸重；另一方面，竞争必然会有失败，有淘汰，在竞争中处于劣势或失败的企业，不仅退休人员的退休金难以保证，有的甚至连在职职工的工资也发不出来，退休人员和在职职工的利益都得不到保障，给社会稳定带来了隐患。

1980年10月7日，国务院公布了《国务院关于老干部离职休养的暂行规定》；1982年1月4日，国务院和中央军委颁发了《关于军队干部离职休养的暂行规定》。这两个规定同1978年颁布的两个暂行办法相比，除了在生活待遇上给予优惠和照顾外，其他方面并无多大改变。此外，1983年6月28日，劳动人事部和财政部下发了《关于提高职工退休费、退职生活费的最低保证数的通知》。该通知规定，全民所有制企业、事业单位和国家机关、群众团体的退休、退职职工（包括过去已经退休和按照1978年颁布的两个暂行办法规定退职的职工），自1983年8月起，其退休费、退职生活费和最低保证数在现行标准的基础上提高5元。即：年老和因病完全丧失劳动能力退休的，由25元提高到30元；因工致残完全丧失劳动能力退休的，由35元提高到40元；年老和因病完全丧失劳动能力不够退休条件而退职的，由20元提高到25元。

（二）城镇职工养老保险制度的建设和改革

进入20世纪80年代后，随着经济体制改革深入发展，尤其是确立了在中国建设社会主义市场经济目标之后，现实对社会保险事业的发展提出了挑战。在向社会主义市场经济转轨过程中，社会保险制度日益暴露出一些弊端：一是实施范围窄，主要局限于国有单位，不适应多种经济成分共同发展的需要，不利于劳动者在不同所有制单位之间流动，也不利于国有企业同其他经济类型的企业平等竞争；二是保障层次单一，费用全部由国家和单位承担，职工不投保，缺乏自我保障意识，造成社会保险资源的严重浪费；三是保障的管理服务工作由企业承担，形成企业办社会的现象，影响企业集中力量从事生产经营，从而抑制了现代企业制度的发育和健全；四是保障项目不全，如在计划经济条件下不承认失业，没有失业保险，国有企业职工增易减难，形成大量冗员，劳动力结构难以适应产业结构、技术结构以及所有制结构调整的要求。

从1983年10月开始，广东、江苏、辽宁、四川等省的少数市县开始试行退休费用社会统筹，将退休费用从企业统筹改为社会统筹，从而拉开了我国社会保险制度改革的序幕。这里所谓的社会统筹也就是地方统筹，而且根据当时的历史条件，统筹的层次不高，基本上是在县级范围内。

1986年，中国实行劳动合同制度，建立了劳动合同制工人的养老保险制度，规定劳动合同制工人按本人标准工资的3％缴纳养老保险费，改变了过去完全由国家和企业负担的办法。这也是建国后社会保险史上第一次建立个人缴费制度。

在80年代养老保险改革试点阶段，国家曾在铁道、邮电、电力、水利、中建公司等5个部门试行"行业统筹"。1993年国务院49号文件又批准在交通、煤炭、中国人民银行（含专业银行和人民保险公司）、民航总局、石油天然气总公司、有色金属工业总公司等6个部门实行"行业统筹"。参加行业统筹的在职职工约1400万人（占国有企业职工总数20％），其中，离退休人员360万人（占国有企业离退休人员总数20％）。[①]

1991年6月，国务院发布了《关于企业职工养老保险制度改革的决定》，明确规定养老保险实行社会统筹，费用由国家、企业和职工三方负担，职工个人按本人工资的3％缴纳养老保险费，基金实行部分积累，并开始探索建立国家基本养老保险、企业补充养老保险和个人储蓄性养老保险相结合的多层次养老保险体系。

1992年，中共十四大政治报告第一次提出建立社会主义市场经济体制，第一次明确把社会保障制度改革作为经济体制改革的四个环节之一。

1993年十四届三中全会通过的《中共中央关于建立社会主义市场经济体制若干问题的决定》，进一步明确了社会保障制度改革的目标、原则。按照十四届三中全会的精神，社会保障制度改革的目标，是以建立社会保险制度为重点，基本建立起资金来源多渠道、保障方式多层次、权利和义务相对

---

① 参见江春泽、李南雄：《中国养老省级统筹以后的矛盾分析与对策研究》，见《北京大学中国经济研究中心讨论稿系列》，No·C1999001，1999。

应、管理和服务社会化的社会保障体系。改革的基本原则主要为：一是社会保障水平与经济发展水平相适应；二是社会公平与市场效率相结合；三是权利与义务相对应；四是行政管理职能与业务经办相分离。

1995年3月，国务院发布了《关于深化企业职工养老保险制度改革的通知》，进一步明确了"统账结合"是我国城镇企业职工基本养老保险制度改革的方向。文件规定，养老保险制度改革的目标是：到20世纪末，基本建立适应社会主义市场经济体制要求，适用城镇各类企业职工和个体劳动者，资金来源多渠道、保障方式多层次、社会统筹与个人账户相结合、权利与义务相对应、管理服务社会化的养老保险体系。自此，全国养老保险制度改革工作进入一个新的阶段。各地根据该通知所推荐的两种试点办法，全面启动了养老保险制度改革试点工作。但实际上几乎是一个地区一个办法。这种状况导致地区之间养老金水平相互攀比，中央难以管理、调控，职工跨地区流动困难。

针对这种情况，1997年7月16日国务院颁布了《关于建立统一的企业职工基本养老保险制度的决定》。统一制度的要点是：按职工工资的11%建立养老保险个人账户，其中个人缴费8%（4%起步，每2年提高1个百分点，逐步到位），企业缴费划入3%。企业缴费（含划入个人账户部分）的费率不得超过20%。养老金支付分为两部分：一是基础养老金，其标准为职工退休时当地社会平均工资的20%；二是个人账户养老金，其标准为个人账户累计额除以退休职工平均余命月数（120）。此外，根据经济发展水平和在职职工工资的增长情况，建立养老金的调节机制。

1998年，中共中央和国务院先后于5月、7月召开了"国有企业下岗职工基本生活保障和再就业工作会议"和"全国养老保险和再就业服务中心建设工作会议"，下发了《中共中央国务院关于切实做好国有企业下岗职工基本生活保障和再就业工作的通知》。8月，又下发了《国务院关于实行企业职工基本养老保险省级统筹和行业统筹移交地方管理有关问题的通知》。这一系列重大会议的召开和重要政策措施的出台，有力地推动了养老保险事业的发展，使养老保险工作取得了突破性进展。其主要表现：一是基本实现确保企业离退休人员养老金按时足额发放。二是行业统筹移交地方管理。按照"先移交后调整"的原则，经过大量艰苦细致的准备工作，11个行业统筹部门所属的 2 000 多个企业的养老保险工作如期移交各省区市管理，解决了多年来存在的"条块分割"的矛盾。三是省级统筹稳步推进。已有 27 个省区市实行了养老保险省级统筹或建立了省级调剂金制度。四是统一全国企业职工基本养老保险制度的目标基本实现，已有 28 个省区市按照统一的社会统筹与个人账户相结合的养老保险制度运行。五是养老保险金全额缴拨、社会化发放等项改革都迈出了新的步伐。

到 2005 年末，全国离退休人员 5 088 万人，比上年末增加 413 万人。其中离休人员 126 万人，退休人员 4 962 万人。城镇基本养老保险的覆盖面继续扩大。年末全国 13 120 万职工和 4 367 万离退休人员参加了基本养老保险，其中企业参保人数为 15 716 万人。绝大多数离退休人员按时足额领到基本养老金。全年基本养老保险基金收入 5 093 亿元（其中征缴收入 4 312 亿元，比上年增长 20.3%；当年中央财政补助 544 亿元），支出 4 040 亿元，年末基金滚存结余 4 041 亿元。养老金社会化发放的目标基本实现，年末企业离退休人员社会化发放率为 99.4%。[①]

（三）城镇职工医疗保险制度的建设和改革

1984—1993 年，公费、劳保医疗制度主要进行了两项改革：一是引入个人分担医疗保险费用的机制，全国普遍实行公费、劳保医疗费用和个人挂钩的办法，就医时个人适当负担部分医疗费用，即实行医疗费定额包干的办法。二是引入社会统筹机制，部分省市开展了离退休人员医疗费用社会统筹和职工大病医疗费用社会统筹的试点。1987 年，北京东城、西城两区蔬菜公司率先试行大病医疗费用统筹，取得良好效果。1989 年，国家批准四平、丹东、黄石、株洲作为医疗保险制度改革试点城市。

1994 年 3 月起，原国家体改委和财政部、劳动部、卫生部共同制定了《关于职工医疗制度改革的试点意见》。经国务院批准，率先在江苏省镇江市、江西省九江市进行试点，首次将社会统筹与个人账户相结合的模式引入医疗保险制度，对劳保医疗和公费医疗同步进行改革。经过两年多的试点，改革取得了一定的成效，较好地解决了原有制度缺乏制约机制、医疗经费筹

[①] 参见劳动和社会保障部、国家统计局：《2005 年度劳动和社会保障事业发展统计公报》。

措机制、个人积累机制，以及覆盖面过窄、管理和服务社会化程度低等弊端。除"两江"模式外，一些地方也进行了其他形式的探索，如北京、武汉的"大病统筹"模式等。

在"两江"试点的基础上，1996年4月国务院又选择了58个城市，扩大医疗保险制度改革试点。通过试点，证明建立社会统筹与个人账户相结合的职工基本医疗保险制度是符合中国国情的，改革的思路和基本原则是正确的。同时，通过试点也暴露出了一些矛盾和问题：一是一些试点城市筹资水平偏高，财政和企业负担比较重，基金征缴困难。二是覆盖面窄，企业参保率低，推动试点工作的难度大。三是在一些试点城市中，社会统筹基金超支较多。因此，必须通过加快改革步伐，实现制度创新和机制转换。

1998年11月全国医疗保险制度改革工作会议的召开和12月《国务院关于建立城镇职工基本医疗保险制度的决定》（以下简称《决定》）的出台，标志着我国职工医疗保险制度改革进入一个新的历史阶段。这次医疗保险制度改革的主要目的：一是建立由用人单位和职工共同缴费的机制，切实保障职工的基本医疗；二是建立基本医疗保险统筹基金和个人账户，发挥互助互济和个人自我保障的作用，形成医、患、保三方激励与制约相统一的内在机制，控制医疗费用过快增长。改革的思路是："低水平、广覆盖、双方负担、统账结合"。低水平，是指我国目前只能根据财政和企业的实际承受能力确定合理的医疗保障水平，而不能超越生产力水平确定过高的保障水平。广覆盖，是指基本医疗保险要覆盖城镇所有单位及其职工。社会保险遵循大数法则，没有一定的覆盖面，就不能有效地分散风险。双方负担，是指基本医疗保险费由用人单位和职工个人共同缴纳。用人单位缴费率应控制在职工工资总额的6%左右，职工缴费率一般为本人工资收入的2%，随着经济发展，缴费率可作相应调整。统账结合，是指基本医疗保险基金实行社会统筹和个人账户相结合，这是具有中国特色的医疗保险制度的基本特征，是在总结改革经验并结合中国国情，借鉴国外医疗保险制度的经验教训的基础上提出来的。基本医疗保险基金包括统筹基金和个人账户两个部分：个人缴费全部划入个人账户；用人单位缴纳的保险费一部分用于建立统筹基金，另一部分按用人单位缴费的30%左右划入职工个人账户。个人账户的本金和利息归个人所有。

为保证医疗保险制度改革的顺利实施，还需要配套推进医药卫生体制改革，强化医疗服务管理。为此，提出以下措施：一是要明确基本医疗保险服务的范围、标准和医疗费用结算办法。二是要对提供基本医疗保险服务的医疗机构和零售药店实行定点管理，引入竞争机制，规范医疗行为，提高医疗卫生资源的利用效率。职工可选择若干定点医疗机构就医、购药，也可持处方在定点零售药店购药。三是要进一步推进医药卫生体制改革，建立医药分开核算、分别管理的制度，合理控制医疗费用。加强医疗机构和药店的内部管理，规范医药服务行为，降低医药成本。理顺医疗服务价格，合理提高医疗技术劳务价格。加强业务技术培训和职业道德教育，提高医药服务人员的素质和服务质量。合理调整医疗机构布局，积极发展社区卫生服务，将社区卫生服务中的基本医疗服务项目纳入基本医疗保险范围。

1999年上半年，国家相继出台了《定点医疗机构管理暂行办法》等6个配套文件。到2005年末全国绝大部分地级以上统筹地区组织实施了基本医疗保险，参保人数13 783万人，比上年末增加1 379万人。其中参保职工10 022万人，参保退休人员3 761万人。全年基本医疗保险基金收入1 405亿元，支出1 079亿元，年末基金滚存结余1 278亿元。[①]

（四）城镇职工失业保险制度的建设和改革

我国城镇企业职工失业保险制度，是1986年开始建立并逐步发展起来的。1986年，配合劳动合同制度和企业破产制度的推行，国务院颁布实施了《国营企业职工待业保险暂行规定》，规定以下四类人失业后，可以享受失业保险：（1）宣告破产企业的职工；（2）濒临破产的企业在法定整顿期间被精简的职工；（3）企业终止、解除劳动合同的工人；（4）企业辞退的工人。

随着改革的进一步深化，特别是1992年国务院发布了《全民所有制工业企业转换经营机制条例》以后，《国营企业职工待业保险暂行规定》覆盖面较窄的问题日益突出，为此，国务院在1993年颁布实施了《国有企业职工待业保险规定》，对《国营企业职工待业保险暂行规定》进行了补充和完

[①] 参见劳动和社会保障部、国家统计局：《2005年度劳动和社会保障事业发展统计公报》。

善。主要的政策变化体现在四个方面：一是适用范围扩大，由过去的国营企业拓展到了城镇国有企业。二是扩大了享受失业保险的对象范围，将原来只适用四种人扩大到了适用七种人：（1）依法宣告破产企业的职工；（2）濒临破产的企业在法定整顿期间被精简的职工；（3）按照国家有关规定被撤销、解散企业的职工；（4）按照国家有关规定停产整顿企业被精简的职工；（5）终止或者解除劳动合同的职工；（6）企业辞退、除名或者开除的职工；（7）依照法律、法规规定或者按照省、自治区、直辖市人民政府规定，享受待业保险的其他职工。三是调整了待遇标准，将待业救济金由过去按本人标准工资的50%～75%计发，改为按当地民政部门规定的社会救济金额的120%～150%计发。四是增加了救济内容，对特殊困难的失业人员提供了特殊保护。一些地方在执行《国有企业职工待业保险规定》过程中，还结合当地的改革需要和实际情况扩大了实施范围，除国有企业外，还将城镇集体企业、外商投资企业、私营企业和个体工商户，以及部分机关、事业单位和社会团体也纳入了失业保险范围。

1994年以后，国家正式提出实施再就业工程，突出了失业保险基金促进失业人员再就业的作用，在失业救济与促进就业的有机结合上取得了明显进展。这与国际上失业保险的发展潮流是一致的。

1999年1月22日，国务院颁布实施了《失业保险条例》，为完善失业保险制度提供了根本的法律规范。《条例》的发布实施，是社会保障法律体系建设的一个重要成果，对完善失业保险制度、切实保护失业人员合法权益、维护社会稳定提供了重要的法律依据。《失业保险条例》对失业保险的覆盖范围、缴费比例、个人缴费、待遇标准、享受条件、基金支出、管理监督等方面进行了重大调整：一是在失业保险的覆盖范围上，把所有城镇企业事业单位及其职工纳入了失业保险，同时规定省、自治区、直辖市人民政府可以决定是否将《失业保险条例》适用于社会团体及其专职人员、民营非企业单位及其职工、有雇工的个体工商户及其雇工，从而使现行的失业保险制度基本实现了"广覆盖"，即除公务员以外的所有城镇从业人员，几乎都被纳入了失业保险范围，真正体现出了普遍性。二是在失业保险费筹集上，提高了失业保险费率，并明确规定实行国家、用人单位和职工个人三方共同合理负担，强化了各方面的社会保险责任，增强了用人单位和职工的失业保意识，拓宽了资金渠道，对壮大基金实力具有重要作用。三是在基金支出结构上，突出了对失业人员基本生活保障的支出，同时也明确了基本生活保障和促进再就业工作紧密结合的宗旨。失业保险基金在首先用于保障失业人员基本生活的基础上，可部分用于对失业人员的职业培训和职业介绍费用的补贴。此外，《失业保险条例》还对基金统筹层次，加强基金管理，建立财政专户，实行收支两条线和财政监督，建立省级调剂金，适当扩大失业保险待遇享受范围等方面作了明确的规定，使失业保险制度得到进一步完善。

截至2005年底，国有企业（含国有联营企业、国有独资公司）下岗职工61万人，比上年末减少92万人。绝大多数进入再就业服务中心的下岗职工基本生活得到保障。全国领取失业保险金人数362万人，比上年末减少57万人。全年失业保险基金收入333亿元，支出207亿元。年末全国参加失业保险的人数10 648万人，比上年末增加64万人。[①]

二、社会保障制度改革的经验和发展方向[②]

从十余年来进行的一系列改革和建设探索可以看出，社会保障制度取得了很大进展，中国正在建立与社会主义市场经济体制相适应的社会保障制度。但由于改革的攻坚战到了最后关头，原先比较容易改革的部分基本上都完成了，社会保障制度的改革被大多数人认为是中国经济、政治体制改革的最难啃的硬骨头。正是因为如此，社会保障制度改革过程中的问题仍然很多，在很多方面都需要进一步改革。基于这种现实，非常有必要对过去的改革历程及现行体制的问题进行分析和反思，总结经验、教训，以进一步推进社会保障制度的改革。

（一）近年来社会保障制度改革取得重大进展的经验

1. 近些年的主要改革内容及特点

十余年来中国的社会保障制度改革与建设涉及了许多内容。按保障对象

---

① 参见劳动和社会保障部、国家统计局：《2005年度劳动和社会保障事业发展统计公报》。
② 本部分内容主要借鉴了国务院发展研究中心葛延风的调研报告：《社会保障制度改革：反思与建议》（内部文件）。

与组织方式，可以分为两个大的类别。

一是以那些已经面临困难的社会成员为保障对象的制度建设。基本组织方式是由政府或其他相关责任主体向受保障对象提供直接的经济援助，经费来自于政府财政拨款或政府通过其他渠道的筹资。只要符合基本条件，受保障对象就可以得到受保障权利，而不必承担义务。其中最基本的制度建设是城镇居民最低生活保障制度及部分地区的农村居民最低生活保障制度建设。除最低生活保障制度外，针对因经济结构调整和改革而出现的国有企业职工下岗问题所实施的下岗职工基本生活保障制度也属此类。与最低生活保障制度不同的是，下岗职工基本生活保障制度是特定时期针对特殊困难群体的保护制度。目前，随着下岗与失业的并轨，这一制度已开始逐步停止实施，有关功能逐步由最低生活保障制度等所替代。

二是以工薪劳动者为对象、以防范未来风险为目标的制度改革和建设。基本组织方式是由政府发起、强制实施的社会保险。筹资主要来自于投保人及雇主缴费，政府承担最终经济风险。与前述保障方式的基本区别在于，社会保险制度对受保障对象有义务要求。此类制度包括养老保险、医疗保险、失业保险以及工伤保险、生育保险等。

在制度建设方式上，各种具体的保障项目也可以分为两类。一类是改革前就已经存在的制度，近些年来主要是根据国情和体制变化的要求对其进行改革。比如养老保险制度、医疗保险制度以及工伤保险、生育保险等。另一类则是近些年根据形势变化新建的保障项目。比如最低生活保障制度以及失业保险制度等。

近些年的社会保障制度改革和建设主要集中在城镇。各种保险项目都是以城镇工薪劳动者为保障对象。最低生活保障制度建设也主要围绕城镇居民。相比之下，农村社会保障制度的建设仍相当滞后。农村最低生活保障制度只是在很少数地区进行探索。农村养老保险制度在部分地区有所发展，到2005年末全国参加农村养老保险人数为5 442万人，全年有302万农民领取了养老金，年末农村养老保险基金累计结存310亿元。在农村医疗方面，2006年中共中央"一号文件"提出到2008年在全国农村基本普及新型农村合作医疗制度的目标，要求各级政府不断增加投入，加强以乡镇卫生院为重点的农村卫生基础设施建设，健全农村三级医疗卫生服务和医疗救助体系。

2. 社会保障制度改革的成效

近些年来社会保障制度改革与建设的成就是不可否认的。最低生活保障制度以及下岗职工基本生活保障制度，对于保障人民生活，推进国有企业改革，维护社会稳定发挥了非常积极的作用。其中，最低生活保障制度从无到有，发展迅速，目前在城镇已经基本做到应保尽保。尽管目前在保障资金筹集、保障标准确定以及保障对象认定、保障金给付等方面还有待进一步完善，但总体上讲是相当成功的制度建设。

各种社会保险制度改革的最大进展是：全面由过去具体单位作为保障主体、保障资金在单位内封闭运行改革为社会统筹，统筹层次也逐步提高。当然，如失业保险等新建制度从一开始就实施了社会统筹。同时，针对经济体制改革过程中所有制结构的变革，各项社会保险制度的保障对象也由过去只面向公有制经济部门职工改革为面向城镇各种经济类型的从业人员。这种改革，对于解决不同单位间负担不均衡、为不同类型企业创造公平的竞争与发展环境，对于推进国有企业改革和促进其他所有制经济发展、促进劳动力流动，对于保障职工权益、维护社会稳定等都发挥了非常积极的作用，成效值得充分肯定，经验也需要认真总结。

(二) 当前社会保险领域面临的主要问题

虽然社会保障制度改革所取得的成就值得充分肯定，但客观地说，有关改革及体制建设的问题也很突出，并主要表现在养老、医疗以及失业等社会保险制度领域。

评价某种社会保障项目建设成功与否的标准其实并不复杂。一是要看其对目标人群的覆盖程度。作为由政府组织的社会保障制度，应该是广覆盖或至少是容易实现广覆盖的制度，这是实现社会公平和社会稳定的需要，也是推进改革和发展的需要。中国目前正处于快速工业化和城市化发展阶段，所有制结构调整、劳动就业市场化等各项改革又在不断推进，广覆盖的意义无疑更为重要。二是要看其本身在财务上是否可持续。社会保障制度尤其是各种社会保险制度是以直接的资金筹集与支出为基础的分配制度，其发挥作用的前提是长期资金收支平衡，即财务上必须可持续。三是管理是否简便。比较好的制度设计必须便于管理和调整，不仅管理成本要低，还应能够最大限度地避免各种违规行为,否则,很容易出问题。中国是一个大国,人口众多,经济与社会结构复杂,且经济与社会运行的制度化水平较低,政府管理水平和管理能力也有待逐步完善。在这种情况下,管理的简便易行也是非常重要的,在很多时候甚至具有决定意义。

按照这三条标准来衡量,作为社会保障制度核心内容的几种主要社会保险制度运行都有问题,甚至有非常突出的问题。

1. 几种主要社会保险制度的覆盖面较窄

按照社会保障制度改革与发展的规划,城镇养老保险制度的目标参保人群是要逐步覆盖全部城镇就业人员;失业保险是要覆盖除政府机构工作人员以及个体、自雇佣者以外的全部城镇单位从业人员;医疗保险制度的目标覆盖人群则不仅要包括全部城镇就业人员,还要包括全部离退休人员。从现实的情况看,失业保险因其目标覆盖人群相对较小,目前虽未能实现对目标人群的全覆盖,差距已经不是特别大,至少表面上如此。相比之下,养老保险及医疗保险的实际覆盖面离目标覆盖面都还相距甚远。至 2005 年底,全国按照劳动和社会保障部统计的养老保险参保人数(包括企业养老保险和机关事业单位养老保险)为 17 487 万人,而同期全国城镇从业人员数量为 27 331 万人,参保人数不足目标人口。从医疗保险的情况看,到 2005 年底,全国参加医疗保险的总人数约 13 783 万人,医疗保险的目标人群应该是除政府机构雇员以及个体、自雇佣者以外的全部城镇企、事业单位从业人员。按照劳动和社会保障部的统计,至 2005 年底,全国参加失业保险的人数为 10 648 万人,同期公布的全国城镇单位从业人员总量为 27 331 万人,扣除不参加失业保险的政府机构工作人员,距离实现对目标人群的全覆盖相差甚远。一个必须注意到的现实是,对单位从业人员的统计通常是只统计与单位形成正式劳动合同关系的人员,事实上,目前很多企事业单位都有大量以农民工为主的非正式雇员。从发展的角度看,这部分人也应被纳入制度化的社会保险体系。

对于处于发展阶段的社会保险制度来说,暂时未实现全覆盖或许并不是大问题,关键要看其能否顺利扩大覆盖面。从中国目前几种主要社会保险制度的管理和运转情况看,更突出的问题是进一步扩大覆盖面已经变得越来越难。扩面难的原因有很多,比如有关组织及个人的社会保险意识薄弱、政府的行政能力不足等等。但从现实的情况看，最核心的问题还是缴费率过高。目前，多数地区企业养老保险的单位（雇主）缴费都超过工资总额的20％，一些城市甚至超过25％；医疗保险的单位（雇主）缴费多数为工资总额的6％～7％；失业保险单位（雇主）缴费基本都是工资总额的2％。仅此三项保险，在多数地区仅雇主缴费就已经达到工资总额的30％左右，综合各种统计结果，明显高于多数国家的社会保险缴费水平。另外，多数地区三项保险个人缴费部分也在工资额的10％左右。无疑，过高的缴费率会大大影响企业的人工成本及盈利水平，其结果必然是企业以各种方式逃避参保。从各种调查结果看，既有企业整体拒绝参保的情况，也有企业只给少数员工参保的情况；在逃避为员工参保的企业中，既有非公有制经济单位（企业），也不乏公有制经济单位。而且，不仅不少企业拒绝为职工参保，某些职工个人参保的积极性也不高，特别是那些就业流动性较高的农民工，因为现行体制尚未能够充分确保其未来的权益。当然，这是另外的体制问题。从1995年国务院决定在全国城镇各类企业逐步建立基本养老保险制度以来，国有企业职工绝大部分已加入了基本养老保险制度，但是，集体企业、"三资"企业、私营企业和个体劳动者的参保率却不高。据初步估算，到1999年末，集体企业参保率约为50％，"三资"和私营企业约为30％，个体经营者只有不到20％。2000年，经过劳动保障部门连续几个月的"攻坚战"和其他部门的配合，非国有企业参保人数有较大幅度增加，但是在一些地方又出现了比较严重的退保现象，扩面征缴的成果若要巩固还需做出艰苦的努力。非国有企业参保率低导致这些风险大的企业职工得不到保障，也使职工在不同企业间难以流动，同时还使养老保险基金短期内收入降低、共济性减弱。

覆盖面难以顺利扩大，使得各项保险仍只能在以传统国有经济部门为主的范围内实施。而这一参保群体的基本特点就是老职工多，近年来的下岗职工也多，体制内的养老保险抚养率、疾病发生率以及失业发生率都很高。所以，必须以高缴费率甚至不得不通过逐步提高缴费率来维持收支平衡，进一步的结果是扩大覆盖面越来越难，缴费率越来越高，陷入恶性循环。

2. 几种主要社会保险制度均面临财务上不可持续的问题

基于上述扩大覆盖面越来越难和缴费率过高的现实情况，社会保险制度面临财务上的不可持续发展，问题最突出的是企业养老保险。

自上世纪 90 年代后期以来，全国企业养老保险金收入即使在机关事业单位养老保险金基本仍由各级财政按支付需要拨款，虽然支付压力也在不断提高，但从表面上看不出赤字问题。"空账运行"的情况下都一直无法满足支出需要，且年度赤字规模一直呈逐步扩大之势。就体系本身而言，虽然各级养老保险经办机构一直采取强化征缴、扩大覆盖面以扩大费基等多种手段，但基本已无法解决体制内的收支不平衡问题，最终只能依靠各级政府的财政补贴。

在失业保险方面，由于前些年一直采取限制失业显性化的手段，特别是对国有企业冗员实施下岗而非直接失业的政策，需要失业保险体系提供保障的失业人员数量一直较低，所以，在相当一段时期内，失业保险金收入都有结余。但近年来，随下岗与失业并轨，失业保险体系自身在财务方面的不可持续性苗头也迅速显现。鉴于中国巨大的就业压力，在未来相当长时期内，高失业可能是难以避免的问题，因此，现行失业保险体系要想保持长期收支平衡几乎是不可能的。

"统账结合"的医疗保险制度在多数地区都是刚刚开始实施。从最近的情况看，参保者个人账户资金不够用和淀积同时并存的情况在所有地区都是普遍现象。凡实施统筹基金和个人账户资金"板块式"[①] 结合的地区，统筹基金基本都能做到收支平衡。表面看来，医疗保险制度本身似乎是可持续的。但需要注意的是，其一，医疗保险之所以到目前为止能够做到统筹基金收支平衡，是以牺牲了很多人的受保障权利为代价的。在几乎所有地区，能够按时缴费即可参保，否则就要被排斥在医疗保险体系之外。现行医疗保险事实上成了"富人俱乐部"。其二，目前所做到的也只是统筹基金维持收支平衡，且是以严格控制受益范围为基础的。部分参保人员个人账户资金严重不足，个人负担过重是普遍现象。其三，据我们对部分地区的调查，参保人、医疗服务机构设法侵蚀统筹基金以牟取个人或小群体利益的动机普遍很强，且手段逐步开始多样化。同时，参保者对扩大可报销基本药物目录及诊

---

① 各地对医疗保险统筹基金和个人账户资金的使用大致有两种模式，一种是"板块式"，即个人账户资金和统筹基金分别用于支付门诊和住院（含对部分疾病的非住院治疗）费用，二者互不交叉使用。另一种模式是"通道式"，即患病者诊疗时所需医疗费用支出先由个人账户资金支付，个人账户资金用完后，再按照一定比例由统筹基金支付。从前些年改革试点中的实践情况看，"通道式"往往造成统筹基金严重收不抵支。因此，目前除很少数地区外，绝大多数地区都选择了板块式。

疗项目目录的呼声一直非常强劲。在这种背景下，医疗保险统筹基金能否维持长期收支平衡非常值得怀疑。

3. 普遍难以实施有效管理

如前所述，较好的制度设计应当是便于管理的，尤其对于中国这样一个世界上最大的发展中国家。然而从几种主要社会保险制度的运行情况看，都未能实现管理的简便易行。最突出的问题是普遍存在制度漏洞，给很多个人和机构以投机机会。

在养老保险方面，除前面所提及的大量单位（企业）逃避参保等问题外，目前较为普遍的问题是不合规的提前退休以及退休人员死亡后由家属继续领取养老金等。近年来，各级行政管理部门虽然采取了诸多措施，但问题仍然难以得到有效解决，致使体制内抚养率发生进一步的且不正常的攀升，收支矛盾进一步加剧。

在失业保险方面，最突出的问题是难以有效对参保人员尤其是登记失业人员的实际就业状态进行甄别。事实上已经重新就业，但仍继续领取失业保险金的情况一直是较为普遍的现象。从发展趋势看，受经济结构、产业结构以及劳动力供求矛盾的影响，未来包括个体、自雇佣以及临时雇佣等形式的非正规就业可能会占更大比重，在这种情况下，对就业状态的甄别无疑会更加困难，失业保险的组织管理以及财务平衡也会受到更大挑战。

医疗保险制度管理中的问题更为突出。目前正在推进实施的"统账结合"的医疗保险制度是几项社会保险中制度设计最为复杂的，似乎要解决各个环节可能出现的问题。但从不长时间的实施情况看，远不能实现对个人和机构的有效约束。参保人、非参保人、医疗服务机构对医疗基金的侵蚀行为比比皆是，花样繁多。而医疗保险管理机构对此基本没有实施有效管理的能力，尤其是基于信息不对称，无力对医疗服务机构的行为进行控制和管理。鉴于这种情况，目前很多地方对医疗服务机构都采取了保险费用总额控制（比如对住院实施定额结算）的方式，这虽然降低了费用超支风险，却带来了另外的突出问题，如医疗服务机构对患者降低治疗标准等等，使医患矛盾以及参保人群对制度的不满大幅度提高。

从几种主要社会保险的组织管理状况看，基本都陷入这样一种状态：如管理不严，势必出现大量投机行为，所带来的直接结果是财务危机日趋加剧；如严格管理，则大幅度提高管理成本或带来其他方面的矛盾。另外，在有些领域，比如医疗保险方面，基于信息不对称，即使大幅度提高管理成本，能否实现预期管理目标也值得怀疑。

难以实施有效管理的原因是多方面的。有管理基础薄弱的因素，比如人们对制度的遵守意识不足、管理部门缺乏经验等等；也有制度设计本身的原因，比如，在养老保险、失业保险方面，涉及投保人就业、工资等方面的信息体系非常不完整，且部门、区域对信息的分割问题严重。发现问题，也没有严格而具体的处罚依据和手段。在医疗制度改革方面，因其涉及到的利益主体更多，关系模式也更为复杂，因此，其对制度设计的要求更高，既要涉及医疗保险制度的各个环节，还要同时进行医疗服务机构（医院）体制和医药体制改革，但在实践中，医院体制改革和医药体制改革明显滞后，致使医疗费用的无节制攀升、大量违规行为难以避免。再加上其他配套改革的滞后，必然使各项保险陷入难以有效管理的局面。

正如很多人所观察到的，几种主要社会保险制度还面临其他一些问题。比如，几项社会保险的统筹层次仍然都较低，基本都还是以地市（甚至县市）为统筹单位，大大降低了社会保险的抗风险能力，部分地区的财务压力非常突出；不同地区社会保险的缴费率，特别是养老保险的缴费率有很大差异，直接影响不同区域间企业的平等竞争。在养老保险方面，至今还是企业养老保险与机关事业单位养老保险两套制度并存，两套制度不仅在组织模式、筹资方式等方面大不相同，待遇水平差距也非常大。[①] 在医疗保险方面，虽然都采取了"统账结合"的保险模式，但具体制度设计也不统一。

显然，即使不考虑其他问题，仅以上述三条标准来衡量，就足以说明问题的严重性。

4. 社保问题对改革和发展的影响越来越突出

社会保障制度所存在的问题对改革和发展的影响是多方面的，社会保障制度建设与完善的意义可以说如何强调都不过分，既是维持社会稳定与社会公平的需要，也是促进改革的需要。但从中国几种主要社会保险制度的发展

---

① 就全国范围内的退休金水平看，目前企业退休人员平均退休金大体只有机关事业单位退休人员平均退休金的一半左右。对两套体制关系的研究可参见国务院发展研究中心课题组所完成的《中国机关事业单位养老金制度改革研究》，北京，外文出版社，2003。

情况看，由于制度本身存在诸多问题，致使其应有的功能无法发挥，对进一步的改革和发展构成了比较突出的影响。

首先，严重制约着体制改革的顺利推进。如前所述，目前各项社会保险的覆盖对象还是以传统国有经济部门的正式职工为主，大量非公有制经济部门的职工都还没有被纳入。这种状况至少导致了以下几个方面的后果：其一，影响劳动力流动。发展市场经济，重要目标之一就是要实现劳动力的自由流动。但在社会保险制度难以实现广覆盖，尤其是许多非公有制部门未被覆盖的情况下，从国有经济部门到非国有经济部门的流动就必然存在障碍。此外，机关事业单位保障制度与企业保障制度差异导致的部门间流动障碍、统筹层次过低以及制度不统一导致的区域间劳动力流动障碍在目前也都是非常突出的问题。其二，影响国有经济部门特别是国有企业改革的进一步推进。在国有企业改革问题上，冗员分流一直是核心问题之一，根据所有制结构调整的目标，分流的主要方向是非公有制经济部门。但目前所存在的严重流动障碍，使冗员问题很难解决，无论是国有企业自身发展还是各种体制改革都受到很大限制。事实上，不仅国有企业改革受到社会保障制度的突出影响，机关事业单位体制改革也面临同样问题。其三，影响非公有制经济的健康成长。大力发展非公有制经济是经济体制改革及所有制结构调整的基本方向，非公有制经济也势必是未来就业的主要领域。但如果非公有制经济领域的从业人员不能顺利进入制度化的社会保险体系，非公有制经济就很难健康发展。其四，影响企业间的平等竞争。社会保险制度不能实现对企业和劳动者的广覆盖，必然出现不同企业间负担（人工成本）的不均衡，进而导致不同企业间难以实现平等竞争。从目前的情况看，国有经济部门负担相对沉重仍是突出问题。除不同所有制单位之间因参保差异导致的不平等竞争外，不同地区之间的企业因费率差异导致的不平等竞争也是值得关注的问题。

其次，不利于社会的长期稳定。如前所述，即使不考虑农村问题，仅在城镇从业人员中，尚有半数以上的人未被养老保险制度所覆盖，未被医疗保险制度覆盖的人数更多。当这些人逐步步入老年或面临疾病风险，而又得不到制度化保障时，必然会带来贫困等各种社会问题，对社会稳定构成影响。从发展趋势看，在今后相当长时期内，中国将保持快速的城市化及工业化进程，因此，如果有关保险制度的运行继续维持目前状况，未参保人群规模越来越大不可避免，长此以往，极有可能在城镇形成一个大规模的贫困群体，并会对社会稳定构成突出影响。虽然对于此类人群可以通过最低生活保障制度提供基本生活保障，农村转移到城镇的劳动力多数在原籍尚有少量土地，也可以作为一种保障方式，但必须注意到，无论是最低生活保障制度的保障功能，还是土地的保障功能都是很有限的，难以充分解决矛盾。

相关的另一问题是群体间关系。目前的现实不仅是部分社会成员不能享受制度化的养老、医疗等保障，在能够享受制度化保障的群体中，也存在因制度安排导致的保障水准差异，比如机关事业单位养老金与企业养老金的差异等。且无论是能否享受社会保障还是受保障水平的高低，都具有典型的群体特征。更值得注意的是，这种差异性的保障制度中存在明显的财富逆向转移特点，存在明显的权利和义务不对等问题。很多人，且主要是中、低收入阶层，无法享受制度化的养老保障，但却要对享受者进行贡献。比如，目前企业养老保险体系自身连续数年收不抵支，在实际操作中，却主要是使用一般性财政收入对缺口进行补贴。虽然如很多研究者所指出的，在计划体制下对老职工的贡献存在"扣除"，现在及未来必须由政府承担兑付隐性债务的责任，但这种"补偿"必须以明晰的责任关系划分和可为公众接受的责任分担与筹资计划为基础，但迄今为止，有关工作一直没有明确进展。而在受保障群体内部保障方式与水准差异问题上，则更没有任何法理依据。简而言之，在群体间利益关系方面，现行的社会保险制度安排存在明显的不公平问题，如长此以往，势必加剧群体间矛盾，影响政治和社会稳定。

第三，导致经济风险。首先是财政风险难以避免。如前所述，目前几种主要社会保险制度普遍面临财务上的不可持续问题。其中养老保险即使在"空账运行"的情况下都已经连续多年收不抵支，不得不对其实施大规模财政补贴。从趋势看，不仅没有缓解迹象，多数地区的赤字规模还都在进一步扩大。在这种情况下，财政压力与风险越来越大是不可避免的。

不仅政府财政面临风险，现行社会保险制度的运行状况对整个经济的运转也存在明显的负面影响。其中最突出的问题是，由于多数人无法进入制度化的社会保险体系，势必大幅度降低居民生活预期及消费倾向，并最终导致消费需求不足。在消费需求严重不足的情况下，经济总量难以扩张，甚至会进一步萎缩，并带来严重的失业、下岗等问题，社会保险本身也会进入更加困难的发展空间,以致逐步形成恶性循环。近几年,有关问题可以说已经有了比较充分的显露。

5. 目前解决问题的思路难以充分解决问题

当前几种主要社会保险制度所面临的问题已经受到社会各界的关注。有关部门特别是各级社会保险行政管理机构也一直努力采取各种措施试图缓解矛盾。但总体看来,目前解决问题的思路很难充分解决矛盾。

目前解决问题的主要思路之一是以现有体制为基础,全面强化管理。首先,加强保险费征缴。所采取的主要措施包括实施税务部门代征保费以及对欠费单位采取各种行政处罚措施等等。其次,是扩大覆盖面,通过扩大缴费人数来增加缴费收入,并以此降低体制内抚养率。这一措施在养老保险领域尤其受重视。第三,是强化业务管理,尤其是强化对参保人及相关各方的行为监督,防范各种违规行为。比如在养老保险方面,严格控制提前退休及各种形式的养老金冒领问题;在失业保险方面,加强对失业状态的甄别;在医疗保险方面,强化对患者、医疗服务机构行为的监督等等。

这些措施对于改善有关社会保险制度的运行质量无疑是有益的,但却很难从根本上解决问题。强化社会保险费征收的确非常必要,但必须认识到的一个现实是,相当一部分企业欠费并非故意逃避,而是因费率过高且企业自身经济状况不好而无力缴纳。在这种情况下强行征收,必然会带来诸多负面后果。如进一步加大企业亏损,造成对政府其他方面税收的冲击,甚至迫使一些企业破产。这在一定意义上是一种杀鸡取卵的做法。

如果能够顺利扩大社会保险的覆盖面,表面看来,其不仅能够给更多的人提供制度化的保障,参保(缴费)人数的增加也能够降低各种保险体系本身的财务压力,似乎是一条很好的出路。对于体制内抚养率非常高、且目前财务危机最为突出的养老保险,扩面的诱惑尤为突出。但必须认识到的是,如果其他基本制度条件不变,扩面不仅不能从根本上解决问题,反而有可能对制度的未来安全带来更大隐患。以养老保险为例,如果能迅速扩大覆盖面,特别是将非公有制经济领域的从业人员纳入养老保险体系,显然可以在一定时期内、一定程度上降低体制内抚养率,养老保险的财务收支状况也会有明显好转。但问题在于,参保人群的扩张是有限度的,因为全社会范围内的老龄化是不可避免的,目前扩面会在一定时期内降低体制内抚养率,但不久就肯定会出现抚养率的刚性反弹，届时的支出压力将会更大。所以，简单扩大覆盖面只是推迟风险，同时也是积累风险。

强化业务管理，控制不良行为在任何制度条件下都值得重视。但如前所述，目前几种主要社会保险制度无论是制度设计本身还是相关配套制度都存在问题。在制度不完善的情况下，指望获得良好的管理效果是不现实的。

为了便于强化管理，目前不少人主张对社会保障制度甚至各种社会保险制度进行立法管理。我们认为，对立法问题需特别慎重。立法的好处是可以使制度更具强制性，可以更严格地对违规行为进行处置。但考虑到法律的严肃性，一旦立法，就不能够轻易进行调整，所以，立法必须以比较成熟的制度为基础。否则，把有缺陷甚至有重大缺陷的制度以法律形式固定下来，其后果更严重。从目前中国社会保障制度尤其是社会保险制度的运行情况看，还远未达到可以通过法律形式进行组织和规范的阶段。

解决问题的主要思路之二是针对特定问题实施制度调整。由于失业保险为改革后从无到有新建的制度，"统账结合"的医疗保险制度为全面重新构建且刚刚开始推广实施的制度，所以尽管都已经表现出了不同程度的问题，但都还没有进行制度调整的官方动意。目前的改革计划基本只是针对养老保险。

对养老保险制度进行改革的核心是要从资金现收现付体制过渡到部分积累制。事实上，这一目标确立已久，但由于从现收现付体制向基金积累制转轨所涉及的巨额转轨资金筹集与分担问题一直未能形成明确的解决方案，所以，尽管早就建立了个人账户，但一直是"空账运行"，换句话说，在资金流程上仍未走出现收现付模式[1]。鉴于这一体制所面临的问题，2001年年初，中央政府决定开始实施改革试点，其中最关键的改革就是要将个人账户做实，实现真正意义上的基金部分积累。有关试点工作从2001年夏天开始在辽宁省启动。目前，又计划扩大试点。[2]

之所以要将养老保险制度逐步从现收现付过渡到真正意义上的基金（部分）积累体制，主要是基于对现收现付体制和基金积累体制的评判。在国内

---

[1] 对养老保险制度改革过程的详细分析，可参见王梦奎主编：《中国社会保障体制改革》，北京，中国发展出版社，2001。

[2] 参见2003年1月16日新华社对总理办公会有关信息的报道。

学术界，比较流行的看法是，现收现付因为是以支定收，难以抗拒老龄化的压力。而基金积累制是以收定支，可以抗拒老龄化压力，同时还可以形成大笔长期储蓄，对经济发展提供支撑。

有关现收现付制与基金积累制利弊的争论可谓由来已久，迄今在国际上也没有任何定论。① 能够为多数人所接受的评判是，两种体制各有利弊。单纯从抗拒老龄化压力的角度看，以收定支的基金积累制确有其优点，但其对管理的要求也很高，尤其是要形成发达的资本市场以及严格高效的管理体制，以确保养老金基金的保值增值。否则，很可能带来灾难性的经济风险乃至政治风险。

至少从目前的情况看，中国资本市场的发育程度还难以适应积累制养老金投资的要求。一是缺乏足够的、具有良好公信力和实践经验的投资经理机构；二是投资渠道不畅，金融产品种类相对匮乏，无法在资本供给与事实上巨大的资本需求之间建立联系；三是政府对投资活动的监管存在缺陷。② 在这种情况下，如全面推进体制转轨，其风险可想而知。

当然，正如很多人所认识到的，虽然养老金投资安全取决于资本市场发展，但并不意味着要等资本市场充分发展后才可能建立积累制的养老保险制度，二者是可以相互促进的。但即使按照这一逻辑，对养老保险制度进行改革的同时，也必须同步建设和发展相关投资运营及监管体制，逐步使二者之间形成良性的相互促进关系。

从现实的情况看，近年来的改革探索并未对相关资本市场建设问题给予足够重视。以辽宁的改革试点为例，无论是方案设计还是在实际操作中，都没有考虑引入多元化投资主体，也没有考虑多元化投资方式，仍是将所积累基金全部用来购买国债。在没有多元投资主体和多元投资方式的情况下，自然也就不存在监管体制建设问题了。显然，这种只对养老保险体制本身改革，而忽视其他关键配套改革的做法很难获得成功。养老金积累不可能发挥其对资本市场发展的促进作用，反过来，没有资本市场的介入和同步发展，积累制养老保险的风险也难以控制。如仅辽宁一个省份，在实施改革试点后

---

① 对现收现付与基金积累的分析和不同观点，可参见王梦奎主编：《中国社会保障体制改革》。
② 对有关中国资本市场问题的分析，可参见国务院发展研究中心课题组所完成的《中国机关事业单位养老金制度改革研究》。

一年半左右的时间里，按照工资额8%的比例所建立的个人账户积累额就已经达到近50亿元。如果全国均实施这种改革，不足2年，积累额就会上千亿元，且还会迅速大幅度增长。如果只购买国债，不仅不能保证较高的回报，难以充分发挥其对经济的促进作用，仅财政风险可能就是灾难性的。

对养老保险制度改革的另一关键问题是转轨成本的处理。目前的改革试点事实上已经决定由政府承担或至少是部分承担转轨成本。但突出的问题是并没有对转轨成本进行详细而可信的测算，以至于到底这种改革需要多少转轨资金，是否有足够的能力等等都不清楚。与此同时，也没有形成明确的筹资与责任分担计划。如在辽宁的改革试点中，转轨成本是各级政府分担的，但中央与地方，上级政府与下级政府的实际分担结果基本没有制度依据，主要靠讨价还价。

基于上述问题，可以认为这种方式的改革探索很难获得成功，或换句话说，辽宁的改革做法基本不具可推广性。如果将现行改革试点方案简单推广，其后果可能比现行体制的弊端更加突出。

（三）中国社会保障制度改革的目标：覆盖全民

从上述问题可以看到，中国社会保障制度的改革和发展仍然是整个经济体制改革与经济发展中最薄弱的环节之一，需要在下一步的改革与发展中进行重点突破，啃这块难啃的硬骨头。这就需要我们明确中国社会保障制度改革的目标：建成与社会主义市场经济体制相适应的、覆盖全民的社会保障制度。

早在1987年初，中央根据日益富裕的农民面对商品经济风险必然产生的迫切要求，指出要发展农村社会保险事业，随后国务院批准以民政部为主，就建立农村基层社会保险制度进行试点。在总结试点经验的基础上，1992年民政部正式出台《县级农村社会养老保险基本方案（试行）》。从1993年开始，农村社会养老保险的覆盖范围不断扩大。在扩大范围、增加基金积累的同时，各级农村社会养老保险管理部门积极改善和加强管理工作，促进农村社会养老保险的稳步发展。这些管理工作包括：进一步明确民政部门的主管职能，理顺工作关系；制定一系列与《县级农村社会养老保险基本方案（试行）》相配套的业务管理方面的规章制度，逐步规范农村社会养老保险的业务操作和基金管理；逐步建立各级行政和基金管理机构，提高管理人员的专业素质。近几年，农村社会养老保险整顿规范工作一直在进行，到2002年末全国参加农村养老保险人数5462万人，与8亿农民相比还是太少。

发达国家和绝大部分发展中国家的社会保障制度都是覆盖全民的，我国的宪法也规定：中华人民共和国公民一律平等，任何公民享有宪法和法律规定的权利。因此从法理角度来看，中国的社会保障制度覆盖全民应该是一个不证自明的命题。但法律的平等不等于事实的平等。由于各方面原因，法律形式上的平等与事实上的不平等一直存在，同时，公民权利也是一个发展的动态过程。进入21世纪以来，包括享受一定水平的经济和社会福利的权利、分享全部社会遗产的权利在内的社会权利成为公民权利的重要组成部分，也是衡量一个国家政治文明程度的重要尺度。因此，消除事实上的不平等，使每个人都能享受到现代化的成果，让每个人都能有尊严地生活，是我国社会保障这一公共政策实施的长期目标。我国的社会保障制度尚未覆盖占人口多数的农民这样一个现实，决定了为达到社会保障制度覆盖全民这一目标，还需要长期不懈地努力。

首先应该消除造成城乡差别的体制性障碍。城乡差别是历史形成的，上世纪50年代，为了加速工业化的进程，便于国家从农村汲取资源，我国形成了城乡不同的户籍制，相应形成劳动就业、物资供应、社会保障等一系列城乡壁垒，由此将一个国家的公民分割为两个不同的部分，享受不同的待遇。这就是所谓的城乡二元社会结构。正是在这一二元结构下，农民工与城里人同样工作却无法享受同样的待遇，特别是稳定性的工作和生活保障。经历了数十年以后，我国已建立起完整的工业化体系，国家不必也不应再向农村汲取资源，消除造成城乡差别的体制性障碍的条件日益成熟。为此，2002年的中共十六大报告中提出要"统筹城乡经济社会发展"。从城乡分割到城乡统筹是我国发展战略的重大转变。这一转变的重要内容之一就是消除由传统二元体制造成的身份性差别，给予同样的公民以同样待遇。最基本的待遇就是建构起能够覆盖全体公民的社会保障网络，使每个人都能够通过这一网络获得最基本的生命和生活保障。

其次应为农村经济社会发展提供必要的支持。由于上述城乡二元社会结构的长期影响，现阶段城乡差别主要还是体现在农村经济社会发展相对落后，而这种落后状态仅仅依靠农村自身的发展在短时间是难以改变的。所以，尽管我们已经宣布进入小康社会，但现阶段的小康社会还是低水平的、不全面的、发展很不平衡的。进入 21 世纪，我国的奋斗目标就是要全面建设小康社会，实现这一目标的重点和难点都在农村。农村的重点和难点又在于如何为广大农民的生产和生活条件提供必要的保障。这除了发展农村经济以外，还需要加强中央的财政转移支付，支持发展农村的社会事业。因为，教育、卫生等社会事业属于公共性物品，农民作为享受者不仅有利于农民自己，而且有利于全社会。当农民能够享受基本的生命保障时，面对 2003 年春夏之交 SARS 这类的公共性危机时才不会引起全社会性的恐慌。同时，地方政府也要转变职能，将主要工作和财力用于提供公共物品。农村的基础教育、基本卫生不宜市场化，而应该由政府主要负责。在动员全社会的力量支持农村教育和卫生事业的同时，充分挖掘农村传统的医疗资源。为了防治 SARS 之类的不可预知的流行病，国家有必要建立由中央专项基金支撑的能够覆盖城乡所有公民的流行病防治网络。一旦出现类似 SARS 这样的流行病，即启动这一网络，使城乡居民都可以接受这一网络的保护，而不至于引起全社会的恐慌。因为，防止这种疫情和恐慌的蔓延，比保障网络的建立和维护所需要的费用更多，特别是造成的损失更难以计算。建立这样的网络正是实现公民社会权利相对应的公共载体。在 SARS 肆虐之时我国政府宣布农村贫困地区的 SARS 病人免费治疗，对制止疫情和恐慌的蔓延起到了非常重要的作用。与此同时，2003 年下半年政府又宣布对农村贫困地区的艾滋病患者实行免费治疗，可以看出政府在医疗保障制度建设中所做出的实实在在的努力，对农村经济社会发展所提供的大力支持。

第三，建立农村最低生活保障制度。满足农民需求中最基本的公共产品，是维护农民作为公民应当享有的生存权利的最起码要求。最低生活保障制度是目前世界上绝大多数市场经济国家普遍实行的以保障全体公民基本生存权利为目的的社会救助制度。最低生活保障制度作为一种解决贫困问题的补救机制，是所有现代国家的社会保障体系中必不可少的基本组成部分，是社会保障体系中的最后一道"安全网"。更加艰巨的任务是如何建立农村居民最低生活保障制度，让农村家庭人均收入低于政府规定的最低生活保障线的农民得到政府的救助,以此确保他们的收入能够维持最起码的生活水准。由于农村人口众多,不仅存在大量的需要社会救济的"三无"(无收入、无劳动能力、无经济来源)对象,而且仍有超过4 000万的农村贫困人口。在农村建立最低生活保障制度,关系到社会稳定与经济社会的协调健康发展。同时,经济体制的市场化改革对建立与之相应的社会最低生活保障制度,提出了日益迫切的要求。从1999年开始,中央财政逐步加大投入力度,全国所有城市和县镇都建立了最低生活保障制度,这项措施取得了很大成功。据统计,到2006年底,已经有23个省、自治区、直辖市建立了农村最低生活保障制度,覆盖了1 509万农村居民,一个针对农民的农村低保制度体系正在全国形成。①

第四,对弱势群体的人文关怀。最低生活保障制度是近几年来才逐步实施的一项社会保障制度,体现了对城市和部分农村固定居民中弱势群体的保障,而对待流浪乞讨人员原先主要是进行收容遣送,一直没有纳入社会保障的范围。2003年6月22日,经国务院第12次常务会议通过的《城市生活无着的流浪乞讨人员救助管理办法》正式公布,并于2003年8月1日起施行。1982年5月12日国务院发布的《城市流浪乞讨人员收容遣送办法》同时废止。从某种意义上来讲,从收容遣送到救助的转变不仅仅是政府对待公民态度的转变,更体现了对弱势群体的人文关怀。新《办法》的进步意义体现在:受助人员的权利也是政府相关部门及救助站的义务。政府相关部门及救助站依照新《办法》履行职责的过程也是依法保护和救助城市生活无着的流浪乞讨人员的过程。因此,对受助人员权利的尊重也就成为最好的救助,体现了人道主义价值取向。新法规的执法主体发生了变化,以民政部门作为执法的主体,公安部门基本淡出了救助管理领域,公安部门作为行政强制机关过多介入对城市生活无着的流浪和乞讨人员的救助会使这部法规治安管理的色彩过重,而民政部门作为执法主体,无疑加强了法规的社会福利与救济的意义,体现的是政府对社会贫弱者的责任。新法规对救助对象进行了严格的限制,这对保障城市外来务工人员的基本权益无疑是一个很大的进步;新法规中对救助站和救助站工作人员的禁止性规定较多,显示了该办法的政府福

---

① 数据参见:《农村低保渐行渐宽 2007低保覆盖全国乡村角落》,载《半月谈》,2007-02-09。

利救助性质，而非治安管理的性质，属于政府社会保障的范围。随着人道主义和人文关怀越来越成为世界性的潮流，我国的政府救助和社会救助最大程度地人性化，充分体现我们社会主义社会人道主义的价值取向，体现了以人为本的社会保障制度覆盖到每个公民的思想。

新一届政府提出了"权为民所用"、"情为民所系"、"利为民所谋"的民本思想，而社会保障制度覆盖更广泛的范围，应该成为政府实施其民本思想政策的最重要途径，因为没有哪项公共政策能够比社会保障制度更能够体现民本思想了。

三、完善社保基金体系

上两部分探讨社会保障制度的建设和改革，并总结了中国社会保障制度改革的经验和存在的问题。由于任何制度变迁的背后都有经济发展的因素，而支撑社会保障制度运行的就是社保基金。在西方发达国家，社保基金在社会经济生活中发挥着巨大的作用。例如到 2002 年底，仅美国政府公营的社保基金 OASDI 收入 6 271 亿美元，支出 4 617 亿美元，总资产达 13 780 亿美元（Board of Trustees，the 2003 Annual Report），其总资产额超过包括中国在内的世界上绝大多数国家的国内生产总值，社保基金与几乎每个人的生活紧密联系在一起。因此，要总结社会保障制度改革的基本经验，核心还是总结社保基金体系建立和完善的经验教训，建立真正符合社会主义市场经济体制发展要求的社保基金体系。

（一）社保基金体系的基本情况

社会保险基金是指为保障社会劳动者在丧失劳动能力或劳动机会时的基本生活需要，在法律的强制规定下，向劳动者及其雇主强制筹集，供劳动者在年老、失业、患病、工伤、生育时使用的专项基金，是为实施各项社会保险制度建立的专门用途的经费。建立社会保险基金的目的，是为了保障社会保险制度的正常运行，为社会保险参加者及其家庭成员克服社会风险提供物质的帮助。

中国的社会保险基金包括养老、医疗、工伤、失业、生育等五个方面的基金，通过劳动者与其雇主共同缴纳社会保险税（费）的方式形成基金，国家在税收、利率、财政上进行资助，并主要通过货币方式提供各类险种的社会保险。与依靠公共财政负担的其他社会保障资金相比，社会保险费由雇主与被保险者共同负担，并依照国家法律法规强制实施，收入的稳定性高。一般税收受经济形势影响很大，其使用途径和分配也往往受到政府政治决策左右。社会保险费采用按比例征收的方式，专款专用，不易受其他因素影响。同时，社会保险费按比例征收的方式，容易进行个别调整。由于参保对象个人缴费，有些项目（如医疗保险）还需要额外承担部分费用，提高了人们的社会保险意识，体现出社会保险"权利与义务"相对应的保险原则。因此，世界上大多数国家普遍采用按比例分担社会保险费用的方式，筹集社会保险基金。

养老保险基金是社会保险基金的主体部分，按照其筹资和管理的模式来分类，可以区分为现收现付（pay-as-you-go）制和个人账户基金（capital-funded individual account）制。假设任何一种养老金制度在其成员退休并享受养老待遇时已经无工薪收入，那么他所享受的养老待遇的来源只能有两种：一种是当时正在工作中的一代人所创造的财富，另一种是其本人在退休前的积累。以同一个时期正在工作的一代人的缴费来支付已经退休的一代人的养老金的制度安排，是现收现付制。劳动者个人在工作时将部分工资通过某种特定的方式积累起来，存入个人的账户，并由特定的养老基金运营机构投入资本市场运营，在退休后利用资本积累作为自己的养老金，就是个人账户基金制。

"现收现付"制要求以近期横向平衡为原则指导筹资，其特点是：以支定收，需要多少养老金就征收多少，即首先确定养老金的标准，然后通过税收或者其他方式征收；收入均等化，即一般根据统一的退休条件决定退休待遇，相对平等，并且可以实现代际之间和同代人之间的收入再分配；管理简单，即不存在社保基金的运营和保值增值问题。工作中的供款一代人与退休后的领款一代人的比例为抚养比。抚养比的变动受人口年龄结构变动的影响，随着大部分发达国家和部分发展中国家人口出生率的下降，以及经济发展水平和医疗保健水平的提高，人口老龄化是一个不可逆转的社会发展必然趋势。由于供款一代人的相对减少，现收现付制社会保障体系面临着前所未有的挑战。同时，现收现付制具有待遇支出刚性的特点，在经济景气时可以提高退休待遇，而在经济不景气时却不能降低退休待遇，财政支出会刚性上升，阻碍经济结构的调整和经济发展。

"个人账户基金"制也称个人基金制或完全积累制，是一种以远期纵向平衡为原则的筹资模式，它要求在预测未来时期养老保险需求的基础上，确定一个可以保证在相当长时期内收支平衡的总平均缴费率，劳动者每个人都有一个自己的个人账户，在工作期间通过一定程序把一部分劳动收入存入其个人账户，集中起来交给一个机构进行投资，退休之后，该机构再利用缴费的积累和投资回报向劳动者兑现当初的养老金承诺。这样，在养老保险计划实施初期的若干年份中，社会保障收入大于支出，收大于支的部分形成储备基金，用以弥补以后年度支大于收的差额。显然，这部分基金需要通过具有较高收益率的投资予以保值增值。

与现收现付制相比，个人账户基金制的优点是具有很强的储蓄功能，使社会保障具有较为稳定的经济保证。这种方式的特点一是以收定支，个人在职时完全积累，退休后按月支付，支付水平决定于过去的积累数额。由于缴费的增减是在科学预测的基础上，通过确定适当的缴费率来实现的，能防止人口老龄化给国家和企业所带来的沉重负担，并且，它能够较好地与国家宏观经济政策挂起钩来，通过适当的投资渠道，保证社会保障基金的保值与增值，同时发挥对国民收入中积累与消费比例调节的作用。二是激励缴费，由于支付水平与本人在职时的工资和缴费水平直接相关，个人有缴费的积极性，同时也能敦促所在单位或者其雇主缴费的积极性。三是强制储蓄，使个人一生的收入和消费均等化，能够实现自我保障，避免代际冲突，不存在支付危机和代际之间转嫁负担的社会矛盾。四是坚持了效率优先的原则，众多个人积累起来的资金投入资本市场，成为资本市场的一个重要的长期投资人，有利于资本市场的发育和经济的稳定发展。但这种模式往往也会遇到一些难以克服的难题，容易产生不良后果：一是要求币值稳定，有比较发达的资本市场作为投资场所，这对于大多数发展中国家是不现实的，因为保险基金积累时间长，极易受到通货膨胀的影响，难保基金不贬值。二是这种模式的难点在于能否实现预期的收支平衡。这主要取决于保险统计预测能否顺利实现，保险统计必须预先估计一些可变因素，如死亡率、利率、工资和退休金的调控、投保人数的增加等。由于这些因素的变化往往没有固定的规律可循，长期有效的预测通常难以做到。三是对于一个过去没有社会保障积累的国家来说，按照这种模式，在初期要求筹资对象既要负担当前已进入老年人行列的社会成员所需要的社会保障费用，又要负责他们自身进入老年人行列时所需的费用，这对于国家、企业和个人，都是双重负担，难以承受。同时，它也很难实现转移支付和收入再分配。

个人账户基金体制更符合为了老年而储蓄的生命周期理论，同时也符合在社会保障制度建立以前个人和家庭养老的习惯，至少部分地解决了现收现付体制的问题，因而在国际范围内受到更多政策制定者的青睐。第二次世界大战之后，欧洲的社保基金体制大都是现收现付体制的，个人账户基金体制在补充养老金领域早就开始实施，在基本养老金领域实施则源于1981年的智利。

由于个人账户基金制的融资部分地来自于参加者的交费，而由交费集中起来的基金又被用来投资，所以，在一个个人账户基金制的养老金计划中，参加者最后的养老金收益是根据个人以往的交费记录以及基金的投资回报而定的，在这一点上它和个人储蓄并没有什么不同。这样，在收益发放上，基金制计划也就没有统一比率或收入关联之类的选择。它只需要为参加者设立个人账户，如实地记录其交费以及应得的投资收益，最后按照事先约定的方式将参加者在其个人账户上的积累及其回报发还给本人。这部分资金是可以投资的社保基金主体部分。

中国被统称为"社保基金"的基金有三部分：其一是上述作为基本保险的社会保险基金；其二是全国社保基金理事会管理的全国社会保障基金；其三是由企业和个人缴费形成的企业年金（即补充养老保险基金）、企业补充医疗保险等补充保障基金。其中社会保险基金的统筹部分资金基本上都用于当期支付，即使有结余也会稳妥运营，例如购买国债等，不可能投入风险较大的股票市场，可以投资于资本市场的是个人账户中积累的部分基金。全国社会保障基金，是指由中央财政拨入资金、国有股减持和股权划拨资产、经国务院批准以其他方式筹集的资金及投资收益所形成的基金。全国社保基金作为中央政府掌握的基金，是重要的财政储备，是稳定中长期国家财政状况、确保社会保障体系的可持续性，从而保证各项改革开放措施顺利进行的重要物质保证。2000年全国社会保障基金理事会正式成立，标志着国家在社会保障制度建设的基础上开始了进入社会保障基金的实质性的运作、实施阶段。补充保障基金是由企业和个人缴费形成的企业年金、企业补充医疗保险基金等。从上世纪80年代后期开始，中国部分省市和行业统筹部门开始建立企业年金制度，有关部门正在草拟企业年金投资的具体办法，未来这部分资金是可以期待进入资本市场的。按照世界银行（1998）推荐的"三支柱"体系，个人为了养老而进行的自愿储蓄也应属于老年保障的"第三支柱"，则我国近年来发展很快的商业性人寿保险也可视为"社保基金"的一部分，这部分资金已经由各商业人寿保险公司投入资本市场运营。

按照《国务院关于建立统一的企业职工基本养老保险制度的决定》的规定，城镇职工基本养老保险基金由统筹基金和个人账户基金组成。统筹基金由企业缴费形成，原则上不超过企业工资总额的20%，具体比例由统筹地区人民政府确定，少数省、自治区、直辖市因离退休人数较多、养老负担过重，确需超过这一比例的，须报有关部门审批。个人账户基金由职工缴费和企业缴费划入两部分构成，规模为职工本人缴费工资的11%，个人缴费全部记入个人账户，其余部分从企业缴费中划转。个人缴费比例1997年始不得低于本人缴费工资的4%，1998年起每两年提高1个百分点，最终达到本人缴费工资的8%。有条件的地区和工资增长较快的年份，个人缴费比例提高的速度可适当加快。随着个人缴费比例的提高，企业划入部分要逐步降至3%这一规定，目前在一些地方已有所调整，2001年经国务院核准在辽宁省试点的《关于完善城镇社会保障体系的试点方案》规定，个人缴费比例从目前的平均5%一步提高到8%，企业缴费部分不再划入个人账户，全部纳入社会统筹基金，以保证养老金的当期发放；缩小个人账户规模，从现在本人缴费工资的11%调整为8%，个人账户基金完全由个人缴费形成。

养老金支付方式区分三种不同的人群分别记发，新制度实施后参加工作的"新人"累计交费满15年的，退休后月领取基本养老金分为两部分，即基础养老金和个人账户养老金，前者为当地上年度职工月平均工资的20%，个人账户养老金为个人账户储存额除以120；新制度实施前参加工作的"中人"，除发给上述两部分养老金外，另发给过渡性养老金；新制度实施前退休的"老人"仍按原规定发给退休金。

1999年1月，国务院发布了《社会保险费征缴暂行条例》，规定基本养老保险费、基本医疗保险费、失业保险费实行集中、统一征收。征收机构由省、自治区、直辖市人民政府规定，可以由社会保险经办机构征收，也可以由税务机关征收。各项社会保险基金分别单独核算，实行收支两条线管理，由财政部门依法进行财务监督，审计部门依法对社会保险基金的收支情况进行审计监督。目前，实际运作中大多采取社会保险机构征收的办法。经认真贯彻《社会保险费征缴暂行条例》，加大执法力度，社会保险费收缴率得到进一步提高，基金收入增长较快。2005年，全国养老保险费年征缴收入首次突破5 000亿元。

就基金管理运营模式而言，1998年初，经国务院同意，由财政部、劳动部、中国人民银行、国家税务总局联合发布了《企业职工基本养老保险基金实行收支两条线管理暂行办法》，明确企业职工基本养老保险基金应逐步纳入社会保障预算管理。在国家社会保障预算制度建立以前，先纳入单独的社会保障基金财政专户，实行收支两条线，专项管理，专款专用，任何部门、单位或个人均不得挤占、挪用，也不得用于平衡财政预算。目前，基金管理多以地市为单位，尚未实现省级统筹。基本养老保险基金大多分散在各地方的社会保险事业管理机构，社会统筹基金和个人账户积累基金两块各具不同性质的基金采取混合管理、调剂使用、统一监管的管理模式。基金运营目前仍按照财政部、劳动部1994年《关于加强企业职工社会保险基金投资管理的暂行规定》执行，即养老基金收支相抵后的结余额，除留足两个月支付费用外，80%左右应用于购买特种定向债券。

（二）社保基金的缺口及其测算

社保基金存在着缺口，已经是政府、学界都承认的现实。由于不同的转轨费用对应着的不同的筹资政策和措施，测算结果的不同影响着政府做实个人账户的时限选择和筹资政策。政府应负担多少转轨费用，还需要哪些额外的筹资渠道等等，都与所需转轨费用的多少和期限有关。现在的问题是：这个缺口到底有多大？由于对隐性债务或转轨费用有不同的理解，再加上样本抽取、参数选定等诸多方面的差别，国内外已经做过的大量研究结果有很大的差距。不同的单位、不同的学者有不同的测算，这里有高、中、低三个标准：

1. 按高标准测算的缺口

在国务院1995年发布《关于深化企业职工养老保险制度改革的通知》以后，原国家体改委分配和社会保障司就开始跟踪研究城镇职工的养老保险问题。1996年该司与澳大利亚康联保险集团合作，完成了"关于中国补充养老保险和个人储蓄性养老保险方案设计研究报告"，提出在未来适当时候应将职工工资11%的个人账户部分从基本养老保险中分离出来，与设计中的占职工工资5%~8%的企业"小补充"养老保险合并，变成整个养老保险制度中属第二层次的"大补充"养老保险制度，并进行商业性运营。1997年，该司又与美国恒康保险公司合作，进行了"社会保障基金运营与管理"课题研究，对养老保险基金的运营管理问题进行了探讨。1998年4—7月，该司又组织有关部门就通过财政渠道筹集资金、弥补养老保险资金缺口问题提供了政策建议，初步提出了解决资金缺口的短期和长期办法，其中提到了做实个人账户和解决政府转制成本的思路。1999年6月至2000年4月，国务院体改办与美国安泰国际保险公司合作进行"中国养老保险隐性债务"课题研究，较为系统地探讨了做实个人账户和解决隐性债务筹资的具体办法。按照该课题组的测算，中国政府的养老金债务在企业和个人合计承担24%的缴费率、投资回报率为4%的情况下高达6.7万亿元。如果以国务院颁布26号文件的1997年为基期，相当于当年的GDP总额，与经济合作与发展组织（OECD）的国家养老金隐性债务处于其GDP的100%~200%的比例相当。①

2. 按中标准测算的缺口

1995年，原劳动部社会保险研究所曾就养老保险基金缺口进行过匡算；2000年1—7月，劳动和社会保障部社会保险所"中国社会保障体系研究"课题组对中国养老保险基金流量进行过进一步的测算；2000年8月至2001年1月，劳动和社会保障部社保所、法制司和博时基金管理有限公司共同合作的"中国养老保险基金测算与管理"课题组对养老保险基金缺口进行了详

---

① 参见宋晓梧主编：《完善养老保险确保老有所养》，北京，企业管理出版社，2001。

细的数学测算，并就中国养老保险制度存在的问题，提出了进一步改革的思路和建议。根据该测算，按照现行退休年龄，社会统筹基金在未来28年中平均每年将出现1 030亿元的缺口，总缺口2.88万亿元。[①]

3. 按低标准测算的缺口

世界银行对各国养老保险制度的关注和研究自1995年开始。1996年下半年，世界银行出版了《中国养老保险制度》（中文版）和一份世界银行的研究报告《中国如何为其快速老化的人口提供收入保障？》（英文版），1998年又出版了《2020年的中国：老年保障》（中文版）一书，世界银行的上述研究是基于1995年中国第一次试行统账结合的养老保险制度方案而进行的，它们分析了中国养老保险制度存在的问题，提出了建立"三支柱"养老保险体系的建议。2000年8月，在一次国际研讨会上，世界银行的专家递交了一份题为《中国养老保险政策改革建议》的报告，就1997年《国务院关于建立统一的企业职工基本养老保险制度的决定》之后中国养老保险制度所面临的问题，提出了进一步的改革建议。按照1996年世界银行的对我国企业部门隐性养老金债务缺口在的估计，认为低于GDP的50%，这一比例要低于已经实现了由现收现付制向基金制转变的智利和阿根廷（占GDP的80%~120%）等国家的比例。在缴费率18%的情况下，世界银行的测算认为我国的养老保险基金缺口为1.92万亿元。[②]

而按照"中国养老保险基金测算与管理"课题组测算，在缴费率28%的情况下，考虑将个人账户做实并实现积累与社会统筹基金分开管理之后，统筹基金在未来25年中平均每年将出现717亿元的缺口，总缺口1.8万亿元，该数据与世界银行的测算结果相似。[③]

综合上述不同机构的研究成果，可以看出：我国的隐性养老金债务缺口在1.8万亿~6.7万亿元之间。要弥补这至少1.8万亿元的隐性养老金债务缺口，需要相当数量的财力。这个缺口是全国的数据，由于统计和估算数据的问题，各省、自治区、直辖市的数据很难进行准确测算，只能按照省级统

[①] 参见中国养老保险基金测算与管理课题组：《中国养老保险基金测算与管理》，北京，经济科学出版社，2001。
[②] 参见世界银行：《老年保障：中国的养老金改革》，北京，中国财政经济出版社，1998。
[③] 参见中国养老保险基金测算与管理课题组：《中国养老保险基金测算与管理》。

筹基金的基数进行估算。应该指出的是，在东北等老工业基地和多年财政净输出的省份，养老金缺口可能会更大一些。

（三）划拨国有股充实社保基金

如何充实社保基金，解决隐性养老保险债务，政界、学界都提出了不少方案，如财政补贴、利用发行彩票和土地出让收入、出售部分国有资产等。出售部分国有资产比较难操作的是非上市公司中的国有资产，因为非上市国有公司在资产变现过程中涉及的因素太多，首先是产权划分是否清晰，其次国有资产在评估、转让过程中的价格是否合理，转让是否遵从"公开、公正、公平"的原则，是否造成国有资产流失等，因而到目前为止还都是以个案的形式进行。而上市公司中的国有股股权变现由于产权清晰、定价有据、操作便利，就相对容易一些。因此，划拨国有股充实社保基金就成为当前社会保障制度改革和深化的重要课题。

国务院1997年的26号文件提出"资金来源多渠道"的改革原则本来是针对着过去职工缺乏个人自我保障的意识、完全依赖国家和工作单位的状况而引入了个人缴费的机制，要求体现国家、企业、个人三方面合理负担的原则。但是，在实现统账结合之后，企业和个人的缴费率都明明白白地体现在账户中，而国家的责任却不明确了。目前，国家的责任体现在"税前提取、财政兜底"。而关于"税前提取"，有人认为养老、医疗保险本来就是职工"必要劳动"的一部分，不应该在税后由企业负担。至于"财政兜底"，也就是财政担当"最后出台"的角色，从实践看，这样做国家东救西补，钱也不会少花，但对被援救者也许还是"杯水车薪"，不能解渴。由于国家最后要"出台"，还容易造成地方虚报隐瞒等情况，如果各省的基金结余都用完了，国家最后也无力"出台"了。因此，不如国家把责任明文规范，国家把应担的责任担起，特别在弥补社会保障缺口方面的责任明确由政府承担，在国家应承担的责任以外，由地方、企业、个人共同分担。

根据国家应当承担的责任，应贯彻国有资产优先补充社保基金的原则，在实践中可以合理确定国有资产收益的使用比例。对经济发达地区而言，其国有股权的收入，一部分用于充实社保基金外，其余部分可用于基础设施建设。对经济欠发达地区而言，其减持国有股权的收入，应主要用于弥补社保基金缺口，不足部分由中央财政转移支付。为了明确国家应当承担的责任，弥补社保基金的缺口，目前最现实的办法就是划拨国有股充实社保基金。

全国社保基金最大的困局在于至今定位不十分明确，全国社保基金理事会和地方省级统筹基金之间的权限划分、工作分工和资金来源更不明确。全国社保基金应当是积累制的基金，可通过投资包括股票、债券等在内的资本市场来保值增值。它作为中央政府掌握的基金，是稳定中长期国家财政状况、确保社会保障体系的可持续性，从而保证各项社会保障改革措施能够顺利进行的重要物质保证，其功能当前应主要用于弥补社会保障缺口，在弥补完毕缺口后作为中央级的统筹基金。省级统筹基金是基本养老、医疗保险基金，来源于职工及其单位的缴费，应当是现收现付制的基金。省级统筹基金主要用于现时的基本养老、医疗保险基金发放，即使有积累也主要投资流动性强的国债和银行存款。根据全国社保基金理事会和地方省级统筹基金的区别，在划拨国有股充实社保基金时，应当建立中央与地方两级社保基金管理机构，进行分级划拨。

按照实际控制权划分，国有股有两类：中央政府股和地方政府股。不论是哪种国有股都存在着投资与收益的对应关系问题。在新中国几十年的历史中，国有股权属曾发生过多次变动，各级政府财政为支持所属国有企业的发展也曾进行过诸多投资，在"国有股减持"的总概念之下，如果不考虑到各级地方政府的利益要求，不仅不合情理，而且将促使一些地方政府加快逆向选择步伐。例如，2001年6月以后，随着国有股减持政策的出台，有的地方政府已感到按此方案走下去，不利于本级财政利益，因而提出了这样一种内部方案：今后国企改制上市前，先尽可能多地将国有股协议转让给其他机构，将获得的资金留在本级财政。由此，国有股减持很难运用行政机制来强制实施，如果不能"公平"地处理好投资与收益的关系，地方国有股持股机构最简单的选择就是"不减持国有股"，这样做至少可以保证每年得到对应的股利分配收益。对地方政府来说，这种选择在相当多场合也是成立的，这可能也是停止执行国有股减持的原因之一。而对于国有股有实际控制权的一些上市公司高层管理人员（如有国有股东派出的董事长、总经理等）对于国有股减持也没有积极性：减持既不能给上市公司带来额外利益，也不能给他们本人带来实际的好处，他们的态度就不可能主动，国有股减持未取得上市公司高层管理人员支持也就在情理之中了。

鉴于国有股减持的教训,在充实全国社会保障基金时应该划拨中央级企业所拥有的国有股股权,而将地方政府所拥有的国有股股权划拨给省级统筹基金。这样一方面深化了国有资产管理体制的改革,在坚持国家所有的前提下充分发挥了中央和地方各自的积极性,另一方面使中央和地方分别享有所有者权益,使得权利、义务和责任相统一。由于中国地区发展的不平衡,上市公司在各省级区域之间也是不平衡的,明确划拨中央级企业所拥有的国有股充实全国社会保障基金,使得中央成为对社会保障缺口的最终负责者,与中央财政的转移支付功能一样可以体现中央对西部地区和老工业基地的政策倾斜。地方国有股划拨充实省级统筹基金,一方面消除了地方上市公司"资产上缴中央"的疑虑,另一方面增强了省级统筹基金的实力,有利于省级统筹基金的发展。特别对于那些对于国有股有实际控制权的地方上市公司高层管理人员,划拨国有股后股权还在地方的省级统筹基金手里,相对于中央控制,他们更容易接受。

由于一般的省级统筹基金没有资本市场运营的经验,在初期对于运营划拨来的国有股资产可能会有些力不从心,但众多省级统筹基金参与到资本市场中,为资本市场增加了长期的机构投资者,也为众多基金管理公司提供了用武之地,形成众多机构投资者和基金管理公司之间竞争的局面,可以促进资本市场的繁荣发展。

对全国各省市按需要中央补助和上交中央的分类,总划拨规模要与总缺口相对应。因此,首先应明确到底可以划拨多少国有股资产来充实社保基金。由于上市公司总市值的计算是以流通股的价格作为标准的,而流通股股价的变动极其剧烈,国有股资产也同样发生剧烈变动。2001年6月底,沪深两市的总市值高达53 630.58亿元。在两年后的2003年6月底,在上市公司家数从两年前的1 137家增加到1 250家,增加了包括中石化、华能国际电力、招商银行、中国联通、中信证券等这些超级大盘股的情况下,沪深两市的总市值降到41 629.53亿元。由于国有股股权大约占所有上市公司股权的47%左右,总数约2 900亿股的国有股其资产市值总额为1.96万亿元[1],

---

[1] 数据参见中国证监会网站统计数据,见 http://www.csrc.gov.cn/csrcsite/tongjiku/199911/default.html。

与全国社会保障缺口数量的低限1.8万亿元相当。因此，即使能够完全按照市价将全部国有股减持，也就刚刚够弥补社保基金的缺口。实际上，当时国有股转让的价格基本上和市价无关，而仅仅在资产净值附近，国有股减持的停止基本上否定了减持价格的"市场定价"，因此，沪深两市的总市值实际上仅仅是"纸上富贵"，很难转化成为实际的现金资产。在这种情况下进行国有股的划拨，从某种意义上来说是国有股资产保值增值、以退为进的次优选择，总比国有股"市场价"减持继续让股市下跌要好。

根据全国社会保障基金缺口数量的低限1.8万亿元的现实，考虑沪深两市的国有股资产总市值1.96万亿元的"名义价格"，可以认为仅仅依靠划拨国有股来完成充实社保基金的任务是不现实的。首先国有股资产1.96万亿元的虚拟价格无法落实，更不可能也不应该全部用于充实社保基金。其次，国有资产的10万亿元中国有股资产毕竟只占较小的一部分，大部分国有企业还没有上市，利用国有资产来弥补社保基金的缺口应考虑更大的范围。基于这种考虑，在全部国有股中可以考虑划拨20%～30%的比例用于充实社保基金，社保基金缺口的不足部分可以考虑其他方式来弥补。

（四）划拨国有股充实社保基金的具体建议

按照上述国有股股权划拨的原则，为了使划拨更具可操作性，同时参照2001年已经实施的国有股减持办法，可以采取以下方法进行国有股股权划拨：

1. 对于国内首次上市（IPO）的上市公司，如果有国有股，在上市时统一划拨其国有股股权的20%～30%给全国社保基金理事会或省级统筹基金，这部分股权在上市之初就明确属于中央和省级社保基金所有，性质是非流通的一般法人股。中央和省级社保基金虽然没有以现金出资，但和其他一般法人股一样享受同等待遇，在将来非流通股转流通股的过程中在同等条件下可以考虑优先转化为流通股。这样新上市股票划拨国有股股权的办法是为了保证社保基金有比较固定和可以预见的资产收入来源，否则，可能会出现"吃了上顿没下顿"的问题。对国外新上市的公司继续执行原来的现金减持办法，以保证社保基金的现金流动性要求。

2. 国内已经上市的股权属于中央政府所有的上市公司，对于那些国家认为在国有经济需要控制的行业和领域，统一划拨上市公司国有股股权的

20%～30%给全国社保基金理事会,这部分股权可以作为保持国有控股地位而"长期持有",没有特殊情况一般不得转让、变现,而是通过持有股份的分红(包括现金分红和股票分红)来体现作为股东的权益。由于这些企业一般都是国有大中型骨干企业,在本行业、本领域占据举足轻重的地位,如民航、电信、铁路、军工、电力等,社保基金持有的这些股权性质虽然是一般法人股,但按照中共十六大报告中提出的国有企业中央和地方分级所有、分级管理的要求,全国社保基金可以代表中央政府享有所有者权益,行使国有股控股的职能,体现国家在这些重要企业中的意志。同时,由于这些行业和领域代表了中国企业的发展水平,长期持有这些股权可以享受国家经济发展而带来的增长成果。

3. 对于国内已经上市的股权属于中央和地方政府所有的上市公司,对于那些国家认为在国有股可以不控股、甚至可以退出的竞争性行业和领域,统一划拨其国有股股权的 20%～30%,按照其股权权属分别给全国社保基金理事会和省级统筹基金。这部分股权可以在需要现金时率先通过拍卖、协议转让等方式变现,弥补社保基金的资金缺口。

国有股股权的上述划拨,除了新股上市(IPO)属于增量划拨外,后两种都属于存量划拨,不管上市公司质量如何,只要存在国有股,都应该明确统一的划拨比例(这里假设是 20%～30%)。由于国有股股权占总股权的比例为 47%左右,通过划拨 20%～30%的国有股股权,全国社保基金理事会和省级统筹基金将逐步持有中国国内上市公司全部股权 10%～15%的份额,并逐步增加。这样做的一个潜在的好处是:由于绝大部分股票都含有国有股,等比例地划拨国有股后社保基金持有的股权所组成的投资组合就非常接近股票指数,形成最大的一个"指数基金",抵御非系统风险的能力最大程度地强化。

之所以选择 20%～30%这样一个较小的比例,主要考虑到这样的原因:2001 年 6 月的国有股减持方案中由于减持后是可以流通的,考虑到股票市场的承受能力有限,所以确定了 10%的较低比例。现在划拨的国有股股权不参与流通,20%～30%的比例划拨与一直在进行的国有股协议转让一样属于场外操作,没有现金流动,属于流通股市场之外的"体外循环",不会对现有的流通股票市场产生资金压力。但如果比例太大,也存在其他一些不能很好解决的问题，一是能否体现国家公共政策的代际公平、城乡公平原则；二是全国社会保障基金理事会和省级统筹基金的发展和管理本身尚处于初级阶段，国有股划拨给社保基金运营后，社保基金是否真正有能力来行使规模庞大的国有股股权的职能。随着近几年政府机构改革和政府职能转换，采用委托国有企业集团公司（即股份公司的母公司）持有国有股的现象日渐普遍，一些国有企业集团公司就变为国有股权的实际持有者。集团公司控制国有股对上市公司的治理结构与企业经营产生的影响是复杂的，首先集团公司掌握着上市公司的人事控制权，同时又通过董事会掌握着上市公司的经营决策权，上市公司的经营管理层仅是执行机构。集团公司的正式政治组织（党组织、工会、共青团等）对上市公司也有很大的约束力与控制力，从多方面影响着上市公司的经营决策。将大部分国有股股权保留在原来的集团公司，对于上市公司的长远发展更有利。

如果将一定比例的股权划拨社保基金，社保基金就会马上变成各种国有企业部分资产的所有权持有者，既包括一部分上市公司的股票，又包括一些非上市国有企业的股本。有人担心社保基金很可能成为事实上的另一个国资委，只不过国资委控股，而理事会不控股。为了解决社保基金掌管大量股权却无法参与上市公司管理的现实，可以将划拨给社保基金的这部分国有股设置成为西方资本市场中所谓的"优先股"，即享有在普通股分红之前按规定股息率分红的权利，当企业解散时享有在普通股获得任何支付之前收回规定数额投资的优先权，而在企业中没有表决权。这样的"优先股"设置一方面与西方主流的股份制接轨，另一方面体现了社保基金作为股东的相对"优先"地位，同时也解决了社保基金没有能力参与诸多上市公司管理的现实问题。

自 2006 年以来，中国的股票总市值占 GDP 的比例大幅度增加，全国社保基金理事会和省级统筹基金持有的资产也将"水涨船高"，全国社保基金理事会的资产实力可以基本满足其作为中央政府专门用于社会保障支出的补充、调剂基金的定位，在中央政府的社会保障政策中起到基础性的作用。省级统筹基金也将通过划拨地方政府的国有股股权进入资本市场，可以增强其资产实力，通过资本运营来逐步弥补社会保障缺口，是一举两得的好事。

参考文献

1. 韩大伟,厉放,吴家亨. 养老金体制:国际比较、改革思路、发展对策. 北京:经济科学出版社,2000
2. 胡继晔. 划拨国有股充实社保基金的理由和方法. 中国经济时报,2003-05-09
3. 江春泽,李南雄. 中国养老省级统筹以后的矛盾分析与对策研究. 北京大学中国经济研究中心讨论稿系列,1999. No·C1999001
4. 世界银行. 防止老龄危机——保护老年人及促进增长的政策. 北京:中国财政经济出版社,1996
5. 世界银行. 老年保障:中国的养老金改革. 北京:中国财政经济出版社,1998
6. 孙祁祥. "空账"与转轨成本. 经济研究,2001(5)
7. 王延中. 中国社会保险基金模式的偏差及其矫正. 经济研究,2001(2)
8. 郑秉文. 美国社保改革:迈向股票市场的一跃. 中国社会科学院院报,2003-02-25
9. 葛延风. 国务院发展研究中心调研报告:社会保障制度改革:反思与建议(内部文件)
10. Feldstein, Martin. Social Security and Private Saving: Reply. Journal of Political Economy, vol. 90, No. 3. The University of Chicago, 1982

执笔人　胡继晔

分报告十
中国垄断行业改革的基本经验

党的十六届三中全会通过的《中共中央关于完善社会主义市场经济体制若干问题的决定》明确提出，要加快推进和完善垄断行业改革。垄断行业中的绝大多数是国民经济的基础产业和关键领域，掌握着国民经济命脉，对国计民生有着重大影响。因此，推进垄断行业改革，事关经济竞争力和国民经济素质的提高，事关社会公共利益，既是国有企业改革的一场攻坚战，更是经济体制改革的一场攻坚战。由于我们垄断行业改革的滞后，社会各界对垄断行业的价格水平、服务质量、高收入状况都存在着很大意见，成为构建和谐社会的一个不稳定因素，进一步深化垄断行业改革无疑十分必要和紧迫。系统回顾我国20多年来垄断行业改革的历程，总结经验，吸取教训，对我们下一步推进垄断行业改革具有十分重要的理论意义和现实意义。

一、中国垄断行业改革的历程及其成效

（一）我国主要垄断行业的改革历程

虽然，我国不同垄断行业改革的起始时间、方式方法都不尽相同，但总的说来，可以将改革历程划分为两个大的阶段：第一阶段从上世纪80年代中期开始，在不改变垄断行业基本体制框架的条件下，逐步放松价格和市场准入，赋予垄断行业国有企业更多的自主权，以提高企业效率和吸引社会投资者；第二阶段从90年代中期开始，改革的基本思路有了很大变化，进入了以政企分开、引入竞争、打破垄断、加强监管为主要内容的改革阶段。目前垄断行业第二阶段改革正在推进中，垄断行业的管理体制、管理方式、企

业组织结构、市场格局都正在发生巨大的变化。

1. 垄断行业改革的第一阶段（80年代中期—90年代中期）

同许多发展中国家相同，我国垄断行业改革的初始动力来自于对发展的迫切要求，来自于资金短缺的压力。改革开放以前，垄断行业采取的是国有纵向一体化经营模式，并且考虑到这些行业的公益性质，采取了低价格、高补贴的运行机制。由于这种管理体制和运行机制的内在缺陷，在20世纪80年代初中期，提供重要基础产品和服务的垄断性行业一度成为制约我国经济发展的瓶颈，严重制约了其他产业的发展和人民生活水平的提高，单纯依靠政府投资已无法满足市场高速增长的需要。为了解决供给短缺和投资不足的问题，吸引社会资金、放松价格和市场准入就成为这一时期合乎逻辑的政策选择。最初的改革主要是对垄断行业的服务资费进行调整，目的是消除价格中隐含的大量补贴以及由此产生的扭曲，以反映企业的真实成本。在资费改革的同时，中国的垄断行业也开始进行经营机制方面的改革，主要是放权让利，推行经济核算制和承包制（如铁路部门的大包干，电信部门的利润承包等），目的是提供更多的激励，以激励企业不断提高效率。这与80年代初期国企改革简政放权的基本思路是一致的。

在电力改革方面，针对办电资金紧缺的情况，20世纪80年代实行了集资办电、多家办电的方针，开始是由地方政府出资，以后发展到组织城市企业、乡镇企业集资，利用煤代油资金，出售用电权集资，发行电力企业债券等多种方式办电。1985年国务院颁发了《关于鼓励集资办电和实行多种电价的暂行规定》，明确集资电厂可以独立经营，实行"新电新价"政策，对1985年后的新建电厂采取以个别成本为基础的还本付息电价，使电力工业出现了一个快速发展和投资主体多元化的局面。

再比如电信改革方面，由于国家对电话资费实施严格的管制，加上政企不分的垄断体制制约，电信行业的发展极其缓慢，电信基础设施及服务短缺成为国民经济的瓶颈。这一阶段电信改革最重要的措施就是允许征收电话初装费，价格方面的优惠政策使得电信行业获得了较快的发展。1979—1995年，全国邮电通信固定资产投资达2 700亿元，其中约1/3来自电话初装费。[1]

---

[1] 数据引自戚聿东：《中国经济运行中的垄断与竞争》，291页，北京，人民出版社，2004。

民航体制改革一开始也是沿着简政放权的思路展开的。1985年1月7日，国务院批转中国民航局《关于民航系统管理体制改革的报告》，决定现行民航管理体制要按照"政企分开、简政放权"的原则进行改革。1987年1月30日，国务院批准中国民航局《关于民航系统管理体制改革方案和实施步骤的报告》。国家对原来政企合一的北京、上海、广州等6大地区管理局进行改革，先后成立了6大骨干航空公司，组建北京、上海、广州等6大机场，把航空运输和通用机场分离出来，成立了华北、华东、中南等6大地区管理局。这一阶段一项重要的改革措施是，打开了民航市场大门，相继成立了16家地方航空公司。

80年代初铁路的改革也是以经济效益为中心，以扩大企业经营自主权、实行经济责任制为重点展开的。1981年起，铁道部在上海铁路局、广州铁路局等单位进行扩大企业自主经营权的试点，1982年开始全面推行运输企业的经济责任制，在财务、劳资、物资、人事等方面对下属路局放权让利。1986年3月国务院批准了《关于铁道部实行经济承包责任制的方案》，同意铁道部在"七五"期间，实行投入产出、以路建路的"大包干"经济责任制。

经过以放权让利为核心的改革措施，垄断行业的瓶颈问题得到了一定程度的缓解。但是，这些改革并没有触动垄断这个体制弊病根源，相反由于实际上给予了这些垄断企业更大的自主性，同时缺乏相应的监管制度等制约机制，反而强化了垄断权力的滥用。垄断利益逐渐部门化、合法化，成了进一步深化改革的阻力。冯飞（2003）指出："在保持垄断经营格局不变的前提下放松价格监管的结果，只会是剥夺消费者剩余，使得垄断部门获得超额的垄断利润。行业垄断性越强，'高成本、高价格、低效率、低服务质量'的问题越突出。"

2. 垄断行业改革的第二阶段（90年代中期至今）

从20世纪90年代中期开始，垄断行业改革开始触及深层次体制性矛盾，新一轮改革的目标是改变垄断体制，引入适合行业特点的市场竞争体制（冯飞，2003）。我国垄断行业已经进行的改革主要是围绕着政企分开、引入竞争、放宽市场准入、改进政府监管和推进企业重组这几个方面展开的。这一时期，中国垄断行业改革最突出的动向就是加快引入市场竞争的步伐，特别是通过直接拆分的方式形成市场竞争新格局。

电信改革方面，1995年4月电信总局以"中国邮电电信总局"的名义进行企业法人登记，其原有的政府职能转移至邮电部内其他司局，政企职责分开开始真正破题。1997年1月，邮电部做出在全国实施邮电分营的决策，邮电部决定在重庆和海南试点的基础上，1998年在全国推行邮电分营。1998年信息产业部的组建，标志着"邮电分营"的改革已经完成。在逐步推进"邮电分营"和"政企分开"改革的同时，1994年7月成立中国联合通信有限公司，标志着电信行业的另一项重大改革——打破垄断，进入了实质性阶段。1999年2月，国务院通过中国电信重组方案，中国移动集团、中国电信集团及中国网通2000年相继挂牌。1999年8月，中国网络通信有限公司成立。2000年12月，铁道通信信息有限责任公司成立。2002年5月16日，中国电信最终南北分拆方案确定，新中国电信集团及中国网通集团正式挂牌成立。2003年6月，依据国务院36号令，吉通并入网通集团。2003年11月，网通国际公司挂牌。2004年1月9日，网通北方公司成立，1月15日，网通南方挂牌，网通重组加速。2004年1月29日，铁通公司由铁道部移交国资委，更名为"中国铁通"，作为国有独资基础电信运营企业运作。目前中国电信业的竞争格局就是基础电信领域有六家运营商并存，其中移动、电信居于第一阵营，网通、联通居于次位，铁通、卫通再次之，也就是人们常说的"两大两中带两小"。在增值电信领域，全国还有8 000余家运营商，其中民营企业及含有民营经济成分企业的比重约占70%，可以认为在电信增值领域已经实现了有效竞争。①

1997年以国家电力公司成立、原电力工业部的撤销为标志，电力改革开始了以实现政企分开、引入竞争为目标的体制改革。1998年12月，国务院转发国家经贸委《关于深化电力工业体制改革有关问题的意见》的通知，明确浙江、山东、上海、辽宁、吉林、黑龙江等6省（直辖市）为"厂网分开、竞价上网"改革试点。1999年5月，国家经贸委发布《关于做好电力工业政企分开改革工作的意见》，就改革省级电力行政管理体制、实现政企分开提出具体要求。2001年6月，广东省电力体制政企分开厂网分开改革

---

① 数据引自张延川等：《2004年中国电信运营市场发展综述》，载《通信世界》，2004-10-21。

实施方案出台，8月电网集团公司——省广电集团有限公司，发电资产经营公司——省粤电资产经营公司正式挂牌。2002年2月，国务院印发《电力体制改革方案》。3月，电力体制改革工作小组成立。2002年12月29日，国家电网公司，中国南方电网有限责任公司，中国华能集团公司、中国大唐集团公司、中国华电集团公司、中国国电集团公司、中国电力投资集团公司等5家发电公司，中国电力工程顾问集团公司、中国水电工程顾问集团公司、中国水利水电建设集团公司、中国葛洲坝水利水电工程集团公司等4家辅业集团公司同时挂牌。特别需要提到的是，2002年10月成立了国家电力监管委员会，开创了我国在垄断行业建立独立、专业化监管机构的先河。

民航改革方面，2002年3月3日，国务院印发了《民航体制改革方案》（国发〔2002〕6号文件），标志着民航管理体制的第三次重大改革开始。经过两年多的改革，国务院6号文件规定的民航体制改革任务已经基本完成：（1）原民航总局直属的九家航空公司和四家服务保障企业联合重组为三大航空集团公司（中国航空集团公司、中国东方航空集团公司、中国南方航空集团公司）和三大航空服务保障集团（中国航空信息集团公司、中国航空油料集团公司和中国航空器材集团公司），目前这六大集团公司的资产、人员由民航总局移交国资委管理。（2）机场属地化改革全面完成。除北京首都机场和西藏自治区内机场外，其他省（区、市）原由民航总局直接管理的90个机场的国有资产和人员平稳移交地方政府管理。

总的来说，我们垄断行业的改革还处在攻坚阶段，不同行业之间的改革速度和力度都不尽相同（见表10—1）。从行业来讲，目前电信行业和电力行业进展较快，民航进展较慢，而铁路和邮政改革还未真正破题。从改革的内容来看，在政企分开和产业重组方面的改革力度较大，而在产权改革、监管改革以及对外开放方面，改革稍显滞后。

表10—1　　　　　　　　　　中国垄断行业改革进展情况

行业	政企	产业重组	产权改革	监管改革	对外开放
电信	分离	已初步完成	四大电信运营企业都已经改制上市	无	分阶段、分业务开放
电力	分离	正在进行中	正在进行中	成立了电监会	部分开放
铁路	无	无	无	无	无
航空	分离	已初步完成	无	无	有试点
邮政	无	无	无	无	竞争环节已放开

(二) 我国垄断行业改革所取得的主要成效

我国垄断行业的改革成效是明显的,取得了阶段性的进展。一部分垄断行业已经从过去的经济瓶颈发展成为国民经济的基础性、先导性产业。

1. 部分垄断行业实现了跨越式发展,规模不断壮大,实力不断增强

改革之前,我国垄断行业的基础十分薄弱。但是,经过我们20多年的改革,部分垄断行业实现了跨越式的发展(见表10—2),对整个国家综合国力和竞争力的提高起到了至关重要的作用。

表10—2　　　　　　　　改革以来我国垄断行业的发展

指标	1978年	2002年	增长(%)
发电量(亿千瓦小时)	2 566	14 632.6(2001)	470.2
铁路营业里程(万公里)	5.17	7.19	39.1
民用航空里程(万公里)	14.89	163.77	999.9
函件(亿件)	28.35	106.01	273.9
本地电话局用电话机交换机容量(万门)	405.88	28 656.8	6 960.4
长途自动交换机容量(万路端)	0.19	773.01	406 747.4

其中,改革力度较大、改革速度较快的电信行业,成就尤为引人瞩目,是同时期世界电信领域增长最快的国家。改革开放之初,全国电话交换机不到400万门,每百人拥有的电话还不到半部,全国1/3的市话和绝大多数长话要靠人工接续,绝大部分农村地区还在使用原始的手摇话机,技术装备比发达国家整整落后20~30年。而到2006年年底,我国局用交换机容量超过50 262.6万门,比改革之初增加了近123倍;移动通信从无到有,交换机容量也接近61 059.9万户,网络规模已稳居世界首位。最近几年,中国每年新增电话用户在9 000万以上。2006年,电话用户总数已达到8亿户,位居世界第一位,电话普及率49.3部/百人。互联网上网用户接近137 003万户,居世界第二位。仅以网络容量和用户规模来计算,中国已经成为全球第一通信大国。电信管理体制由政企合一向政企分开转变和以打破垄断走向竞争为核心的运营体制改革,成为电信行业跨越式发展的主要动力。与此相反,像邮政、铁路等改革较为滞后的领域,其发展状况就远不能令人满意。以铁路为例,我国现有铁路7.2万公里,占世界铁路总里程6%,与需要完成世界铁路24%的工作量相比,运能短缺相当明显,几十年不变的"春运现

象"——稀缺的车票、高企的票价、拥堵的列车、屡遭诟病的服务和屡禁不止的"黄牛",就是铁路行业改革和发展滞后最生动的实例。

2. 部分垄断行业竞争格局已经初步形成

90年代中期开始的垄断行业改革,目标直接指向大一统的垄断格局,希望通过拆分或放宽准入,形成新的竞争格局。

随着电信企业的不断拆分和重组,电信市场已经从过去一家垄断的局面正初步转向多家竞争格局。在基础电信领域,已有中国电信、中国网通、中国移动、中国联通、中国卫通和中国铁通等6家骨干企业,各大企业的市场份额发生了明显的变化,包括国际长途、国内长途、本地、移动等在内的各类主要业务都已同时有两家以上运营企业开展竞争,各大运营商所拥有的用户数量差距正逐步缩小。在增值电信领域,全国还有8 000余家运营商,竞争已经十分充分。

电力行业"厂网分开"改革已经基本完成,按照打破垄断、引入竞争的要求,对原国家电力公司进行了分拆,并于2002年底成立了11家电力集团公司,其中有5家发电集团公司、2家电网公司、4家辅业公司。大区电网公司和省公司的体制改革正在进行。从体制上打破"省为实体"的组织形式,为建立区域电力市场、在更大范围内实现电力资源的优化配置创造了条件。

从实际效果看,电信行业市场竞争的局面初步形成。电信业一家垄断的格局打破后,来自市场的压力直接导致了电信企业效率的大幅改进、电信服务质量的改善和资费的不断下降。电信体制改革后,装机时间、故障修复、网络接通率、信息准确率等指标都有很大的改善。在资费方面,1999年以来已经经过了几次大的调整,尽管在电信资费方面存在很多争论,但改革后,总的资费水平在下降应该是可以确认的事实。电力行业因刚刚实行重组,厂网分离的改革进行得还不彻底,竞价上网和区域电力市场还没有完全建立起来,还无法全面观察竞争带来的益处。但是,某些区域电力市场的试运行(比如华东电力市场)已经证明了竞争对区域电力资源优化配置的效果。

3. 垄断行业大型国有企业的改革取得了一定的进展

垄断行业的大型国有企业改革实际是我们当前以及未来一段时间内国企改革的重点和难点。除了铁路、邮政等没有进行政企分开改革的垄断行业,电信、民航、电力等行业按照政企分开、政资分开的原则，组建了一批特大型公司或企业集团。

尤其是电信行业，1997年10月，中国移动（香港）公司在纽约、香港成功上市，开了电信企业上市之先河。2000年6月，中国联通在纽约、香港两地成功上市，筹集资金总额达到了56.5亿美元。2002年11月15日中国电信在香港上市融资约110多亿港元。2004年11月17日，随着中国网通在纽约证交所和香港联交所的正式挂牌交易，中国四大电信运营商已全部实现海外上市。中国电信业的几大运营商在海外的成功上市，不仅仅起到了筹集资金，支持电信业发展的作用，也是企业经营机制和治理机构"脱胎换骨"的制度创新过程。

4. 对垄断行业的现代监管制度进行了初步的探索

2002年，以国务院《电力体制改革方案》出台为标志，我国全面启动了电力市场化改革。其中的一项重要内容，就是改革政府对电力行业的管理体制，改变原来政府部门对电力行业多头、分级、分散管理的状况，设立国家电力监管委员会，由国务院授权电监会统一履行全国电力监管职责，使原来主要依靠政府行政审批和行政协调力量实施行业管理转变为主要依据公开透明的法律、法规实施专业化的行业监管，最终形成"政府部门适时调控，监管机构独立监管，市场主体自主经营，中介机构自律服务"的新的电力管理体制。

冯飞（2003）指出，电监会的组建具有三方面的重要意义：其一结束了我国没有独立、专业化监管机构的历史，使得改善和提高政府监管能力有了人力、组织上的保障；其二有助于建立与竞争机制的引入相适应的监管制度；其三实现了"政监分离"，使得政府的政策制定职能与监管分开，在一定程度上有助于形成对监管机构的制衡和监督。2005年2月15日，国务院正式颁布了《电力监管条例》，标志着电力监管进入了依法履行监管职权的新阶段。国家电监会成立以来，积极着手制定有关的配套规章，建立健全电力监管法律框架，为未来电力监管的有效实施奠定一个坚实的基础。作为中国第一个独立的、专业化的垄断行业监管机构，电监会的成立和监管实践的探索，无疑对其他垄断行业监管体制的建立具有十分重要的借鉴意义。

二、中国垄断行业改革的基本经验

打破国有经济一统天下的局面,引入竞争,开放市场,是我们经济体制改革获得成功的重要经验。作为我国经济体制改革的一个重要组成部分,垄断行业改革也充分体现了我国经济体制改革的基本特点。

(一) 相关理论研究为制定垄断行业改革方案奠定基础

我国的经济体制改革一开始并没有设计好的蓝图,呈现出一种边干边学的制度变迁路径选择。改革是一项复杂的系统工程,改革的战略也应该是渐进式的自发秩序。这个理由其实与为什么要从计划经济体制向市场经济体制转轨的原因本质是一样的。一种能运作的制度往往不是少数人能设计的,而是千万人交互作用而自发形成的,因此,没有任何个人可能完全了解所有这些信息。人的理性是有限的,计划不能有效地配置资源和构建复杂的分工体系,同样计划也无法事先绘制好制度变迁的蓝图。中国改革最基本的经验是:制度变迁要"摸着石头过河"[①],事先主观设计是不可能成功的。俄罗斯的经济学家曾经有过雄心勃勃的沙姆索罗夫"500天计划",500天中的每一天应该进行什么改革都设计好了,这完全低估了制度变迁的困难。新的制度安排需要一个学习过程,"渐进式"的道路符合"干中学"的理论。渐进式道路之所以成功在于它是一种改革的自发秩序,也即是说不仅仅有效运转的制度本身应该是自发秩序积累产生的,就是改革制度这个行为也应该是自发秩序。

但是,这种改革方式是相对总体改革而言的,而且也是改革初期的一种必要的战略选择,并不排除随着改革经验的逐渐积累,在一些局部领域主动将改革的政策措施事先进行详实的规划和设计。吴敬琏(2002)认为:"'摸着石头过河'充其量是在改革初期改革的领导人和一般参与者普遍缺乏现代

---

① 陈锦华认为:"渐进式改革模式可以避免社会震动过大,在保持社会稳定条件下推进改革,使改革带来的利益关系调整约束在社会和公众可以承受的范围内,从而可以较好地处理体制改革、经济发展和社会稳定的关系,实现平稳的经济转轨。这是中国改革成功的关键所在。"(陈锦华,2002)

经济学知识的情况下的一种不得已的选择。长期遵循这种战略,以一种'试试碰碰'的方式进行改革,只会大大提高改革的成本,而且在目标岸为何物都不十分分明的情况下,更谈不上过渡到彼岸。"对于目前大多数经济体制改革而言,我们需要尽快提高改革行动的自觉性,从"摸着石头过河"转变为"顺着桥过河"。

我们的垄断行业改革,尤其是90年代中期后的改革,就是在充分的理论研究和科学地制定改革方案的基础上展开的。我们早期关于垄断问题的研究,主要是采用政治经济学的方法研究国家垄断资本,这种研究对象和方法对于指导垄断行业的改革相距甚远。但是,随着改革开放的不断推进,大量现代经济学理论被介绍到中国,其中也包括了大量关于垄断和竞争问题的文献。1988年胡汝银出版了专著《竞争与垄断:社会主义微观经济分析》,被认为"是中国第一部系统地研究社会主义竞争和垄断的专著,填补了一个空白点"。随后,关于垄断和竞争问题的研究逐渐成为一个学术讨论的热点,出现了许多专著和文献。[①]

1989年出版的邹东涛和杨秋宝的专著《经济竞争论》,1991年出版的肖炼的专著《协同竞争论》,1997年出版的陈秀山的专著《现代竞争理论与竞争政策》,专门研究了我国的竞争理论与实践。1998年吴仁洪的专著《西方寡头市场理论与中国竞争立法》论述了寡头市场结构模式及其对中国的借鉴意义。1999年出版的刘树杰主编的《垄断性产业价格改革》则从价格角度实证研究了垄断性产业的现状和改革措施。1999年戚聿东的专著《中国现代垄断经济研究》,系统地阐述了垄断理论、实践及其改革和政策。特别需要指出的是,作为垄断行业改革当代最重要的理论研究——政府监管理论,许多学者也做了很多出色的研究。余晖在1998年《改革》第3期发表了《中国的政府管制制度》,是中国较早介绍和研究监管理论的文献。2000年张昕竹等出版了《中国规制与竞争:理论和政策》、《网络产业:规制与竞争理论》,对政府规制和竞争政策的异同进行了比较深入的理论分析。2001年,王俊豪出版了《政府规制经济学导论》,对有关自然垄断基本理论与改革实践做了系统的理论阐述,建立了

---

① 关于这方面的研究情况介绍引自戚聿东等:《中国经济运行中的垄断与竞争》,5~7页。

比较规范的分析框架。2003年3月，夏大慰等出版了《政府规制：理论、经验与中国的改革》，对规制的基本理论及其相关领域的改革问题进行了阐述。2003年4月，肖兴志出版了《自然垄断产业规制改革模式研究》，在介绍了国外自然垄断产业及其规制改革的基础上，阐述了中国自然垄断产业规制改革模式及其在铁路中的应用。另外，还有大量的关于某一具体产业改革的研究专著，如铁路改革、电信改革、民航改革等。特别是中国（海南）改革发展研究院于1999—2003年连续五年举办中国基础领域改革的国际研讨会，出版了4本论文集，对推进中国垄断行业改革作出了很大贡献。

垄断方面的理论研究推动了中国垄断行业改革在制度层面的展开。很多人认为改革是一种实践，理论上那些形而上的讨论并不能起到多大的实质性作用。但是，正如凯恩斯（1935）在他所著的《就业、利息和货币通论》一书中所说的："经济学家和政治哲学家的思想，不论正确还是错误，都比人们通常认为的更具影响力。其实，统治世界的，除了这些人的思想之外，几乎别无其它。讲究实际的人自以为完全不受知识界的影响，其实他们通常是某位已故经济学家的奴隶。"至少从垄断行业改革的实践看，理论研究的影响并不像人们通常认为的那么小。看似抽象的理论研究对我们电信、电力等垄断行业改革目标、方向和总体思路的影响，无论如何都不应该低估。虽然学术界对中国垄断行业改革的具体设想上存在着很多分歧，特别是在如何拆分垄断行业方面，应该继续拆分还是合并重组，应该纵向拆分还是横向拆分，即使到今天都还存在争论，但是，正是这种理论上的百花齐放、百家争鸣，各种观点都交流碰撞，才使我们最终的垄断行业改革方案能够考虑得较为周详，比较切合中国的实际，取得了明显的成效，而没有在这些关系国计民生的重要行业出现大的社会震荡。

（二）遵循渐进式改革规律，稳妥有序地推进垄断行业改革

虽然存在着争论，但大多数学者都认为采取了渐进式改革路径，是我们经济体制改革获得成功的主要原因。渐进式改革包含两个层面，即速度上的渐进改革（gradual reform）与数量上的渐进改革（incremental reform）。前者是指部分的、缓慢的（分步走）改革，后者是指在旧体制改革遭遇较大

阻力时先在其周围发展起新的经济成分（如价格双轨制、各种形式的非国有制经济），随着这部分经济成分的发展和壮大、结构的完善和体制环境的不断完善，逐步替换原有体制中的不能满足经济发展要求的部分。渐进改革的思路是从历史和现实出发的稳妥策略，具有明显的优势。

对于垄断行业，我们已经进行的改革也是相当谨慎的，无论在引进民间资本、民营化改革、放松监管和建立新的监管机构等方面，都没有采取激进地大推进改革方式，而是以渐进的方式逐步深化的。这种渐进性主要体现在两个方面。一方面，从经济体制改革的总体安排上，按照先易后难、先简后繁的渐进式改革战略，我们将垄断行业改革作为改革攻坚放在了改革的后期。经济体制改革最先从农业部门，逐渐波及到一般竞争性的工业、商业，再波及到垄断行业，起步时间有先后，改革的重点也有先后次序。由于垄断行业对于一国经济和社会发展具有十分重要的作用，在改革初期没有经验的情况下，不应该盲目推进。这样的改革次序安排，无疑是正确的选择。

另一方面，对于垄断行业自身而言，改革也是分步骤、分难易渐进展开的，而不是一夜之间突然开始全面进行。

首先，各个垄断行业改革存在着明显的阶段性。

每一个阶段在改革的目标和总体思路上都存在着明显的区别。我国电力体制改革特别是20世纪80年代中后期以来的改革历史，大体经历了两个意义重大的阶段：一是1987年之后发电市场的开放，鼓励多家（即多元化投资和经营主体）办电；二是1997年以国家电力公司成立、原电力工业部的撤销为标志，以实现政企分开、引入竞争为目标的体制改革。

电信改革是从三个方面展开的：一是邮电分营，二是政企分开，三是引入竞争。"邮电分营"在1994年3月国务院批准的邮电部"三定"方案中有了实质性进展，该方案明确要求邮电部将邮政总局、电信总局分别改为单独核算的企业局。1998年信息产业部的组建，标志着"邮电分营"的改革已经完成。在逐步推进"邮电分营"和"政企分开"改革的同时，1994年7月成立中国联合通信有限公司，标志着电信行业的另一项重大改革——打破垄断，进入了实质性阶段。随后，我们相继进行了一系列的电信重组和分拆，初步形成了目前的产业格局。当然，这三方面的改革也不是截然分开的，而是相互交错进行的。

民航至今为止已经进行了三次大的改革。第一次民航管理体制改革是1980年国务院、中央军委发出《关于民航总局不再由空军代管的通知》，决定民航总局从1980年3月15日起成为国务院的直属局。同一天，《人民日报》发表题为《民航要走企业化的道路》的社论，指出民航是国家的重要运输部门，是一个企业单位，要按照办企业的方针来经营管理。民航业要打开新的局面，必须走企业化的道路。从此，民航业的发展进入了一个以企业化为中心，改革和发展全面展开的历史新阶段。第二次大的改革是1987年1月30日，国务院批准中国民航局《关于民航系统管理体制改革方案和实施步骤的报告》。根据政企分开、减少管理层次和简政放权的原则，将民航局、地区管理局、省（区市）局和航空站四级管理改为民航局和地区管理局两级管理，组建6家骨干航空公司，并将机场和航务管理分开。2002年3月3日，国务院印发了《民航体制改革方案》（国发［2002］6号文件），标志着民航管理体制的第三次重大改革开始。

铁路行业的改革虽然比较滞后，是中国为数不多的几个仍带有较重计划经济色彩的行业之一，但是铁路的改革也呈现了明显的阶段性。改革开放以来中国铁路运输管理体制的演变，大体上可分为四个阶段。第一阶段：高度集中，大联动机式，半军事化（1978—1985年）。在这一时期，铁路系统基本上沿袭了计划经济体制下的管理模式，全行业像一个大工厂，铁道部像总厂，路局、分局和站段像是这个大工厂的分厂、车间和班组。第二阶段："大包干"经营承包责任制阶段（1986—1996年）。这一时期的主要特点是铁路管理方式由生产型管理向生产经营型管理转变。"大包干"的主要内容是：包客货运输任务量，即包客货运量、煤炭及晋煤外运量；包机车车辆生产任务；包铁路基本建设规模和形成运输能力；包基本建设投资和机车车辆购置费用；包缴纳税费，即对国家财政包定基数，保证上交。第三阶段：资产经营责任制阶段（1997—1999年）。所谓资产经营责任制，是铁道部作为国家铁路国有资产的出资人代表，对铁路局实施的以明确企业法人财产权为基础，以落实国有资产保值增值为核心，以提高国有资产经营效益为目标的经营责任制度。第四阶段：制度创新阶段（2000年至今）。2000年以来，在探索新的运输管理体制过程中，着重进行微观市场主体的塑造，深化铁路投融资体制改革,大力发展合资铁路,推行股份制试点。

其次,某些垄断行业的改革采用了增量式改革战略。

以渐进式改革路径来概括中国渐进体制改革的经验,一直存在着很多争论。吴敬琏(2004)就认为,以"休克疗法"和"渐进主义"来概括不同的改革战略,仅仅以变革的速度为重点,没有接触到事情的本质。他认为雅诺什·科尔奈将向市场经济的转型战略划分为"有机发展战略"和"加速国有企业私有化"战略更有说服力。①"有机发展战略"是指把转型工作的重点放在创造有利条件,使私人部门得以从下而上地成长起来(bottom-up development)上面,而"加速国有企业私有化"战略则把最重要的任务规定为尽快地消灭国家所有制。按照这种转型战略的分类,科尔奈的结论是采用"有机发展战略"的国家取得了转型的成功,而采取"加速国有企业私有化"战略的国家遇到了很大的困难。不过,我们认为"有机发展战略",其实就是从旧体制的外部寻找新的经济增长点,而不去触动旧体制的关键部位,也就是我们常说的"增量改革",也可以作为广义的渐进式战略之一种。

"增量改革"的主要特点是保存量、动增量,先培育体制外的力量、再逐步改革旧体制,这种方式也为我们的垄断行业改革所采用。电信改革之所以相比其他垄断行业,能够获得比较大的成功,与成功运用了这种改革策略有很大关系。电信改革的一个突出特点,就是在没有直接拆分中国电信的情况下,先扶持培育了新的电信运营商——中国联通。

1994年7月成立中国联合通信有限公司,标志着电信行业的另一项重大改革——打破垄断,进入了实质性阶段。虽然,中国联通成立时的规模和实力远远不能和中国电信相比,仅有13.4亿元的注册资金,但是联通的成立宣告了我国只有一家电信运营商时代的结束。作为推动中国电信行业改革的多米诺骨牌,联通的成立是中国电信发展史上的重要里程碑,对中国电信业改革向纵深推进起到了决定性的作用。随后,国家对联通采取了一系列扶持政策,1999年剥离寻呼公司,整体划拨给中国联通;其后国家进行增资,并允许发行企业债券,批准联通在国内A股上市,授予联通

---

① 参见吴敬琏:《回望改革来路 驻足风云深处》,载《中国经济时报》,2004-03-19。

全范围的业务经营权限,在资费、互联互通等方面实施非对称管制,批准公司启动CDMA网络的建设经营。通过这些扶持政策,联通打破了中国电信业的垄断坚冰,为中国电信市场引入了竞争。竞争的结果不仅仅是提高了联通自身的效率,而且也使中国移动乃至中国电信和中国网通等企业的核心竞争力都得到了培育和增强。同时,竞争也使得整个电信行业的服务水平得到了提高,降低了电信资费,增加了用户数,更好地发挥了电信业的规模经济和网络经济效应。通过成立联通来推进中国电信业的改革,而不是一开始就将中国电信进行拆分,是一种典型的"增量调整激活存量"的渐进式改革路径。目前,中国电信业在基础电信领域有六家运营商,在增值领域已经基本实现了充分竞争。当前,我们的垄断行业改革主要还是以现有厂商的分拆重组为主,新进入者以及潜在竞争还重视得不够。因此,未来的垄断行业改革应该充分借鉴"增量改革"的成功经验,进一步放宽准入,进行必要的非对称扶持政策,由体制外的增量倒逼体制内的存量改革。

(三)妥善处理垄断行业改革与特定发展阶段的关系

与中国一样,长期以来国外也是将电信、电力、铁路、民航等视为需要采取国有纵向一体化经营的传统自然垄断行业(见表10—3),其背后的理论支撑就是这些领域存在着公共品、外部性和自然垄断属性,是市场失灵的领域,需要政府进行干预。但是,随着实践的发展,这种体制的弊端日益凸显,一方面在垄断环节存在着与生俱来的缺乏创新动力、效率低下等弊病;另一方面,这种纵向一体化的体制还将垄断延伸至本来具有竞争性的环节。而且,随着技术的进步,市场容量的扩大,各种金融创新手段的出现,原来制约垄断行业产业组织形式和市场结构的两大因素,自然垄断性和公共性都发生了一定程度的变异(常欣,2003)。因此,全球的垄断行业都兴起了改革的浪潮,改革主要是沿着两条线索展开的:一是在位运营商的民营化(privatization)进程;二是原来封闭的市场逐渐地向新进入者开放,也就是自由化过程(liberalization)。在这个过程中各国政府都致力于进行垄断行业法律框架方面的改革,并且建立新的垄断行业监管框架,以适应所有权和市场结构的新变化。

表 10—3　　　　　　　二战后西欧国家垄断行业的国有化程度

	邮政	通信	电力	铁路	航空
奥地利	A	A	A	A	A
比利时	A	A	D	A	A
英国	A	A	A	A	B
法国	A	A	A	A	B
联邦德国	A	A	B	A	A
荷兰	A	A	B	A	B
意大利	A	A	B	A	A
西班牙	A	C	E	A	A
瑞典	A	A	C	A	C
瑞士	A	A	A	A	D

说明：本表所列为近似数，A 为全部国有，B 为 3/4 国有，C 为 1/2 国有，D 为 1/4 国有，E 为全部私有。

资料来源：《经济学家》（英），1978-12-30。转引自尹竹：《基础设施产业的市场化改革》，53 页，北京，经济科学出版社，2004。

　　我们垄断行业的改革基本上也是沿着这个总体思路在推进，但是我们垄断行业的改革背景和初始条件与国外成熟市场经济国家存在着较大的差别。这些差异主要表现在以下几个方面（尹竹，2004）：一是垄断的成因不同，我们往往是行政垄断与自然垄断纠缠在一起；二是行业外部环境不同，我们的垄断行业面对的是非市场经济或不成熟的市场经济环境；三是垄断行业企业的产权结构和治理结构不同，我国垄断行业改革之初都是国有的，产权结构十分单一；四是垄断行业在整个国民经济中的比重较低，垄断行业并没有充分发挥主导作用。因此，我们的垄断行业改革面临着国有经济布局重组和国有企业改革双重难题。这就决定了我们不可能完全照搬照抄国外改革的标准处方。

　　事实上，即使是国外成熟市场经济国家垄断行业的改革也存在不同的模式，而且实践证明不同模式之间各有利弊，不存在趋同的标准处方。在私有化、自由化和建立新的监管制度等垄断行业改革方面，有的国家改革仅仅涉及到了其中的一个方面，而没有涉及其他问题；有的国家尽管涉及到了全部三个方面，但在实施时其优先考虑的因素以及改革的时间顺序都是不同的。以电信改革为例，在私有化改革方面，尽管 20 世纪 80 年代后半叶，世界上许多在位运营商的所有权结构发生了剧烈的变化，一些发展中国家——像阿根廷、智利、马来西亚和墨西哥，以及一些发达国家——日本和新西兰，主动进行了私有化，但是，各国的推进速度并不一致（见表10—4）。卢森堡和土耳其仍然对电信运营商保持着100%的国家所有权，不过许多国家的政府股份已经降到了50%以下（奥地利、德国、希腊、日本、韩国）。仍然有大量的国家有法律上的规定，要求国家拥有主要所有权（法国、挪威和瑞士）。

表10—4　OECD国家公共电信网络运营商中的政府所有权（2002年12月）

	运营商	情况
澳大利亚	Telstra	国家所有：51%
奥地利	Telekom Austria AG	国家所有：47.8%
	Mobilkom Austria AG	Telekom Austria：75%－1股
	UTA Telekom AG	联邦政府拥有1.49%
		地方政府是股东
比利时	Belgacom	国家所有：50%＋1股
	Belgacom Mobile	75%
	B-Telecom	100%
	MET	100%
	IRISNET	100%
	ALE	99.9%
	IGEHO	34.26%
	SEDITEL	50%
	INATEL	33.3%
	SIMOGEL	43.45%
	TELELUX	50%
加拿大	Sask Tel	萨斯喀彻温省拥有
捷克共和国	Cesky Telecom	国家所有：51%
丹麦	Tele Danmark	私人所有
	Orange	哥本哈根：14%
芬兰	Sonera Ltd	国家所有：53.1%
	Elisa	私人所有（国家所有0.78%）
法国	France Telecom	国家所有：56.45%
德国	Deutsche Telekom AG	国家所有：42.77%
希腊	OTE	国家所有：33.76%
	FORTHnet	国家所有：23.1%
匈牙利	Telecommunication Co	私人所有，国家有金股
	Antenna Hungaria	87%
	Vodafone Hungary	Antenna Hungaria拥有30%
	地方政府对地方电信运营商拥有少量股份	

续前表

	运营商	情况
冰岛	Iceland Telecom	国家所有：95%
爱尔兰	Eircom	私人所有
意大利	Telecom Italia	财政部拥有 3.46%
	WIND-Infostrada	ENEL（意大利电力）拥有 73.4%；而财政部拥有 ENEl67.25%的股份
日本	NTT Corp.	政府拥有 46%的股份
韩国	Korea Telecom	私人所有
卢森堡	P&T Luxembourg	国家所有：100%
墨西哥	Telefonos de Mexico	私人所有
荷兰	KPN Telecom BV	国家所有：34.7%＋1 股特别股
新西兰	Telecom New Zealand	私人所有
挪威	Telenor	国家所有：77.7%
	Bane Tele AS	国家所有：100%
波兰	TPSA	国家所有：22.61%
葡萄牙	PT	国家所有：6.63%
	Brisatel	国家所有：19.31%
	CPR Marconi SA	国家所有：6.63%
	Oni Telecom	国家所有：19.31%
	Oni infocomunicacoes SA	国家所有：13.2%
	Opt imus	国家所有：5%
	PT Prime Portugal	国家所有：5.9%
	TMN	国家所有：6.63%
	Refer Telecom	国家所有：100%
斯洛伐克共和国	SlovenskeTelekomunikacie	国家所有：49%
西班牙	Telefonica	私人所有
瑞典	Telia	国家所有：70.6%
瑞士	Swisscom	国家所有：62.7%
土耳其	Turk Telekom	国家所有：100%
	Aycell	国家所有：100%
英国	BT	私人所有：100%
美国	AT&T	私人所有：100%

资料来源：*OECD Communications Outlook 2003*，pp. 42—44。

垄断行业大多数都是国民经济的命脉行业，关系着国计民生，关系着一国经济的长远竞争力。对于我们国家而言，基本国情是地域辽阔，人口众多，资源分布与地区经济发展不平衡，整个经济体制尚处于转轨时期，人均收入才刚刚超过 1 000 美元。在这样一个背景下，垄断行业最重要的任务应该是致力于网络规模的扩张,避免成为瓶颈,影响国民经济的整体发展。因此,发展应该是我们垄断行业改革的基本出发点,无论是民营化、重组拆分还是监管体系的建设都不能背离促进发展这个根本目标。在改革的战略顺序上,我们以政企分开作为改革的突破点,以放开市场、现有运营商的重组拆分作为改革的主要措施,而并没有过早过快地推行民营化改革,就是充分考虑了我们的国情特点,即市场经济体制尚不完善,采取监管这种新的政府干预方式还没有经验。很显然,政府对公共垄断企业要比对私人垄断者更加容易施加控制。

在垄断行业的改革顺序中,先选择民营化,还是先选择自由化,与一国面临的财政约束相关。一些经济处于困境或改革主要是为了缓解财政预算压力的国家一般都会选择先私有化,以立即获得现金收入。而那些经济增长情况良好的国家,则更加偏好先在市场的不同环节引入竞争,而将国有在位运营商的私有化留待以后。这种经济形势与改革顺序的联系,可以解释为什么很多拉丁美洲国家选择先私有化。我们垄断行业改革所采取的改革次序符合我们的经济环境。考虑到私人垄断者与公共垄断者在同样的约束下,行为不会有什么差异,应该认为先自由化,再私有化是正确的选择。很多实证研究都表明了竞争所能带来的益处。韦勒尼斯(Wellenius,1997)对拉丁美洲的研究显示了私有化和自由化对主要电话线路年增长的影响,结果是授予垄断特权的私有化要比传统的国家垄断情况下增长快1.5倍,但值得注意的是其增长率只是采取了竞争性政策的智利的一半。另一方面,垄断行业市场化改革的推进,也与一国经济发展水平密切相关。垄断行业提供的产品或服务,很多都具有公共品的性质。但是,随着技术的发展和人们收入的提高,这些产品或服务的公共品性质将逐渐弱化,变为混合品和私人品,能够依靠市场解决的空间就会越来越大,垄断行业市场化改革的步伐就可以推进得快一些。

在垄断行业监管体制改革方面,我们也充分考虑了中国的特殊国情。张昕竹(2000)指出,与发达的市场经济国家相比,中国目前的市场经济制度还很不完善,主要表现在较高的公共资金成本,低效率的审计和核算制度,较低的收买交易成本,政府监管能力有限,政出多门的官僚体制以及政府部门的多重目标。这些制度特征对于中国监管制度建设具有非常重要的影响。对于发展比较成熟的市场经济国家而言,垄断行业改革的一个重要内容是放松监管。肖兴志等(2001)认为,各国在具体改革过程中,基本上遵循了在典型或极端自然垄断性质的环节更新规制方式，实行激励性规制；在自然垄断性质已经发生变化的领域打破垄断，实行竞争制度。这就涉及到分割重组自然垄断型企业，放松甚至取消监管。从整体上讲，竞争制度与监管制度关系的演进趋势呈现出一种竞争日渐增长的势头，监管范围日渐缩小。但是，我们必须看到这是在市场经济国家反垄断法律和反垄断机构发展比较成熟的情况下，以反垄断法约束竞争，以竞争替代监管。这种放松监管的前提条件，在我们国家并不具备，我们既没有反垄断法，也没有专门的反垄断机构，因此，我们垄断行业改革更加需要做的是如何建立健全垄断行业监管体系，而不是简单地放松监管。而且，中国垄断行业的监管制度也不能简单地照搬成熟市场经济国家普遍采用的高激励强度监管政策，而应该采用具有低激励强度的监管（见表10—5），比如采用基于成本的收益率监管机制，而不采用高激励强度的价格上限监管制度。[①] 这实际上是一种次优的选择，我们一方面需要在现有的制度环境约束下，推进垄断行业监管以及其他方面的改革。同时，我们也需要坚定不移地推进市场经济体制的改革，为垄断行业的改革创造一个更好的制度环境。

表 10—5　　　　　　　　监管的激励强度

中国的制度变量	高强度激励	低强度激励
高公共资金成本	—	＋
缺乏监管机制（不完善的成本控制）	＋	—
私下交易的低交易成本	—	＋
较弱的承诺能力	—	＋
资金约束	—	＋
多目标	—	＋
政出多门	—	＋

资料来源：张昕竹等：《网络产业：规制与竞争理论》，57页。

三、中国垄断行业改革存在的主要问题

总体来看，我国的垄断行业改革的时间并不落后于其他国家，在很多方

[①] 参见张昕竹等：《网络产业：规制与竞争理论》，北京，社会科学文献出版社，2000。

面改革的力度也相当大，成效也非常显著。但是改革只能说是取得了阶段性进展。"阶段性"不仅体现在铁路、邮政等垄断性行业仍未进行体制性的改革，而且在已开始进行改革的部门，可以说在放宽市场准入、引进多元化投资主体、建立健全监管体系等几个重点环节方面，改革都还远远没有完成。

（一）有效的竞争格局尚未形成，专业性垄断和区域性垄断并存

我国目前对传统自然垄断行业改革所采取的措施，主要是分拆重组，包括横向分拆、纵向分拆和纵横分拆，但从改革后所形成的实际局面来看，这种分拆往往只是改变了垄断的类型，将独占垄断变为寡头垄断，将综合垄断变为专业垄断，将全国垄断变为地域垄断。冯飞（2003）认为我们在垄断行业竞争的引入层面，重"分拆"，轻市场准入，改革的实际结果就是：其一是改革可能退化为在原垄断企业内部瓜分利益，甚至将"大垄断"演变成"小垄断"；其二是"改革"演变成为"分拆"而"分拆"，"竞争"也演变成缺乏预算约束的国企之间的拼争；其三是政府监管职能的改革也将因此而延缓。

垄断简单地说就是"竞争的缺乏"（费雪，1923），判断一个市场是否形成了有效竞争，一是看是否存在准入障碍，二是看该市场是否存在实际的主导力量。[①] 以电信为例，在市场准入方面，我们在基础电信领域实施严格的市场准入政策，限制全国性电信运营商的数量。而且对固定电话、移动通信、国际通信、卫星通信等基础业务领域实行分类的市场准入和监管，导致了专业性垄断和区域性垄断并存的局面。我们对每个基础业务领域发放的牌照都是非常有限的，以我们近8亿户的移动通信市场，却只颁发了两个牌照，这在世界上都是绝无仅有的。在市场主导力方面，在固定电话、移动通信两大领域，存在着两大主导运营商，名义上是双寡头垄断。但是，更进一步地分析，我们可以发现，在固话领域，虽然联通和铁通从一开始就拥有经营权，但除了天津、成都和重庆等极少数城市外，一直都未能有效地参与固话市场的竞争。而且，由于联通发展战略转向移动通信、数据通信和国际通信，其在固话领域的发展已经基本停滞了。而中国电信与中国网通也几乎没有在本地电话方面展开竞争，更多地是固守各自本地电

[①] 2002年欧盟新的监管框架指令第14条第2款规定："如果一个企业单独、或与其他运营商联合具有相当于主导的地位，也就是说其经济实力所赋予的在相当大程度上独立于竞争者、客户和最终消费者而采取行动的能力，这个企业应该被认为具有重大市场支配力。"

信业务。因此,在固话领域与其说是双寡头垄断,不如说是按照区域分割的独占垄断。而在移动电话领域,企业的实力相差悬殊,强弱分明,主导运营商具有明显的市场控制力量。电信业的几次拆分、重组仅仅相当于把一个一体化的大垄断部门分割成几个小的垄断部门,实际上并未彻底打破垄断。

市场竞争的缺乏直接导致了主导运营商市场权力的滥用,在平等接入、互联互通等方面都还没有形成公平有序的市场竞争环境,改革并未取得应有的效果。

(二)垄断行业国企改革滞后,有效的法人治理尚未形成

垄断行业中特大型国有企业改革是国有企业改革推进最晚、难度最大、争议最多的改革。冯飞(2003)指出,垄断行业中的国有资产存在着"两高"现象:一是行业内的国有资产占有绝对控制地位(特别是中央国有资产);二是这些行业国有资产在经营性国有资产总量中占有很高的比例,电信、电力、交通(包括铁路、民航)的国有资产占全部经营性国有资产的比重超过了30%。也就是说,这些行业国有包办的局面没有改变。事实上,国有企业改革的目标和方向十分明确,但是无论在建立现代企业制度,还是国有经济的战略性改组方面,如果垄断行业国有企业的改革不到位,这些早已提出的改革目标就不能实现。

即使是垄断行业中已经先行改革的企业,很多仍然是国有独资企业,普遍实行的是总经理负责制,不设董事会,既难形成规范的法人治理结构,也难以通过外派监事会的方式形成有效的监督和制约机制。企业经营机制没有发生根本性变化,集团公司更像是一个翻牌的行政主管机构。

多元的产权主体和产权结构是形成有效竞争的重要前提。目前,无论是已经改制上市的几大电信运营商,还是其他垄断行业的国有企业,要么仍然还是国有独资企业,要么就是国有股一股独大,产权结构单一。自然垄断行业中的民间资本比重很小,影响了有效的市场竞争机制的完善,也从根本上影响了这些企业建立现代制度,健全法人治理机构。在国有股占据了绝对控股地位的单一股权结构下,很难说能够形成股东会、董事会、监事会和经营管理者之间的有效制衡机制,甚至很难说做到了政企分开。以管理层的任命为例,规范的公司治理都是由董事会任命,但是2004年11月国资委越过董事会直接对四大电信运营商进行了"高层互换",这种管理方式仍然沿用了传统的上级任命制,有违公司治理原则,

充分表明了电信企业离真正的现代企业制度尚有很大的距离。

在这种体制下,政府作为所有者和监管者也面临着角色的冲突和悖论。国资委作为履行国有资产出资人职能的机构,其目标就是利润最大化,这种目标定位也是与设计新的国有资产管理体制的初衷相一致的。从国资委成立几年来的实践看,它也确实是将以利润为核心的经营指标体系作为考核下属企业的关键。但是,国资委的这种目标是与要求企业充分竞争的目标相冲突的。我们可以设想一下,如果国资委真的是一个追求利润最大化的所有者,它不可能自己创造出几个业务同质、相互竞争的子公司,其理性选择当然是将这些企业合并为一个企业,获取利润最大化。因此,我们也就不难理解为什么国资委一直将企业的兼并重组放在很重要的位置。以电信为例,电信企业的"高层互换",也被很多人理解为是国资委要推进电信业重组,使电信业最终走向整合,甚至达到"四合二"或"六合三"的状态。① 而政府作为垄断行业的监管部门,实际上其职责恰恰应该是鼓励竞争,消除抑制竞争的障碍。这种角色冲突就导致了政府有时候想要鼓励各个电信运营商的竞争,有时候又采用各种措施抑制这种竞争。2004 年信息产业部和国家发改委颁布《关于进一步加强电信资费监管工作有关事项的通知》(即 204 号文件),从 7 月 1 日起联手对电信资费实施更为严格的管制,明显地是针对各电信运营商在激励竞争环境下采取的变相资费下调行为。2004 年 12 月 1 日国资委和信息产业部联合下发了 452 号文件——《关于通信网内网外差别定价问题的通知》,文件要求各地通信管理局和价格主管部门暂停受理网内网外差别定价的资费套餐,各大电信运营商暂停审批各种套餐。这使得我们的电信监管出现了一些有悖常理的现象,比如电信价格监管不是规定价格上限,而是规定价格下限;作为一个市场活动主体,电信运营商居然不愿意获得价格自主权,而宁愿政府定价。卢现祥(2002)认为,我国的政府管制改革事实上已经进退维谷、处于两难境地,从深化市场化改革和消费者角度讲,应该放松管制和破除行业垄断,但是从国有企业的生存和国家财政收入的角度讲,国家又不愿放松管制和行业垄断。因此,我们认为在国有资本占据绝对控股地位的时候,单单依靠拆分合并,对竞争形成意义不大。

---

① 参见《国企高管互换,解决问题还是制造问题》,载《中国经营报》,2004-11-14。

(三) 监管体制尚未健全，监管不足与监管过度并存

垄断行业除了电力建立了独立的和专业化的监管机构，其他行业如电信、民航、铁路、邮政等均没有成立这样的监管机构。电信在信息产业部内部建立了集中行使监管职能的机构——电信管理局。

对于电信而言，实际上仍然是行政管理部门在履行主要监管职能，是典型的政监合一。政监合一的监管体制直接导致了电信业监管不足与监管过度并存。监管过度表现为监管部门过多地干预了被监管者的正常市场经济活动，监管不足表现为没有履行其在纠正市场失灵、促进市场竞争方面的职责，比如电信的互联互通和价格监管方面，就存在明显的监管缺位和错位。事实上这二者并不是截然分开的，在某些领域监管越位的同时，也就导致了在其他领域的监管缺位。这种政监合一的监管体制加上政企分开还没有完全到位，使得电信监管部门的行为产生了一定的扭曲。电信等自然垄断行业存在市场失灵无疑是需要政府监管干预的经济学依据，因此，监管机构的首要职责就是限制垄断部门的市场权力，维护市场竞争秩序，使这些电信运营商就好像在一个完全竞争的市场环境中活动，并根据其表现进行奖惩。但是，在政监合一＋政企不分的情况下，我们的电信监管部门几乎完全站在了企业一边，只有在强大的社会舆论压力下才会作出一些象征性的反应，而且更多的反应还是在为经营者辩护。这已经不是简单的监管者被"监管俘获"，而是体制设计导致的监管者与被监管者完全明示、近乎法定的一致利益（高西庆，2004）。[1] 以价格监管为例，几乎全世界的电信价格监管都是防止电信企业滥用市场权力，而规制最高限价，而我国的电信价格监管却是限制降价。这种奇怪景象是在监管部门既是被监管对象的所有者，同时又是行业发展的倡导者、推动者时的题中应有之义，在我们的民航部门也可以观察到类似现象。周其仁（2004）认为，政府作为国有电信的股东，本应要求企业不断改善管理、降低成本，提高市场竞争力，但是当政府同时又担当市场监管者时，两相对照，显然加强管理、提高市场竞争力不如直接限制市场竞争更加方便，因此，就出现了监管者非但不鼓励竞争，反而出台各种办法抑制运营商之间竞争，背离监管初衷的行为。[2]

---

[1] 参见高西庆：《政府监管的未来与监管政府的未来》，见《比较》第13辑，61页，北京，中信出版社，2004。
[2] 参见周其仁：《为何唯独主管部门反对降价》，载《中国青年报》，2003-04-09。

对于电力行业，虽然已经成立国家电力监管委员会，但是新旧电力管理体制关系还没有完全理顺，最重要的两个经济性监管手段——价格监管和投资项目监管——仍保留在经济综合部门，电监会难以完整有效地履行监管职能，存在着一定的监管缺位。也就是说，不但那些没有成立独立的、专业化的监管机构的垄断行业，存在着监管权力分散于各个部门的问题，比如电信监管的权力分散于信息产业部、国资委、发改委等部委，即使是已经成立了独立监管机构的电监会，也仍然存在"监出多门"的问题。王学庆等（2004）提出，实际上我们对电信监管的一些重要方面，如准入监管、价格监管都是国务院在行使监管职能，而不是信息产业部、国家发改委等。在准入方面，可以认为无论是无线寻呼和电信增值业务的放开，组建联通、吉通、铁通、原中国网通，对中国电信的两次拆分，决策权完全都在国务院，信息产业部等其他政府部门只有建议权。在电信资费方面，信息产业部和国家发改委都没有最后决策权，必须报经国务院批准，只是政策出台时以部委的名义下发文件。这与国外大部分电信监管机构按照法律授权独立执行监管各项职责存在本质上的差异。由于许多领域的监管职能没有得到法律和政策的明确授权，监管无规可循，人为因素大，决策过程透明度低，寻租风险加大。

（四）垄断行业改革立法滞后，部门利益法制化现象明显

改革是一个复杂的系统工程，不可能完全按照某个预先设计好的蓝图进行，必须按照社会经济环境和条件的变化，灵活调整改革措施。对于复杂的改革，采取"摸着石头过河"的方式是我们渐进式改革的突出特点。其实质是先试探水的深浅和缓急，然后再根据水的深浅程度和缓急状况来决定改革的推进程度和推进速度：水浅了就快走，水深了就慢走，水急了就不走，水大了就往回走，这里不好走就从别处绕道走。但是，这决不等于说垄断行业改革的推进可以随心所欲、朝令夕改。改革从某种角度来说，就是利益关系的调整。如果没有明确的规则，使参与改革的各方形成稳定的预期，改革就很容易被实践中的各种利害问题所困扰，变成利益主体之间无休止的讨价还价，最终影响改革的顺利推行。

以往我们有许多改革是在缺乏必要的法律和制度依据的情况下靠"打擦边球"、"绕红灯"来推进的，有些则是当改革的实施遇到问题或障碍时再来制定出台配套措施。这固然有其合理性和有效性的一面，但也应看到这种改革方式存在很多缺陷：一是不符合新时期依法行政的要求；二是也使改革在实施过程中遇到诸多障碍和制约，影响改革的进程和效果，甚至可能导致改革反复和失败。我们应吸取这方面的教训，要善于将成熟的经验总结上升为法律法规，既防止良好的改革措施变形，同时为新的改革措施的推出、新体制的进一步发育提供坚实的基础。

虽然改革往往具有先行性使得相配套的法律产生显得相对滞后，但与西方发达国家相关产业改革的立法速度相比，我国的滞后程度比较严重。目前我国垄断行业的主要立法，如《电力法》、《铁路法》、《航空法》等，都还是旧体制下的产物，远远不能适应垄断行业改革和重组的现实情况，特别是由于监管立法方面的缺失，很多监管职能缺乏法律的明确授权，造成了垄断行业的监管机构难以依法依规监管，监管的权威性和实效性大大降低，而且也容易导致监管失灵，使监管机构的自由裁量权过大，监管过程透明度降低，增加了监管部门被俘获和发生寻租行为的风险。

垄断行业改革立法方面的另一个突出问题就是部门利益法制化的现象比较明显。垄断行业的基本法律不适应改革的需要，处于"缺失"状态，同时垄断行业大量的行政法规和部门规章却表现出明显的"权力部门化、部门利益化和利益法制化"的倾向。以邮政为例，《邮政法》第三十四条规定："平常邮件的损失，邮政企业不负赔偿责任。"而平常邮件是指邮政企业及其分支机构在收寄时不出具收据，投递时不要求收件人签收的邮件。实际上，用户平时邮寄的信件、印刷品、邮包、报刊等大都属于所谓的"平常邮件"。这成了邮政企业丢失、损毁信件后推脱责任的保护伞。2004 年 5 月 17 日，在四川绵阳第二中级人民法院，一起 200 万封邮件被毁案引起了公众的关注。原告四川星河建材公司将四川省邮政局和绵阳市邮政局一同列为被告，提出高达 3 000 万元的索赔标的，而邮政方却以《邮政法》规定为由拒绝赔偿，同时拒绝民事调解。① 另外，《邮政法》第八条规定："信件和其他具有信件性质的物品的寄递业务由邮政企业专营，但是国务院另有规定的除外。"从已经透露出来的《邮政法》修改情况看，这种部门利益法制化的情况非常

---

① 参见《全国最大信函被毁案谜局：邮局垄断阻碍改革》，载《法制与新闻》，2004-11-15。

明显。2004年7月19日的《邮政法》第6稿第8条提出,"信件的寄递由邮政企业专营;但是,单件重量在350克以上的信件速递业务除外。国务院对信件的国际速递另有规定的,依照其规定。"而2003年11月17日的第5稿的同一条目中只是规定"单件重量在500克以下的信件的寄递业务由邮政专营",但是对商务信函却是网开一面,规定邮政的上述专营权"不包含个人信息的合同文本、产品目录、产品说明、广告单、宣传单、运输提单、期票、汇票、航空运输凭证等企业之间的商务往来信件"。对比第5稿与第6稿,这一次实际上是邮政扩大了自己的专营范围。第6稿第67条规定,"经许可从事信件速递业务的其他企业,应当按照国家规定缴纳一定的费用,作为邮政普遍服务基金,用于支持边远、农村和西部地区邮政设施建设"。在第5稿中,邮政企业和非邮快递都要缴纳普遍服务基金。当时的规定说,"邮政企业和依照本法取得许可从事信件快递业务的非邮政企业,应当按照国家有关规定缴纳邮政普遍服务基金。"到了第6稿中,只是规定非邮政企业需要缴纳这一基金,同时允许邮政企业继续实行混业经营。比如EMS这样的竞争性业务,一方面可以继续搭混业经营的便车,享受到不应有的多种国家优惠,另一方面又拥有免交邮政普遍服务基金的权利。①

这种情况的出现,与我们目前的立法程序直接相关。按照惯例,由国务院管辖的业务部门相关法,通常由国务院法制办委托这些部门或行业利益群体起草法律草案,然后经一定修改后提交给有权制定法律的机关予以审议。而对于行政法规、规章通常都是由相关的政府主管部门主持起草。在起草过程中,期间虽然也从程序上要求听取企业、专家学者的意见,但是这种征求意见的形式对立法的约束力是非常有限的,最终决定是否采纳意见的仍然是行业主管部门或监管部门。这种立法方式固然有其合理的一面,也就是能够充分利用有关部门所掌握的该行业的专有信息,提高立法效率,特别是在专业化分工水平日益提高的情况下,非专业人员要掌握某一行业的专业知识几乎是不可能的。但是,这种立法方式不可避免地会导致部门利益化的现象。虽然长期以来经济学理论都认为政府行业主管部门或监管部门代表的是公共利益,其目标是提高资源配置效率,增进社会经济福利,但是,公共利益理论

---

① 参见《〈邮政法〉第六稿越改越垄断?》,载《21世纪经济报道》,2004-08-02。

(public interest theory)从理论和实践上都遇到了很大的挑战。20世纪60—70年代兴起的公共选择理论和监管俘获理论的研究都表明,政府部门的工作人员与普通的私人没有什么两样,他们的目标也有可能不是社会福利最大化,而是自己利益的最大化。因此,政府所实行的政策和行为都可以视为这些政府部门工作人员在追求个人利益约束下的最优选择(布坎南和塔洛克,1962;奥尔森,1965;斯蒂格勒,1971;贝克尔,1983)。从这个视角出发,在部门主导立法的情况下,就自然会导致管理者与被管理者权利和义务不对称的局面:立法往往倾向于扩张部门的权力,给自己留出较大的自由裁量空间,权力很大而责任很小;而被管理的对象的利益则往往不能得到较为充分的考虑,义务很多而权利较少。

四、进一步深化垄断行业改革的主要措施

垄断行业属于关系国计民生的重要行业,而且大部分处于国民经济的上游产业,在经济运行中处在异乎寻常的重要地位。从一国的投入—产出表分析,电信、电力以及供水几乎被用于每个经济部门的生产过程,交通运输对于每一种商品都是一种投入。世界银行专家G.英格拉姆的研究表明,大部分垄断行业所在的基础设施部门存量每增长1%,GDP就增长1%。[①]因此,垄断行业即使不是牵动经济活动的火车头,也是促使其发展的"车轮"(世界银行,1994,13~14页)。尤其是对于处于社会主义初级阶段的中国,垄断行业的改革和发展显得尤为重要。在人均收入140~1 120美元的发展阶段,基础设施的全要素生产率对产出增长的贡献将由16%提高到30%。[②] 垄断行业改革不成功,成熟的市场经济机制就难以孕育。事实上,由于我们的垄断行业改革滞后,使一些处于垄断地位的国有企业攫取了巨大的垄断利润,不仅拖累了整个国民经济资源配置效率的提高,也造成了行业间收入分配差距的扩大,引发了人民群众的普遍不满,影响和谐社会的构建。以电信业为例,2002年,在入选500强的24家电信运营企业中,按劳动生产率排

---

① 参见[美]G.英格拉姆:《有利于发展的基础设施》,载《经济资料译丛》,1996 (1)。
② 参见[美]H.钱纳里:《工业化和经济增长的比较研究》,333页,上海,上海三联书店、上海人民出版社,1989。

名，中国移动以16.38万美元/人的劳动生产率列第22位，中国电信则排名最后，劳动生产率为4.92万美元/人。而劳动生产率最高的日本KDDI公司该指标为171万美元/人，第21位的西班牙电信有17.57万美元/人，第23位的美国Comcast公司也有15.16万美元/人。① 而与劳动生产率较低的状况相反，电信行业职工的平均工资却比全国平均水平高38%。这种低劳动生产率与高工资收入的反差，似乎只能解释为电信领域的垄断还远没有打破。一项由中国社会调查所（SSIC）实施的调查表明，消费者认为"霸王现象"突出的行业，大多数都是垄断行业（见图10—1）。根据胡鞍钢（2001）的测算，20世纪90年代后半期（1995—1999年），我国主要自然垄断行业的垄断租金情况为：电力行业为900亿～1 200亿元，交通运输业700亿～900亿元，邮电通讯业215亿～325亿元，民航运输业75亿～100亿元，上述四项合计为1 890亿～2 525亿元，占GDP的比例为1.7%～2.7%。②

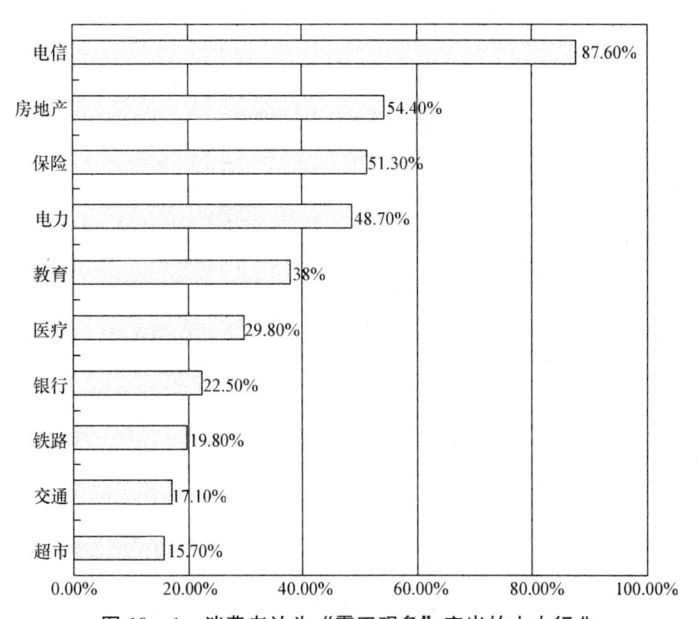

行业	百分比
电信	87.60%
房地产	54.40%
保险	51.30%
电力	48.70%
教育	38%
医疗	29.80%
银行	22.50%
铁路	19.80%
交通	17.10%
超市	15.70%

图10—1 消费者认为"霸王现象"突出的十大行业

资料来源：《京华时报》，2004-12-21。

---

① 参见辛勇飞：《国内电信企业的差距在哪里？》，载《人民邮电报》，2004-03-03。
② 参见胡鞍钢主编：《中国挑战腐败》，杭州，浙江人民出版社，2001。

(一）垄断行业改革的目标——兼顾竞争效率和规模经济

回顾我们的垄断行业改革，以引入竞争、打破垄断为目标的导向非常清晰，具体的改革措施以分拆为主。下一步垄断行业改革究竟是继续分拆，还是重组合并，目前存在着很多争论，这些争论的核心问题就是垄断行业改革应该偏重竞争效率，还是偏重规模经济。

关于垄断和竞争的关系，是经济学一个古老的话题，有关的文献汗牛充栋。传统经济学理论从资源配置效率的角度，认为垄断是对竞争的扭曲，会阻碍技术进步，同时使"消费者剩余"（consumer's surplus）减少和无谓损失（deadweight loss）增加，导致社会分配不公平。1890年，马歇尔在其名著《经济学原理》一书中，就提出了被后人称为"马歇尔冲突"的矛盾，即所谓规模经济和市场竞争活力之间的冲突。一方面，市场中竞争企业数量的增加、竞争活力的增强，导致单个竞争企业生产规模的下降，难以发挥规模经济优势；另一方面，企业大规模生产形成规模经济，使这些企业的产品单位成本下降、市场占有率提高，其结果必然导致市场结构中垄断的因素增强、丧失市场竞争活力。也就是说生产的规模经济和市场竞争活力之间存在此消彼长的关系，难以兼得。应该说，20世纪80年代的垄断行业改革浪潮，对于"马歇尔冲突"的解决偏向于市场竞争，这实质上也是马歇尔自己对"悖论"的解决。马歇尔在1891年的《经济学原理》第2版中借鉴进化论"生命周期"思想，解释在垄断资本主义时期中小企业存在和发展的现象。他认为，整个经济好比一片森林，中间既有参天的"大树"（大企业），也有幼弱的"小树"（中小企业）。"大树"在获取阳光、空气方面具有优势，"小树"在这方面的劣势导致其大量死亡，但残存下来的"小树"经过顽强挣扎，可以逐步长成"大树"，而原有的"大树"因老化终将死亡，让位给新的"大树"。

但是，这种"社会达尔文主义"过于理想化。传统经济理论在完全竞争前提下的结论并不能照搬到现实，而一概肯定竞争，否定垄断。在现实中，竞争的形式多种多样，并不都能实现最佳资源配置效率；垄断固然会降低资源配置效率和导致内部X-低效率，同时在提高生产效率、节约市场交易费用、提高技术创新效率、发挥学习效应等方面，又能提高资源配置效率。[①]

[①] 关于垄断的资源配置效应，可参见戚聿东等：《中国经济运行中的垄断与竞争》，84~107页。

因此，垄断对于经济效率和经济福利的影响是复杂的。熊彼特曾经指出，完全竞争市场能够实现资源配置的静态效率，而垄断的市场结构则是实现资源配置动态效率的温床（熊彼特，1979，169页）。国内外20多年的改革实践证明，过度强调竞争的结果是破坏了垄断行业规模经济和范围经济，损害了垄断行业企业的竞争效率，许多国家也开始修正改革措施，改革的天平开始偏向规模经济，而不是一味地强调竞争效率。垄断是一个客观存在，垄断并不必然与竞争相互矛盾，垄断结构的形成本身就可能是竞争的产物。通过竞争拥有较高的市场份额，正是市场竞争力强的表现，如果一味反垄断结构，就会阻碍企业提高经济效率、开展技术革新，整个国民经济增长就会失去相当重要的源泉。同时，垄断结构也不必然产生损害消费者的垄断利润，在竞争中形成的垄断结构仍会面临各种竞争，如波特所说的五种竞争，即竞争者相互之间的竞争、潜在进入者的竞争、替代品的竞争、购买者的竞争与供应者的竞争等。[①] 戚聿东（2004）认为，传统理论关于垄断和竞争关系的认识之所以经不住实践经验，其症结在于没有将垄断结构和垄断行为这两个概念区分开来，认为垄断结构必然产生垄断行为，从而产生低劣的市场绩效。[②] 垄断行业改革的着力点应该是反对垄断行为，而不是垄断结构。

我们垄断行业改革的目标应该是将竞争的基本优势和垄断的有限优势结合起来，形成有效竞争的垄断行业市场格局，也就是兼顾现实竞争和潜在竞争、市场结构和技术创新活力的规模型竞争格局。1940年，克拉克提出了有效竞争（workable competition）的概念，所谓有效竞争就是一种将规模经济和市场竞争活力有效地协调，从而形成一种有利于长期均衡的竞争格局。梅森（1957）提出了有效竞争的两种衡量标准：一是有效竞争的市场结构标准；二是根据期望的绩效反求市场有效性的市场绩效标准。王俊豪（1995）提出了有效竞争的三个标准：第一，有效竞争是竞争收益大于竞争成本的竞争；第二，有效竞争是适度竞争，即介于竞争不足和竞争过度之间的竞争；第三，有效竞争满足规模经济的要求，竞争企业生产规模处于适度规模的范围，即处于最小经济规模和最大经济规模之间。综上所述，有效竞争就是要兼顾规模经济和市场竞争活力，有效竞争是适度规模和适度竞争的

---

① 参见［美］迈克尔·波特：《竞争战略》，北京，华夏出版社，1997。
② 参见戚聿东等：《中国经济运行中的垄断与竞争》，76页。

结合，形成有效竞争的市场格局应当是我们垄断行业改革所追求的理想目标。当然，有效竞争概念和相关的判断标准因产业而变、因时间而变、因不同市场而变。同时，有效竞争是市场结构合理与否的一个分析框架，只是市场结构改革的一个总体方向，并不能代替市场竞争本身，有效竞争的实现最终需要通过市场竞争本身去摸索。

（二）垄断行业改革的主要措施

1. 构建垄断行业有效竞争的市场新格局

垄断行业改革虽然取得了阶段性的成果，初步引入了竞争，但在很多方面仍然没有实现改革最初的构想，改革还不到位。由行政拆分改革引起的一系列问题都在逐渐显现。从构建有效竞争的格局改革目标出发，我们并不赞同目前的标准处方：对垄断行业中的自然垄断部分（主要指网络垄断，电力产业中的线路等输（配）送网络业务，电信产业中的有线通信网络业务特别是本地环路服务，铁路产业中的铁轨网络业务等，以及某些"瓶颈"环节，如车站、机场等）维持垄断格局，以政府监管弥补竞争效率的不足；而对非自然垄断部分，则以适度的分拆和放宽市场准入为改革方向。

构建有效的竞争格局，存在着四种模式，即横向分拆模式、纵向分拆模式、网运分离模式以及数网竞争模式（常欣，2003）。从竞争效率和规模经济的角度看，各有利弊，并不存在绝对最优的模式。横向分拆的优势是可以利用区域间标杆竞争，一定程度地克服监管机构面临的信息问题，同时这种模式也有利于区域企业提供符合地方特色的服务。但是，横向分拆模式会涉及区域垄断和可比性的问题，同时不利于实现规模经济。纵向分拆模式有利于利用专业化和分工优势，但它可能会形成新的垄断，而且不利于实现范围经济，使许多内部交易外部化。网运分离的优点是在保持网络领域规模经济的同时，最大限度地在非垄断环节引入了竞争，但网运分离模式要受制于分拆技术和网络开放运营的管理技术。而在数网竞争模式中，虽然能够最有效地实现竞争效率，但是其最大的问题是必然造成一定的重复建设，同时运营效率还取决于潜在的网络运营商能否有效地克服结构性进入壁垒和策略性进入壁垒的干扰。因此，就有效竞争的改革目标来衡量，究竟选择哪种模式，要根据该行业的实际情况，比如市场容量和技术进步情况，具体情况具体分析，不能采取一种标准处方。

戚聿东（2004）也认为不应该"一刀切"地以横向分拆、纵向分拆或网运分离作为垄断行业改革的方向。他认为，对于市场容量大，现有在位运营商无法满足需求的，可以进行放松准入的改革；而对于市场容量增长有限，为了避免重复建设和过度竞争，就不宜分拆和放松准入。对于纵向分拆，比如电力行业的输配公开，铁路业的网运分离，也不能一概而论，要参考这些垄断行业的组织模式（综合运营商模式还是专业化模式）、替代品状况、国外竞争者进入难易程度以及其组织形式等因素。事实上，纵向一体化和纵向分离各有其优缺点，选择的关键在于管理协调成本与市场交易成本的比较（见表10—6）。

表10—6　　　　　　　　　纵向一体化与纵向分离的比较

项目	纵向一体化	纵向分离
优点	各环节统一考虑生产经营决策，使负的外部效果内部化；各环节能够共同分担一些固定成本、共享同类技术和经验；节省对生产环节的监管成本	在生产等非网络环节可以实行竞争，激励这些环节的企业不断降低成本；监管者只需获得传输等垄断环节的信息，从而降低了监管者获取信息的难度
缺点	缺乏竞争及由此导致的企业内部无效率；监管者难以获取企业的成本等必要的信息	需要监管者对每个生产企业投入传输系统的产品质量和数量进行严格监督和计量，监督计量成本较高；需要严格的市场交易制度来解决各环节分离可能产生的负的外部效果；一些固定成本不能与其他环节分担

资料来源：该表引自刘戒骄：《垄断产业改革——基于网络视角的分析》，291页，北京，经济管理出版社，2005。

从这些因素考虑，垄断行业的改革不存在标准处方，不同垄断行业由于其技术特征、市场情况的不同，应该采取不同的改革模式。以电信和电力为例，改革的重点和方式就大相径庭。

对于电信而言，一是应当继续放宽电信准入，开放电信市场。电信市场准入方面的监管在我国就表现为政府行政部门的审批。我们对电信市场的准入有严格的限制，不仅仅是基础电信业务需要审批，即使是完全竞争性的增值电信业务也需要审批。周汉华（2004）认为，目前施行的这两种类型的审批均相当于特许，即使申请人符合电信条例规定的条件，审批部门也可以行使自由裁量权，作出不予批准的决定。[①] 在这种严格的市场准入审批制下，

[①] 参见周汉华：《对电信法的十点建议》，见《比较》第12辑，148页，北京，中信出版社，2004。

电信业缺乏足够的新进入者，造成垄断或寡头垄断的市场格局。电信市场的准入监管，完全没有起到促进竞争的作用，为新进入者提供实质性机会，反而一定程度地制约了竞争。二是允许有线电视网络（以及其他传输网络）进入电信市场，开展模式间的竞争。三是进一步拆分重组电信企业。从世界电信业的发展趋势看，我们不完全赞同所谓的"6合3"或"4合2"方案，我们认为这种重组方案只强调了电信企业的竞争力、电信国有资产的保值增值，而忽略了对整个国民经济配置效率以及其他行业国有资产保值增值的影响，是电信改革的倒退。对比国际固话领域和移动领域的电信竞争格局，我们的电信运营商不是多了，而是少了。到2003年，在30个OECD国家里，仅剩下一个国家（土耳其）还在固网领域保留独占垄断（关于OECD国家固网领域的竞争状况见图10—2），而在移动电话领域，引入竞争的进程更快，1998年最后一个独占垄断也被打破了（见图10—3）。

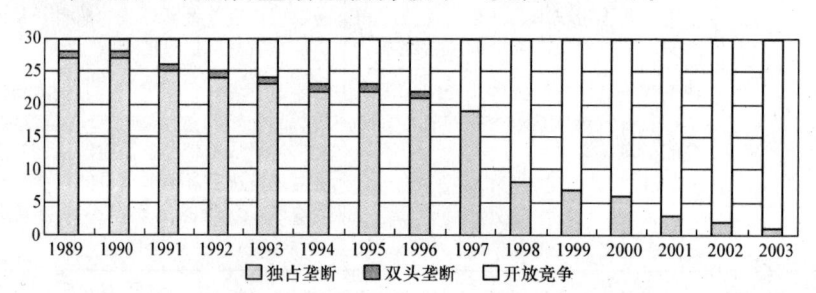

图10—2　30个OECD国家固网领域的竞争

资料来源：*OECD Communications Outlook 2003*，p.14。

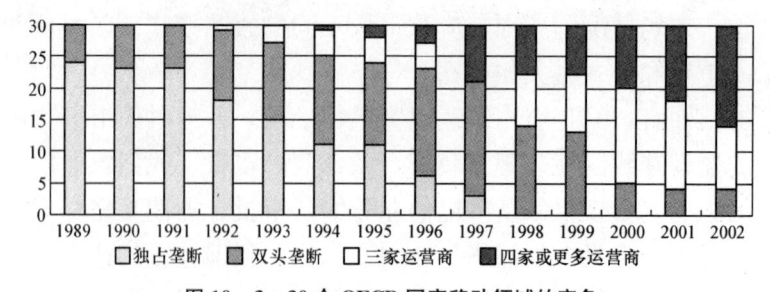

图10—3　30个OECD国家移动领域的竞争

资料来源：*OECD Communications Outlook 2003*，p.14。

与电信主要强调竞争效率不同，我们认为电力行业的改革应该主要侧重于规模经济，适当垄断经营。虽然，我们已经进行了厂网分开的纵向分拆式改革，但是，从世界范围看，电力行业改革选择纵向分离的模式只是其中一种，法国和加拿大等国家，仍然采取的是一体化经营模式。① 对于电网部分，则要根据实际情况，稳妥推进输配分开。

2. 积极推进垄断行业国有企业产权制度改革，完善公司治理

目前，垄断行业的组织形态主要是国有企业，其改革的方向应当也是建立现代企业制度。一方面应当进一步推进垄断行业国有企业的产权制度改革。这种产权制度改革并不是国外的私有化，而是实现产权多元化，解决垄断行业国有企业国有股一股独大的现状，积极引入外部投资者。垄断行业改革的实践证明，单存的私有化并非包治百病的灵药，一方面如果不能有效遏制垄断行为，私人垄断者与公共垄断者不会有什么本质上的差别，甚至更加难以控制。另一方面，私有化也不能解决供给问题。但是，引进多元化的投资主体，形成多种供给模式，不将垄断行业的供给归于一个单一的机构，能够提高效率，增加社会福利，则是毋庸置疑的。

对于铁路和邮政这样政企没有分开的垄断行业，改革首先应该政企分开。对于电信、民航等已经政企分开的，改革的着力点就应该是进行产权制度改革。以电信为例，目前我国基础电信业务市场基本上都是国有或者国有控股，这六家公司实际上是同一个大股东，这不太可能实现真正意义上的有效竞争。实际上，要实现有效竞争，不仅需要一定数量的运营公司，更为重要的是有不同的利益主体作为竞争主体，这样才能够实现理性和有效的竞争。事实上，如果不改变国有股一股独大的局面，不管如何拆分都不能形成真正意义上的市场竞争，只能演变为企业在软约束条件下的恶性竞争。如果垄断行业的所有竞争者的利益主体都是一个，任何一个企业的淘汰都是国有资产的损失，这时政府并不会真正鼓励竞争。因此，不进行垄断行业国有企业的产权制度改革，不可能真正形成有效竞争的市场格局。在产权制度改革实施过程中，要区分主导运营商和一般运营商。主导运营商在目前的情况下，还需要维持国有控股地位。当然，这种地位既可以是绝对控股（不少于51%），也可以是相对控股。条件成熟时，也可以仅保留像金股这样的特别权力。对于一般运营商，则没有必要规定国有股份的比例，甚至可以认为是

---

① 关于世界各国电力行业纵向分拆的情况可见 Faye Steiner，Regulation，*Industry Structure and Performance in the Electricity Supply Industry*，2000，http://www.oecd/eco/eco。

国有资本应该退出的一般竞争性领域。

另一方面,垄断行业国有企业内部要完善公司治理。良好的公司治理,对提高企业的运行效率以及增强对外部投资者的吸引力都是十分重要的。一个调查表明公司治理对投资者的决策有很大的影响,大部分投资者对于有着高治理水平的公司愿意支付溢价(在北美和西欧是12%~14%,亚洲和拉丁美洲是20%~25%,东欧和非洲超过30%)[1]。对于我们的垄断行业国有企业而言,当务之急,是加快完善董事会制度。董事会应下设战略、提名、薪酬和考核等专门委员会,建立独立董事制度。董事会选聘高级经营管理者,可以采取市场选聘的方式。经营管理者依法行使用人权,内部竞争上岗,外部公开招聘。我们不主张由国资委直接任命垄断行业国有企业的经理层,这将破坏董事会与经理层的关系,董事会很容易被管理层架空。

从本质上讲,进行产权制度改革和引入竞争并不是截然分开的。为了确保公平竞争,政府最好避免在任一在位运营商里有特殊利益,这也将给予其他投资者以信心,即政策与监管对所有参与者都是公平的。但是,其他国家垄断行业改革的实践表明,产权制度改革是与一国的监管能力紧密联系在一起的。只有具备了一定的监管能力,能够促进市场的有效竞争,主导运营商的产权制度改革才会成功。正如周汉华(2004)指出的,政府的监管能力强,产权结构的改造可以加快;政府的监管能力弱,产权结构的改造应该更加谨慎。这是因为,国有的产权结构使监管机构能够借助于政府的所有者职能对主导运营商的行为进行调控,以弥补监管能力的不足。如果主导运营商的产权结构调整与监管能力建设脱节,在监管体制成熟以前就进行激进的产权制度改革,监管机构就可能会因为无法借助政府的所有者职能而加剧监管失灵,从而出现对主导运营商市场竞争约束、政府监管约束与企业产权约束三重约束的全面失灵。[2] 即使是国外,垄断行业在位运营商的产权制度改革过程相对来说也是很谨慎的。因此,我们垄断行业国有企业的产权制度改革,与加快市场有效竞争格局的形成,加强垄断行业监管法律框架和组织建设相比,后者应该占据改革的优先地位。只有当后者改革取得了相当的成效,条件成熟时,才可以着手进行产权改革。随着政府监管能力的逐步加

---

[1] *Global Investor Opinion Survey*,McKinsey&Company,July 2002。
[2] 参见周汉华:《对电信法的十点建议》,见《比较》,第12辑,157页。

强，可以减少对所有者职能的依赖，也就为国有产权结构调整开拓空间，直至最后实现所有运营商的产权多元化。这应该是我们对垄断行业改革顺序的战略选择。

3. 组建独立的垄断行业专业监管机构，实现"政监分离"

从实践的角度看，随着技术和需求等条件的变化，垄断性行业在某些环节引入竞争成为可能。这样，通过监管来维持垄断的市场结构并约束企业垄断行为的理由被大大地弱化了。在上述背景下，特别是作为引入竞争机制的一个结果，放松监管逐渐成为一种趋势。在垄断行业改革的早期，人们对于监管的认识并不统一，一种意见认为，在进行了私有化的改革后，对垄断行业的干预完全可以以反垄断法的一般规定来要求，没有必要建立专门的监管机构。比如新西兰就没有建立专门的电信监管机构，而将电信监管职能置于竞争局之下。还有一种意见认为，垄断行业监管的存在是短期的，其作用是促进垄断行业从垄断到竞争的转变，一旦竞争格局形成了，监管就不再必要了。但是，随着各国监管实践的展开，现在普遍接受的观点是垄断行业的监管将是改革后制度框架中的一个永久组成部分。

从理论上讲，监管与竞争政策（反垄断）有各自作用的边界，面对新的市场格局，监管也不会被反垄断所替代。[①] 特别是，中国的垄断行业竞争格局还远没有形成，对于我们而言，更需要的还是加强监管制度的建设。

在垄断行业"政企分开"和"政资分离"基本实现后，垄断行业规范政府与企业关系的焦点集中于实现"政监分离"。垄断行业的制度框架包括三个方面：政策制定、服务提供和监管。目前，垄断行业除了电力以外，像电信和民航都是由政府主管部门，如信息产业部和民航总局，集政策职能、监管职能与反垄断职能于一身，监管角色不清晰；另一方面，其他行政部门在市场准入、定价与价格监督检查、反不正当竞争等方面的职权仍然存在，造成一些领域监管职能交叉、多头监管，而某些领域又无人负责的弊病，监管越位与监管缺位并存。因此，从监管效率来看，建立独立的、专业的、透明的、职能单一的监管机构、实现政监分离是趋势所在。理想的垄断行业监管框架应该如下（见图10—4）：通过建立独立的监管者，以及在垄断行业国

---

① 关于监管和反垄断政策之间的区别，张昕竹（2000）曾作了一个很好的阐述，见张昕竹等：《网络产业：规制与竞争理论》，73~87页。

有企业中建立健全董事会，使企业独立于政府，向董事会、监管者以及市场负责，以实现其特定的经济和社会目标。

图 10—4　垄断行业监管框架

我们认为保持监管中性，是解决目前垄断行业监管悖论的关键。在主要企业仍然是国有的情况下，如果监管机构不能独立于政府，将不可避免地陷入国有资产保值增值与促进有效竞争的矛盾之中，出现全世界监管都是限制垄断运营商滥用垄断力量，制定高价，而我们的监管却是限制低价的奇特景象。

参考文献

1. Bjorn Wellenius (1997). Telecommunications reform-how to succeed. Public policy for the private sector. The World Bank Group

2. Buchanan, James M., and Gordon Tullock (1962). The Calculus of Consent. Ann Arbor: University of Michigan Press

3. Global Investor Opinion Survey. McKinsey&Company, July 2002

4. Faye Steiner: Regulation (2000). Industry Structure and Performance in the Electricity Supply Industry. http://www.oecd/eco/eco

5. OECD Communications Outlook (2003). www.oecd.org

6. Olson, Mancur (1965). The Logic of Collective Action. Cambridge, Mass: Harvard University Press

7. Stigler, G.J. (1971). The Theory of Economic Regulation. Bell Journal of Economics, Vol. 2. 3-21

8. [美] G. 英格拉姆. 有利于发展的基础设施. 经济资料译丛，1996 (1)

9. [美] H. 钱纳里. 工业化和经济增长的比较研究. 上海：上海三联书店，上海人民出版社，1989

10. 冯飞. 对垄断性行业改革进展的评价. 中国经济时报，2003-07-24

11. 常欣. 规模型竞争论. 北京：社会科学文献出版社，2003

12. 胡鞍钢主编. 中国挑战腐败. 杭州：浙江人民出版社，2001
13. ［美］凯恩斯. 就业、利息和货币通论. 北京：商务印书馆，1997
14. 刘戒骄. 垄断产业改革——基于网络视角的分析. 北京：经济管理出版社，2005
15. ［英］马歇尔. 经济学原理. 北京：商务印书馆，1964
16. ［美］迈克尔·波特. 竞争战略. 北京：华夏出版社，1997
17. 戚聿东. 我国自然垄断产业分拆式改革的误区分析及其出路. 管理世界，2002（2）
18. 戚聿东. 中国经济运行中的垄断与竞争. 北京：人民出版社，2004
19. 全国最大信函被毁案谜局：邮局垄断阻碍改革. 法制与新闻，2004-11-15
20. 世界银行. 1994年世界发展报告. 北京：中国财政经济出版社，1994
21. 王俊豪. 论有效竞争. 中南财经大学学报，1995（5）
22. 王学庆等. 管制垄断——垄断性行业的政府管制. 北京：中国水利水电出版社，2004
23. 吴敬琏. 改革成就与经济学进展. 见：中国经济信息网，2002-09-05
24. 吴敬琏. 回望改革来路 驻足风云深处. 中国经济时报，2004-03-19
25. 肖兴志，张曼. 美英日自然垄断型企业改革的共性研究. 中国工业经济，2001（8）
26. 辛勇飞. 国内电信企业的差距在哪里?. 人民邮电报，2004-03-03
27. ［美］熊彼特. 资本主义、社会主义与民主. 北京：商务印书馆，1979
28. 尹竹. 基础设施产业的市场化改革. 北京：经济科学出版社，2004.53
29. 《邮政法》第六稿越改越垄断?. 21世纪经济报道，2004-08-02
30. 周其仁. 数网竞争. 北京：三联书店，2001
31. 周其仁. 为何唯独主管部门反对降价. 中国青年报，2003-04-09
32. 周汉华. 对电信法的十点建议. 见：比较. 第12辑. 北京：中信出版社，2004.157
33. 张昕竹. 论基础设施产业的重组. 产业评论，2001（6）
34. 张昕竹，让·拉丰，安·易斯塔什. 网络产业：规制与竞争理论. 北京：社会科学文献出版社，2000
35. 高西庆. 政府监管的未来与监管政府的未来. 见：比较. 第13辑. 北京：中信出版社，2004.61.

执笔人 黄云鹏

分报告十一
中国地方经济体制改革模式比较

从模式角度研究经济问题已成为现代经济学的常见现象。赋予"模式"最具有现实意义和世界影响的，是20世纪60年代后出现的"东亚模式"。20世纪70年代末以来，在中国改革开放中逐渐形成了各种独具特色的模式，这些模式是中国各地地区差异性和改革发展方式多样性的表现。各种模式影响和带动着其他地区的改革与发展。在这里，我们主要比较研究我国改革开放以来出现的一些具有典型意义的地区经济体制改革模式。

一、中国地方经济体制改革模式的产生与发展

中华人民共和国建立以后，中央政府在政治上实行集权控制，在经济上实行计划经济体制。在这一前提下，中央和地方以及不同区域间关系的基本定位是"全国一盘棋"，每一个地区都是整个国家系统的"螺丝钉"，局部利益必须服从于国家整体利益，地方不是独立的利益主体。并且由于在财政管理体制上，实行高度集中的"统收统支"体制，地方没有财力可言，因此，区域发展只是国家发展在地方的体现或者布局，积极性和主动性受到严重抑制和阻碍。

20世纪70年代末以来，在中国的改革开放中，不仅在整体上形成了独具特色的"中国模式"①，还涌现出了一大批风格迥异的地域性和行业性发展模式。地区发展模式如苏南模式、温州模式、珠江模式等；农村工业化模式如南街村模式、华西村模式、大邱庄模式、罗庄模式；国有小企业产权变

---

① 斯蒂格利茨认为，中国经济模式将使全世界受惠。参见新加坡：《联合早报》，2007-04-17。

革的"三城模式":诸城模式、海城模式、兴城模式;企业发展模式如海尔模式、春兰模式、邯钢模式等;行业改革模式如电信改革模式、电力改革模式、石化改革模式等等,不一而足。这些模式在我国经济体制改革和经济发展过程中,一直发挥着示范和导向作用,成为改革发展的领军和样板。

各种区域性发展模式的出现,既是各个地区在资源稀缺的约束下,如何以最少的投入获得最大的产出,并从理论和实践上寻找经济增长最优路径的产物,同时也是中国经济发展多样性的表现。全中国都在建设着社会主义市场经济体制,但就像世界上没有两片绝对一样的树叶一样,中国国内不同地区的社会主义经济体制也不会绝对一致。[①] 这种不一致不仅是指现在的南部与北部、东部与西部市场经济发展程度和水平不同。即便是经过多年的改革和发展,整个国家的市场经济体制普遍走向成熟或比较成熟,恐怕各个不同地区的具体情况,也可能存在这样或那样的差异。人类社会的实践是丰富多彩的,正是这种丰富多彩的实践,才可能创造出绚丽多彩的生活。

托达罗认为,一个国家或地区的经济发展至少包括下列几个方面的初始条件:(1) 物质资源和人力资源;(2) 人均收入和 GDP 水平;(3) 气候;(4) 人口规模、分布和增长;(5) 国际人口迁移造成的影响;(6) 国际贸易;(7) 科研开发能力;(8) 政治制度与社会制度的稳定与弹性。[②] 张敦福则认为,各具特色的经济发展模式的形成在于:(1) 自然资源和地理环境、人口、资金、技术的组合构成了一定的区域发展经济学模型;(2) 由于中间变量的作用,历史、文化、国家政策、区域间互动等各种共同因素形成特定的区域发展社会学模型。[③] 西方资产阶级经济学家曾把世界市场经济概括为以下两种模式。第一种是盎格鲁撒克逊模式。这种模式既是亚当·斯密的"看不见的手"的自由竞争理论,也是现代"新自由主义"的坚定推崇者和实施者,主要以美国和英国为代表。第二种是莱茵模式。这种模式与盎格鲁撒克逊模式在本质上是一致的,都属于新自由主义,联邦德国的社会市场经

---

① 参见邹东涛为余映丽、李振杰《模式中国》(北京,新华出版社,2002)一书所作的序言。
② Todaro, Michael, 1985 3rd ed., *Economic Development in the Third World*, Longman.
③ 参见张敦福:《区域发展模式的社会学分析》,137~144 页,天津,天津人民出版社,2002。

济是这种模式的突出代表。西方资产阶级经济学家推崇这两种经济模式,无非是想要把世界经济统统纳入西方资本主义世界的体系。① 20世纪60年代兴起的东亚"四小龙"模式,打破了以上两种模式的神话,对中小后发展国家和地区产生了深刻影响。

改革开放以来,在邓小平"让一部分人通过劳动先富起来"思想的指引下,中国的社会结构发生了具有重要意义的转变。这种转变可以简单地描述为:社会结构由总体性社会向分化性社会转变,社会整合由行政性整合向契约性整合转变,国家与组织的关系由总体生存形式向独立生存形式转变,原有的城乡各种身份系列为以职业身份为标志的身份系列所取代,更重要的是原来全国一盘棋的区域经济格局被打破,地方(区域)开始成为利益主体。地区间的差异不仅继续沿袭原来的自然条件、历史条件和发展程度差异,而且还表现在所有制结构、经济结构、经济运行机制、经济发展程度以及支撑经济资源开发的人力资源发展程度等方面。②

从政府角度来讲,中国改革开放近30年来,政府步入制度变革进程,过去纯粹的计划型政府正向市场型政府转变,决策集权型政府向民主参与型政府转变,单一权力中心的政府治理正向权威分散的多中心政府治理转变。其中,多中心治理方式的萌生引起社会各界关注,它主要体现在中央政府这个唯一的权力中心对地方政府的放权让利以及政府还权于社会。社会利益的多元化和地方自主治理程度的提高,反过来又进一步推动中国政府系统治理变革不断深化。这就为雨后春笋般的改革产品——各具特色的地方经济体制改革模式和经济发展模式的上市,创造了一个湿润而有营养的生长环境。

自20世纪50年代"模式"这一概念开始普遍使用后,模式与经济发展紧密结合起来。尽管国内外学者对经济发展模式的认识和诠释不尽相同,但基本上可以简单地归结为费孝通先生所定义的:"在一个地区,一定历史条件下,具有特色的发展路子。"③ 也就是说,模式是从整体特征上对不同经济发展样式或不同经济体制改革样式进行的可供模仿和借鉴的理论总结。1985年5月12日,上海《解放日报》头版以《乡镇工业看苏南,家庭工业

---

① 参见邹东涛为余映丽、李振杰《模式中国》一书所作的序言。
② 参见孙立平等:《改革以来中国社会结构的变迁》,载《中国社会科学》,1994(2)。
③ 费孝通:《农村、小城镇、区域发展——我的社区研究历程的再回顾》,载《北京大学学报》,1995(2)。

看浙南——温州 33 万人从事家庭工业》为题报道了温州的家庭工业,并第一次使用了温州模式这一提法,随后被国内一些经济学家所关注,继而认可和沿用,这也是中国第一次将"模式"一词冠在一个地方头上。总结看来,由于各地区历史文化传统的不同和经济发展水平的差异,在我国工业化和市场化进程中出现了一种"一制多式"的局面,即在社会基本制度相同的前提下,各个区域的经济体制改革方式和经济发展模式呈现出一种多样化的格局。①

在中国近 30 年的市场经济体制改革进程中,涌现出了很多具有地域性特色的经济发展模式,据有的专家的不完全统计,比较著名的有 40 余种之多。② 从地域这个角度划分,这些模式大体可以分为以下几类(见表 11—1):

表 11—1　　　　　　　　按地域划分的经济发展模式

类型	代表性模式
区域性模式	苏南模式、珠江模式等
省级模式	山东模式、浙江模式、广东模式等
地市县级模式	温州模式、义乌模式、顺德模式、中山模式、耿车模式、诸城模式、晋江模式等
乡村级模式	南街村模式、大邱庄模式、华西村模式、罗庄模式等

这些模式无论影响大小,都在人均收入迅速增长、生产经营专业化、所有制形式灵活、激励机制多样、充分利用市场机制等方面取得了突出成绩。以温州模式为例,通过自发性经济体制改革而形成自己独特经济发展模式的温州,在近 30 年间取得了辉煌的发展成就。

(1) 经济发展方面:以 1978 年到 1997 年这十年为例,温州的国内生产总值由 13.31 亿元增加到 605 亿元,工业总产值由 11.12 亿元增加到 1 264 亿元,财政收入由 1.35 亿元增加到 38.7 亿元,农民人均纯收入由 113.5 元增加到 3 700 元。十年间,温州经济增长速度基本保持在 30% 以上。温州的 10 年,等于亚洲"四小龙"的 35 年,等于西方国家的 100 年。到 2002 年,国内生产总值超过 1 000 亿元,2006 年更是高达 1 834.38 亿元,自 2002 年到 2006 年,年均增长率超过 13%。在温州经济发展的过程中,农民同城市居民一样获得了巨大的改革收益,农民的收入获得了实际性的增长。根据有关

---

① 参见于光远:《由温州模式谈到"一制多式"》,载《大公报》,1992-01-28。
② 参见张敦福:《区域发展模式的社会学分析》。

数字显示，1981—1999 年间，城市居民和农民的人均纯收入年均增长率分别为 18.77％、18.31％。2006 年，私营经济在温州国内生产总值中所占比重达到 95％左右，在工业总产值和社会消费品零售总额中均占 98％左右。①20 世纪 70 年代至 80 年代中期，温州人从赚小钱开始，靠小商品催熟了大市场，温州形成了全国最大的皮鞋生产、眼镜加工基地，服装业年销售 500 亿元以上，打火机市场占有率全国第一，而且还拥有 20 多个中国驰名商标。现在，温州商品已成为中国在国际市场上最有竞争力的商品之一。

(2) 农村工业方面：从农村工业的起点看，温州要比苏南地区晚近十年，但发展速度迅猛。20 世纪 80 年代初，一大批温州人背井离乡做小生意，跑供销，家庭工业、联户企业迅速成长起来。在此基础上，一村一品，一乡一业的大型专业市场迅速崛起。如苍南县宜山腈纶纺织品，金乡的小标牌，平阳市肖江塑料编织袋，永嘉市桥头镇的纽扣，塘下镇的汽摩配件，瑞安市仙降镇的再生塑料鞋，乐清市柳市镇的低压电器等等。整个 80 年代，温州人先是以"挂户企业"的变通（家庭工业挂靠在公有制单位），后是以"股份合作制"的创造（1982 年 6 月温岭市工商局颁发了第一个"联户集体"企业营业执照，1987 年 11 月，温州市政府颁发了我国股份合作制企业第一个政策性文件，将企业所有制性质定性为公有制），瞒天过海，交付了制度租，戴上了红帽子，在市场化改革的制度博弈中获得了先行优势和体制落差。"一乡一品"或"几乡一品"，是温州产业发展模式的写照。比如，桥头镇家家户户都生产纽扣，一个镇的纽扣产销量占全国的 80％以上，并逐步打向国际市场；柳市镇家家户户生产低压电器，产销量占领了全国 1/3 的市场；金乡镇家家户户生产商标；水头镇家家户户生产皮革。温州的这种产业模式是家庭生产经营模式的产物。通过这种经营模式，不仅把每个家庭、每个亲戚朋友、每个人的体力和精力充分调动起来了，更重要的是把每个人的智慧都充分调动起来了。"一乡一品"或"几乡一品"，是区域之间进行专业分工的模式。其优点是便于分工协作，便于降低成本，便于形成区域性规模优势，便于政府的管理。

(3) 城镇建设方面：改革开放以来，温州的小城镇由原来的 18 个增加

---

① 根据温州市统计局发布的《2006 年温州市国民经济和社会发展统计公报》核算。

到146个,建制镇的人口占全市的60%以上,工业总产值占全市的80%以上,社会消费品零售总额占全市的70%以上,财政税收占全市的50%以上。温州中心城市的规模和档次有了很大的提高,近几年崛起的30个经济强镇,以占全市26%的人口,实现了占全市农村67%的经济总量,其工业产值和财政收入的平均增幅是全市的2倍。

经过这些年的发展,其中具有全国性、典型性影响的苏南模式、温州模式、珠江模式、顺德模式、中山模式、南街村模式、华西村模式等,继续延续下来并发挥着模范作用,而有许多模式如同昙花一现,各领风骚三两年便很快湮灭了。这些经济发展模式无论发育程度和生存时间长短,都是在中国经济体制改革和经济发展进程中,通过需求诱致型的大胆超前的局部经济体制改革,所形成的一种区域经济社会发展模式。它们的主要特点在于利用了在体制外进行改革的先发优势,充分尊重和发挥民众或地方的首创精神,将经济体制改革与经济发展有机地融为一体,率先迅速地推动了市场化、民营化进程,由此造成了一种区域性的经济体制落差,并且借助经济体制落差的势能,迅速地推动了工业化和城市化的进程,形成了以多种所有制经济和小城镇建设为特色的区域经济发展模式。

各种经济体制改革模式的发展演变向人们表明了这样一个硬道理:真正的发展权蕴藏在民间,来自底层的自发秩序和自组织形式往往是人类行为的理性选择,也往往会成为经济社会发展的主动力。因此,从政府角度来讲,应当鼓励和培养草根层的制度创新,支持和保护地方和民众的发展主动性和创造性,形成百家经济体制改革模式争鸣、百处经济体制改革模式齐放、百个经济体制改革模式共同发展的局面,从而促进"一制多式"的中国的经济繁荣发展。

二、中国地方经济体制改革模式类型比较

构成经济体制改革模式的八大要素组成了经济增长的两个系统,一是由人口、资本、知识和制度等四大内在要素构成的内在系统;二是由政治、文化、环境、资源等外在要素构成的外在系统。尽管在经济体制改革模式的形

成和运行中是两个系统各种要素相互作用的过程，但它们并不是均衡地发挥作用，在特定条件下决定模式类型和推动模式演进的是占主导地位的要素，也可说是经济增长需求最强烈，表现最稀缺的要素。对这些在改革开放总路线指引下，通过率先改革和建立市场经济体制来促进区域经济社会迅速发展的发展模式进行梳理，突出强调引发地域性经济体制变革从而促进经济社会全面发展的核心因素，我们可以把改革开放以来涌现出来的各种发展模式划分为如下四类八种（见表11—2）。由于各种模式的形成是综合因素协调作用的结果，因此同一模式可以划分为不同的类型。

表11—2　　　　　各种经济发展模式及其划分标准和代表

划分标准	类型	代表性模式
自然资源禀赋和人力资源开发程度	自然资源型模式	苏南模式、珠江模式等
	人力资源型模式	义乌模式、温州模式等
内生性资源和外来性资源	内生型模式	耿车模式、诸城模式、海城模式、苏南模式等
	外联型模式	珠江模式、顺德模式、中山模式、晋江模式等
微观主体的所有制类型	集体经济型模式	大邱庄模式、南街村模式、苏南模式、罗庄模式等
	私营经济型模式	义乌模式、温州模式等
市场力量和政府力量	政府推动型模式	苏南模式、诸城模式、海城模式、兴城模式等
	市场推动型模式	温州模式、浙江模式、华西村模式等

（一）自然资源型模式和人力资源型模式

在和地方的一些领导进行交谈时，我们经常会听到这样的反馈，我们这里的经济没发展上去，是因为资源贫乏，他们那个地方的经济发展了，是因为自然资源丰富；我们这里的经济发展了，是因为有大批有用之才，他们那个地方的经济没搞上去，是有人无才。这实际道出了关乎地方经济发展的一对非常重要的因素。如果从影响地方经济发展模式的诸多因素中，强调自然资源和人力资源两个要素在地方经济发展模式中的作用和意义[①]，可以得出

---

① 参见张敦福：《区域发展模式的社会学分析》。

"自然资源开发型"和"人力资源开发型"两个类型。

从一般意义上来讲,经济发展是人口与环境交互作用的产物。在科学技术不发达的地方,气候、土壤、自然资源的分布和多寡,对经济发展的影响是决定性的,比如中东、中亚地区一些国家,仅仅依靠石油就可以获得巨额财富。但单从地理环境角度来看问题,很难解释国家和地区发展的差异和潜力。比如日本,四面是海七分山,自然资源非常匮乏,却成为世界上科学技术最发达、经济总量最庞大的国家之一,此外韩国、瑞士等国家,都是以贫瘠的自然资源,获得经济高速发展的典型。而有些国家和地区,比如俄罗斯,尽管石油、矿产、森林等自然资源丰富,却无法获得较快的经济增长。而非洲一些国家自然资源也很丰富,由于其破坏性开采和利用,却成为落后和贫困的代名词。这种发展差异可以从人力资源的开发和利用上找到根源。

传统意义上而言,自然资源丰富的国家和地区,经济发展上往往具有先发优势。如果依托自然资源的经济发展,能够调整到培育和利用人力资源的轨道上来,这种先发优势就能转化为持续性优势。而如果这些国家和地区的经济发展,对自然资源产生路径依赖,忽视人力资源开发的重要性,对科学技术、人才培养等基础建设不重视,就会逐渐丧失先发优势。自然资源匮乏的国家和地区,由于其基于恶劣的地理环境而产生的危机感,将寻求发展的视角投放在人力资源开发上,通过人才的教育和培养,形成"他人资源,为我所用"的观念和机制,完全可以产生经济发展的后发优势。在新加坡、日本这些国家,对人力资源开发与管理、对基础教育和培养的重视,往往较一般国家和地区显著。

通过分析我们可以发现,在经济发展中往往会有两种倾向。一种是以自然资源替代人力资源,借助于地理禀赋的赐予实现经济的快速发展;一种是以人力资源补自然资源之不足,借助于"企业家精神"获得经济的迅速突围。在中国的区域发展模式中,苏南模式属于典型的"自然资源开发型"模式,而温州模式则属于典型的"人力资源开发型"模式。苏南土壤、气候等自然条件优越,历史上号称"鱼米之乡",素有"苏杭熟,天下足"的说法。苏南地区通过利用优越的自然条件,获得了经济的快速发展。和苏南相比,温州自然资源极其缺乏。然而人多地少的矛盾,逼迫温州在传统农业之外寻求生路,这就是通过温州人的重商精神,逐渐走上了富裕的道路。

（二）自发型模式与外向型模式

在哲学范畴中，内因和外因是两个很重要的对比概念。有学者指出，在构造地区工业化研究的理论模型时，要特别注意根据现实情况确定变量是属于"内生性"还是"外生性"。这种区分会告诉我们在区域发展中，内因和外因哪种因素更为重要。[①] 费孝通认为，改革以来异军突起的乡镇企业是中国农民靠自己的力量创造出来的伟大事业。乡镇企业的兴起是出于农民的迫切需要，兴办乡镇企业时所需的资金基本上是农民自己在农业里积累出来的。尤其是农村工业化之初，农民把自己的住房让出来安装机器，让自己的子女无偿劳动。从这方面来说，乡镇企业是"内发性"的[②]，也就是说是自发性的。

通过将苏南模式和珠江模式进行对比，我们可以更清楚地看到自发型模式和外向型模式的区别。

苏南模式的产生，是基于以下三个方面所产生的草根性发展机制：资金和原料自我积累、人力资源自我开发、市场道路自我开拓。珠江模式则属于外向型。20世纪70年代末以来，中国实施对外开放政策，在沿海设立经济特区和开放城市，发达国家和地区的资金、技术、人才通过深圳等"窗口"涌入内地，沿海各省乡村经济发展中出现了外向型模式，这种模式的资金、经营、运销靠外资的投入。无论是顺德、东莞，还是深圳、珠海，它们与国外或境外有着密切的联系，其资金、经营管理和销售多由外商负责，土地和劳动力则由本土提供。外向型模式的开放性发展机制，建立在资金依靠外来投入、人力资源依靠外来开发、市场道路与世界市场紧密相连三个方面。

一般说来，沿海（江）地区由于地理位置优越，交通条件便利，更容易得风气之先，走外向型模式的路子；内陆区域则由于交通不方便，信息流通不顺畅，文化上趋于保守，更倾向于自发型模式。

（三）集体经济型模式、私营经济型模式和混合经济型模式

在地方经济发展过程中，集体经济和私营经济如同一对矛盾体，在20

---

① 参见张敦福：《区域发展模式的社会学分析》。
② 参见费孝通：《四年思路回顾》，见《中国城乡协调发展的道路》，西安，陕西人民出版社，1991。

世纪80年代以来关于地方经济发展的模式选择中,孰优孰劣和选择哪种经济形态作为发展的目标一直是一个充满争议的问题。

中国地方经济发展的微观主体与制度存在着区域性差异。[①] 如果从区域发展中微观主体的所有制类型加以抽象和强调,可以得出"集体经济型"和"私营经济型"两种区域发展模式[②],以及介乎两者之间的混合经济型模式。苏南地区以乡村集体企业为主,温州地区以个体私营企业为主,珠江地区则是多种所有制混合。

在各个区域发展模式中,起主导作用的经济主体,由于传统文化、现实政策和制度偏好的不同,都面临着不同的生存环境。苏南地区的乡村集体企业的经营管理一般由乡村两级政府行使,政府首先考虑的不是开拓市场和产品研发,而是它们实施乡村政府决策的能力和为乡村政府提供利润的能力。温州地区私营企业的企业行为,则不受政府政策的硬性规范和约束,企业所有人拥有企业决策的完整权力,并负有完全责任。珠江地区的"三资企业"大多来自港台,投资者以港台籍的本地人为主,来自外方的投资者拥有主导性决策权。

(四)政府主导型模式与市场主导型模式

在各个区域的经济发展中,有两只手左右着发展模式的现实选择和未来走向。市场这只"看不见的手"通过供求关系调节资源配置和经济活动,政府这只"看得见的手"则通过政策杠杆对经济活动进行干预。小艾尔弗雷德·钱德勒认为,"看得见的手"比"看不见的手"更能有效地促进经济发展。[③] 据此可以把中国地方工业化模式区分为"市场主导型"和"政府主导型"。

在以自然资源为发展动源的地区,处于主导地位的乡镇企业仍然是镇办企业,因此有人把苏南模式的运行方式概括为"政府推动型经济"。在苏南,农村经济资源的动员,包括农村剩余劳动力、农业用土地及资金从传统农业部门向现代工业部门的转移,实际上是由地方政府出面实施的。尽管由于受

---

① 参见陈吉元主编:《中国农村工业化道路》,北京,中国社会科学出版社,1993。
② 参见张敦福:《区域发展模式的社会学分析》。
③ 参见[美]小艾尔弗雷德·钱德勒:《看得见的手》,北京,商务印书馆,1987。

市场经济影响，地方政府管理乡镇企业越来越取决于收益率、社区需求、企业和职工利益等因素，但乡村行政机构作为乡镇企业经营管理者的角色没有改变。①

在温州地区，自发产生于草根层的私营企业，构成了农村商品经济发展的主要组织形式。由于市场力量的无所不在，经济要素在区域间、产业间自由流动的频率越来越快、规模越来越大。温州人通过这种快速滚雪球的方式，逐渐实现企业的扩张和规模的扩大，从而走出国门，在国际市场上分一杯羹。

某个模式是属于"政府主导型"还是"市场主导型"，一个重要的尺度是该区域和上级政府的权利义务关系。②在中国从计划经济向市场经济逐步推进的过程中，这种权利义务关系尺度显得尤其重要。从权力和自主之间的关系方面，可以清楚地看出苏南模式和温州模式的区别。

温州78%的地面是崎岖不平的山区，境内三座东北—西南走向的山脉将温州和其他地区隔绝开来，历来是"天高皇帝远"，这些因素使得它比其他地区具有更多的自主性。苏南位于交通和通讯都很发达的地区，中央便能够对它们实施直接控制，而且企业归集体所有，因此其自主权要小得多。如今，市场经济已是大势所趋，无论是哪个地区的发展都离不开市场力量的影响，逃脱不了市场经济规律的约束。温州的全方位的自主或者"开放型自主"，无疑是其他农业地区应该仿效的榜样。

三、代表性模式比较：以温州模式和苏南模式为例

改革开放以来，在我国工业化和市场化进程中出现了"一制多式"的格局，其中最有影响、成就最大的是温州模式和苏南模式，这两个模式在我国经济体制改革和经济发展过程中一直发挥着具有广泛的、强烈的示范作用。尽管在党的十五大以前各级政府从未以正式文件的形式公开宣传推广过温州和苏南发展的经验，但通过民间的非正式渠道，温州和苏南经验一直影响着

---

①② 参见张敦福：《区域发展模式的社会学分析》。

其他地区的改革与发展。

（一）对温州模式的案例性分析

温州之所以成为全国范围内"自费改革"的领头羊，与改革前温州具备的一系列因素有关，也就是说温州具备诱发制度变迁的初始条件，其中最主要的有两个，一个是文化条件，一个是自然条件。

文化条件是温州制度变迁的内在推动力。文化对有地方特色的经济发展模式形成的影响也是不容置疑的。温州自古天高皇帝远，主流文化的影响较弱，常常表现出根深蒂固的地域传统，倾向于温和型观念控制，习俗、道德、宗教在政府管理中起着很大作用，因此温州则更多地利用传统技能和经验适应变化的新生活，人们对个人成就表现出极大的崇尚和重视。温州经济发展所取得的巨大成就与其说是经济上的起飞，不如说是在新的历史条件下传统经济行为的复苏。温州模式的"小商品、大市场"特征和该地域自宋朝以来就有的注重商业功利的"瓯越文化"、善于长途贩运做生意的历史传统密切相关。自宋朝以来，温州人便学会了充分地利用本地区天赋的自然资源，将地理位置转化为相对优势。历史上温州便是浙江南部和福建北部的贸易中转站，是与宁波和上海等大型港口进行贸易的货物集散地，成了中国东南部主要的贸易中心。明朝万历年间和清朝乾隆时期的《温州府志》都把温州人描述为"能握微资以自营殖"，"人习机巧"，"民以利胜"。温州区域文化传统深受"瓯越文化"潜移默化的影响，提倡"功利"、"重商"的价值观念，这与中国"重农轻商"、"重义轻利"的传统价值观念和行为方式成为对照。在温州农村地区，至今流传着"温州生意郎，挑担走四方"的歌谣。温州人尤其擅长商品性货物和工艺品的生产，即主要为市场而生产。温州的手艺人足迹遍布国内，苍南县钱库镇就有"十岁小儿会经商"的说法。这表明，温州特有的功利主义文化传统与市场经济具有天然的默契倾向，而与计划经济有着本质上的离心力，一旦计划经济对温州的发展造成阻碍，功利主义的文化传统就会促使温州突破困境寻求突破口。

自然条件是温州制度变迁的外在推动力。尽管温州自古就有经商的传统，但却是一个典型的零资源地区。温州地处浙江省的南部，是中国东部海岸线的中点，全区人口600多万，全市面积11 783.5平方公里，其中78%

的地面是崎岖不平的山区。历史上交通比较闭塞，区位条件较差，自然资源也没有特别明显的优势。温州的这种多山地形、稠密的人口和贫乏的资源使温州人的生活特别艰难。土地的贫乏意味着有必要以其他产业补给农业；人口过剩则迫使许多人背井离乡，到其他地区谋生。同时，建国后国家在温州的投资也比较少，从1949年到1980年间，国家在温州的总投资仅6.55亿元，而在宁波的投资则达到28亿元。据官方统计数字，1966年至1978年间，温州的工业增长率只有0.1%。此外，在国家投资最少的绝大部分时间里，政策又使得私人经济活动日益困难而且完全非法。这些使得温州农村居民1978年的人均收入只有55元，远低于全省平均水平的165元。在被视为改革的先锋以前，温州以穷著称。当地农民有句顺口溜说："平阳讨饭，文成人贩，永嘉单干，洞头吃贷款。"1981年，整个温州地区有2/3的人生活在贫困线以下，农民人均年收入不到200元。20世纪七八十年代之交，温州有10万人被迫到外地谋生：乞讨，弹棉花，补鞋，在上海车站码头帮人站队、倒卖车船票，不一而足，而更多的则推销温州家庭作坊生产的小商品。这10万人，被人讥为"十万细菌"。温州地市两级各有四套班子，30万人口的城区分成3个区，麻雀虽小，五脏俱全。当时温州年财政收入仅有1亿多元，但吃财政饭的官员却为数不少。

  温州经济在20世纪70年代末80年代初的起步源于一种生存压力，这种压力主要表现为强烈的发展要求与有限资源的限制之间的矛盾。温州人感觉到的生存压力，其实是一种对现实低层次需求和低层次供给的不满足。中国历代王朝的中央政府难以对温州进行有效的控制，以及地方的政府官员逐渐形成的特立独行的革新传统，为温州的制度变迁提供了一个生长的土壤和小气候。因此，区位条件相对恶劣的温州成为天然的改革试验区就在情理之中了。经过20多年的发展，如前所述，温州模式取得了辉煌的成绩。

  作为一种地域经济（亦即工业化）发展样板，温州模式有着自己鲜明的特点：

  一是工业化的发动者具有很强的民间性。温州模式是在农村发展非公有制的非农产业，它的发动者和创业者是千千万万的农民，他们自己投资、自己创业，组建遍布农村的、以血缘为纽带的、家庭作坊式的生产、销售或其他中介服务的业主制企业。它们完全自主经营、自负盈亏，在温州的GDP

总量中，私营经济的贡献率达到 85% 以上。

二是微观产业组织（企业）具有明晰的产权结构。改革初期，温州就坚持多种经济一起上，多个轮子一起转，不限比例看发展、不限速度看效益、不唯成分看实践的方针。1999 年，全国公有制企业产值占工业总产值的 63% 以上，在温州，公有制企业产值占工业总产值只有 15%，非公有制企业比重高达 85%。

三是工业化资本具有鲜明的内生性。1998 年，全国固定资产投资中直接利用外资比重超过 13%，温州为 1.5%，基本依靠国内和本地区的投资。

四是市场结构上具有极高的区域性。尽管温州人将生意做到世界各地，但和珠江三角洲地区外贸出口依存度接近 100% 不同，温州国民经济的外贸依存度不到 10%。

五是产业和技术选择上具有很强的传统性。前面讲过，温州经济的发展主要是由民间投资驱动的，因此在产业和技术选择上主要集中在投资少、见效快、风险小、技术门槛较低的项目，新兴产业和高新技术产业领域鲜人涉足。这些私人业主制企业按照市场的需求，彼此分工协作制造各种低品质的劳动密集产品，例如塑料编织袋、腈纶服装、塑料凉鞋、纽扣、拉链、各种证章、各种低品质的低压电器等等。

六是企业的生产具有很强的市场性。以温州模式为代表的农村区域发展模式属于"市场先导型"或"市场推进型"。在温州，自发产生于民间且游离于国家计划直接控制的家庭企业、联户企业迅速崛起和壮大，构成了乡镇企业和农村商品经济发展的主要组织形式。这些大小不等的家庭企业，通过消费品市场、生产资料市场、资金市场、技术市场和劳务市场在内的地区性民间市场体系来连接生产和销售的循环过程，形成了要素的市场组合方式。在市场这只"看不见的手"的筛选下，以生产日用小商品为主的主导产业和与此相关联的服务业异常活跃。

（二）苏南模式的案例性分析

江苏历史上就是副业大省，在草根工业、市场网络、能工巧匠、务工经商等方面都比其他一些地方有着自己的优势。苏南是指苏州、无锡、常州三市所辖的 12 个县（市）。苏南先前就是洋务运动的重镇，也是近代民族工业的发源地。这一地区在改革开放后的崛起，有着自身的便利条件，主要集中在以下几点：

一是工业化初期，农业技术水平虽然与其他地区相类似，属于传统技术，但苏南农业的自然资源条件优越，农民有精耕细作的传统和经验，这既可以为轻工业提供原材料，也为工业产品提供市场。二是苏南地区有较多的人才，群众的科学文化水平较高，自明朝时期，这里就出现了资本主义萌芽，因此商品经济观念较强，再加上近代以来的工业的发展基础，许多人有丰富的经营经验。三是长期以来，我国的经济政策比较封闭，但苏南地区地处长江三角洲地区，显得相对比较开放，苏南工业化过程得益于同外界的广泛交流与合作。四是苏南地区有便利的区位交通优势。俗话说，要想富，先修路。这充分说明交通在经济发展中所起的重要作用。苏南地区的最大优势是水、陆、海交通都十分便利，这有利于形成"反馈式控制"。五是濒临中国近现代最大的工业中心城市上海，不但接受发达经济观念和资源的辐射，而且周围"星期天工程师"、"下放工人"、回城知青、同乡、战友、同学等地缘、亲缘因素起到了一定作用。六是农工相辅、亦工亦农、农工并举的历史传统。这些条件绝非中国所有地区都具备。

苏南地区的发展有明显的阶段性。一是萌芽阶段：1953—1978年。农村工业星星点点、断断续续、时隐时现，所谓"五小""三就地"，这时的"社队企业"是后来集体所有制乡镇企业的前身或基础。

二是全面发展阶段：1979—1984年。由于国家轻重工业比例调整及其严重的短缺经济，乡镇企业呈星火燎原之势，遍地开花，乡镇企业在基层政府推动下，经济规模呈现出粗放式和数量式的快速增长。

三是快速扩张时期：1985—1988年。这一阶段乡镇企业受到政策鼓励，抓住了大发展的机遇，但转轨期间流通秩序紊乱，经营管理机制灵活却难以规范。

四是停滞阶段：1989—1991年底。这一时期，乡镇企业普遍进入徘徊和受压抑的困难阶段，治理整顿，关停并转，政策收缩，这时能够生存并得到发展的企业一般都是在内部管理和技术改造方面过了关的企业。

五是徘徊阶段：1992—1997年底。这一时期乡镇企业受整个宏观经济形势带动，又跃上新台阶，"三外"总量大大增加，大企业呈现出集团化趋势,社区公共建设和农村面貌极大改观。但"软着陆"及"亚洲经济危机"使乡镇企业发展速度放慢。到1996年,苏南乡镇企业销售收入增幅降到10%以下,其中苏州、常州两市的利润额出现负增长。百元资金实现的利税1993年是13.7元,到1996年便降到了10元,1998年更降为7.7元,5年里减少了6元。

六是整合阶段或再生阶段:1998年至今。1998年之后的产权改革,乡镇企业剧烈分化,泡沫消失,一批"官营企业"破产倒闭,一批民营性的名牌企业脱颖而出,改制也为多数乡镇企业发展重新注入活力。尤其是苏南地区借助上海和长三角的经济辐射,通过招商引资等一系列手段完成了发展思路的调整。经过1998年和2000年的两轮改制,目前江苏省乡村企业改制面已达95%,其中实行产权制度改革和所有制变换的企业达88%。近年来,苏南经济步入乡镇企业之后的第二个经济高速增长期。以苏州为例,2002年,苏州的GDP、财政收入在全国大中城市排前六位,紧追上海、北京、深圳、天津、广州。2001年几乎苏南所有城市GDP和财政收入都有大幅增长。一向以乡镇企业为龙头的苏南经济显然出现了结构性变化,2002年,在苏南的经济力量中有四大块:老的国有企业为主的城市经济、外资为主的园区经济、改制后的乡镇企业、新兴起的个体私营经济,各部分的比重大致是15%、35%、30%、20%,乡镇企业的贡献率已退居第二位。苏南经济的快速增长,得益于以下几个情况:(1)改制后,通过破产,一部分财富转移到了民间,新注册了一批私营企业,个私经济对经济增长贡献增大。(2)许多企业的税收"两免三减半"到期,财政收入大幅增加。(3)到开发区注册的企业越来越多,开发区税收增加较快,但开发区税收只是反映在账面统计上,到最后大部分都做退税处理。(4)在发展的路子上,苏南各市可以说是八仙过海,各显神通。苏南各县级市,各走各的路。江阴是资本经营,常熟是市场带动,昆山是台资唱主角,张家港是临港型规模经济,吴江、太仓是私营经济。但促使苏南再度起飞的根本原因,根据上面的经济辐射理论,是它的区位优势,即借助环上海经济圈和长江三角洲的辐射,走外向型经济的路子。外资的涌入为苏南的经济发展提供了新的推动力。

苏南地区的经济发展有着自己鲜明的特点。苏南地域经济发展的特点是农民依靠自己的力量发展乡镇企业,乡镇企业的所有制结构以集体经济为主，乡镇政府主导乡镇企业的发展。

在初始发展条件上，苏南地区位于太湖之滨、长江三角洲中部，农业生产条件得天独厚。该地区毗邻上海、苏州、无锡和常州等大中城市，水陆交通便利，接受经济、技术的辐射能力较强。

在工业化和市场化路径上，苏南地区通过发展乡镇企业，走的是先工业化再市场化的发展路径，历史上的积累和接受上海等地的辐射为苏南地区工业化的起步创造了良好条件。

在资源组织方式上，苏南地区采取以乡镇政府为主组织资源的方式，并由政府指派所谓的能人来担任企业负责人。

在财富积累主体和方式上，苏南地区由乡镇集体支配资源，它们同时也是财富积累的主体。这种财富积累主体及方式产生了不同于个体财富的激励效果，当然这也是苏南经济问题的症结所在。

在政府职能的定位和作用上，苏南地区的经济发展是"地方政府公司主义模式"、"能人经济模式"和"政绩经济模式"，本质上是"政府超强干预模式"。

正是由于这些特点，苏南地区的经济发展方式被社会学家费孝通在1983年所写的《小城镇·再探索》中总结为"苏南模式"，在很长一段时间里，苏南地区政府超强干预模式取得了辉煌成就，各地一些长期找不到集体经济发展出路的领导们纷纷到苏南考察学习。

（三）温州模式与苏南模式的理论性比较

在20世纪80年代中期前后，在我国就掀起了一场温州模式和苏南模式孰优孰劣的争论。这是关于在农村发展非农产业以促进农村经济发展和农村现代化选择怎样的模式之争，争论甚至上升至姓"资"姓"社"的意识形态高度。

就两种模式而言，它们有着根本的区别：

第一，温州模式是在农村发展非公有制的非农产业，苏南模式则是在农村发展公有制（集体所有制）的非农产业。第二，温州模式的非农产业的发动者和创业者是千千万万的农民，农民办企业，经营企业，承担风险。苏南模式的发动者和创业者是乡镇政府，在苏南模式中乡镇政府是企业的投资者。第三，在温州模式中，不仅企业的生产以外部的市场为导向，而且在当地企业之间通过市场建立了紧密的分工和协作，各种生产要素的配置者是市场。苏南模式中，企业在作为"社队企业"的阶段，其生产主要是为满足公社社队内部的需要而进行的，以后才转向以外部的市场为导向，各种生产要素的配置者仍然是政府。第四，在温州模式中，政府的职能是营造良好的市场环境和引导企业按市场规则运作。而在苏南模式中，政府与企业不分，企业缺乏自主经营权。第五，温州模式的核心是自发和内生的经济发展，带有强烈自组织特征，其动力来源于民间力量和温州的传统文化，也就是说，在温州，市场力量起着自组织的作用，政府起着促进性和辅助性的作用。恰恰是这一实质区别于苏南模式。苏南模式的动力更多的是来源于乡镇村干部的干预（如"能人经济"，其中"能人"往往是乡镇村干部）以及政府和乡镇企业的政企不分。

在20世纪80年代，苏南模式备受推崇，以至在产生温州模式的浙江省的北部，推行的也是苏南模式，而温州模式则备受排斥、压制和打击。正所谓"十年河东，十年河西"。随着我国经济体制改革的推进和深化，尤其是随着市场经济体制的逐步建立，温州模式日益显现出比苏南模式更具活力，更能吸引广大群众的参与，更具竞争力，更符合建立市场经济体制的改革方向。在实行温州模式的地方的经济迅速发展的时候，苏南模式却越来越不适应市场经济的竞争环境，乡镇企业普遍陷入了困境，亏损企业大量增加。

党的十五大之后，人们的视线从苏南、从张家港转到了浙江温州、山东诸城，转到了广东顺德。人们再次公开地将苏南与温州加以比较，并掀起了一股"温州热"。这时候，理论界出现了"扬温抑苏"的倾向。1998年后，苏南一批批的官员南下浙江取经。经过两种模式发展的实际成效的比较，以及我国经济体制改革最终确定以建立社会主义市场经济体制为目标之后，到20世纪90年代末期，这两种模式之争，以苏南模式向温州模式转化而告终结。1996年10月，苏南亏损的乡镇企业比1995年同期增加了31%。在此情况下，实行苏南模式的地方先后实行了改革。改革的方向是大部分乡镇集体所有制企业转变为非公有制企业，同时，改限制或禁止为鼓励，大力发展非公有制企业。另外一些企业则改组为有限责任公司或股份有限责任公司。

苏南改制实际上是让苏南的市场内生发展力量发挥作用。由此出现一种趋势，那就是苏南的经济发展路径向着温州模式的轨道发展。

温州经济也并非停滞不前，它也还在积极地演进之中。温州经济结构过去以"轻（工业）、小（工业）、集（体企业）、加（工业）"著称，把这种经济结构的特点看做是温州模式的特点，把温州模式概括为"农村工业化＋专业市场"是片面的。这些都是一些表面现象，而没有切到问题的实质。温州模式的核心是上述提及的自发和内生的经济发展，带有强烈的自组织特征，其动力来源于民间力量和温州的传统文化。也就是说，在温州，市场力量起着自组织的作用，政府起着促进性和辅助性的作用。恰恰是这一实质区别于苏南模式。正如前面所讲的，苏南模式的动力更多的是来源于政府的政策支持和资金倾斜，政府起着主导作用。

温州的改制在全国最为彻底和超前，许多县市的改制已经基本完成。由此，温州模式的表面特征"轻、小、集、加"变成了"轻、小、加"。温州经济尚在蓬勃发展中。温州各地较有规模的未上市民营企业也在寻求上市。温州经济在转型中，不会满足于"轻、小、加"。当然，温州的经济结构调整也存在路径依赖问题，要克服这一问题尚需时日，因为经济结构调整是一个长期的问题。

（四）苏南模式和温州模式的制度变迁方式比较

苏南模式的制度创新是一种供给主导型的制度变迁方式，制度变迁的动力和主体主要来自于基层社区政府。在从上世纪70年代末期至90年代中期的中国分权化改革的背景下，中央政府下放了相当一部分管理权，地方政府获得了指导和推进区域经济发展的主动权，能根据本地区的实际情况做出区域经济发展的决策，有了相对独立的经济利益，承担了推动乡镇企业发展和组织市场资源的企业家角色，形成了政府主导供给型的制度变迁。

到了90年代初期，以集体所有制为主体的乡镇企业开始暴露出自身的弊端，如企业积累和发展动力不足，经营者行为短期化。面对这种情况，苏南各级地方政府推进了转换企业经营机制的改革，同时又加大了科技创新和引进外资。

温州模式以需求诱致型的制度变迁方式为主导，变迁的主体是个体、私营企业和企业主，改革和创新的动力主要来自于民间的市场力量。在历史上，受以叶适为代表的永嘉学派"功利与仁义并存"的新价值观的影响，温州人形成了较强的讲究功利，积极进取、务实、冒险、竞争的思想，为温州经济发展提供了重要的精神动力。自70年代末起，温州的个体、私营经济迅速发展，建立了以非公有制经济为基础的、明晰的、排他性的产权制度。温州模式一开始就选择了自愿性的制度变迁方式，这是一种自下而上的制度变迁方式，也可以说是微观经济主体自发创新冲动的制度变迁。基层政府和政权组织的积极支持一开始就默许和保护了这种变迁。

（五）苏南模式和温州模式的创新和趋同

上世纪90年代初中期以来，随着经济体制改革目标的确立和市场的完善，传统意义上的苏南模式和温州模式的先发性优势逐渐弱化，经济绩效下降。在这个时期，两种模式均展开了新的一轮创新。

乡镇集体企业曾是苏南工业化和经济高增长的主要推动力。但由于乡镇集体企业产权设置的不规范性和非排他性，使产权关系模糊。随着市场化改革的不断深化和市场的不断完善，它与私营企业的制度环境落差逐步消失，其经营机制的灵活优势不断削弱，大多数企业出现高负债率现象，导致乡镇企业增长速度明显放慢，并出现大面积的亏损，到90年代中后期由盛转衰。为了改变这种困境，苏南进行了以明晰产权为核心的制度创新，对乡镇集体企业实行各种形式的民营化，走上与早期温州模式相融合的发展道路。

温州存在着经营规模太小太分散、产品结构不合理、产品技术水平低、企业组织形式低、家族式经营等问题。相当数量的民营企业都将个人财产所有权与企业资产所有权相混淆，这使企业始终不能摆脱个人和家族而独立存在。为了走出困境，温州人进一步创造了"新温州模式"。"新温州模式"突破了传统温州模式那种以家庭经营为基础的限制，走向了企业联合、兼并、重组、优化的集团化发展道路；调整了单纯以市场为导向的经营方式，走向资产和资本经营综合发展的道路；改变了单纯以小城镇为依托的营销方式，走向了网络营销的道路。这表明温州模式从区域经济向现代市场经济靠拢，并同国际经济接轨。

两种模式的创新使得原有模式趋同，无论是以集体经济为主起始的苏南模式，还是以私有经济为主起始的温州模式，现在都在转向股份制公司形式的现代企业制度。尽管在未来的改革中，共同的市场游戏规则逐步会被所有经济实体所遵循，"模式"有被"趋同"替代的潮流，但就像世界上没有两片绝对一样的树叶一样，中国国内不同地区的经济体制也不会绝对一致。市场经济一体化，这是历史的大趋势；市场经济模式的多样化，同样是历史的辩证法。

参考文献

1. 余映丽，李振杰．模式中国．北京：新华出版社，2002
2. 费孝通．农村、小城镇、区域发展——我的社区研究历程的再回顾．北京大学学报，1995（2）
3. 于光远．由温州模式谈到"一制多式"．大公报，1992-01-28
4. 张敦福．区域发展模式的社会学分析．天津：天津人民出版社，2002
5. 李振杰．草根调查——中国基层发展问题的社会学分析．北京：经济管理出版社，2004

执笔人　邹东涛　李振杰

附1
中国经济体制改革的制度变迁模型

20世纪70年代后期的中国，是政治上、思想理论上发生了巨大变动的中国，是社会主义事业经历了20多年艰难曲折的中国，是经过了十年"文化大革命"全局性混乱之后百废待兴的中国。在这一特殊的历史时期，我国在经济上面临着一系列严峻挑战，国民经济已到了崩溃的边缘。在农村，大部分农民没有解决基本的温饱问题；在城市，许多国有企业效率低下；公职人员连续20多年没有涨工资。这些情况，给社会主义的优越性蒙上了一层厚厚的阴影，从而产生了"四大危机"：信仰危机，信心危机，信任危机，信誉危机。在"四大危机"面前，我们党还能成为领导中国的核心力量吗？社会主义事业还有前途吗？马克思主义旗帜还能高高飘扬吗？我们别无他途，只有改革这一条路可走。这是生死攸关时刻唯一可选择的道路。

我国的经济体制改革过程实际上就是制度变迁过程。中国是如何从计划经济体制转变为市场经济体制的，20多年来特别是上世纪90年代以来，研究文献汗牛充栋，但主要有以下几种模型。

一、发展战略转移模型

这个模型主要是由林毅夫、蔡昉和李周在《中国的奇迹：发展战略与经济改革》[1]一书中提出和论证的，他们从发展战略的角度解释了中国传统经济体制形成的逻辑、改革中出现的"活乱循环"、旷日持久的难点问题和经济改革的成功经验。

---

[1] 参见林毅夫、蔡昉和李周：《中国的奇迹：发展战略与经济改革》，上海，上海三联书店、上海人民出版社，1994。

该模型认为，中国传统经济体制形成的逻辑起点，是新中国成立后50年代初中国共产党领导的政府所选定的重工业优先发展战略，这种战略选择不仅是当时国际、国内的政治、经济环境所决定的，也十分直观地反映了政治领导人的经济理想。由于重工业资本密集的特征与当时中国资本稀缺的资源禀赋状况形成矛盾，使重工业优先增长无法借助市场机制得以实现，因此就需要政府建立高度集中的资源计划配置制度，压低利率、汇率、能源和原材料价格、工资和生活必需品价格，以便降低重工业发展的成本。为了控制企业剩余和在农村进行统购统销，又分别实行了工业中的国有化和农业中的人民公社化。一经选择了以优先发展重工业作为经济发展战略目标，扭曲的宏观政策环境、高度集中的资源计划配置制度和没有自主权的微观经营机制便相继形成。

重工业优先发展战略的实施，使我国以较快的速度建成了比较完整的中国工业经济体系，但其代价也是极其高昂的。传统经济体制下的中国经济发展，受到了两个方面的抑制：一是扭曲的产业结构，加剧了传统部门和现代部门相互分离的二元结构；二是劳动者的收入与其贡献没有联系，造成微观经济效率极为低下，没能实现中国经济发展的"赶超"目标，相反经济发展速度受到了抑制，其结果使人民生活水平提高缓慢。为了解决传统经济体制低效率问题，不得不进行改革。改革首先是从微观经营机制入手的，进而提出了建立社会主义市场经济体制的改革目标，实现了高速的经济增长。

该模型立足于发展战略的角度，系统概括了压抑中国经济发展的传统经济体制的形成逻辑，经济效率低下的原因，经济改革展开的逻辑，并指出改革的正确方向和中国经验对其他改革国家的普遍意义。经济体制改革的过程就是经济体制变迁的过程，在制度发生变迁时，即用新的制度安排代替旧的制度安排时，不仅会引起资源配置效率的变化，还可能导致利益的再分配，因为一种制度安排，实际上就是一个利益分配的方案。由于利益的再分配，有些人收益，有些人受损，受损的人则会反对这一改革，因此改革是一个包含着具有不同利益和不同相对力量的行为主体之间相互作用的政治过程，制度变迁的方向、速度、形式、广度、深度和时间路径，完全取决于行为主体之间的利益一致程度和力量对比关系。林毅夫等的模型则没有考虑经济改革过程中的利益分配和利益冲突问题，而这个问题则可能是中国经济体制改革过程中的关键问题和核心问题。

二、财政压力引起制度变迁模型

这一模型是由张宇燕、何帆在其论文《由财政压力引起的制度变迁》[①]中提出的。在模型中，作者首先假定国家的目标函数是追求义理性最大化，财政预算就是国家义理性最大化的约束条件。在绝大多数情况下，财政压力是国家推动改革的直接原因。财政压力不仅是改革的起因，也在很大程度上影响改革的路径。治国者关心的是长治久安，即尽可能持久而稳定地维持政权的统治。而政权的长治久安归根到底来自公民和官员的拥护。公民和官员对国家的拥护在很大程度上受国家提供公共产品数量的影响，而国家提供公共产品的数量则受到财政预算的约束。治国者经常受到来自公民和官员的双重压力。一方面，大家希望获得更多的公共产品来提高他们的福利水平；另一方面又希望缴纳较低税收。太低的税收使国家财政收入降低，不可能提供更多的公共产品，从而得不到公民和官员的支持。为了打破这一恶性循环，国家必须改革，这就形成了国家主导型的改革。解决财政压力是改革的基本起因，并贯彻于改革的始终。在改革中经历了"甩包袱"和"向新增财富征税"两个阶段。这是理解中国改革的一条基本线索。

作者从财政压力的角度解释了中国经济体制改革的起因和路径。从中国改革的实践看，有其合理的一面。但把中国的经济体制改革完全归结为由财政压力引起的国家主导性经济体制改革，则可能有失偏颇。在中国经济体制改革中，国家是一个非常重要、并且起着重要作用的行为主体，但改革作为一种制度变迁，是由各种社会因素和经济各个行为主体共同博弈的结果，对其他行为主体和各国路径的忽略是该模型的不足。

[①] 参见张宇燕、何帆：《由财政压力引起的制度变迁》，见《从计划经济到市场经济》，北京，中国财政经济出版社，1998。

三、阶梯式渐进制度变迁模型

这一模型主要是由杨瑞龙在《论制度供给》、《论我国制度变迁方式与制度选择目标的冲突及其协调》、《我国制度变迁方式转换的三阶段论——兼论地方政府的制度创新行为》及《阶梯式的渐进制度变迁模型——再论地方政府在我国制度变迁中的作用》等论文中提出的。① 该模型根据制度变迁的"第一行动集团"或"主角",将中国新制度供给主体分为三个层次:中央政府、地方政府和微观主体。进而将经济体制改革的进程划分为三个阶段:供给主导型制度变迁、中间扩散型制度变迁和诱致型制度变迁,论述了中国由计划经济向市场经济的过渡路径。该模式认为,在中国,权力中心是改革的倡导者和组织者,改革在更大程度上受制于权力中心在既定的政治经济秩序下提供新的制度安排的能力和意愿。这样一种供给主导型制度变迁方式具有纵向推进、增量改革、试点推广等特征,它在以较低的摩擦成本启动市场化改革方面发挥了重要的作用。但由于这种制度变迁方式存在一系列难以逾越的障碍,如制度变迁的等级规则、分权冲突、制度创新空间的限制以及改革的社会成本。为了解决供给主导型制度变迁的障碍,作者提出了"中间扩散型"制度变迁方式的理论假说,指出中国在向市场经济过渡中,依次经过了供给主导型、中间扩散型和需求诱致型制度变迁三个阶段。作者认为,随着放权让利和"分灶吃饭"财政体制的实施,拥有较大资源配置权的地方政府成为追求经济利益最大化的政治组织,在向市场经济体制过渡中起到了中间扩散新制度的作用。这将产生双重效应:一是诱发地方政府的寻利活动;二是确立排他性产权、明确微观主体的收益预期,使地方政府和企业分享经济剩余。最终过渡到与市场经济内在要求相一致的需求诱致型制度变迁,从而完成体制模式的转变。

---

① 参见杨瑞龙:《论制度供给》,载《经济研究》,1993(8);《论我国制度变迁方式与制度选择目标的冲突及其协调》,载《经济研究》,1994(5);《我国制度变迁方式转换的三阶段论——兼论地方政府的制度创新行为》,载《经济研究》,1998(1);《阶梯式的渐进制度变迁模型——再论地方政府在我国制度变迁中的作用》,载《经济研究》,2000(3)。

无可否认，杨的模型确实抓住了我国由计划经济向市场经济过渡过程中的一些特点并及时进行了理论上的总结。但中国制度变迁的过程及不同制度变迁主体角色的转换远非"三阶段论"那么简单和分明，基本上不存在所谓的"三个阶段"。中央政府、地方政府、民众及其他主体的角色定位和转换的实际情况比杨的理论模型要复杂得多，而且在改革的不同阶段和在不同方面的改革中都是不断变化的。例如，中国经济体制改革早期的农村家庭联产承包责任制，其制度变迁的主体是农民，而不是中央政府。因此，该模型由于其太过抽象而不能准确地解释中国经济体制改革的实际进程。

四、制度变迁主体角色定位和转换模型

这个模型是黄少安在《制度变迁主体角色转换假说及其对中国制度变革的解释——兼评杨瑞龙的"中间扩散型假说"和"三阶段论"》和《关于制度变迁的三个假说及其验证》两文[①]中阐述的。不管什么主体参与制度变迁都有其目的，他们是被假定为经济人对待制度变迁的。面对同一制度变迁，不同主体具有不同的态度，扮演着不同的角色，而且，这种态度和角色还可能变化。这就是制度变迁的角色定位和角色转换。狭义的"制度变迁主体"是指制度的直接变革者或创新者，而广义的"制度变迁主体"是指所有与制度变迁相关、表示了相应态度、施加了相应影响和发挥了相应作用的主体，包括反对者、阻挠者。影响角色定位和角色转换的根本因素是利益关系，不同主体根据制度变迁对自己利益的影响，决定"需要做什么，想做什么"。但实际的制度变迁并不取决于某一单一主体的"想和需要"，而是取决于各个利益主体的共同影响，在利益关系既定的前提下，实际的制度变迁取决于不同主体的实力、身份、影响等因素。

黄的制度变迁主体的角色定位和转换模型是根据中国经济体制变革的经验事实提炼和总结出来的，对中国经济体制变迁的实际路径有一定的解释

---

① 参见黄少安：《关于制度变迁的三个假说及其验证》，载《中国社会科学》，2000（4）；《制度变迁主体角色转换假说及其对中国制度变革的解释——兼评杨瑞龙的"中间扩散型假说"和"三阶段论"》，见《从计划到市场的过渡——转型经济学前沿专题》，天津，南开大学出版社，2003。

力。但该模型却没有说明,在不同制度变迁中不同利益主体是怎样在制度变迁中追求自己的利益的,追求哪些变量;没有进一步阐述在制度变迁中,哪些变量最能体现利益关系,因而是不同利益主体追求的目标。

五、中国制度变迁的演进论模型

这一模型是周业安在《中国制度变迁的演进论解释》[①]一文中提出的。作者从哈耶克的社会秩序二元观出发,同时借鉴诺思、熊彼特的演进论思想,立足于内部规则与外部规则的冲突和协调来推演中国的制度变迁过程的基本特征和性质,提出了一个分析中国制度变迁的初步的演进论框架。作者解释了中国制度变迁过程的特定演进模型,其中组织被理解为政府,个人和企业被视为社会成员。中国的改革既有政府等组织寻找有利于自己的外部规则的创新,又有社会成员自发从事的制度创新,表面上看,前者涵盖了整个制度变迁的内容,而大量的案例研究结果表明,在其背后,实际上是社会成员内部规则的自发演化。在改革过程中,组织和社会成员都对规则有相应的理解,给定特定的环境条件,两者会达到激励兼容,结果内部规则与外部规则的演变会相互促进;但更多的时候由于政府的迟滞或强制行为,会损害内部规则的发育。为缓解内外竞争压力,降低创新风险,政府不得不逐步缩减外部规则的作用边界,退出直接的制度创新活动,这就是市场化的本质。其基本逻辑是:个人之间的互动及特定组织之间的互动逐步演化出一种特定的内部规则,并随着市场化迅速扩散;组织之间的互动导致外部规则的演化,其中知识的不对称决定演化的路径;个人与组织之间的互动寻求对规则理解的一致性,其冲突和协调构成制度变迁的主线。

周的模型从内部规则与外部规则冲突与协调的角度提出了中国制度变迁的演进论模型。在中国的改革过程中,政府选择外部规则,社会成员选择内部规则,从表面上看,政府选择外部规则是中国改革的主线,但中国的实践显示,社会成员选择内部规则才是中国改革的主线。中国市场化的本质就是

---

① 参见周业安:《中国制度变迁的演进论解释》,载《经济研究》,2000(5)。

政府逐步退出直接的制度创新领域以及外部规则逐步缩减作用范围的过程，也就是内部规则的逐步发育和强大的过程。周的模型从政府和社会成员在中国改革中的不同作用的角度总结抽象出中国经济体制改革的模型，从一定的侧面描述了中国经济体制改革的过程。但正如我们在前面评价其他模型时一样，在中国经济体制变迁的过程中，利益格局的变化是经济体制变迁的核心和关键问题，任何个人和利益集团都寻求对自己有利的制度，而最终的制度变迁路径将是各个利益集团共同博弈的结果。因此，研究中国经济体制改革不能忽略利益格局的调整，对利益关系的研究将是研究中国经济体制改革的主线。

六、劳动力转移模型

萨克斯等强调中国和原苏联、东欧国家经济初始结构的差异导致了经济转轨绩效的差异，构造了一个劳动力转移模型。萨克斯等指出，中国改革初始结构是中国经济转轨成功的主要原因。他们认为，中国人口密度很高，并且大部分人口集中在低收入农业部门，而这有利于出口导向型的劳动密集型产业发展。换句话说，中国经济之所以能够快速增长，主要是由于劳动力从生产力较低的农业部门迅速向生产力较高的非国有部门转移。而在原体制外突破的发展模式之所以可以在中国顺利推进，主要是因为中国国有部门所雇用的劳动力在经济中所占的比重不高；而原苏联和东欧国家则相反，农村劳动力比例小，占经济比例很高的国有部门，尤其是重工业部门的职工享受较高的社会福利，这意味着新兴非国有部门很难从国有部门吸收到劳动力，同时也没有足够的农村廉价劳动力可以利用。

萨克斯等同时认为，中国"渐进主义"改革路线未必最优，而之所以出现，主要是因为支持市场化的改革者和支持计划主义者共同掌握着权力，从而在具体改革方案上妥协。如中国具有市场化特征的一些特殊现象（比如产权定义不甚明晰的乡镇企业、价格双轨制等）主要是对中国特殊政治环境、而非经济环境的反应。

萨克斯等对中国和原苏联、东欧国家在改革开始时初始经济结构差异的分析具有一定的说服力，的确无法忽视庞大的廉价农村劳动力转移在中国经济高速增长中所起到的作用。但萨克斯等的研究在相当程度上是为"休克疗法"进行辩护,不仅无法完全解释不同转型经济的绩效差异,更无法全面解释中国在改革过程中的经济持续高速增长。

执笔人　邹东涛　田清旺

附 2
"华盛顿共识"、"北京共识"与中国独特的改革和发展道路①

提　要

● 无论是拉丁美洲和亚洲一些发展中国家实践造成的严重问题，还是独联体和东欧国家转型的重大挫折，都证明"华盛顿共识"并没有世界"普适"意义。

● 美国雷默认为，以中国成功经验为基本内涵的"北京共识"，对全世界苦苦寻求发展、融入国际社会、又要保持独立的国家，提供了新的道路。"北京共识"的提出在世界上产生强烈反响。

● 中国既不输入"华盛顿共识"，也不输出"北京共识"。即便是对赞扬和学习"北京共识"的国家，我们也要提个醒：一定要遵循自己的国情，切不要简单"拷贝"。

● 中国成功的最基本经验：有一个强有力的政党以及在这个党领导下的权威政府；诱致性制度变迁和渐进式改革；经济改革"理性超前（激进）"和政治改革"理性滞后（保守）"的非对称组合；坚定不移地坚持市场化的改革方向，但又高度警惕和反对市场原教旨主义。

● 无论从历史、人文、自然条件、地缘经济和地缘政治等各个方面，中国都比美国复杂得多。中国主席或许能当好美国总统，而美国总统很难当好中国一个省长。

● 做中国"猫"，抓中国"鼠"，切实把握好自己独特的道路，认真把

---

① 本文是邹东涛 2005 年 10 月 28 日在美国洛杉矶"旅美中国社会科学教授协会第 11 届年会"上的讲演。

中国自己的事情做好，就是对人类的重大贡献。
● 要在"改革攻坚"和"完善社会主义市场经济"中不断提升和优化"北京共识"。

一、"华盛顿共识"的提出和在实践中的失败

1989年，美国国际经济学研究所高级研究员约翰·威廉姆森（John Wlliamson）在一个会议论文中首次提出了"华盛顿共识"（Washington Consensus）这一术语，并为"华盛顿共识"开出了10条内容的清单。其实质含义是指，美国所实行的一切经济制度及其价值观，为世界上其他国家特别是第三世界国家的经济发展提供了蓝图，因此具有普遍的世界意义，即"共识"。

"华盛顿共识"这一术语虽然在世界上影响并不大，但其内容却在世界上发生着广泛的影响。由于美国是世界上最强大、最富裕的国家，因此，在一个时期，世界上许多国家和地区、特别是经济落后的国家和地区谋求快速发展，都试图以美国为蓝图来设计和构建自己的经济、社会和政治制度。

究竟"华盛顿共识"对世界是不是真正具有"普适"价值，我们不能够简单在理论上去推导，而必须通过实践来检验，正如中国不断强调的思想路线——"实事求是"和"实践是检验真理的唯一标准"。

首先看拉丁美洲和亚洲一些发展中国家的实践。这些国家力图走美国式的道路，来改变自己贫穷落后的面貌，实现本国的经济发展和国家富强。这虽然在某个时段、某种程度上促进了本国经济增长，但同时又带来了严重的问题，如贫富差距严重拉大，债台高筑，环境污染，生态破坏，社会和政治动乱等。阿根廷和印度尼西亚则是最典型的例证。

其次看转型国家的实践。20世纪90年代初以来，苏联解体和原东欧各社会主义国家剧变之后的独联体和东欧各国，为了尽快走出过去实行的那种僵化社会主义的阴影，也在思想上理论上向美国一边倒，请来了萨克斯担任总顾问，寄希望推行"华盛顿共识"，创造自由市场体制，实现经济起飞的奇迹。

但这些转型国家推行"华盛顿共识"后,不仅未能达到期望的目的,相反却造成了一系列出乎预料的恶果。原苏联及东欧国家在骤变后的前十年的改革中,国内生产总值不但没有增长,反而大幅度下降,以至比骤变前的水平还大幅度降低。随之人民生活水平和福利水平大幅度下降(如原苏联在改革前贫困人口只占总人口的2%,但十年后上升到总人口的50%,人们的预期寿命也大大降低)。更为严重的是,骤变前人们期盼的将很快出现稳定的市场经济局面并没有出现,却出现了黑手党对经济的控制。至于原苏联及部分东欧国家出现分裂和混乱,就是这场灾难最极端的表现。

"华盛顿共识"实践的不良结果,使得世界上普遍对其产生了严重怀疑,并受到世界上广泛的批评。为此,美国著名经济学家、2001年诺贝尔经济学奖得主、前世界银行首席经济学家、前美国总统经济顾问委员会主席约瑟夫·E·斯蒂格利茨(Joseph E. Stiglitz)指出:"华盛顿共识"是指国际金融机构和美国财政部20世纪80年代至90年代早期所推荐的过度简单化的政策建议。"华盛顿共识"既不是经济增长成功的必要条件,也不是充分条件,尽管它的政策建议在特定国家的特定时期曾是有意义的。世界上大多数人的心目中的"华盛顿共识",是指以新自由主义为价值观的私有化、自由化和对自由市场的坚定信念,旨在削弱、甚至最小化政府角色的一系列政策,以及配之宏观稳定(主要是价格稳定)为主要内容的发展战略。而这种战略与亚洲特别是东亚和南亚所信奉的战略形成鲜明的对比。在东亚和南亚,国家政府扮演着积极的角色,因此被称之为政府主导发展型国家。

"华盛顿共识"还对发展中国家的一些显而易见的特征视而不见,比如广泛采用的佃农合约。佃农的实际税率高达50%——有的场合甚至高达66%,远远高出"华盛顿共识"所关注的许多其他税率。对佃农的激励这个大问题,却被那些大谈特谈"寻求合理激励"(getting incentives right)的国际金融机构忽略了。

斯蒂格利茨在批评"华盛顿共识"的基础上进一步提出了"后华盛顿共识"(Post Washington Consensus),其任务就是将华盛顿共识的失败之处一一揭示出来。"华盛顿共识"的政策太过迷信市场原教旨主义(market fundamentalism)——市场可以自动导致经济效率,并且经济政策只看着眼前效率。"华盛顿共识"对发展中国家的经济结构的认识严重失误,把目光局限在过于狭隘的目标以及实现这些目标的过于狭隘的工具上。例如，当技术不断进步时，市场并不能自发地实现效率。这个动态过程恰恰是发展的关键问题，并且这个动态过程中存在重大的外部性问题，而正是这外部性赋予了政府重大的角色。成功的东亚国家公认了这一角色，而"华盛顿共识"则没有。

二、"北京共识"的提出及其在世界上的强烈反响

2004 年 5 月，美国《时代》杂志前任编辑、美国高盛公司政治经济问题资深顾问、中国清华大学兼职教授乔舒亚·库珀·雷默（Joshua Cooper Ramo，亦译为"拉莫"），发表了题为《中国已经发现自己的经济共识》的论文。论文在比照"华盛顿共识"的基础上，对中国 20 多年的经济改革（转型）成就及其经验作了全面理性的思考与分析，首次提出了"北京共识"（Beijing Consensus）的概念，指出**"两个最无视'华盛顿共识'的国家——印度和中国——则取得了令人瞩目的经济成就"**。"北京共识"可以看做是对"中国经验"和"中国模式"的概括。

雷默指出，"北京共识"是指一系列的关于中国发展的新思想，它不仅设法发展自己的国家，而且还要知道如何与国际秩序接轨。雷默又把"北京共识"定义为：坚决进行革新和试验（如中国经济特区）；积极维护国家边境和利益（如台湾问题）；不断精心积累具有不对称力量的工具（如巨额外汇储备）。其目标是：在保持独立的同时实现增长。创新和试验是其灵魂，中国的新理念正在对中国以外的世界产生巨大影响。既务实，又理想，解决问题灵活应对，因事而异，不强求划一是其准则。它不仅关注经济发展，也同样注重社会变化，通过发展经济与完善管理改善社会。雷默认为，建立在"北京共识"基础上的中国经验具有"普世价值"。中国的经济发展模式不仅适合中国，也是落后的发展中国家追求经济增长和改善人民生活足可效仿的成功榜样，是一些发展中国家寻求经济增长和改善人民生活的模式。对全世界那些正苦苦寻找不仅发展自身，而且还要在融入国际秩序的同时又真正保持独立和保护自己生活方式和政治选择道路的国家来讲，"北京共识"提供

了新的道路。

雷默指出,"北京共识"展示了三条基本原理:其一,把创新的价值重新定位。创新是中国经济发展的发动机和持续进步的手段。其二,由于不可能从顶端实现对"动乱"的控制,就需要一整套新的工具,把人们的眼光定在超越人均国内生产总值的量度,集中改善人民生活质量。这是化解和处理发展过程中社会矛盾的唯一途径。其三,使用影响力把想要踩踏自己脚趾的霸权大国挪开,这是十分重要的安全理论。在雷默看来,"北京共识"之所以是"共识",是因为一个深深融入国际秩序的中国,已经成为许多国家的生计和希望的重要一部分,中国模式正成为吸引其他国家的模式,这可称为中国特色的全球化。

雷默在提出和论述"北京共识"时,又严厉批评了1989年约翰·威廉姆森的"华盛顿共识"。他指出,约翰·威廉姆森有感于拉丁美洲国家的债务问题而创建的"华盛顿共识",效果却适得其反,在过去10多年来阻碍了一些国家的经济发展,甚至严重破坏了十几个国家的经济,并引发了诸多国家的经济和社会的不稳定。

雷默的论文发表后,立即引起了世界各国的学者尤其是经济学界的广泛关注。同年5月21日,美国《国际先驱论坛报》(网络版)刊登了题为《中国将以自己的方式改变》的文章,称赞中国以循序渐进的方式推进改革和经济转型是"果断明智"的。英国《卫报》5月27日刊登题为《中国解决亿万人民温饱问题的经验》的文章,认为中国的崛起为其他国家提供了除西方发展模式之外的一个强有力的选择。墨西哥《每日报》5月24日刊登的题为《中国:亚洲的地平线》的文章,认为中国奇迹是依照自身情况理智制定社会经济政策的结果。这些文章,都或隐或显地对中国经济转型以及由此带来的中国"软实力"增强对世界的积极影响表示赞许。甚至有人认为,"北京共识"已经取代了在西方政界和经济学界推崇的"华盛顿共识"。更有人把"北京共识"描绘成中国崛起的"软力量"(soft power)。目前巴西、越南等情形各异的国家都在追寻中国模式。印度社会学家拉姆戈帕尔·阿加尔瓦拉(Ramgopal Agarwala)说:"在人类历史上,中国的经验应当最受称道。中国的成功实验是人类历史上最受羡慕的,其他国家应尊敬它并向它学习。"

三、中国改革开放的基本经验和独特的改革和发展道路

在中国，无论是官方，还是学界，很多人较长时间内并不知道"华盛顿共识"的概念，直到 2004 年 5 月雷默教授提出"北京共识"，才把"华盛顿共识"的概念附带引出来。中国的改革开放和经济发展取得了举世瞩目的巨大成就，而这一成就是在并不怎么知晓"华盛顿共识"这个概念、甚至是在与"华盛顿共识"的长期摩擦中实现的。

雷默虽然首次提出了"北京共识"的概念，也对这一概念的内容作了一些论证，但他毕竟是个外国人，对中国改革开放和发展的认识也只是一知半解，或者不够全面和深刻。笔者是中国改革实践的积极参与者，也跟踪中国研究 27 年，对于雷默教授提出"北京共识"在感情上是相通的，下文将根据个人对中国改革的切身感受和长期思考总结一下中国改革开放的基本经验和独特的发展道路，以作为对雷默教授提出的"北京共识"内容的修正和补充。

中国的改革开放是一场前无古人、规模空前的探索和实践，是在错综复杂的国际环境和国内经济社会矛盾中进行的，如履薄冰，充满着风险。当改革开放的帷幕刚刚拉开的时候，以改革开放总设计师邓小平为首的中央高层领导集体，只是下定决心非改不可，但当时并不可能有一揽子改革蓝图，提出了"摸着石头过河"的务实思想。由于是"摸着石头过河"，因而中国近 27 年来的改革是在**高一脚低一脚、进两步退一步**的过程中走出来的。开始时有人讽刺这是"瞎子摸象"，但正是"摸着石头过河"摸出了门道，到达了胜利的彼岸。为什么中国的改革开放事业能够稳操胜券，并取得巨大的成效？国内外都在探索这个"中国之谜"。对此，世界各国在研究，中国自己也在探索。

（1）**中国存在一个强有力的政党以及在这个党领导下的强有力的政府，尤其有一个富有权威的中央政府，这是中国改革开放走向成功的重要政治前提**。在这个问题上，中国的经验可能与"新自由主义"和"华盛顿共识"的某些内容是严重冲突的，因为"新自由主义"和"华盛顿共识"的重要内容

之一是反对权威政府、主张弱化政府甚至是"守夜人政府"的。然而，这却是中国改革开放成功的先决性条件。因为社会心理学的研究表明，经济发展水平较低的计划经济国家向市场经济转轨，国民心理往往是离散的。具有一个强有力的政府，对国民的团结奋斗具有心理上的强化和凝聚作用，也是确保社会长期稳定的政治前提。在国际局势风云变幻、国内情况错综复杂的条件下，如果没有一个长期稳定的社会，改革开放的进行和成功是不可思议的。

（2）**不搞强制性制度变迁和"激进式"改革，而搞诱致性制度变迁和"渐进式"改革**。强制性制度变迁和"激进式"改革具有很强的刚性，就好似要把一座旧城一下子彻底摧毁夷为平地，在短期内再建一座新城，这极容易引发社会矛盾；诱致性制度变迁和"渐进式"改革则具有较大的柔性，它在改革过程中建立起了一个个缓冲带，这有利于缓冲和化解社会矛盾。其具体操作方式是：新体制增量推进。就好像修一条水渠，土一点一点挖，石头一块一块砌，最后水到渠成。

例如，当国有企业改革改不动时，先不要硬碰硬急于改革。一方面，逐步在国有企业内注入新体制因素，让新体制因素逐步"蚕食"旧体制因素，促进新体制因素在潜移默化中成长；另一方面，在国有企业旁边发展起来一批非国有和非公有经济，形成强有力竞争，以压力和示范两重作用推进国有企业改革。如果在改革早期人们社会承受心理还比较脆弱的情况下，强行和硬性在国有企业搞资产重组并购和职工下岗分流，势必把千百万职工推到改革的对立面，从而可能产生难以设想的灾难性后果。

（3）**经济改革"理性超前（激进）"和政治改革"理性滞后（保守）"的非对称组合**。自从改革开放以来，中国在政治体制改革方面持非常谨慎的态度，不搞经济政治齐头并进的一揽子改革，改革首先在经济领域开辟战场。20多年来，不断地有国内外人士批评和指责这是"保守主义"，呼吁政治改革和经济改革齐头并进，甚至政治还应该超前进行，为经济改革开辟道路。殊不知，这种"保守"却正是中国改革理性和成熟的表现，我不妨把其称为"理性保守"。既定的政治体制比既定的经济体制具有更大的刚性和惯性。而且，经济体制可以实现"帕累托改进"，政治体制则很难实现"帕累托改进"，世界各国的改革和发展历史都表明，对政治改革不能"图痛快、图风光"。（想当年，苏联戈尔巴乔夫的政治改革是多么的风光，东欧社会主义集团紧步跟随，西方资本主义国家普遍喝彩，瑞典皇家科学院授予戈尔巴乔夫"诺贝尔和平奖"，中国也被搞得眼花缭乱，有不少学生给戈尔巴乔夫发"致敬电"。但戈尔巴乔夫把"诺贝尔和平奖杯"还没捧热，苏联东欧的执政党和国家就分崩离析土崩瓦解，戈尔巴乔夫自己也被人民和历史所永远抛弃。现在俄罗斯人民普遍把戈尔巴乔夫视为历史罪人而唾弃。）改革的风险、特别是政治风险是不可逆的，一旦形成就是全局性的，就可能造成灾难性的后果，收拾残局都措手不及，还谈何改革。正是经济改革的"理性激进"和政治改革的"理性保守"的非对称组合，促成了中国改革开放取得了巨大的成功。随着经济改革的巨大成功和人民生活水平的提高，无论是世界民主化潮流推动，还是中国进一步改革攻坚的客观要求，中国的政治改革都不可避免地要推向前台。但可以预见，今后中国的政治体制改革也必将走一条渐进式的道路。

（4）**坚定不移地坚持市场化的改革方向，但又高度警惕和反对市场原教旨主义**。中国"社会主义市场经济体制"的改革目标虽然是在1992年10月中共十四大提出的，但自1978年12月中共十一届三中全会拉开改革开放帷幕以来，改革或明或暗、或快或慢、曲曲折折总是向着市场化逼近的。中国坚持"社会主义市场经济"这个提法，在西方国家来看，是怪怪的、不可思议的；国内也曾有人认为：市场经济就是市场经济，何必要不伦不类地加个"社会主义"呢？而中国正是要以"社会主义"原则来约束和抵制原教旨的、完全自由竞争自由放任的市场机制的负面作用，这个原则就是国家主导和整体利益、社会目标和伦理道德。无论是效率目标，还是对外开放方面，都必须服从社会主义原则。比如，20世纪90年代前中期，无论是国际上，还是国内的部分专家，都力主中国尽快对外全面开放资本市场，而中国政府坚守不放，对此，世界银行和亚洲银行都很有看法。结果，在1997年爆发的亚洲金融危机中，中国不仅自己基本上平安无事，而且对亚洲各国克服金融危机做出了积极贡献。如果当年中国未能守住自己资本市场的门户，让世界资本大鳄自由进出中国资本市场，中国必然会深深卷入亚洲金融危机，那必定会给亚洲及世界带来更加深重的灾难，怎么谈得上为克服亚洲金融危机做什么贡献。

由于中国的改革无论在理念上还是在做法上，总是与"华盛顿共识"格格不入，在有的人看来，有的经验可能是"反时代"的，"反世界潮流"的。所以在改革开放的过程中，国外的批评声总是居高不下。有的预言，中国的改革将与苏联一样，成为社会主义和共产党的"掘墓者"。然而，中国的改革总是"**固执己见，一意孤行，我行我素**"地走着自己独特的道路，结果取得了巨大成功。

由于改革开放的成功，大大促进了中国国民经济的持续高速增长，连续27年GDP年均增长9％以上，是世界上年均增长最高、持续增长时间最长的国家。美国经济学家斯蒂格利茨这样总结了中国经济发展的成就："中国自1979年改革开放以来，每10年就使产出和收益增加一倍。世界银行估计中国使3亿人摆脱了贫困。一直对中国转型道路持不同意见的世界银行的官员和经济学家们在评价中国经济转型成就时也不得不承认，在人类历史上，还从来没有这么多的人，经历过这么快的增长。"

目前中国已经成为仅次于美国的进口拉美和亚洲商品的大国，中国的增长支撑着全球钢材、石油和其他原料的市场。对于发展中国家来讲，支持中国的增长，就是支持自身的增长。这种情况使中国与发展中国家经济利益之间形成了前所未有的紧密联盟。这必将使更多的学者抛弃"华盛顿共识"，转而研究中国改革开放的成功经验和独特发展道路。包括过去不少对中国怀疑、不满、指责的政治家和思想家，回过头来纷纷抛弃前嫌和陈见，对中国刮目相看和翘首称赞。

四、做中国"猫"，抓中国"鼠"

中国改革开放获得巨大成功的经验无论怎样概括和归纳，归根到底可归结为一条——诊断和把握好中国自己的脉搏，并用中医的方法对自己进行辨证施治，也即**认认真真、切切实实按照中国的国情办事**。中国不想输入什么"模式"——对"华盛顿共识"既不遵从，也不说三道四；也不想输出"模式"——不向他国推销"北京共识"。我们只是埋头老老实实力求把中国自己的事情做好。即便是对赞扬和学习"北京共识"的国家，我们也要提个醒：一定要摸透自己的国情，切不要简单"拷贝"照搬。就像世界没有两片完全相同的树叶一样，也没有两个完全同样的国家。比如中国与美国的国情，就具有巨大差别，而且从历史、人文、地理、人口、气候、灾害等各个方面，中国都比美国复杂得多。我个人觉得，**中国主席或许能当好美国总统，而美国总统很难当好中国一个省长**（这句话在会场上赢得掌声最热烈、最长）。当然这只是一个比较，实际上中国从来不干涉别国的事情。毛泽东说过"中国应当为人类做出更大的贡献"，作为占世界1/5人口的大国，认真把自己的事情做好，就是对人类的重大贡献。

邓小平有句名言**"不管黑猫白猫，能抓住老鼠就是好猫"**，这句话之所以成为伟大名言，因为它以通俗的、老百姓的语言阐述了一个非常深刻的道理。我想，中国改革开放道路的成功，也没有多少玄机，无非是一切从中国实际出发，犹如猫抓老鼠，摸着黑、探着路、盯住方位、伺机出手。

由此，我推导出另外一句"猫论"——**"做中国'猫'，抓中国'鼠'"**。中国的所有知识分子，都要着眼和立足于观察、分析和解决中国的实际问题。在这一点上把所有中国人，不管是"海归"、"海留"和"本土派"（或者说"海龟"和"土鳖"），都统一起来。

"猫"者，立志为中国做贡献之仁人志士也；"鼠"者，影响和阻碍中国生产力和经济社会发展之问题也。2004年，中国的GDP虽然已达到136 875亿元人民币，居世界第六，但中国的人口约为世界总人口的五分之一强，人均下来就较少。中国目前还存在着多方面的经济社会问题（诸如腐败、下岗失业、市场秩序混乱、收入差距过大、"三农"问题等）亟须我们解决。有些问题之"鼠"不仅多和大，而且还很顽固并反复孳生，需要经过长时间的努力才能逐步解决。在某些问题上（如腐败），各种关系还盘根错节、错综复杂。我们要坚持不懈，进行一场灭"鼠"的持久战，直至把"鼠"消灭。

要"做中国'猫'，抓中国'鼠'"，就要打破一切教条主义，打破一切学说和思想的"原教旨主义"。中国以马克思主义为指导，有过搞教条主义带来灾难的深重历史教训。因此改革开放以来，我们坚持理论创新，坚持与时俱进，不断推进马克思主义的中国化、时代化和实践化。

但一种倾向往往掩盖另一种倾向。由于历史上对马克思主义的教条主义和"原教旨主义"给中国造成了巨大危害，因而人们对此高度警惕，防之如毒。但有的人却自觉不自觉地钻进了对美国、对当代西方学说特别是当代西方经济学的教条主义中，满脑子装了一大堆西方的模型，总习惯于以西方的模型观察和套用中国的一切，甚至习惯于用西方的话语体系分析、评判和阐述中国的现实，而不管这个模型是不是符合中国国情，能不能被中国大多数人所接受。这是非常危险的。如果不坚决反对这种新的教条主义和"原教旨主义"，它同样会对中国造成严重危害。

比如，世界上许多国家都羡慕、崇尚和希望学习美国和西方许多国家的直选式政治民主，中国也在20世纪90年代中期试行乡村干部直选，联合国、美国和中外许多学者对此高度重视，观摩直选过程，并进行了大量赞美式宣传，认为中国迎来了"真正的政治民主的新曙光"。几年过后，凡试行干部直选的乡村，大部分都不太成功，产生了许多始料未及的问题。于是乎，原来高歌赞颂中国试行乡村干部直选的联合国、美国和中外许多学者，都无可奈何地"集体失语"啦！怎么好端端的、先进的政治民主制度在中国就变味走形了呢？不管怎么疑问、彷徨、悲叹，这就是中国的现实。民主是世界的潮流，也是中国发展的大趋势，以人为本的科学发展观就深刻地内涵着民主的发展。但中国只能够一步步探索适合自己国情的民主道路，"做中国'猫'，抓中国'鼠'"，别无他策。

要"做中国'猫'，抓中国'鼠'"，就必须真正立足于中国，一切从中国国情、中国特色出发。中国的国情特色不仅指整体的中国与其他国家的差异，也包括中国国内各地区的差异。就像世界没有两片完全相同的树叶一样，中国也没有两个完全同样的地区。由于幅员广阔，人口和民族众多，自然资源和气候迥异，各个地区存在着相当大的差异。比如中国西部落后地区派干部到东部发达地区挂职学习，学习三年回到西部地区后，东部许多非常好的政策、做法在西部推行不开，或者无效。

我国的某些现实情况可能很不理想，但我们只能是"立足现实，改造现实"。有的人不太喜欢"中国国情"、"中国特色"的提法，把这看做是阻碍中国步入世界大道的借口和理论盾牌；主张推倒这个借口和盾牌，按照西方"先进的"模型一揽子设计和改造中国的经济、政治、文化等体制。对中国目前某些不理想的现实，则主张"全盘否定，推倒重来"。在有的人看来，这是一种改革的理论和主张。我看，这只不过是一种"天真"和"浪漫"的激情。"天真"属于儿童的憧憬,"浪漫"属于恋人花前月下的陶醉。关系国家、社会和公众的大事,是来不得半点"天真"和"浪漫"的。

实践已经证明,"天真"和"浪漫"的激情是无助于解决中国现实问题的,是抓不住"中国鼠"的。有的人很具爱国情结,很想抓"中国鼠",很想为社会做些贡献。这是非常可贵的。但他们在思想上却认为,只有"洋猫"才能抓住中国"土鼠"。真的是那样倒也好——不管"洋猫"、"土猫",能抓住"中国鼠"就是好猫。但这也必须经受实践的检验。

由于某些问题的产生,近两年社会上对"海归派"、"海留"总有些微词。我看这则大可不必。随着改革开放的不断深化和经济的持续发展,整个社会的宽容心态也在静悄悄地发展。大家都是中华民族伟大复兴的建设者,对建设中的问题、发展中的问题,应当立足于认真总结经验,着眼于开创未来,何必说三道四争论出个是非曲直来。国人对"海龟"、"海留","海龟"、"海留"对"土鳖"、对国人,都要以宽容的心态相互待之。尤其是对我们的"海归派"同胞更要如此,要允许他们对中国的国情、中国的建设事业有个认识、熟悉和把握的过程。还是一句话:大家都在**"做中国'猫',抓中国'鼠'"**的基础上多一点沟通,多一点交流,多一点理解,多一点信任,多一点团结,多一点互补,多一点合作,不亦乐乎!

执笔人 邹东涛

跋：关于改革攻坚的思考

1978年12月中共十一届三中全会拉开了改革开放的帷幕，已经整整28年了。1993年11月，中共十四届三中全会通过了《中共中央关于建立社会主义市场经济体制若干问题的决定》，勾画出了社会主义市场经济体制的基本框架和改革的基本蓝图。目前，我国浅层次的、相对容易完成的改革任务基本上都已完成，各项改革正向更深层次的攻坚阶段挺进。2003年10月，党的十六届三中全会又通过了《中共中央关于完善社会主义市场经济体制若干问题的决定》，提出了"改革攻坚"的伟大战略任务，十六届四中、五中全会都重申了改革攻坚。这必将有力地推动新世纪我国经济体制改革的深入发展，为全面建设小康社会，实现中华民族的伟大复兴提供体制保证。在2006年的全国"两会"上，胡锦涛总书记强调："要毫不动摇地坚持改革方向，进一步坚定改革的决心和信心，不断完善社会主义市场经济体制，充分发挥市场在资源配置中的基础性作用，同时努力加强和改善宏观调控，保证经济社会又快又好发展。"实际上是进一步强调了改革攻坚的任务和决心。我们现在认真总结我国改革开放28年的基本经验，就是要进一步把现在和今后的改革攻坚做得更科学、更扎实、更好。

一、改革攻坚必须认真清理"左"的和右的思想认识倾向

在新的世纪继续坚持改革开放的基本国策，必须切实清理和克服怀疑改革开放、否定改革开放的错误的思想理论观点和认识倾向。一种重要的倾向是，不能够正确认识和评价改革开放过程中出现的一些负面问题，把改革开放的过程看得一团漆黑，从而对改革开放抱着怀疑和否定的态度，特别是怀

疑和否定社会主义市场经济体制，怀疑和否定非公有制经济的发展，姓"社"姓"资"、姓"公"姓"私"的思想观念根深蒂固，并时不时地浮出水面。

诚然，我们必须客观地看到，在改革的过程中，确实出现了一些有违于改革初衷、不如人愿的种种问题，例如：

第一，收入差距过度拉大和分配关系不规范的问题。由于各部门改革的进展和程度不一，部门垄断和行业垄断严重存在，导致行业和部门之间的收入水平存在较大差距。收入的货币化还未完全形成，有些部门、行业和岗位还存在严重的灰色收入。随着市场的放开和非公有制经济的发展，出现了一批百万富翁、千万富翁甚至亿万富翁，而大多数工薪阶层和普通居民家庭收入增长缓慢。随着东西部差距的拉大和国有企业下岗人员的增加，一部分农民和城镇居民家庭出现返贫现象。这些问题的存在，引起了人民群众特别是低收入阶层的严重不满。

第二，腐败问题。少数党员干部特别是领导干部，共产主义理想淡漠，"理论联系实际"演化为"理论联系实惠"，"密切联系群众"演化为"密切联系领导"，"为人民服务"演化为"为人民币服务"，利用手中的公共权力"设租"、"寻租"、谋私，贪污受贿的犯罪面越来越大，涉案金额越来越大，犯罪官员的职位越来越高。

第三，社会经济秩序混乱问题。市场交易中的信誉度下降，欺行霸市、假冒伪劣、坑蒙拐骗问题，文化出版中的盗版和制造精神垃圾问题，医疗行业的乱开药、乱涨价问题，都严重侵犯了消费者的利益。同时，社会治安质量下降，刑事犯罪案件上升，使人民群众的不安全感增加。

第四，社会丑恶现象。卖淫、嫖娼、赌博、贩毒、吸毒现象死灰复燃，严重毒化社会风气。

由于以上种种问题是在改革开放中滋生和发展起来的，因此，它们严重损害了改革开放的声誉和形象，也损害了党和政府的声誉和形象，以致成了一部分人怀疑改革开放、否定改革开放的证据和口实。

一是怀疑改革开放的市场化方向。认为市场经济从本质上来说，是与资本主义分不开的。所谓"社会主义市场经济"，社会主义不见了，剩下的就只是市场经济，而市场经济则是滋生"三恶"（罪恶、邪恶、丑恶）的"潘多拉盒子"。

二是怀疑社会主义市场经济体制所要建立的基本经济制度。认为"以公有制经济为主体、多种经济成分并存"的"社会主义基本经济制度",其本质是非公有制经济即私有经济的发展,而私有经济则是万恶之源。我国改革开放过程中出现的所有问题,都无不与私有经济的发展密切相关。

三是怀疑改革开放的社会主义方向。认为我国的改革开放虽然在一定的程度上促进了经济发展,但私有经济的发展、腐败问题的严重、社会风气的恶化、社会丑恶现象的滋生,都表明我国的改革开放已经偏离了社会主义的方向,资本主义复辟问题已经在中国严重存在。改革开放的过程,实际上是"静悄悄的私有化"的过程,是"潜移默化的资本主义化"的过程。

四是怀疑我们党和政府对改革开放的控制和引导能力。认为改革开放过程中各种问题的存在和发展,是我们的党和政府对改革开放失去了控制能力和引导能力的表现。

固然,我们必须承认,我国在改革开放中产生的负面问题是十分严重的,影响也是十分恶劣的,但我们对这些问题,必须给予科学的、理智的、冷静的分析。

首先,我们必须弘扬改革的主旋律。这里说的"主旋律",是改革开放总体的、主流的、占主导地位的方面。

(1) 在我国,城乡居民收入水平在整体上有了较大的增长,这是主旋律。而收入差距过大则是支流。在改革开放之前,我国收入差距是比较小的,但那个时期是在普遍贫穷基础上的平均主义。改革开放以来,我国实行了以按劳分配为主、多种分配方式并存,打破了平均主义,允许一部分人、一部分地区先富起来,极大地调动了劳动者的积极性,从而使经济效率得到普遍提高。今后我国在任何时候都永远不能再搞平均主义。同时,近几年来,政府也在采取各种措施抑制收入差距过分拉大。例如:实行个人收入调节税;实行存款实名制,并开征存款利息税;积极推进社会保障制度建设;实行财政转移支付;关注低收入阶层和弱势阶层;反对和治理部门垄断和行业垄断;实施西部大开发战略;等等。将来还必将开征遗产税。这些政策和举措,都正在而且必将进一步理顺收入分配关系,从而使收入差距过大问题逐步得到缓解和缩小。

(2) 在我国，绝大多数党员和干部、特别是领导干部是廉洁、奉公、勤政、守法的，他们拒腐蚀，永不沾，不受金钱和声色犬马的诱惑，始终保持着为人民服务的优良传统。改革开放20多年来，我国涌现出了一大批孔繁森式的优秀干部，各条战线上的优秀工作者也层出不穷。这是我国的主旋律。腐败分子虽是党员干部队伍中的极少数，但害群之马的社会影响极为恶劣。因此，党和国家对其查处、制裁和打击从来就不心慈手软，以维护党员、干部队伍整体健康良好的社会形象。

(3) 改革开放使我国的社会生活越来越活跃，民主空气越来越浓，人民群众自由选择的权利越来越大。这是社会的主旋律。另一方面，违法犯罪问题确实是增加了，社会秩序也确实存在许多问题。但在改革开放过程中，党和政府一贯坚持"两手抓，两手都要硬"，坚决打击违法犯罪分子，改善和维护良好的社会秩序，给人民群众提供一个安全的社会环境。在这个过程中，整个社会综合治理在不断加强，见义勇为的先进事迹不断涌现，维护和引导着社会向健康、有序的方面发展。

(4) 改革开放使我国的科技、教育、文化、艺术事业蓬勃发展，人民群众的精神文化生活日益丰富多彩，这是社会的主旋律。当然，不健康、不光彩，甚至丑恶的社会现象也滋生蔓延起来，但党和政府对这些一直采取限制、查处和取缔的政策，我们一直把建设高度的精神文明作为改革开放所要实现的重要目标之一。

其次，改革开放过程中产生的一系列社会问题，不能看做是改革开放自身造成的，而是改革还不彻底的过渡性症状。例如，我国政企分开的改革还不到位，一些微观经济活动还在政府手中，以致出现政府和市场职能错位，"官场通行市场原则，市场通行官场原则"，这给一些意志不坚定者提供了腐败的条件。我国的法制以及其他一些监察制度还不健全，以致对腐败问题还缺乏完备的监督机制和威慑力；我国的财政、税收制度还不健全，对个人收入分配还缺乏一个全面、细致的调节体系。

第三，我们不能把党和政府一直坚持抓的问题看做党和政府放纵和疏于管理的问题，更不能看做党和政府无能的表现。自改革开放以来，党和政府制定了一系列"两手抓，两手都要硬"的方针，而且常抓不懈。

第四，我们不能把世界各国都存在的问题，例如腐败、赌博、色情等古老的问题，看成中国特有的问题。近二三十年来，随着全球化的发展，世界范围内的赌博、色情、贩毒、吸毒泛滥成灾，这必将对中国产生不良示范效应和影响。不能把什么问题都与改革开放挂钩，视为与改革开放有因果关系。

第五，我们必须正确分析和对待人民群众在改革开放过程中的意见和"骂声"。如果我们走到企业、街道、胡同、里弄老百姓中去，我们也可能会听到一部分群众对改革的怨气、不满和"骂声"，甚至存在着对改革开放前旧体制的怀旧情绪。实际上，在改革开放的整个过程中，都在某种程度、某种情况下存在着群众的意见和"骂声"。早在80年代中期，就有"端起碗吃肉，放下碗骂娘"之说。当时有许多人特别是领导干部对此很不理解，觉得在60年代人们即便是勒着肚皮也是"端着碗喝稀汤，放下碗歌颂党"，现在有肉吃了，反而骂娘，真是人心不古了。而今天群众的不满、意见和"骂声"，大有压倒80年代中期之势。这就是说，人民群众在改革中受惠日益增多的同时，意见和"骂声"也越来越大了。对此，我们应该以历史唯物主义的观点来看待和评价这种怨气、不满、怀旧情绪和"骂声"。首先，我们应该看到，人民群众能够宣泄自己的怨气和不满是社会进步的表现，这表明随着改革开放的深入进行，中国的民主气氛增强了；其次，我们还应该进一步看到，人民群众的理性预期发生深刻变化，对改革目标和期望值越来越高，是进一步深化改革的强大动力。道理非常简单，当我们了解到人民群众的意见和要求，对我们工作的不足和改革开放的举措缺失加以改进，也就推进了改革开放和社会经济的发展。

第六，我们绝不能怀疑和否定社会主义市场经济体制的改革方向。在过去许多年中，我们曾经在许多问题的认识上头与脚都是倒立着的。我们曾经花了很多的精力，并运用理论演绎的方法，去对计划经济证实和对市场经济证伪。然而，被理论证实的却被实践证伪，被理论证伪的则被实践证实。理论上的优越性常常被实践蒙上阴影，而理论上的非优越性又往往被实践罩上光环。好在人民群众是最大的现实主义者，他们"不唯上，不唯书，只唯实"，关注的是"碗里的肉，身上的衣，家里的房子，钱包里的货币"。在改革开放过程中人们切身体会到，越是向市场靠拢，经济越活，市场上的商品越是丰富；越是向市场靠拢，人们自由选择的空间越大；越是向市场靠拢，人们的生活水平越是提高。人们心里都明白一个道理：丰盛的餐桌，漂亮的衣服，宽敞的住房，并不是原来计划经济体制的恩赐，而是改革中放开市场的产物。这是社会主义事业探索数十年，改革开放 20 多年得出的基本结论，我们不能因为在迈向社会主义市场经济的过程中出现的某些非主流问题，而怀疑和否定我国经济体制改革的市场化方向。

第七，我们绝不能怀疑和否定以公有制经济为主体、国有经济为主导、多种经济成分共同发展的社会主义基本经济制度，绝不能怀疑和否定党中央、国务院关于大力发展非公有制经济的正确决策。中国改革开放 20 多年来，非公有制经济蓬勃发展，已经成为社会主义市场经济中的生力军，市场上商品和服务越来越多地由非公有制经济提供，人民的就业和收入越来越多地依赖非公有制经济。自党的十五大提出基本经济制度以来，十六大和十六届三中全会对这一基本制度不断地进行了新的发展。今后对这一基本制度，只能是不断地完善和推进，而不能怀疑，更不能否定和后退。

第八，我们必须用历史辩证法分析和评价改革开放中的负面问题。我们应当知道，历史的前进不是一条直线，而是由无数个相互交错的力量、无数个矢量构成的平行四边形，产生一个总结果和历史发展的总趋势——变革与进步。改革不是某个单项的体育运动，一鼓作气就能获得优胜，而是一个过程，在这个过程中，有进步和成就，也必定有坎坷、曲折和代价。我们只能是两利相权取其重，而不能两利相权舍其重。改革开放过程中出现的负面问题，是新旧体制转轨过程中旧体制改革还不彻底、新体制还不健全的伴生现象，这些负面问题的解决，只能靠进一步坚持和深化改革才能解决，而倒退是没有任何出路的。

我们还要看到，任何历史发展过程都不可能是十全十美、尽善尽美的，旧的问题解决了，还会产生新的问题。问题的产生→解决→再产生→再解决→……这个过程永远不会完结，这就是历史发展的辩证法。中国人民在一百多年的历史探索中，懂得了"只有社会主义才能救中国"。在半个世纪的社会主义道路探索中，又懂得了"只有社会主义市场经济的改革开放才能发展中国"。而无论是社会主义的道路，还是改革开放的事业，都不可能是笔直平坦、朝发夕至的，其中必定会存在这样和那样的支流、非本质的问题。这也是历史的辩证法。在过去 20 多年的改革开放中，产生了许多负面问题；

在新世纪的改革开放中,在新的条件下也还可能产生新的问题。当我们把改革开放事业推向 21 世纪的时候,我们必须要有这个充分的思想准备。

二、改革攻坚必须对新的时空条件有一个理智清醒的认识

我们进行改革攻坚,完善社会主义市场经济体制,必须高屋建瓴地深刻分析我们面临的新的历史条件。首先,我们要看到,过去 20 多年改革开放取得的伟大成就,为新世纪进一步深化改革奠定了坚实的基础;过去的改革开放获取的丰富经验,能使我们今后的改革开放少走或不走弯路。但任何改革的成就和经验,都是在当时的环境和背景下取得的。对于理性的、成熟的领导者、政治家、思想家来说,不仅要看重过去的改革开放事业成就之辉煌和经验之丰富,更要关注今日之问题和未来之挑战。我们宁可把问题看得复杂些,而不能看得简单些;宁可把困难想得多一些,而不能想得少一些;宁可把道路想得曲折些,而不能想得平直些。在新的世纪,我们所面临的国内和国际环境,与改革起始时期相比,固然是宽松多了,但从另一些角度来看,恐怕又要复杂得多、严峻得多、苛刻得多。

(一)从国内方面来看

第一,中国的经济体制改革,是以从易到难、从外围到内核的方式推进的,经过 20 多年的改革,好改的、容易改的,差不多都改过了。留给 21 世纪的改革任务,大都是难度较大的环节和问题,是打攻坚战,是啃硬骨头。例如:(1)国有企业改革"有心栽花花不开"的局面还未得到根本解决,相当多的国有企业缺乏活力,债务沉重,经营困难;(2)不仅当前下岗职工和失业人员增多,而且在今后的一个较长时期,一方面继续面临着城镇就业的严重压力,另一方面又面临着日益增多的农村剩余劳动力涌向城市找工作的严重压力;(3)金融监管不够健全,金融秩序在某些方面比较混乱,金融机构的不良资产比例高,要使我国的国有专业银行走上市场化的道路,还面临着艰巨的改革任务,要使我国的金融企业真正成为现代市场经济的中心,则

还有更长的路要走；(4) 社会保障制度建设的任务还非常艰巨，我国过去空缺了几十年的"社会安全阀"制度要完备地建立起来，起码需要一两代人、数届政府的努力和社会财富的积累。

第二，我国当前和今后改革的对象和内容发生了多方面的变化。众所周知，经济体制改革的对象，是以原有计划经济体制为基本内容的旧体制。但我国已经进行了20多年的改革，原有的计划经济旧体制不可能是永远没完没了的存量。过去改革开放的过程，是一个不断地"破旧立新"的过程，每一改革时点建立的新体制因素，都存在着对这种新体制因素的不断实践检验。其检验过程有三种情况：第一种情况是，当实践证明这种新体制因素符合生产力发展的需要，它就会继续保存和积累下来；第二种情况是，当实践证明这种新体制因素不符合生产力发展的需要，它马上就会成为新的改革对象；第三种情况是，当实践证明这种新体制因素符合了一阵子生产力发展的需要，后来又成为生产力发展的阻碍因素时，客观上则要求再革除这种"新体制"因素。我们把后两种情况叫做"过渡性体制"和"过渡性症状"，如"拨改贷"、"分灶吃饭"、"双轨制"、"审批经济"、"诸侯经济"、"地方保护"、"内部人控制"等等。由此，我在此把旧体制分为两个亚类：一个是"旧的旧体制"，即改革开放之前所形成的计划经济体制；二是"新的旧体制"，即改革开放过程中的"过渡性体制"和"过渡性症状"。这样，改革过程中的"破旧"，就包括"旧的旧体制"和"新的旧体制"两种情况。随着改革时间的延续和改革程度的加深，"旧的旧体制"逐步减少了，而"新的旧体制"则不断增加。我们今后继续推进改革的对象，大量的则是"新的旧体制"。这就要求在今后的改革中，不断探索对"新的旧体制"改革的途径、方法和举措。

第三，随着改革的不断深入，人民群众的理性预期发生深刻变化，对改革目标和期望值也会越来越高。我们应当看到，在改革开放过程中，客观上存在着两个规律：一个是"改革边际收益递减规律"。即随着改革开放的进展和人民群众收入水平的提高，在改革开放的力度处于均等而没有大的突破情况下，人们收入水平增加的幅度会逐步下降。这是一个必然的过程和客观趋势。因为在改革开放的早期，经济体制完全处于旧体制之中，人们的收入水平也非常低，改革的任何一点突破，都会极大地调动劳动者的积极性，人们的收入水平都会有较大幅度的增加。而改革开放到达一定程度，则进入一个相对稳定和平台期，再进行新的突破比较难；人们的收入到达一定水平，也进入一个相对稳定和平台期，再有大幅度的增加也比较难。另一个是"改革边际成本递增规律"。改革总是要花费成本的，在改革开放早期，改革的举措比较简单初步，成本就比较低，由于那时人们的收入水平非常低，政府对人民也具有"还账"责任，因此，改革的成本都由政府支付。随着改革开放的发展和深化，难度越来越大，成本就越来越高，政府已不能完全支付，改革的成本逐步下移到地方、部门和个人支付，以至于有人说"深化改革就是大家交费"。无论是"改革边际收益递减"，还是"改革边际成本递增"，都会使人们对改革产生消极和"利差"的预期，从而对某些改革的举措产生疑虑，减少了参与和支持改革的热情。

同时，随着改革开放的深入和市场经济体制的发展，人们面临的风险越来越大，未来的不确定性也越来越大，因而，人民群众不仅关注即期利益，也越来越关注未来利益。某项改革举措的实施，人们不仅希望得到较大的即期收益，也希望有一个理想的未来前景。这些，都使人民群众的理性预期发生深刻变化，对改革目标和期望值也会越来越高。在理性预期增强和期望值提高情况下，人民对政府可能不像过去在计划经济体制和贫穷条件下那样"听话"了，会根据自己的理性预期决定和选择自己的行为。当改革举措可能对自己有利，就积极参加和支持；可能对自己不利或不太有利，就不参加和不支持，甚至还可能提意见或发难。

第四，在新的世纪继续推进改革开放，说到底是要进一步促进经济和社会发展，但我国当前和未来一个时期的发展，也还面临着一系列严峻问题。例如：（1）地区发展不平衡的情况，特别是东西部差距还比较严重；（2）经济增长速度逐步进入平台期，买方市场和微利时代逐步到来，投资者积极性下降；（3）经济结构在许多方面不合理，经济增长并没有从根本上摆脱粗放经营的影响，国民经济整体素质和效益不高，经济增长方式转变的任务还相当艰巨；（4）科技总体水平还不高，国民经济整体竞争力较弱。

（二）从国际方面来看

第一，中国的改革开放需要一个和平的国际环境。尽管和平与发展是世界的主流，但冷战思维、霸权主义和强权政治依然存在，继续威胁着世界的和平与稳定。中国加入WTO之后，已经成为"经济联合国"的重要成员。但世界毕竟是国家集群的组合，国家实体与世界毕竟是两个不同的范畴。当今世界经济全球化迅猛发展，政治多极化势不可挡，文化多元化方兴未艾，科技信息化突飞猛进。这种新变化使当今世界的竞争，不仅是不同国家、不同政党和不同社会制度的比较，而且是包括经济、政治、军事、文化在内的综合国力的较量。以美国为首的发达国家，一方面想要利用中国巨大市场，另一方面又不希望中国和平崛起，仍不断地利用"人权"等问题干涉我国内政，并在国际贸易中不断地制造麻烦。

第二，经济全球化给我国带来了一系列新挑战和新课题。经济全球化是当代世界面向未来的客观趋势和客观变化。经济全球化使世界市场融为一个整体，为各国的经济发展和多边交流带来了便捷的条件和更为方便的机遇，各国都可以在国际经济交往中充分发挥自己的优势，实现优势互补。但也必须清醒地看到，全球化自它兴起的第一天起就是一把双刃剑，本质上就是资本的全球化。以美国为首的国际资本集团控制的经济全球化，必然演进到政治、经济和军事的全球化，在国际事务的各个方面实行垄断和霸权，不仅主宰着世界经济命脉，而且力图将自身的生产方式、政治制度和文化价值观逐渐扩展和渗透到所有国家。这必然侵犯发展中国家的主权、文化和传统，威胁发展中国家的社会和经济稳定，损害发展中国家的独立。对于中国这样一个处于国际资本集团外围的发展中大国，应当清醒地认识经济全球化的特点、本质和正负效应，准确地把握处于激烈博弈中的世界经济态势和自己的位置，多角度地审视经济全球化和世界格局的新变化对中国的影响。面对全球化浪潮，中国要积极参与，不被狭隘的民族主义所封闭，又不要被这个浪潮冲垮；面对国际霸权，中国不要过于"温良恭俭让"，要坚决维护国家和民族的利益，又不搞冷战和对抗。中国正处在即将崛起前夜，当持辩证的态度对待经济全球化和世界多极化问题，以确保在复杂多变的国际舞台上立于不败之地，顺利实现中华民族的伟大复兴。

以上种种情况表明，在新的世纪继续推进改革开放，条件更复杂了，难度更大了，任务更艰巨了。

三、实现改革攻坚的重大战略转变

20多年前,中国共产党和中国人民经过认真总结历史经验,在"什么是社会主义,怎样建设社会主义"的反思中探索经济社会发展规律,在政治上、思想上、经济实践上实现了"三大战略转变":政治方面实现了从"以阶级斗争为纲"向"以经济建设为中心"的转变;思想路线方面实现了从教条主义和"两个凡是"到"实践是检验真理的唯一标准"的转变;在经济体制改革的实践方面实现了从"计划经济体制"向"社会主义市场经济体制"的转变。今天,要完善社会主义市场经济体制,理智、清醒地把握和富有成效地推进改革攻坚战,也必须进一步深入探索和不失时机地实现新的重大战略转变。

第一,从"政府主导"向"市场主导"的战略转变。在世界上,大多数第二次世界大战后实行赶超战略的国家和地区,在走向市场经济道路的一段时间内,实行的都是政府主导型市场经济,一般也都取得了经济起飞的积极成效。如南美洲诸国、亚洲"四小龙"等,而以亚洲最为典型。中国在从计划经济走向市场经济的过程中,政府在资源的垄断、对国民经济决策和调控方面保持了较大的权力,尤其是在计划和价格控制范围大幅度缩小过程中,又保留或新设置了项目审批权,使得中国的"政府主导型市场经济"的特色尤为明显。自20世纪90年代以来,几个因素大大冲击和挤压了政府主导力量。一是民营经济的超常规发展大大增强了市场的自控和主导力量;二是加入WTO使中国在关税、政府补贴等方面进行大幅度调整,要尽快与国际接轨;三是近几年我国审批制度改革的攻坚也迈出了较大的步伐。近几年,中国在国际贸易中也经常遭遇摩擦,蒙受了不少损失。美国、欧盟等从自身的利益出发,在"中国的市场经济地位"问题上发难。我们固然不能跟着这些国际势力的指挥棒转,但改革要积极主动地向前开拓,实现从"政府主导"向"市场主导"的战略转变。

第二,从"数量型公有制主体"向"功能型和质量型公有制主体"的战略转变。20多年来,一方面,在改革的理论探索中争议和分歧最大的是所有制；另一方面，在改革的实践中取得成就最大的也是所有制。可以说，所有制改革是我国整个经济体制改革的"珠穆朗玛峰"和"马里亚纳海沟"。我们在理论上早已达成了这样一种共识：生产力标准是判断所有制优劣的根本标准。党的十五大第一次明确提出了"公有制为主体、多种所有制经济共同发展"的基本经济制度。十六大则用两个"毫不动摇"进一步肯定了公有制经济与非公有制经济的平等地位。2005 年 2 月国务院发布了《关于鼓励支持和引导个体私营等非公有制经济发展的若干意见》，这表明我国非公有制经济进一步走上了持续健康发展的轨道。这些都为我们在公有制理论上进一步与时俱进奠定了基础。一是"公有制优越性"的内涵要与时俱进。过去我们认为，无论在什么行业和产业公有制都具有绝对的优越性。实际上，在不同的行业和产业，不同的所有制其适应性和优越性是不一样的。在竞争性行业，特别是竞争性中小企业，公有制特别是国有企业，显然不具有适应性和优越性，而非公有制具有比较明显的适应性和优越性。在非竞争的或社会公益行业，非公有制经济则不具有适应性和优越性了，而主要应由公有或国有企业担纲。二是"以公有制为主体"的内涵也要与时俱进。过去长期对公有制"主体"基本上是从"数量"上来理解的。实际上在市场经济体制下，各种不同的所有制经济其发展数量及其比例关系是不能人为地规定的，而是由市场竞争决定的，如果要人为地规定甚至限制某种所有制经济的数量，只会限制以至破坏生产力的发展。因此，"数量型公有制主体"要不失时机地向"功能型和质量型公有制主体"转变。

第三，从"效率优先，兼顾公平"到"市场主要管效率，政府主要管公平"的战略转变。旧的计划经济体制出现的普遍难题和顽疾是经济效率低下，因而改革伊始我国就正确地提出和实行了"效率优先，兼顾公平"的方针。但在改革开放 27 年后，无论是经济效率还是收入差距都有了较大的变化。一方面，随着经济效率的提高，社会财富有了巨大增加；另一方面，收入差距也有了较大的扩大，形成了社会富裕阶层和社会弱势阶层，从而产生了新的社会矛盾。固然，我们不能一般地反对收入差距，因为收入差距是激励效率的重要杠杆。但收入差距过大，既不符合社会主义公平原则，也不利于社会稳定。把收入差距控制在多大程度既有利于保持经济效率，又不损害社会公平和影响社会稳定，这不仅与各国的经济发展水平有关，也与各国的历史文化传统有关。在有着"不患寡而患不均"传统文化的中国,在效率与公平的关系方面要与时俱进。政府在一国经济增长中有着巨大的、不可替代的作用,完善社会主义市场经济不等于政府淡出市场、不再管效率,而且,市场机制和竞争天生具有偏离社会公平的趋向,并且会长期存在下去,在这种情况下,政府需要用更多的精力协调效率与公平的关系。因此,"效率优先,兼顾公平"在客观上则将转变为"市场主要管效率,政府主要管公平"。

第四,从"整体上搞活国有经济"向"整体上搞活国民经济"的战略转变。在改革初期我们正确地提出了"搞活国营企业"是经济体制改革的中心环节。20世纪80年代中期以后实行了国营企业的"两权分离","国营企业"的提法就被"国有企业"所取代。到了90年代初中期,有了"从整体上搞活国有企业"的提法,随之有了"从整体上搞活国有资本"、"从整体上搞活国有经济"的提法,并进一步延伸为"资本经营"、"资本重组"的实践。但以上所有提法都囿于"国有企业"。党的十六大提出了两个"毫不动摇",无论是国有经济还是其他经济,都是我国国民经济整体的不可缺少的重要组成部分。因此,从全国来看,"从整体上搞活国有经济"必然向"从整体上搞活国民经济"转变。但这一转变并不意味着对"搞活国有企业"这一中心环节的偏离甚至否定。世界上任何国家都存在着国有企业。在我国,国有企业改革的任务仍然十分艰巨,"搞活国有企业"任重而道远。

第五,从"单纯GDP增长观"向"科学发展观"的战略转变。发展是硬道理,大力促进GDP的增长,这是解决一切社会问题的关键。但经过27年的改革开放,我们对"发展"二字有了更新更深的认识,小康社会建设和科学发展观的提出就是这方面的重大成果。人类发展观有一个不断进步、不断拓展的过程。第二次世界大战之后,从殖民地半殖民地解放和独立出来的贫穷落后国家,面临的首要任务是发展经济,消除贫困,改善民生,增强国力。大多数发展中国家都确立了以GDP增长为目标的发展战略。这种在"经济的"就是"合理的"观念支配下的发展政策,导致了资源浪费、贫富悬殊、产业畸形、生态恶化、债台高筑等问题。而平民教育、劳动保护、社会福利、医疗保健、城乡协调、民主参政等与人民利益息息相关的因素,都被经济快速增长的代价牺牲掉了。党的十六届三中全会提出的"坚持以人为本,树立全面、协调、可持续的发展观",客观上要求尽快走出单纯GDP崇拜，实现从"单纯GDP增长观"向"科学发展观"的战略转变。

第六，从"全能型政府"向"公共服务型政府"的战略转变。社会主义市场经济体制建设过程，实际上就是政府的不断转型过程。转型的基本目标是使我国过去那种掌权型、控制型、主宰型、服务型为一体的"全能型政府"转变为"公共服务型"政府。就现在来说，我国政府的职能表现出多元复杂情况，既有"越位"问题——干了应该由市场干的事；也有"错位"问题——官场通行市场原则，市场通行官场原则；还有"缺位"问题——低效、失职和不作为。无论是"越位"、"错位"，还是"缺位"，都不是一个现代政府，这就要通过加大政府自身的改革力度实现政府转型。"公共服务型政府"具有多方面的内涵，这包括自律、守法、廉政、勤政、严政、公正、亲民、精干等，也就是服务型、法制型、管理型、民主型相一体的政府。这说明，我国从"全能型政府"向"公共服务型政府"的战略转变的任务还相当艰巨。

以上所有的战略转变，第一，都必须坚持"以经济建设为中心"；第二，都必须坚持"以制度建设为基石"。因为要成功地实现所有的战略转变，都必须以有效的制度建设为根本条件，即"制度依赖"。"制度建设"与"经济建设"相比，不是前者偏离后者的问题，而是一个更高层位的问题。只有"盯住制度"，社会主义市场经济体制完善了，其神奇力量才能足以使社会财富充分涌流和有序分配。从这个意义上说："制度更是第一生产力"。

四、改革攻坚与文化整合

一个社会的结构和体制是一个巨系统，各个方面密切关联，构成一个有机整体。20多年来，中国进行的经济体制改革必定涉及到方方面面，牵一发而动全身。根据"木桶原理"，有两个至关重要的因素决定着改革开放成败和顺利进展：第一，如同木桶的短边（而不是长边）决定木桶的盛水量，社会经济体制结构的"短边"（而不是"长边"）决定社会的整体发展水平；第二，构成木桶的每一块木板之间必须完全严密，不能有任何缝隙，否则就会漏水，社会也是一样，任何一个方面改革的延滞或失败，都可能拖拽改革全局的进展。中国的改革是一场全面的调整和完善，是经济体制、政治体制和思想文化体制等各个领域的一场全面的、深刻的革命，对中国体制的"诊断"和"治疗"，不能像西医那样头痛医头、脚痛医脚，而要像中医那样，进行全面的辨证施治，尽可能减少改革的阻力、失误和震荡，确保改革顺利、平稳进行。社会是个大系统，有多少个子系统，就有多少"木桶"的"边"，其中"思想文化"是木桶的一块极其重要的"边"。

经济体制改革的过程是经济体制和经济发展水平的现代化过程，这个过程客观上要求人的现代化，而人的现代化首先是思想文化观念的现代化，即"解放思想"——解放思想，黄金万两；观念更新，万两黄金。如果改革的主体"人"在思想上墨守成规、教条主义、四平八稳、不敢创新，改革就进行不下去。这就要求在经济体制改革时深入进行思想文化的改革，推进思想文化的现代化，从而实现人的现代化。

由于人们思想方法和思想认识水平的多样化，人们对思想文化方面改革的认识具有不同的看法。一种认识是，中国五千年来形成的以儒家文化为主体的传统思想文化，与中国漫长悠久的宗法封建社会和自给自足的自然经济有着深厚的、紧密的联系，从总体上来说，是一种消沉的、落后的、封闭的、愚昧的文化。它存在着"八大缺陷"：以官为本，缺少民主；以农为本、缺少工商；以儒为本，缺少平等；以权为本，缺少法制；以土为本，缺少开放；以经为本，缺少自由；以家为本，缺少个性；以德为本，缺少科学。这种文化传统与中国经济体制改革和现代化存在着"十大冲突"：（1）传统的垂直隶属型社会结构与现代网络型社会结构的冲突；（2）传统的贵贱等级原则和人身依附原则与现代平等原则的冲突；（3）法制社会要求与人治传统的冲突；（4）现代民主制度与传统家长宗法制忠孝观念的冲突；（5）现代人个性全面发展与传统的共性至上的冲突；（6）创造需求与保守心理的冲突；（7）开放与封闭的冲突；（8）竞争原则与中庸信条的冲突；（9）物质利益原则与伦理中心原则的冲突；（10）现代社会消费需要与传统文化中崇俭反奢原则的冲突。

中国传统文化与中国的经济体制改革和经济现代化既然存在着如此严重的冲突，理所当然地要对它彻底批判，彻底改造。不少人通过回顾和总结中国近现代历史，认为历史已经证明，在中国传统的文化土壤中，不可能建立完善的社会主义市场经济体制，从而实现中国的现代化。要进行改革攻坚，不断完善社会主义市场经济体制，大踏步地实现中国现代化，就要彻底改革和摒弃这种落后文化。

另一种观点则认为，如果说中国几千年来沉积下来的落后思想文化是改革的障碍，那么，被教条化了的马克思主义，以及与中国传统思想文化相结合了的马克思主义，则是改革更直接的障碍。当今我们面临的一个十分艰巨的任务，就是要重新认识马克思主义与中国传统文化的关系，从根本上把马克思主义从中国传统思想文化观念中解放出来，才能排除改革的思想文化障碍。

实际上，以上两种极端的认识都不符合中国的实际情况。在中国传统思想文化中固然存在着影响现代化建设的因素和问题，正因为如此，我们才提出解放思想和观念现代化。但把中国改革和经济发展的障碍全都归咎于中国传统思想文化则有失偏颇。首先，如果说中国传统思想文化是一种完全保守落后的文化，严重阻碍了中国现代化的进程，那为什么在14世纪之前，中国却一直走在世界前列。其次，为什么同样是东方民族、并有着深厚儒家文化色彩的日本、韩国、新加坡、中国台湾等，在实现了现代化以后，仍然保留了大量的并继续弘扬着中国传统文化，以至被称为"儒家资本主义"。第三，为什么在民主革命时期，毛泽东根据中国的国情，用中国的优秀的传统文化能抗拒王明的全盘苏化，使中国革命取得了胜利；而在50年代，当我国实行"一边倒"的苏联政策之后，又使中国经济建设遭到了很大挫折。由此可见，中国现代化和改革的思想阻力，并不能简单地认为来自中国传统的思想文化，更主要的是来自过去苏联式的、被曲解了的、僵化的、教条主义的马克思主义文化。我国思想文化改革的中心任务，并不是要全盘否定、完全抛弃中国传统的思想文化，更不是要否定马克思主义，而是要以中国式的、现代化的、从实际出发的灵活的马克思主义，取代教条的、僵化的马克思主义。在中国经济体制改革和经济现代化的进程中，对传统文化的明智之举是"文化整合"。

所谓"文化整合"，就是对中国传统文化采取"宏观继承，综合创新"的战略，而要进行"宏观继承，综合创新"，就要根据经济体制转轨和现代化的需要，对传统文化"创造性解释、创造性继承、创造性转化"，使传统文化适应经济体制转轨和现代化的客观要求，实现文化、改革、经济、社会的协同和一体化。

"文化整合"决不简单是个文化问题，在一定的历史条件下，它可能成为重大的社会政治问题。从中国历史发展的进程来看，谁善于进行"文化整合"，谁就可能推进社会经济的稳定和发展；谁不善于进行"文化整合"，反而还人为地推动"文化冲突"，谁就可能使"文化冲突"演化为"政治冲突"，从而酿成历史悲剧。

我们应当认真总结历史的经验教训，切不可主张文化冲突论，在改革的实践中要特别注重"文化整合"。既注重中国传统文化与社会主义市场经济体制的整合，更注重马克思主义文化与中国特色社会主义市场经济体制的整合。

从文化学的角度来谈，马克思主义也是一种文化。在马克思恩格斯的理论体系中，有一些理论观点与中国所推进的经济体制改革是不一致的。例如，马克思经典理论认为，资本主义社会是商品经济的最高阶段和最后阶段，未来社会要消灭商品货币关系和市场竞争，而中国经济体制改革的目标是要建立和完善社会主义市场经济体制。马克思经典理论认为，在未来新的社会里，通过社会中心的计划实现资源配置，不需要"价值"插手其间，而中国的经济体制改革把市场机制作为资源配置的基础。马克思经典理论认为，无产阶级在取得革命胜利以后，要彻底消灭私有者，实行完全的生产资料公有制，而在中国的所有制改革中，大力发展非公有制经济，而且把非公有制作为社会主义市场经济的重要组成部分，既毫不动摇地坚持公有制为主体，又毫不动摇地鼓励、支持和引导非公有制经济发展。马克思经典理论认为，在社会主义向共产主义的过渡时期，要实行按劳分配，而且是按计算劳动时间的"劳动券"分配个人生活资料。马克思还把亚当·斯密的"生产三要素"论（实际上也是分配三要素论）作为"斯密教条"严加批判。在马克思恩格斯的思想中，社会主义条件下是不能够存在按生产要素分配的，而中国分配制度改革最深刻、最重要的内容就是允许和鼓励生产要素参与分配。

但中国在改革过程中，把马克思主义看成一个开放的、发展的理论体系，对于马克思主义经典理论与当代世界和中国的实践中不一致的地方，以与时俱进的态度进行创新和发展。把中国改革开放中形成的一系列新理论、新举措看做是对马克思主义的继承、丰富和发展。这样,就把马克思主义与中国今日所进行的改革开放事业整合起来了,并始终毫不动摇地坚持马克思主义的指导地位。

马克思主义与中国改革开放的整合,毛泽东思想与新时期任务的整合,其社会历史意义是不可估量的。假如中国不是去进行这种文化整合,而是处处盯住它们与改革开放的矛盾性和不适应性,渲染它们之间的"冲突"并简单地取消它们,那么,社会可能会出现什么情况,政治上会出现什么变故,改革会不会顺利进行下去,都是难以预料的。自上世纪80年代以来,在所有实行经济体制改革的国家中,世界公认中国的改革是最成功的,成功的关键在于中国走了条"渐进式道路",而这个"渐进式道路"的形成,与中国成功的"文化整合"是分不开的。

为什么"文化整合"具有如此大的魅力和功效呢?这是因为,文化的载体是人,人的载体是社会,社会运行的核心是政治。对文化的整合实质上是对人的整合,对人的整合实质上是对社会的整合,对社会的整合实质上是对政治的整合,这是一条不可分割的"整合链",如果这个"链"中任何一个环节断裂,都可能造成社会的不稳定,从而打破体制改革和经济发展的正常进程。

五、改革攻坚、政治文明与党的执政地位

与经济体制关系最为密切的,莫过于政治体制。自从我国经济体制改革拉开帷幕那天起,实际上政治体制改革也就开始了。邓小平同志1980年8月18日所作的《党和国家领导制度的改革》的讲话,就是一篇中国政治体制改革的宣言书。

我国的改革是以经济体制改革为起点和基础的,但经济体制改革的进一步深化遇到了"瓶颈",这就是政治体制方面改革的滞后。因此,改革攻坚涉及的不是某一个方面的改革,而是全方位的改革。中国旧体制的弊端,存在于经济、政治、社会、文化的各个方面,这些弊端又相互联系,相互影响。因此,中国的社会主义改革,必然是经济、政治、社会、文化的全方位

改革。

我国全方位改革，应该有全方位改革的总体目标模式，这就是通过改革攻坚，全面实现社会主义物质文明、政治文明和精神文明。

我国在改革开放伊始，就及时地、正确地提出"两个文明"即物质文明和精神文明并举的任务。改革开放首先是要解决中国物质上贫穷落后问题。但物质文明并不是人类社会活动也不是我国改革开放的全部内容，建立在物质文明基础上的精神文明，可以折射出比物质文明更为灿烂的光芒。

在人类历史发展过程中，不仅要不断地创造物质文明和精神文明，同时又要拓展和保护这种文明。那么，靠什么来拓展和保护社会文明呢？只能是靠政治文明。

党的十六大在"两个文明"基础上加上"政治文明"，相应的，2004年十届人大二次会议正式把"政治文明"写入宪法修正案，这是我国改革开放20多年的必然成果。"三个文明"的提出和入宪，为改革攻坚和全方位改革奠定了坚实的理论和法律基础。

建设社会主义政治文明必须进一步加快政治体制改革。由于政治体制改革具有较大的不确定性和风险性，因此，我国过去的改革在政治体制改革方面持非常谨慎的态度，经济体制改革相对超前些，政治体制改革则相对滞后些。这种经济体制改革的"理性超前"（激进）和政治体制改革的"理性滞后"（保守），是过去的条件决定的，也是改革取得巨大成就的重要条件。我国今后将要进一步加快政治体制改革的步伐，但这种加快仍然要以社会政治稳定为前提，因此，可以预见，我国的政治体制改革也必将走一条渐进式的道路。

中国的实践证明，对政治体制改革不能"图痛快"，而要持非常谨慎的态度，"不管风吹浪打，胜似闲庭信步"。要知道，改革的风险、特别是政治风险是不可逆的，这种风险一旦形成就是全局的，而不是局部的，它影响的不是一般问题，而是社会稳定、执政党地位、国家统一等重大问题。

在社会主义国家进行经济体制改革，中国是后起步者。从上个世纪70年代末到80年代初，我们的改革曾一度言必称南斯拉夫、言必称匈牙利，曾一度大量考察和借鉴苏联和东欧各国的改革经验。80年代中期，苏联共产党总书记、总统戈尔巴乔夫推行政治上的公开化、民主化，当时在全世界产生了很大影响，获得诺贝尔和平奖，对各社会主义国家的改革产生了较大的示范效应。在中国，当时有许多学者对戈尔巴乔夫非常崇拜，有的甚至给戈尔巴乔夫发贺电、致敬电等等，并且以戈尔巴乔夫的政治改革来批评中国改革"保守"。

然而，苏联东欧这些改革的"先行者们"，却发生了90年代初剧变的历史悲剧。马克思主义、社会主义、共产党的政权轰然倒地，戈尔巴乔夫本人也被历史彻底摈弃。于是世界上一些政治家或政治评论家由此"发现"了一个"客观规律"：改革是为社会主义事业掘墓，是为共产党掘墓。一些预言家"预言"：改革必也将为中国共产党和中国社会主义制度掘墓。

然而，这些预言家们对中国的"预言"却不可避免地落空了。苏东剧变之后，中国改革开放的步伐不仅没有停止和倒退，而且越来越向广度和深度进军。随着改革开放的不断深化，中国的经济增长率一直高居世界第一，各国投资家抢滩中国。中国的社会主义制度越来越巩固，中国共产党的领导越来越坚强和成熟，中国在世界政治经济舞台上的地位和作用越来越增强。在当代世界上，凡是要研究社会主义经济体制改革，必定言必称中国。这就是中国改革开放的实践给世界"预言家"的回答。

为什么改革在苏联、东欧成了共产党、社会主义、马克思主义的掘墓人，而在中国却没有？这正是中国在改革中的高度理智、精明和成功：正确处理了经济改革与政治改革的关系，理性地把握了"激进"与"保守"的分寸。坚持四项基本原则是中国经济体制改革的政治底线，同样也是中国政治体制改革的底线。在中国，改革决不能为马克思主义的指导地位掘墓，不能为社会主义掘墓，不能为共产党掘墓。

政治体制改革的主要内容包括四个：一是法制建设，二是权力结构和制衡的改革，三是吏制的改革，四是行政体制的改革。权力结构的改革是政治体制改革的核心，其主要任务是，建立系统完备的权力监督制衡机制，使权力的运作高度透明，以防止有人利用公共权力谋私腐败。

一个完备的法制体系是政治文明的基本内容，也是完善的社会主义市场经济体制的根本游戏规则。世界经济发展史证明，自发的市场机制不可能实现"帕累托最优"，只可能出现"坏的市场经济"。从计划经济体制向市场经济体制的成功转变，实际上是从人治规则向法治规则的转变。

吏制问题,即干部特别是领导干部的选拔、任用和淘汰问题,是全党和全国人民特别关心的问题。我国这些年出现的"跑官"、"数字升官"、"虚假政绩升官"问题,引起党员和人民群众的普遍不满,这当然存在着干部队伍的道德教育问题,但更重要的是干部人事制度问题:是钦定制还是民主选拔制;是任人唯亲还是任人唯贤;是任人唯庸还是任人唯能。

政治体制改革的目标,是要通过权力的监督制衡、吏治的改革和行政机构的改革,实现社会主义民主。但需要明确指出的是,经过政治体制改革所建立的政府是一个民主、高效、廉洁的政府,而并不是一个弱政府,更不是要削弱中央政府的权威,而是要有利于强化这种权威。

强化中央政府的权威和党的执政地位是密切联系在一起的。不能简单地认为,只要改革了,只要建立了市场经济,只要生产力发展了,只要人民富裕了,共产党的执政地位就自然稳固了。这种想法是一种天真烂漫的政治幼稚病。一个须引起重视的事实是:在台湾的国民党,是在台湾经济起飞、民众富裕、政治走向"开明"之后垮台的;印度的人民党,也是在印度经济发展比较好、人民收入增长比较大、社会治理较好情况下下台的。

对于我国这样一个发展中的、幅员辽阔、民族众多、情况复杂、变数很多的国家,要实现民族团结、国家统一和富强,加强党的执政地位和强化中央政府的权威极其重要。一个强有力的执政党及其中央政府,不仅有利于防范民族分裂主义、地方分庭抗礼和地方保护主义,而且对国民的团结奋斗具有心理上的强化和凝聚作用。社会心理学的研究表明,经济发展水平较低的国家搞市场经济,国民心理往往是离散的,如果有一个强有力的执政党及其中央政府站在前台,使国民经常了解本国的经济状况和社会经济奋斗目标,就可以从心理上影响离散的人群,使国民团结在政府的周围,为消灭贫穷和推进经济发展而奋斗。

中国过去曾经历了数千年"分久必合,合久必分"的动荡历史,这种周期性的历史震荡给社会、给人民带来了巨大的灾难。要避免这种恶性周期,必须要有一个富有权威的执政党及其中央政府。必须了解这样一个客观规律:一个国家任何时候都同时存在向心力和离心力。执政党及其中央政府强大时,向心力大于离心力,国家统一、完整、稳定和富强;否则,离心力大于向心力,国家四分五裂。要排除离心力这种潜在的分裂力量,必须保持一个强有力的富有权威的执政党及其中央政府。

从历史的经验来看，什么时候中央政府富有权威，国家就完整统一；反之国家就四分五裂。例如，东周前期、东汉前期、唐朝前期，中央政府具有很大的权力和很高的权威，国家高度统一、繁荣富强。而东周后期、东汉后期、唐朝后期，中央政府的权力和权威都极度衰落，山头四起，国家四分五裂，民不聊生。

新自由主义有一个基本主张，越是现代社会，越是要弱化国家和政府的权威，改革的目标就是要使"强政府"成为"弱政府"，成为简单的"守夜人"。新自由主义在中国有着不小的市场，受到不少知名"经济学家"的青睐和赞颂。他们认为，改革就是经济上、政治上的全面分权。这种主张完全是想当然，没有任何历史依据。从世界历史的眼光来看，世界上许多国家社会经济起飞的发端史并不是权力分散的历史，而是权力集中的历史。例如，日本是通过明治维新走向现代化道路的，而明治维新过程，并不是权力分散的过程，而是削弱打击幕府的地方割据权力，实现国家权力集中的过程。德国在历史上，中央政府的地位和权力微弱，各州自行其是，相互封锁，甚至自设关税，国家贫弱。后来德国强化了中央政府的权力，削弱各州的自治权力，废除州际封锁，为德国步入强国奠定了基础。

一个国家如果没有规范准则地乱分权，必将给国家带来灾难性的结果。推动改革需要有规则的集权，而权力的分散很难使改革的规则统一，改革的目标不仅要防止权力过分集中造成的滥用权力，同时也要防止权力过分分散造成的滥用权力。没有规范准则地搞决策民主化不仅不利于改革，反而会使这个口号成为社会上一部分人乱要权力、不服从国家统一决策、各行其是的"理论依据"和"旗帜"。因此，政府必须用"决策权力合理配置"的原则指导分权、权力下放和决策民主化，形成政治、经济和社会生活的新规范，逐步做到：党、政组织同其他社会组织的关系制度化，国家政权组织内部活动制度化，中央、地方、基层之间的关系制度化。

从整个世界范围来看，国家的地域统治范围同其他国家的政治、经济权势影响范围是交织在一起的，这种相互依存把各国不平等地联为一体。而在愈演愈烈的国际竞争中，一些国家总想把祸水和不幸引向别的国家，尤其有些发达国家总想把祸水和不幸引向中国，从而抑制中国的崛起。在这种世界格局中，一个国家只有执政党和中央政府富有权威，才能带领人民凝聚在一起坚强地屹立于世界民族之林。

但这种高效的、富有权威的、强有力的执政党及其政府，只是解决"市场失灵"的产物，绝不是取代市场的产物，绝不是要与过去一样，直接替代市场去参与微观经济活动全过程，而要坚决从微观经济活动中解脱出来并有效地转移到宏观社会经济方面来，建立"国家—地方—企业和市场"的三面体，使各个方面的职能各归其位，使其不应有的职能得到转变，而使其应有的职能得到强化。

执笔人 彭 森 邹东涛

后　记

　　中国的改革是社会主义制度的自我探索和发展，是人类历史上最伟大的社会试验。自 1978 年党的十一届三中全会以来，中国的改革已经走过了 30 年的不平凡历程。中国历史上从未有过市场经济，封建制度延续了几千年，计划经济体制维持了几十年，在这种情况下搞改革，我们既无历史经验可依循，又无现成模式供照搬，因此，中国的改革开放一直处于理论和实践的双重探索之中。实践探索是理论探索的动力和源泉，没有实践的探索，就不会有理论的创新；实践基础上的理论创新又是社会发展和变革的先导，没有理论的指导，实践就是盲目的。目前，对改革进行经验总结和理论创新的基本条件已经具备，我们应及时系统地开展这项工作，为深化改革探索提供理论借鉴和实践指导。

　　原全国人大常委会副委员长李铁映同志在 20 世纪 80 年代末和 90 年代中期，先后两次担任国家经济体制改革委员会主任，亲身参与了中国改革的重大决策和实践活动。在他的倡导和关心下，由原国家体改委一些长期参与政策规划和改革开放理论探索与实践工作的同志及一些专家学者组成"中国经济体制改革研究"课题组，本着实事求是的科学态度，在更大的范围和更宽的背景下，集中对改革开放以来的重大理论和实践问题进行系统研究和总结。课题分为理论、实践、经验和借鉴四个分课题。李铁映同志多次听取关于课题研究进展情况的汇报，并对研究的方法、思路和重点作了重要指示和具体要求。彭森同志为课题总协调人，主持整个课题的研究工作。杨启先、陈立、邹东涛、张小冲等同志共同协助并主持了各分课题的研究工作。本丛书是该课题的研究成果。全书经彭森同志审查定稿。在课题研究和结集出版过程中，陈锦华、安志文、洪虎、高尚全、乌杰等体改战线的老领导贡献了自己宝贵的回顾、思考和观点；课题研究参考、引述了大量国内外相关文献；席涛、贺耀敏和中国人民大学出版社的编辑们为本书的出版付出了心血，在此一并表示衷心感谢。本丛书的《中国经济体制改革的国际比较与借鉴》，曾于2007年2月由人民出版社出版。考虑到全书内容的完整性，我们将相关内容修改完善后纳入整套丛书出版。

党的十七大又一次吹响了坚定不移地推进改革开放新征程的嘹亮号角，坚定了全党全国人民在新时期继续推进改革开放的信心和决心。在改革开放30周年之际，我们将该课题的研究成果结集出版，就是为了让更多的人了解改革、关心改革、支持改革、参与改革、推动改革，在新的历史起点上进一步解放思想，争取更大胜利。

把30年的改革历程放到中国百年近现代史中研究，把中国的改革开放实践放到世界经济发展历程的宏大视野中进行评价，这本身就是一个极具挑战意义的课题。改革无止境，探索和研究亦无止境。现在呈现在读者面前的，只是一些阶段性的成果，许多问题还有待于更多人的进一步探索和研究。

附：本丛书编写人员名单

中国经济体制改革研究丛书

主　编：李铁映

《中国经济体制改革基本理论》编写组

组　　长：杨启先
副组长：石小敏
成　　员：杨启先　石小敏　鲁利玲　马　克

《中国经济体制改革重大事件》编写组

组　　长：彭　森
副组长：陈　立

成　员：陈开伟　唐小可　孙长学　彭绍宗　齐桂珍　陈　华
　　　　郑　欣　黄云鹏　孙　剑　梁　远

《中国经济体制改革基本经验》编写组

组　长：邹东涛
成　员：欧阳日辉　党国英　李海舰　冯　丽　时红秀　宋　立
　　　　孙天琦　　张卓元　路　遥　赵人伟　王延中　赵　茜
　　　　胡继晔　　黄云鹏　田清旺　李振杰

《中国经济体制改革的国际比较与借鉴》编写组

组　长：彭　森
副组长：张小冲　金春田
成　员：王克敏　吕长江　安明诚　孙中才　孙　葵　刘廷安
　　　　李连仲　陆建人　岳清唐　范德胜　郑秉文　高丽峰
　　　　高　歌　黄宗良　梁洨洁　韩文秀

"中国经济体制改革研究"课题组

2008年10月

图书在版编目（CIP）数据

中国经济体制改革基本经验/邹东涛等著．
北京：中国人民大学出版社，2008
（中国经济体制改革研究丛书/李铁映主编）
ISBN 978-7-300-09863-0

Ⅰ．中…
Ⅱ．邹…
Ⅲ．经济体制改革-经验-中国
Ⅳ．F121

中国版本图书馆 CIP 数据核字（2008）第 162743 号

中国经济体制改革研究丛书
李铁映　主编
中国经济体制改革基本经验
邹东涛　等著

出版发行	中国人民大学出版社			
社　　址	北京中关村大街 31 号		邮政编码	100080
电　　话	010-62511242（总编室）		010-62511398（质管部）	
	010-82501766（邮购部）		010-62514148（门市部）	
	010-62515195（发行公司）		010-62515275（盗版举报）	
网　　址	http://www.crup.com.cn			
	http://www.ttrnet.com（人大教研网）			
经　　销	新华书店			
印　　刷	河北涿州星河印刷有限公司			
规　　格	170 mm×240 mm　16 开本		版　次	2008 年 11 月第 1 版
印　　张	30 插页 3		印　次	2009 年 1 月第 2 次印刷
字　　数	471 000		定　价	48.00 元

版权所有　侵权必究　　印装差错　负责调换